智元微库
OPEN MIND

成长也是一种美好

创新思维

斯坦福设计思维方法与工具

DESIGN THINKING
THE HANDBOOK

蒋里 [德] 福尔克·乌伯尼克尔（Falk Uebernickel） 等 著
税琳琳 译

人民邮电出版社
北京

图书在版编目（CIP）数据

创新思维 ： 斯坦福设计思维方法与工具 / 蒋里等著；
税琳琳译. -- 北京 ： 人民邮电出版社，2022.7（2022.12 重印）
ISBN 978-7-115-59239-2

Ⅰ. ①创… Ⅱ. ①蒋… ②税… Ⅲ. ①设计一研究
Ⅳ. ①J06

中国版本图书馆CIP数据核字(2022)第075390号

◆ 著　　　蒋里
　　　　　[德] 福尔克 · 乌伯尼克尔（Falk Uebernickel）等
　译　　　税琳琳
　责任编辑　张渝涓
　责任印制　周昇亮
◆ 人民邮电出版社出版发行　　北京市丰台区成寿寺路 11 号
　邮编 100164　电子邮件 315@ptpress.com.cn
　网址 https://www.ptpress.com.cn
　雅迪云印（天津）科技有限公司印刷
◆ 开本：880×1092 1/16
　印张：19　　　　2022 年 7 月第 1 版
　字数：300 千字　　2022 年 12 月天津第 3 次印刷

著作权合同登记号 图字：01-2020-7637 号

定价：169.00 元

读者服务热线：（010）81055522　印装质量热线：（010）81055316
反盗版热线：（010）81055315
广告经营许可证：京东市监广登字 20170147 号

如果没有这些了不起的人的帮助，本书是不可能出版的，
他们是：拉赫尔·埃姆斯-布鲁克斯（Rachel Ames-Brooks）、劳伦斯·麦格拉思（Lawrence McGrath）、
卡琳娜·法斯本德（Karina Fassbender）、劳拉·费雷拉（Laura Ferreira）、
安德烈亚斯·沃格尔（Andreas Vogel），还有雅尼纳·米尔斯特里（Janine Milstrey）。
感谢大家的热情奉献！

中文版序

Design Thinking: The Handbook 的中文版终于要面世了。自从我和福尔克（Falk）及其他作者共同完成这本书的英文版后，我们一直在积极推进中文版的出版，希望借这本书可以让更多的中国读者更好地了解斯坦福设计思维，以及我们是如何把它传播到全世界的。现在一切就绪，人民邮电出版社的编辑邀请我为本书的中文版写一个序，再三思考，我决定把斯坦福设计思维产生的背景、经过以及与这本书相关的逸事介绍给大家，便于大家更好地阅读和理解书中的内容。

这是一本关于如何培养创造力、创新能力、创新思维的书。

可以说创造力和创新能力是大家公认的至关重要的能力。但是，如何培养创造力和创新能力确实是一件很玄妙的事情。很多人都认为，创造力、创新力只可意会，不可言传。换言之，它是不可传授的，需要有慧根的人自己去悟。如果你悟到了，那么恭喜你；如果你悟不到，那么对不起，你可能本身就缺乏创造力或者缺乏对创造力的悟性。因此，在相当长的一段时间里，对于如何培养一个人的创造力、创新力，我们没有可以借鉴和学习的方法，只能依靠个人自身的悟性去体会和感悟。

但是培养创造力、创新力这件事在斯坦福大学推出了设计思维方法论之后，似乎变得有规律可循了。因为它给出了一套切实可行、可操作的方法。按照相关步骤学习，每个人都可以提高自己的创造力、创新力和创新思维。

一直以来，“Design Thinking”都被直译成“设计思维”，而我们其实更倾向于把它翻译成“创新设计思维”。这是因为“设计思维”中的“设计”其实并不是一般中文意义上“设计”的意思。不过在本书中，我们仍然沿用了“设计思维”这个翻译，并没有使用“创新设计思维”这个词。其主要原因是我们并不想给读者在理解上带来困惑，毕竟 Design Thinking 在很多地方被翻译成“设计思维”。

不过请大家切记：“设计思维”中的“设计”，不是一般中文意义上“设计”的意思。

正因如此，我在给设计思维初学者上课时，往往一开始就会提出一点：“Design Thinking is Not Design”（即设计思维并不是单纯的设计）。不要把“设计思维”和“设计”画上等号。特别是，不要把“设计思维”与单纯的“美学设计”画上等号。设计思维涉及的领域远比单纯的美学设计广泛得多。它是一套由工程师创造的，具有很强的可操作性，能够帮助大家提升创造力、创新能力，以及解决实际问题的方法论。因此，请大家一定要明确一点："设计思维"不等于"设计"。设计思维是一种创新的方法论。

那么，设计思维是如何发展起来的呢？它为什么是从斯坦福大学工程学院发展出来的呢？

1950年左右，斯坦福大学工程学院院长特曼（Terman）为了鼓励斯坦福大学的师生进行创新、创业，并为学校带来更多的收入，向校方提出了一个大胆的想法：在斯坦福大学里建立斯坦福工业园（Stanford Industrial Park）。

斯坦福大学有一个得天独厚的优势——校园面积特别大，占地面积33.1平方公里。特曼院长提出在斯坦福大学开辟一块地用来建立斯坦福工业园，引入优秀的创新、创业公司，与斯坦福大学进行产、学、研结合。这个工业园后来改名为斯坦福研发园（Stanford Research Park）。斯坦福研发园的诞生，促进了后来硅谷的诞生。从斯坦福研发园里发展出来的著名公司不计其数。比如大家所熟悉的特斯拉汽车（Tesla Motors）、脸书（Facebook）、惠普（HP）、Next Computer、VMware 等。

自 20 世纪 50 年代初，斯坦福研发园建立后，斯坦福大学和企业界的合作创新就得到了大力的发展，而斯坦福大学工程学院也发现，我们不仅需要教授科学和工程方面的具体知识，还需要解决如何提升学生的创造力和创新力的问题，让学生们具有创新思维。1959 年，斯坦福大学工程学院的约翰·阿诺德（John Arnold）博士第一次提出了"Design Thinking"这个概念。而在 1969 年，斯坦福大学开设了第一门关于如何培养创造力和创新思维的设计思维课程。这就是斯坦福设计思维教学的发源点。斯坦福设计思维的课程经过 20 世纪七八十年代的不断发展，逐渐成为斯坦福大学培养学生创造力、创新力、创新思维最有效的方法。

斯坦福研发园的诞生促进了斯坦福设计思维的诞生，而斯坦福设计思维的诞生又从根本上铸就了斯坦福大学的创新基因。现在斯坦福大学被誉为全球最具创新能力的大学，究其原因，主要是斯坦福大学培养了一大批极具创造力、创新力的学生和校友。他们创建了很多享誉全球的公司。根据相关研究[1]，2011 年斯坦福大学校友的公司的营收总和为 27000 亿美元，已经超过了同年英国的 GDP（ 26600 亿美元 ）。如果把斯坦福大学校友的公司的营收总和当成一个经济体去参与国家经济总量排名，那么斯坦福大学校友的公司会排在继美国、中国、日

---

1 Jamie Beckett. Study shows Stanford alumni create nearly $3 trillion in economic impact each year. Stanford Report, 2012-10-24.

拥有最多独角兽创始人校友的大学

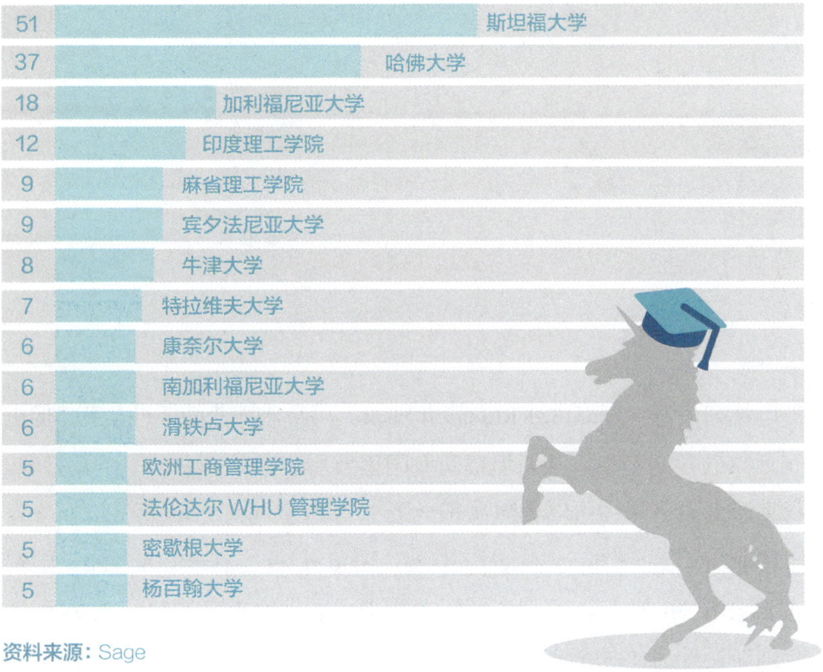

资料来源：Sage

本、德国、法国之后的第六位。另外一份 2017 年研究表明，斯坦福大学是全球大学中产生独角兽公司（估值大于 10 亿美元的公司）最多的学校。

斯坦福设计思维的诞生，从根本上解决了创新不可复制、创新必须靠个人悟性的尴尬局面，从而使创造力、创新力的教授变得有规律可循，使其变成可传授的内容。这也使斯坦福大学从中大受裨益，也让创造、创新变成斯坦福大学的基因。

以斯坦福大学为中心的美国硅谷，一直被誉为全世界高科技和创新的中心。而斯坦福研发园则被誉为硅谷的发动机（The Engine of Silicon Valley），它的成立为硅谷的诞生奠定了至关重要的基础。而斯坦福设计思维则为斯坦福研发园的成功奠定了创新思维的基础。

斯坦福设计思维在 20 世纪七八十年代发展起来，进入 90 年代后，欧洲、亚洲、南美洲、大洋洲的众多顶尖高校也开始学习斯坦福设计思维。他们把斯坦福大学的这套教授创造力、创新力和创新思维的方法论引入他们的大学教学，并与斯坦福大学共同开设课程，共同传授斯坦福设计思维。进入 21 世纪后，来自 20 多个国家的近 30 所顶尖高校和全球过百家企业共同创立了斯坦福大学全球创新设计联盟。这是一个致力于推广斯坦福设计思维的国际性联盟，也是世界上最大的推广斯坦福设计思维的国际性联盟。在最近的这些年，我和福尔克·乌伯尼克尔（Falk Uebernickel，本书的另一位作者）作为联盟的两位联席主席，一直不遗余力地在全球范围内推广斯坦福设计思维。

斯坦福设计思维现在在中国的高科技圈、创业圈、企业圈甚至教育圈已小有名气。很多人都或多或少地听说过设计思维、Design Thinking 或者 DT。市面上也开始有一部分关于设计思维的书。在联盟其他老师的帮助下，我和其他几位作者共同完成了这本《创新思维：斯坦福设计思维方法与工具》，主要是想把原汁原味的斯坦福设计思维带给大家，并让大家看看我们在斯坦福大学全球创新设计联盟内部，是如何给研究生上设计思维课程的。它既可以作为设计思维初学者的教科书，也可以作为设计思维熟练运用者的工具书。

在这里，我想送给大家一句我非常喜欢的名言。这句名言来自著名的德国哲学家叔本华："Talent hits a target no one else can hit, genius hits a target no one else can see."（一个人才能击中别人无法击中的目标，而一个天才能击中别人看不见的目标。）这句话的前半段其实说的是，有一个大家都看得到的目标，所有人都想竭尽全力击中它。那么在这个时候，有能力的人才（Talent）能击中别人都能看得见但却无法击中的目标。他为什么能击中这个目标呢？很大程度上，是因为他付出了比常人更多的时间和精力。

我觉得上面这句话可以稍微调整一下："Talent hits a target no one else can hit, innovator hits a target no one else can see."（一个人才能击中别人无法击中的目标，而一个创新者能击中别人看不见的目标。）真正具有创新设计思维的创新者，他们因为在看问题和思考问题方面拥有独特的角度和方法，所以能够看到其他人看不到的需求、目标和问题。这一切都得益于创新的思维模式和不同的思维方法。

1959 年，约翰·阿诺德博士提出设计思维概念的时候，就提出要想有创新的思维模式，关键的一点是"不同凡想"（Think Differently）。几十年之后，又有一位商业巨人也提出了一模一样的观点。这个人就是大家熟知的苹果公司创始人史蒂夫·乔布斯（Steve Jobs）。乔布斯在 1997 年回归苹果公司的时候，推出了一则广告史上最为有名的广告——Think Different。与其说它是一则广告，不如说它是乔布斯回归苹果公司的宣誓。他想告诉全世界，在他领导下的苹果公司要遵循的最重要的一个原则就是"不同凡想"。其实，乔布斯一直都是设计思维的践行者。设计思维就是要通过不断的学习，逐渐培养出能够"不同凡想"的能力。只有当你能"不同凡想"的时候，你才能从不同的角度去思考，才能看到别人看不到的目标和创新点。也就是说，你站在了与大部分人不同的一个层次来竞争，因此你具有了别人不具备的优势。这些年来，苹果公司不断地发展也说明了这一点。如果我说从 1997 年乔布斯回归苹果公司到 2022 年我们这本书在中国出版，苹果公司一直和其他竞争对手都不在同一个层面上竞争，你不会反对吧。为什么苹果公司能做到这一点呢？因为苹果公司的基因是"Think Different"，这也是斯坦福设计思维的基因和关键。

斯坦福设计思维会通过一套成体系的教学方法，逐步改变你的思维模式，让你能够渐近实现“不同凡想”。当你能够真正灵活地运用不同的思维模式、思维角度去思考问题的时候，你就跳出了大部分人思考问题的维度，从而看到他们一般看不到、察觉不到的问题和创新点。因此，你就能做到击中别人看不见的目标。

在这里，我要提醒大家的是，思维模式的改变和提升不是一个一蹴而就的过程。它需要你在一段时间内，不断地学习实践和体验，最后才能真正地改变自己的思维模式。在斯坦福大学的研究生中，每年上完设计思维课程后，总会有个别的学生前来与我交流：“老师，这一年我在设计思维课程上废寝忘食，花了好多时间。但是我仍然感觉好像没有学到什么。我既没有学到一个公式，也没有学到一个定理。”其实，斯坦福设计思维根本就不是在传授任何的公式或定理，而是在传授一套思维方法论，是在传授一套如何看问题、解决问题的方法论。而提出这类问题的学生，也往往在毕业工作的几年后，会对我说：“我现在终于明白这门课的价值。它简直太有用了！”

本书是为了那些想要培养自己创造力和创新思维的人，是为了那些想要在他们的团队、公司或者组织中激发创意，并以最快、最实际的方式让创新落地的人而写的。我们追求的是把这本书写成一本不仅可以教大家创新思维，而且可以让你长期使用的关于斯坦福设计思维的工具书。我们像写作菜谱一样在写作此书，目的就是让其提供的创新方法像学做菜一样在日常生活、学习和业务中可以即学即用。本书第 1 章概述了设计思维所必需的要素和工具。第 2 章重点介绍了在设计思维项目中经常使用的工具。第 3 章深入阐述了设计思维空间的概念及创造方法。最后，第 4 章和第 5 章分别介绍了在企业变革过程中引入设计思维的经验和真实的案例研究。

本书边缘上的彩色标记可以帮助你快速查阅和找到你想要的方法。

本书得到了斯坦福大学全球创新设计联盟中各所高校师生的大力支持和帮助，没有你们，这本书是无法面世的。在此，我代表本书的全体作者（蒋里、福尔克・乌伯尼克尔、沃尔特・布伦纳、布里塔・普卡尔、特蕾莎・娜芙、伯恩哈德・辛德尔霍泽），对联盟中给予我们提供帮助的所有老师和学生表示衷心的感谢！

蒋里

2022 年 5 月于斯坦福大学

目录

1

方法概述

是什么构成了设计思维？一个项目会涉及哪些方面？
本章是关于项目周期和设计工具的概述。

何谓设计思维

设计思维是一种创新的方法，它通过反复迭代的流程交付以面向用户和客户为导向的创新方案，用于解决复杂问题。在德语中，“设计”一词常常与工作中的艺术、创意，特别是与创造性活动相关。然而，在当代英语中，这个术语也包括在概念和技术上对系统以及物品的创造。因此，作为一种方法，设计思维涉及的领域远比单纯的美学设计更广泛。这是一种由工程师创造、为工程师服务的方法。

设计思维为所有年龄层的人打开了一扇门，他们（再一次）对观察和处理问题充满好奇。这种方法让我们思考那些明显不合逻辑、无法实现的事情，并认真地讨论它们，最终得出让人惊讶的结果。遗憾的是，这种能力往往被我们从小到大的家庭和学校教育剥夺（Creuznacher & Grots，2011）。

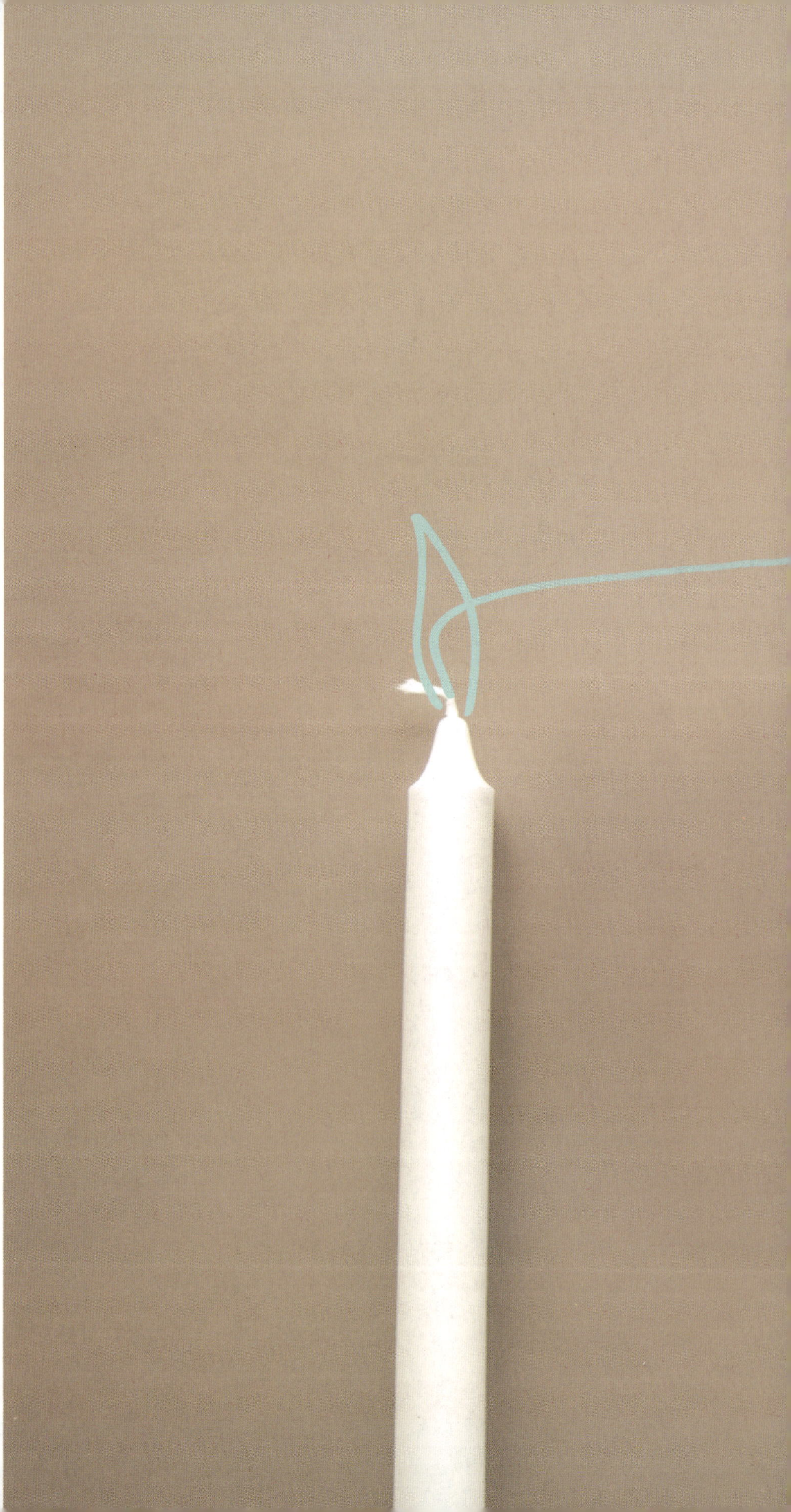

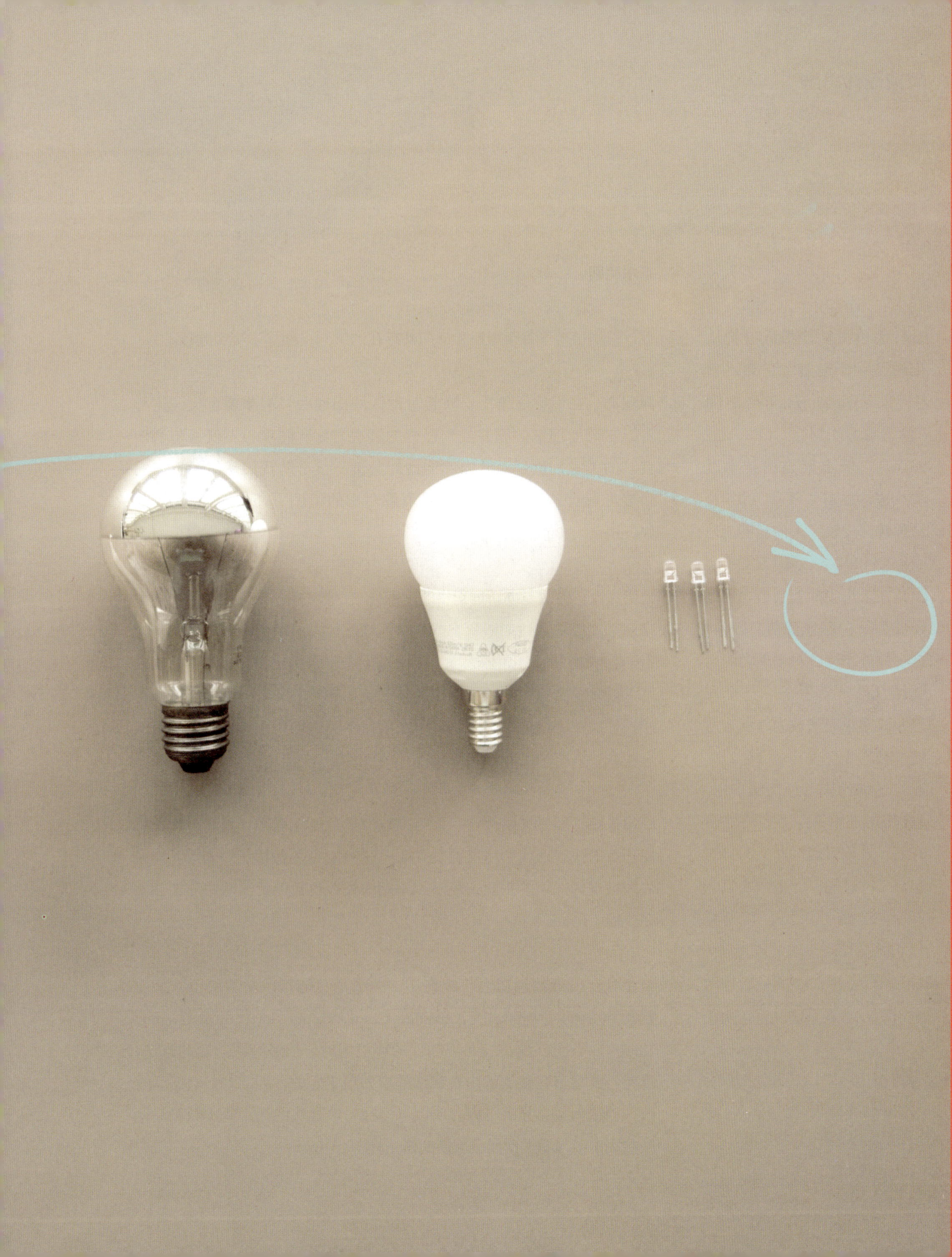

何谓设计思维

设计思维方法已融入社会文化转型中，理查德·弗洛丽达（Richard Florida）称之为“创意阶层的崛起”（Florida，2014）。加上西方的技术进步，这已经产生了重大影响。这种转变反映了人们对创造力的渴望和需求。不仅在社会上，在工作中拥有创造力也已经成为一种职业优势。因此，主观愿望和社会对创造力的期望结合在一起——“一个人想要成为也应该成为有创造力的个体”（Reckwitz，2012）。设计思维代表着创造新事物，是创造性的体现，这种方法因有助于人们管理创造力而特别适合当今时代。

基本原则

设计思维是基于每个项目和部门都存在的原则，独立于实现过程。

同理心： 在设计思维中，唤起对他人的同理心具有重要意义，这样可以更好地理解问题并找到最优的解决方案。同理心不仅是与客户互动的关键，也是团队内部沟通的关键。它帮助我们从对话伙伴的角度理解对话，帮助我们准确理解对方的意图（Meinel，Plattner & Weinberg，2009）。

大胆失败： 失败是创新过程中的一部分。遗憾的是，“失败”这个词常常用来消极地表达崩溃状态或一个人缺乏能力。最初，我们都在一个“没有失败”的文化中长大，社会已经建立了无数的评估标准。相比之下，设计思维将失败和失误视为学习过程的核心部分。因为通过识别和评估失败，设计思维团队可以在项目中更快地纠正错误，从而降低风险。

经常失败，尽早失败： 与“大胆失败”的原则相联系，设计思维希望在项目的快速迭代中尽早引发失败——特别是那些常见的失败。如果失败被视为知识的来源，经常和早期的失败也会促使团队内部加速学习过程（Leifer & Steinert，2011）。

自主性： 最近的创造力研究表明，一个项目能否成功取决于人们对行动自由的主观感知（Amabile，Conti，Coon，Lazenby & Herron，1996）。当团队成员处在限制性的环境中时，很多解决问题的方法、思考方式甚至完整的解决方案都是事先预定好的，因此他们会感到挫败，创造力也会显著下降。所以，设计思维方法的一个基本原则是团队在决策和行动上都拥有最高的自主性。

客户 / 用户测试：让用户验证原型，而不是让管理者或项目负责人来做！从操作和方法上讲，这意味着在设计思维项目中，设计思维团队要在早期就与客户和用户沟通测试创意原型。团队可以根据测试反馈做出反应，是继续进行项目还是放弃。这一原则也有利于团队成员加深对客户的了解（Leifer & Steinert，2011）。

收集反馈：我们经常在工作坊中听到人们说"是的，但是……"，这几乎成了许多单位工作会议上的典型用语。但在相关情境下，这句话往往就像创意流动的刹车，它表明一个人不愿意和谈话对象深入讨论创意，而只是表达怀疑和关切。与之相反，设计思维会试图给出详细、强关联性和建设性的反馈。一个有效的沟通方式是说"是的，而且……"，这样说能够引导我们与谈话对象展开互动，并给予积极的反馈，帮助其进一步完善创意。

让创意具象化：在设计思维中，所有的结果都应该以原型的形式
现，看得见、摸得着。虽然想法本身在现实中并不存在，但原
够使它们被看到和被体验到（Brown，2009）。在技术系统中
容易理解创意具象化的需求，但如果涉及服务内容，这种需
能显得非常荒谬。尽管如此，许多服务型组织的项目已经
明，服务也可以是有形的和被理解的，例如通过故事讲
此外，在许多情况下，原型也可以帮助设计团队管理更
（Uebernickel & Brenner，2015）。

跨学科性：设计思维依赖于对事物不同的视角和诠释
在组建团队时要特别关注跨学科性。通常，团队成
的教育背景，如工程、建筑、设计、工商管理等（

& Weinberg，2009）。这样，团队既可以储备不同学科的专业知识，也可以获得不同教育背景团队成员提出的不同策略。

乐观与好奇：团队成员必须保持对寻找新问题及其解决方案的好奇心和原动力。即使项目流程已经确定，团队成员也不能失去寻找更好的解决方案的意愿。

实验性：设计思维是一种实用
……，它更倾向于实践而不是
……这意味着在

何谓设计思维

设计思维的历史

本书介绍的设计思维方法是20世纪七八十年代在位于加利福尼亚州帕洛阿尔托的斯坦福大学发展起来的。在培养工程师教学过程中，教授们注意到，仅仅培训学生的技能不足以让他们应对未来的市场需求和挑战。传统的教育让学生专注于“做什么”和“怎么做”，而对“为了什么”和“为什么”的教育是缺失的。然而，这两个问题至关重要，不仅是为了开发具有技术挑战的创新产品或服务，也是为了成功地将它们推向市场。对目的的认知，即对创新必要性认知的提出，标志着目前设计思维方法的成功。基于这种认识，斯坦
大学在 20 年前拓展了工程
程内容，将客户作为产
用者放在了设计

来。这套方法参考了人的心理因素（desirability）、技术和过程性因素（feasibility），以及经济因素（viability）（Brown，2009）。设计思维平衡了这三个方面，并且遵循“创新是人为的，也是为人的”这一理念，把人的心理因素放在了中心位置，但是技术和经济因素并没有被忽视，相反，它们与人的因素同等重要。

不过，问题仍然存在：哪种类型的问题最适合用设计思维去解决？在科学界，我们至少把问题分为两种：简单或结构清晰的问题（可驾驭的问题）和复杂或多层问题（棘手问题）（Buchanan，1992）。这两类问题都可以应用设计思维成功解决。

简单或结构清晰的问题（可驾驭的问题）

可驾驭的问题的特点是易于定义和说明。不管起始条件 A 还是目标条件 B 都是可理解的，因此大部分人在这类问题上能达成共识，问题的根本原因也比较容易分析。然而，可驾驭的问题也需要创造性的解决方案。

在这类问题中，设计思维更多地关注对客户需求的挖掘以及创意和原型的产生，而不是深入的背景分析。开发颠覆性的解决方案并不是最终目标，而是在实践中实现渐进且具有创造性的发展。设计思维在影响项目的进度、灵活性和客户导向方面表现得尤为突出。通过这种方法，我们为一家德国银行开发了新的服务中心流程和软件解决方案。在这个项目中，我们受益于设计思维的快速迭代思想。得益于短周期内频繁的客户交互，我们只花很少的时间就诞生了创新性的解决方案。而且，设计思维的流程也有助于限制对抽象概念的冗长讨论。我们迅
作了原型，并将其放在服务中心的员工面前，请他们决策。

复杂或多层问题（棘手问题）

与可驾驭的问题相比，棘手问题很难命名和定义，客户在解释问题和确定问题产生的原因时会遇到各种困难。因此，即使人们在同一个组织中，对于问题的原因通常众说纷纭。根据对问题的抓取和理解，不同的潜在解决方案可能会导向完全不同的方向。这类问题的另一个特征是潜在的解决方案也不能确定是对的还是错的，充其量是可以按最好的到最坏的来排列。此外，棘手问题常常伴随着其他棘手问题，并且相互影响（Rittel & Webber，1973）。例如，如何帮助负债累累的人摆脱债务，要回答这个问题非常复杂，专家们几十年来一直面临这样的挑战。这个问题不会只有单一的解决方法。

从一开始，棘手问题就需要像设计思维这样的创新方法。团队成员必须留心所有可能的方面，在考虑任何单一的解决方案之前，必须对问题空间进行探索和定义。即使找到了解决方案，这些方案通常也会引发有争议的讨论。在某些情况下，它们甚至可能会与组织已有的基本原则产生强烈冲突，这些都需要设计思维团队充分准备，积极应对。因此在开发解决方案的同时，团队必须培养并建立相互尊重、信任和深思熟虑的文化。

在实践中，设计思维已逐渐成为应对复杂创新和开展研发流程的一种结构化方法。诸如思爱普（SAP）、德意志银行、瑞银集团、安联、大众和罗氏等知名公司都使用这种方法来开发新的解决方案（Zydra，2014）。

何谓设计思维

组织可以从设计思维中获得什么价值?

创新的解决方案：组织首先从设计思维方法中可以获得创新的解决方案。我们的经验表明，设计思维既适用于产品、服务和商业模式的突破性创新，也适用于为现有解决方案提升增量。已经被验证过的设计思维方法实践证明，团队可以完成上述两项任务。

用户导向与整合：充分利用用户导向数据以及将用户整合到创新过程中，绝对是设计思维高价值的体现之一。一方面，这有助于确保产出与客户需求相一致的结果；另一方面，这个过程也降低了项目风险，因为与用户一起进行测试可以在设计早期发现并消除错误的假设，规避失败风险。

正确的问题：乍一看，这个好处似乎很平常，然而我们的经验表明，在项目的开始，对于应该在整个项目过程中回答的关键问题往往非常不清楚。在谈论创新和未来发展时，这也是完全正常的。通常，客户对于亟需改变的领域只会有一个粗略的想法，而在早期阶段，要回答的问题也只能被粗略地表达出来。

设计思维可以帮助我们更精确地表达问题，甚至通过其探索性的、以客户为中心的方法完全颠覆最初的想法。与许多其他的创新方法不同，设计思维提供了一个明确的创新流程，在这个流程中，问题可以被重新定义或者精确描述。

发散性思维：管理层经常要求员工跳出固有思维模式，但与这一要求相反，各个组织往往还有严密的流程和结构以便减少甚至防止员工出现这种“危险”活动。设计思维恰恰是一种非常合适的工具，它以一种可控的方式促进项目中的发散性思维和争论。它为每个阶段中的框架模型明确设置了该阶段中的活动。例如黑马原型，它允许对问题使用新的、不拘一格的视角进行陈述，或者采用一些折中的观点。

有形的结果： 设计思维需要通过有形的原型促进沟通。无论产品原型还是服务原型，将结果和创意构成原型是运用设计思维方法设计解决方案时不可或缺的一环。这样不仅加强了设计思维团队与客户的沟通，也强化了设计思维团队与组织内部的沟通。在许多项目中，我们不用准备耗时的 PPT 演示，而是直接将原型呈现给管理层。人们对此的反应一直是积极的，讨论立刻集中在方案的具体方面，而不仅仅是谈论可能性和概念。

敏捷方法： 通过迭代，设计思维能够快速交付和对方案进行修正。解决方案和部分解决方案是在小步骤中进行开发和测试的，因此这一创新过程就可以持续被管理和指导。

降低风险： 通过敏捷过程，设计思维有助于降低项目风险和开发风险。失败可以（而且必须）成为研发过程的一部分，而且越早经历越好。错误的假设在早期得到纠正，项目风险也因此而降低。

在本书中，我们用定义好的流程和支持性的方法来定义设计思维。每个具体设计思维项目都为参与者带来了认知上的变化。从广义上讲，我们可以从以下 3 个方面看待设计思维（Schindlholzer, 2014）。

1. 作为文化、哲学和理念的设计思维： 很多设计思维的实践者认为，设计思维是一种文化和哲学。在寻找产品、服务和商业模式时，设计思维团队没有严格的模型和流程，主要以创新原则为主导。通常情况下，设计思维团队只对流程有清晰的理解是不够的。

2. 作为一种设计过程： 如果把设计思维作为一种设计过程，它的目标是让这种创新方法变得实用，便于大多数人都能应用和管理。设计思维将框架、活动和方法都结构化，就是为了让初学者能够快速、可复制地将其付诸实践。

3. 将设计思维作为一种工具包： 第三种观点是将设计思维视为工具包。技术和知识可以在为组织提供设计思维项目的过程中绘制出来。

微观循环
设计思考者如何工作

概述

描述设计思考者如何工作的最好方法是与传统工作模式相对比。后者是理性的、分析性的和知性主义的，它与同理心、解释性和直觉性的设计思维思考方式形成鲜明的对比。以下特征展示了设计思维团队的工作。

实用主义

设计思考者通常都是实用主义者。他们不喜欢在理论上过多地讨论概念，而是喜欢建立原型，并促使其实现。通过原型，抽象的概念和想法有了一个有形的、触觉化的形象。一方面，这更有利于与客户和利益相关者进行沟通；另一方面，原型使计划的可操作性和具体参数有了有形的体现，也有利于团队内部达成共识。在原型的帮助下，不确定性能够被看见和讨论，必要时也可以修改。总之，原型让抽象概念具现化。

反映在行动上

在组织内部，许多管理者会批评他们的团队缺乏灵活性。设计思考者和设计思维方法体现了行动力和灵活性。在设计思考者的哲学中，探索和反思首先要通过行动发生。行动触发一系列的思考，实际行动驱动了想法的多样化，获得了新的见解，增加了创造力。结合这一基本原则的设计思维团队是灵活的，并且与其他团队相比，通常反应相当快速。

可驾驭的问题和棘手问题

结构清晰和复杂的问题都在设计思考者的考虑范围之内。然而，后者往往看起来是那些既没有现成的解决方案，也没有明确的任务定义和陈述的问题。为了解决这样的棘手问题，设计思考者必须学会应对模糊概念。我们的经验表明，这种模糊概念给项目经理带来了巨大的挑战。通常情况下，项目经理会关注项目并且尽早地降低风险。然而，当问题只能被模糊地提出和定义时，传统的项目管理工具就失效了。

创造力

在设计思维的背景下，创造力可以从以下两个方面来理解。一方面，设计思考者有天赋和能力不断地产生新想法。从这个角度看，创造力与对新事物的偏好有关，会偏向于那些与现状相背离和有差异的东西，目标是持续更新。另一方面，设计思考者将创造力视为一种建设性和艺术性的工作。和艺术家一样，其工作也超越了对新事物纯粹技术性的发展。此外，经验世界也被拉进了创造的大背景之下（Reckwitz，2012）。今天我们经常讨论所谓的“用户体验”，就是为用户和客户在使用产品、服务和商业模式时创造的一种体验。设计思考者在创造力的这两个方面都有所体现。

视觉化和互动

设计思考者更喜欢视觉化的工作。他们没有把数据和信息录入计算机，而是在墙上贴满便利贴；他们不再谈论抽象的概念，而是快速构建原型；他们在便利贴上不是只写文字，而是画一些方便记忆的草图。视觉传达不仅让对话变得容易，也帮助设计思考者厘清思路，并朝着新的方向思考。

以上这些特征是设计思维的核心流程——微观循环的基础。微观循环包含以下 5 个步骤，下文将对此加以阐述。

1. 问题定义和再定义
2. 需求挖掘和分析
3. 创意
4. 原型设计和故事讲述
5. 测试

这个循环建立了设计思维方法的基础，它总是在项目的每个阶段重复运行。重复的微观循环让我们一步步接近设计目标。这是一种迭代的方法。

微观循环

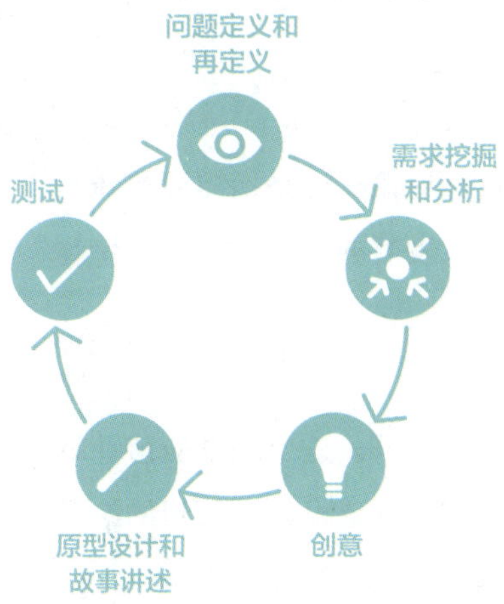

微观循环
设计思考者如何工作

问题定义和再定义

每个成功的设计思维项目都始于一个好的，以目标为导向的问题陈述。好创意来自好问题。

但是我们怎样才能问出一个好问题呢？在设计思维中，团队成员一般试图尽可能中立地表达问题。如果我们过早地关注某个解决方案，就有可能限制我们寻找创新解决方案的空间。相反，好的问题定义应该能激发团队获取资讯的兴趣，调动团队成员对局限探索可能存在的事物的情感和好奇心。

大多数好问题陈述都包含以下 4 个基本部分。

目标对象：这是指需要重新考虑或发展的产品、服务或商业模式。

目标人群：这个问题应该针对特定的受众群体，项目的结果预期与他们息息相关。

限定条件：问题应该考虑限定条件，因为这些限定条件在项目开始时和未来可能影响项目的进度。这些限定条件需要在解决方案中被纳入考虑范围。

完成状态：应该定义目标对象要实现的最终状态。

在设计思维背景下，可以这样提出问题陈述：

在 A、B 和 C 的限定条件下，这个目标对象应如何被重新设计，确保目标人群可以达到最终状态 X？

设计思维的与众不同之处是，问题被允许重新定义，甚至还会鼓励对问题进行重构。重构可以分成以下两种基本情况。

垂直切分

随着项目的进展，团队成员获得了比项目开始时更多的知识。这使得他们有可能将初始问题划分为子问题，这样做可以降低问题的复杂性。

水平调整

在一些项目中，与客户的沟通明显表明，最初的问题框架并没有满足客户需求。在这种情况下，设计思维使团队成员能够在收集数据的基础上重新制定策略。

在本书的工具箱中，你可以找到很多问题定义和再定义的工具。

微观循环
设计思考者如何工作

需求挖掘和分析

需求挖掘是设计思维流程的一个阶段，在这个阶段中，客户、用户等利益相关者的需求都会被识别。其目标是利用需求和设计来新开发或者重新设计产品、服务和商业模式。

然而，需求和洞察并不等于解决方案。客户、用户等利益相关者的需求表明，需要对现有情况进行改进，而解决方案是指提供的具体实现的方法。需求挖掘聚焦于对需求的识别。只有当我们进入创意和原型化阶段时，才会着手构建和开发解决方案。

需求挖掘有以下 4 种具体方法。

观察：观察是为了得出关于用户行为、产品使用情况及使用场景的结论。

访谈：与客户、专家等利益相关者就具体情况和未来变化进行沟通。

参与：设计思维团队将自己置于用户等利益相关者的情境中，这样团队成员就可以直接体验用户所处的角色。

标杆分析和商业模式探索：除了调查客户、用户和其他利益相关者，设计思维团队还要研究竞争对手及其商业模式。这样做的目的是收集信息，扩大团队自己的解决方案空间。在标杆分析时，设计思考者会寻找与他们正在工作的情况相类似的其他情况，这可以帮助他们构建相关问题。

这 4 种方法可以在需求挖掘循环的 4 个步骤中找到（Beker & Patnaik，1999）。

1. 框架定义和准备：定义需求挖掘阶段的研究目标；确定要调查的客户和用户群。

2. 观察：进行观察并记录结果。

3. 访谈和参与：开展对话，并参与具体的工作、客户和用户流程。

4. 综合分析：收集、解读和分析所收集到的信息，在某些情况下，整合的信息可以帮助我们调整最初的问题（重构）。

为了找到真正的需求，我们必须注意以下几点：

计划：一个好的需求挖掘一定要在开始之前就做好准备。重要的不仅是包括客户等利益相

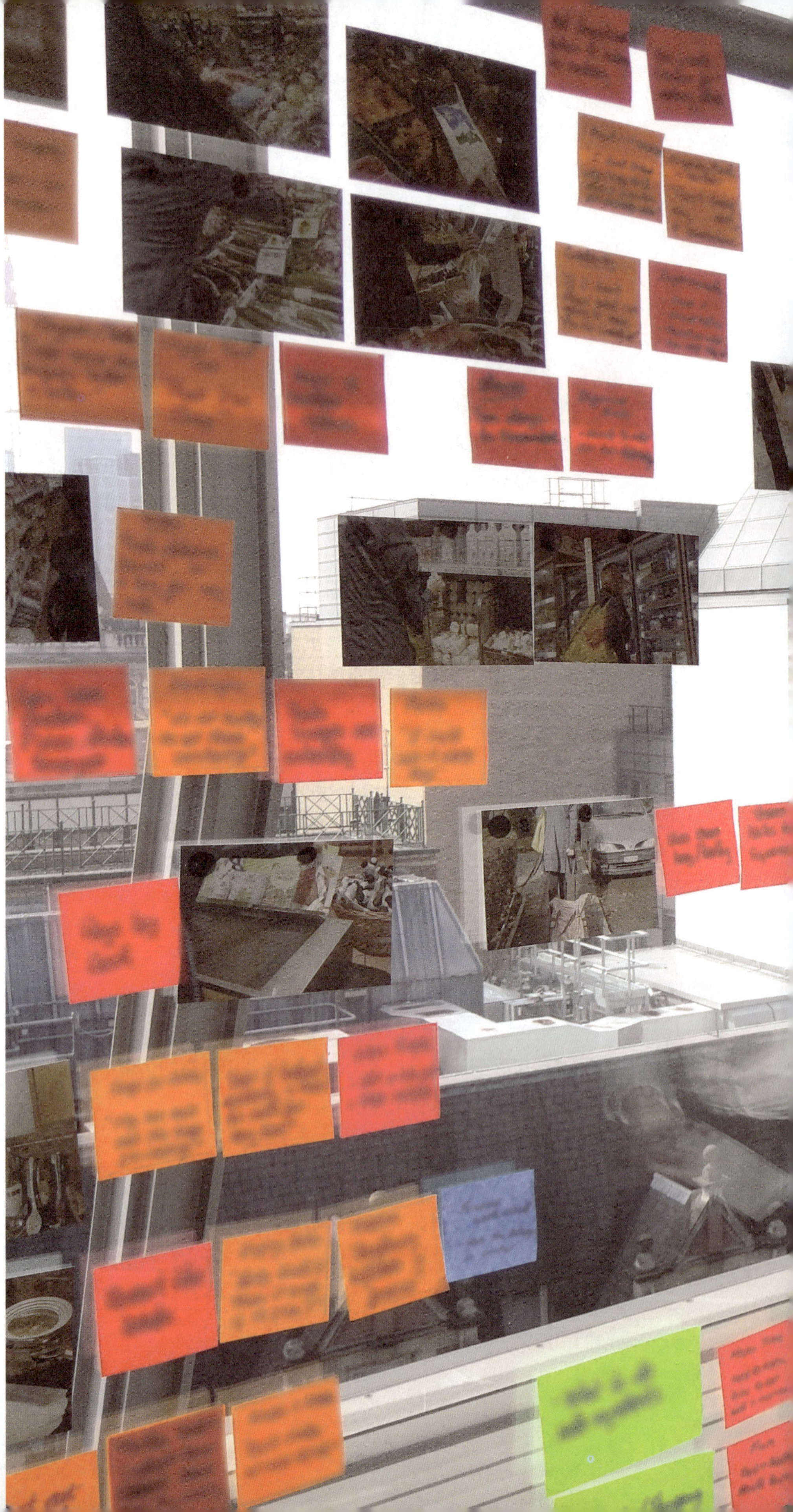

对需求挖掘阶段获得的访谈材料进行综合分析，瑞银集团，伦敦（2015年）

关者，还要包括可能使用到的技术和问题。

环境和对受访者的尊重：建立一个有利于观察和进行访谈的环境是至关重要的，特别是在需要保密的情况下。保护个人权利总是优先于其他目标。

对话伙伴：拥有广泛兴趣的对话伙伴是非常理想的。

综合分析是需求挖掘的最后一步。我们对从客户那里收集来的数据反复学习和强化，产出新的知识。在这个阶段使用的方法和工具，如各种分析框架，能帮助设计思考者产生新知识。经过足够长时间酝酿出来的优质分析结果，可以对创意阶段起到很好的支撑作用。

有大量的方法可以帮助设计思考者进行有效的需求挖掘，其中包括照片观察法和访谈法。还有许多方法来自人类学和民族志，它们在过去的几十年中被纳入设计思维方法。

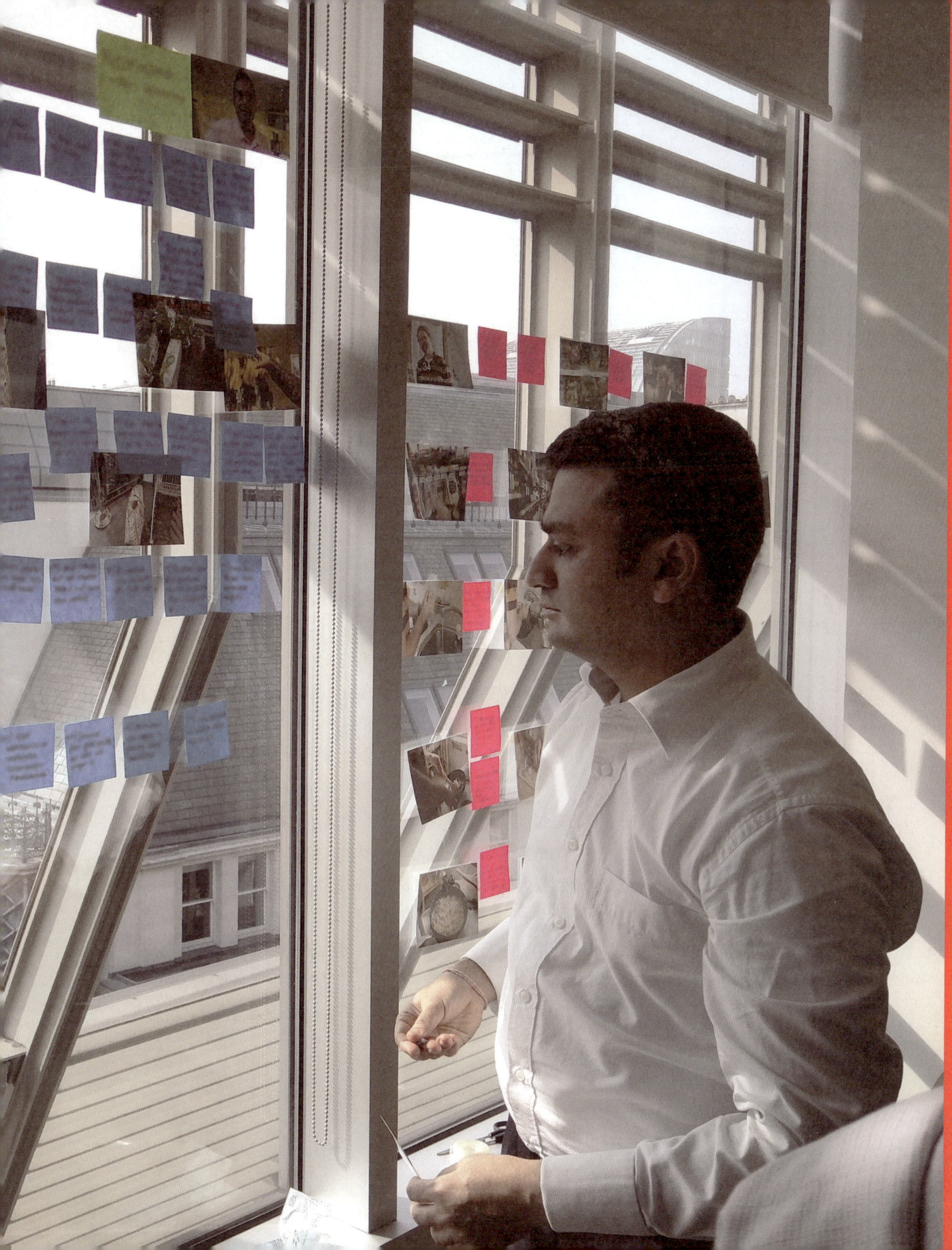

微观循环
设计思考者如何工作

创意

创意是我们在需求挖掘的基础上为解决方案提出的想法，头脑风暴是其中著名的方法之一。我们还可以同时采用很多方法来利用需求挖掘中收集的数据，并从新的方向进行思考。

此外，还有一些基本原则可以帮助我们更好地实施创意。

技巧：在设计思维中寻找创意的技巧很容易应用，即使是初学者，也能得心应手。但出色的创意成果不仅取决于技巧的应用，还取决于每位参与者对特定主题的理解和经验。

客户共创：在很多方法中，不仅是设计思维，客户或用户被引入产生和评价创意的过程，一起共创。在设计思维中，这是通过不断产生表现创意的原型和直接与客户测试实现的，由此产生了一个评估过程。在很多情况下，这会唤醒测试人员的创造力，激发他们产生新的想法，反过来又再产生新的原型，一个良性循环由此产生。

好奇心：好奇心是每个团队成员都应该具备的素质。通过不断地对新情况、新产品或新服务的试验保持好奇心，即使它们乍一看可能没有希望，团队成员也能获得额外的视角和进一步的灵感。当我们产生想法时，好奇心会帮助我们理解队友的观点，并丰富和扩展它们。

反思：反思是指团队成员在整个过程中重新审视自己或者他人行为的能力。对行为的审查常常引发对基本原理、机制或原因的认识。反思通过对思维和行为模式的识别和改进，加强了创意过程。

设计思维并没有在项目开始时就立刻进行创意，这似乎让人意外。然而设计思维的哲学是，在构思创意之前，我们必须了解客户、用户以及其他利益相关者。只有当我们知道客户可能有什么需求时，创意才会变得有用。

微观循环
设计思考者如何工作

原型设计

在设计思维模式中，原型设计对工作人员来说既不是单纯的工具，也不是工艺环节。原型设计是一种用原型形式来模拟真实产品、服务和商业模式的方法。其目标是由一个直接隶属于设计思维项目的开发部门来实现这些原型。

作为设计思维的一个阶段，原型设计描述了一个创意实现的样子。作为一种具体活动，它是将纯粹的想法转化为有形的物体。原型是创意落实的一个具体实例。

作为一个阶段和一种活动，原型设计连接了许多用户（Ulrich & Eppinger，1995 ）。

团队内部的沟通媒介：原型允许讨论从抽象的概念转移到一个具体的、有形的实体，从而达到可以验证的级别。关于概念的对话往往会导致误解，因为讨论中缺乏有形的讨论对象。因此，原型在项目早期阶段就架起了一座从概念到产品的桥梁。使用这个工具，设计思维团队可以清晰地表达自己并实现相互理解。

发现之前无法预见的问题和挑战：原型设计活动和原型本身都能帮助我们快速识别问题和挑战。通过原型的有形性以及制作它们所需的工作，新的挑战浮出水面。其中一些挑战本来只能通过长时间的讨论和深思熟虑之后才能出现，还有一些则可能在发现时为时晚矣。

提出新的问题：在制作原型过程中，伴随着参与和讨论会出现一些新的问题。“在做中学”这句话在这里完全适用。

原型设计是解决问题的方法。它是一种文化，一种语言。你可以为任何东西制作原型——一种新产品、新服务或者一项特别的营销活动。重要的是把工作向前推进，实现你想要达成的目标的一部分。不要浪费时间。

（Kelly & Littman，2001 ）

降低项目风险：越早进行功能构建和测试，就可以越早识别新的需求、挑战和问题。特别是在项目早期阶段，这样做有助于降低项目风险，甚至防止风险出现。

测试假设：在项目早期，设计思维团队经常基于自己的经验假设来工作。在原型的帮助下，对客户可以进行假设测试，并在需要修改时尽早修改。

改进：原型帮助我们更快地扩展和改进创意和设计概念。

基于客户反馈的决策：与客户测试的原型帮助我们在具体数据的基础上做出有利于下一步的决策。

信任和直觉：原型会让团队对自己的工作更加自信，并萌生对未来工作方向的直觉。

原型设计的六大“黄金法则”来自许多已经完成项目的总结。亚历山大・格罗茨（Alexander Grots）总结如下。

一个问题一个原型：团队的每个原型应该只对应某一个具体的问题，这里的重点是“保持对单个问题的专注”。

不完美：原型就是原型，（目前）还不是产品或服务。设计思维团队应该只关注与当下相关的特征和细节，而不是更多（Brown，2009）。在项目的早期阶段，这意味着专注于预定的功能；但在项目的后期，原型应该更加成熟，因此能够组合更多功能。

不要“爱上”原型：团队成员或整个设计团队都不应该“爱上”自己的设计原型（Uebernickel & Brenner，2015）。与客户一起测试的结果，可能会发现之前的想法并不可行，在这种情况下，设计思维团队必须放弃原有失败的想法和原型。放手其实是很难的，尤其是已经在原型中投入了大量的时间和精力。在这种情况下，人们往往只倾向于部分地重新开发现有的解决方案，而不是从头开始。

拓展边界：原型应该用来尝试超越现有的边界（技术、可用性等）。团队成员不应该把“那行不通，我们已经试过了”的说法当成一种打击，相反应该将其看成一种激励，让他们有机会去克服障碍。

适当刺激：对测试者来说，原型不应该是熟悉的，而应该是富有刺激性和挑战意义的。新开发出来的东西往往不能在一开始就激发受试者的热情，因此团队成员需要更加勇敢！在为一个足球组织进行流程创新的项目中，我们专注于球员注册这个具体问题。现行制度规定，足球运动员应该在他们的足球俱乐部注册。然而，我们的团队却发起挑战，建立了一个原型系统，在这个系统中球员可以自主注册，而无须足球俱乐部的参与。正如预期的一样，这个原型激发了一些利益相关者的反馈，我们因此获得了宝贵的意见，特别是关于年轻运动员的行为方面。在这种情况下，发起挑战也许是最有效的。

打破规则： 团队应该打破规则，去尝试新的、可替代的场景。这些规则可以是外部强加的，也可能是在内部经过一段时间发展起来的。

原型制作方法繁多： 制作原型可以从最基本的开始，用纸、纸板、便利贴来制作，也可以更复杂一些，用电子元件、机械部件或软件来制作。

基本原理： 在设计思维的初始阶段，开发低分辨率的原型是很有用的。它们便宜、易于构建并且能快速成型。此外，设计者也降低了“太钟爱自己原型”的风险（Uebernickel & Brenner, 2015）。在设计思维项目的后期阶段，设计思维团队会建立更详细、高分辨率的原型。这些原型通常在内容和技术方面的要求都很高，因此实现它们需要更长的时间。高分辨率原型的目标是提供一个样板，以此指导实际产品或服务的开发，并为客户模拟解决方案真实工作的场景。

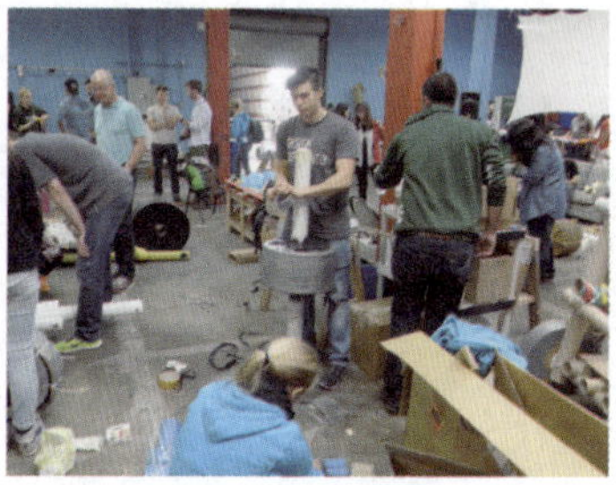
1

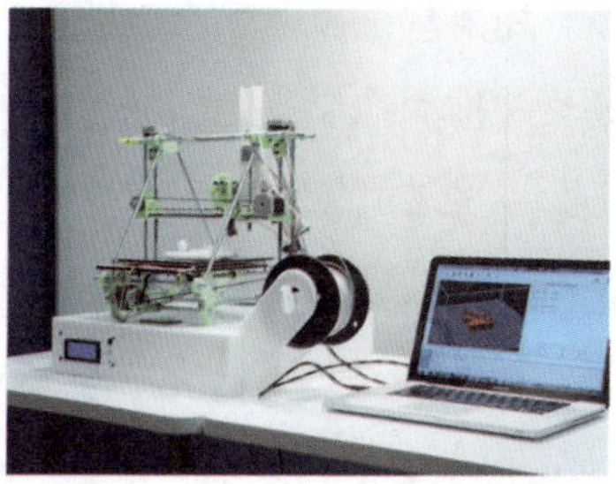
2

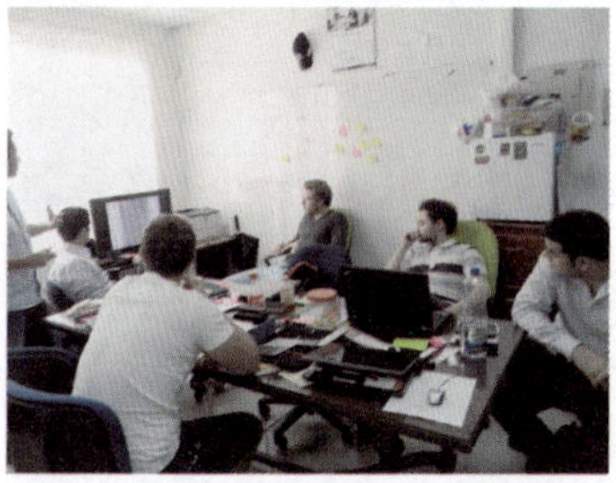
3

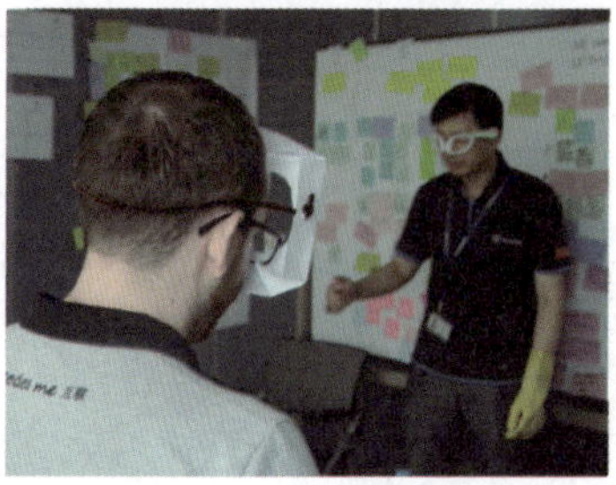
4

1. 在帕洛阿尔托的拉迪坎德实验室组装纸质自行车（2014 年）
2. 电子元件的 3D 打印机原型（2014 年）
3. 为哥伦比亚卡利市一家金融服务提供商测试软件原型（2013 年）
4. 中国传媒大学团队为奔驰设计的车辆保养数字化服务原型（2016 年）

微观循环
设计思考者如何工作

测试

在测试阶段，客户和利益相关者会对创意和原型进行试验和评估。这意味着要对之前的假设和解决方案进行有效性测试。在设计思维项目的开始阶段，测试假设和过滤错误非常重要。如果测试反馈能激励团队成员并推动他们产生新的想法，而不是过度依赖于现有原型，同时还能帮助他们更好地理解想要解决的问题以及落实解决方案，这样的反馈是最理想的。通过这些测试，设计思维团队了解了问题和解决方案的重要方面。团队成员一起反思，可以得到更好的解决方案。

测试有以下 3 个目的。

灵感：原型应该不仅能激发团队成员，也能激发客户和测试人员思考改进方案、下一步的主题和新的问题表述。比如，在上海和北京等城市，对汽车维修方式和场景的重新假设。设计思维团队起草了一个概念，当汽车被送去维修时，车主可以把车放在一个类似苹果商店的店面里。在测试中，当客户看到最初的建筑原型，他们的灵感也会被唤醒。反馈环节可以帮助汽车制造商在进一步的迭代中改进现有成果，并且进行新的解释。

评估：原型评估参考预先定好的关键标准，比如应用的速度是否够快，用户友好度如何，自己与他人的生活有没有变化等。评估通常在团队内部进行，而不是（先）在用户和客户之间进行。例如，2005 年我们有机会开发一款类似于 iPad 的产品。在项目早期，我们测试了用户可接受的产品的最大重量。此后，每当评估新构建的技术原型重量时，我们总是可以参考之前测试的这个重量限制。

验证：在评估原型的功能和使用之后，我们要验证测试评估的这些点是否真的为原型的某个方面增加了价值。在许多情况下，验证要求我们直接与现场的客户互动。在前面提到的足球组织的项目中，我们为了测试管理运动员的新方法而游历了几个国家。在埃塞俄比亚、乌拉圭等国的经历对团队了解当地足球协会、球员，以及找到感觉，形成创意是绝对必要的。

与需求挖掘一样，测试也有一些基本规则，具体如下。

计划：对测试人员划分优先级。提前预约焦点小组和谈话时间，尽量按时进行。设计思维团队不能奢望测试人员在自己方便的时候出现。

虽然企业对消费者的测试经常在马路边进行，但我们的经验表明，有计划的测试通常会带来更有成效的结果，而不是仅仅靠运气。

礼貌和尊重：测试的参与者应该受到尊重。除了对令人不快的反对意见进行专业性的回应，这还涉及保护个人权利的问题。

众所周知的测试方法包括“消费者诊疗所”和“可用性测试”，然而在需求挖掘中用到的一些方法，比如访谈法，也可以被使用。

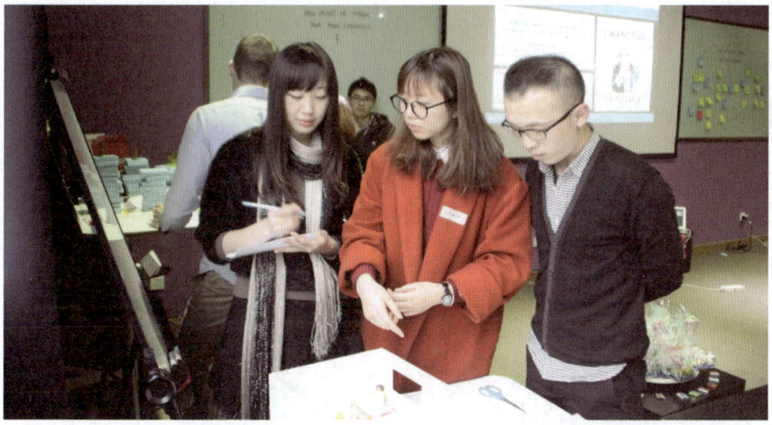

1

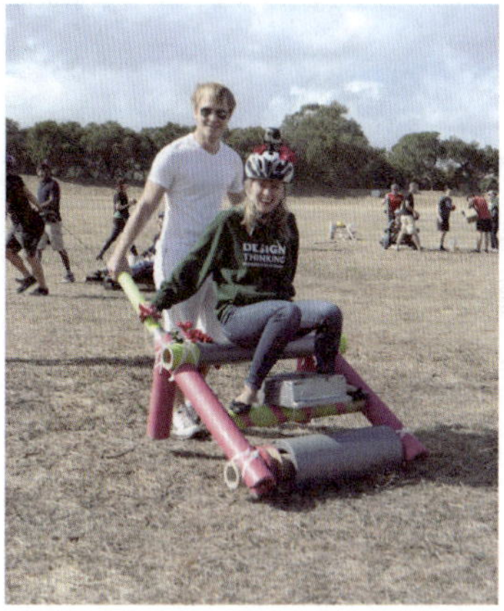

2

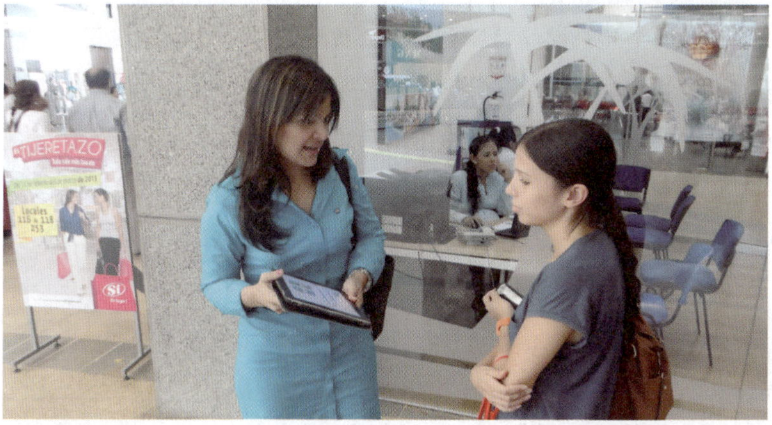

3

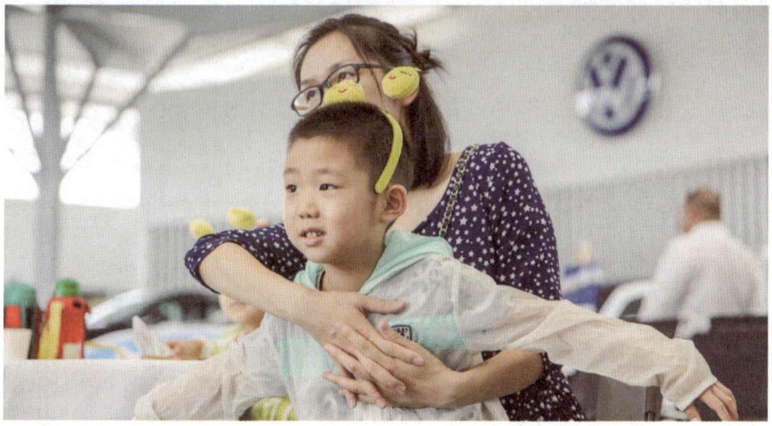

4

1. 上海同济大学原型测试（2015年）
2. 加利福尼亚州帕洛阿尔托斯坦福大学纸质自行车挑战——纸质自行车测试（2014年）
3. 为哥伦比亚卡利市一家金融服务提供商测试一个财务部门的软件原型
4. 中国传媒大学在大众儿童道路安全中心进行体验原型测试（2017年）

宏观流程
设计思维的 7+1 个阶段

概述

宏观流程架构了设计思维方法，并且始终贯穿于整个项目。宏观流程有 7 个步骤，每个步骤都包含一个或多个微观循环（p. 11）。宏观流程分为两个阶段，项目前半部分是发散阶段，后半部分是收敛阶段。

分阶段的目的是系统地扩展问题陈述形成的想象空间，鼓励团队扩大解决方案的可能性。在发散阶段，尽可能多的想法被产生出来，用于原型和测试（Uebernickel & Brenner, 2015）。即使一个创意或解决方案被用户非常积极地接受了，设计思维团队仍然会继续扩大解决方案的空间。

收敛阶段的重点是评估在发散阶段产生的所有结果，目的是建立一个（单个）最终原型。不管是积极还是消极的结果都在测试阶段得以评估，被认为有关的方面都会被结合到一个全面的最终原型中。

包含发散阶段和收敛阶段的整个宏观流程被分为以下 7 步。

探索设计空间

探索设计空间是设计思维项目的起点。在这一步中，设计思维团队不仅要列出项目计划，还要与客户及其他利益相关者一起进行早期探索和需求挖掘。

关键功能原型 / 关键体验原型

在关键功能原型和关键体验原型阶段，被认为是潜在解决方案中的关键功能被内置到原型中。关键功能原型既不是最终的也不是全面的，它是一个更广泛的潜在解决方案中的一部分，目标是使潜在解决方案中的单个元素被尽可能快速地测试。关键体验原型更专注于客户和用户的认知，而非功能。与所有原型一样，设计思维团队应该使用关键功能原型或关键体验原型作为实验，获得新的经验和学习机会。

黑马原型

黑马原型的目标是鼓励设计思维团队更加开放地接受新的方法、产生新的创意和解决方案。当关键功能原型考虑项目的框架和限制条件时，黑马原型却要求团队忽略甚至刻意追求与项目情形相反的情况。专业的重构方法帮助团队拓宽了寻找问题和答案的边界。通过这个流程，团队可以考虑在传统客户组织的典型环境中无法得到关注的解决方案。但这些矛盾与对立关系也导致了黑马原型在测试中往往备受争议——黑马原型提出的解决方案被认为具有低概率和低可行性。但是，也正是团队和测试者之间的这种紧张感带来了新发现的可能性。由于整个项目还处在发散阶段，大量的原型会被持续创建出来。

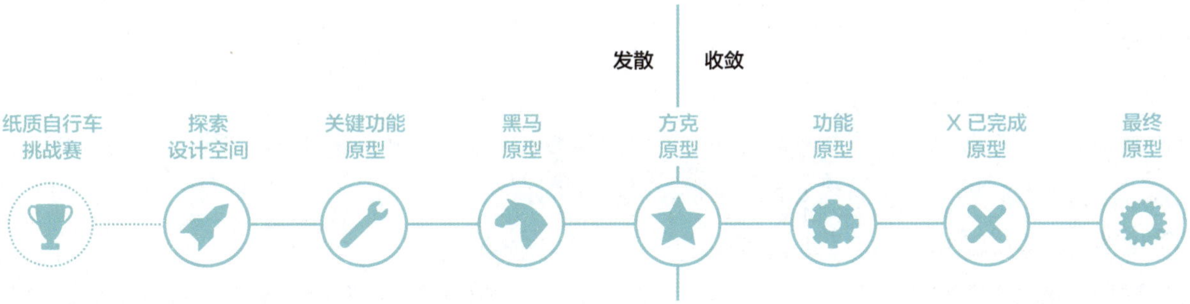

方克原型（集成原型）

方克原型在一个项目发散阶段和收敛阶段之间架起一座桥梁。创意和解决方案的空间继续扩大，方克原型的主要目标是集合发散阶段最成功的解决方案和有趣的发现。虽然方克原型聚焦于功能，而不是原型的美观程度，但方克原型比之前的原型具有更高的分辨率，这也意味着方克原型的构建要求更高。在实践中，学者也将这一步称为“集成原型”，因为人们更容易将所做的工作与这个术语联系起来。

功能原型

功能原型应该为未来的最终原型奠定基础。功能原型会倒逼团队成员检查解决方案的技术和管理细节，并解决在此之前一直未被探索的问题。在许多情况下，这是最终原型的所有功能有机会第一次汇聚在一起的时候。

X 已完成原型

X 已完成原型是最终原型之前的最后一步。我们的目标是构建最终原型的单个功能或组件。选择的组件不应该是简单的，必须具备复杂性。这一阶段的目标是评估生成功能或组件所需的时间、资源、精力，以便利用这些具体数据进行下一步的项目规划。

你的大脑是一台合成机器——拥抱新的组合（和发散思维）。

（Georg Kress，2014）

最终原型

最终原型展示了设计思维项目的成果。它包含了新的解决方案的关键功能。最终原型应该尽可能真实，并向客户和用户说明所有的功能。

最终原型也是将解决方案投入真实生产时所需的一组规范的基础。

注：以上所述的原型都是基于单个原型，实际上每个阶段都会创建出多个相同类型的原型（如方克原型 / 集成原型）。

根据设计思维团队的经验水平，每个给定阶段的长度和强度可以根据项目情况及其要求进行调整。此外，宏观流程（p.23）决定了微观循环（p.11）中的工作重点。在第一步（探索设计空间、关键功能和黑马原型）中，重点是明确客户需求和快速创建原型。检查和测试尽可能多的假设是没有必要的。然而在后面的步骤中，更多的时间是被用来制作和测试更高分辨率的原型，这样做可以减少分析客户需求的时间。

在宏观流程的每一步中，通常都在同步进行微观流程的多个步骤。根据设计思维团队的经验，成员能够评估在特定情况下哪些步骤是真正必要的，哪些步骤可以跳过。然而，我们建议初学者将宏观流程和微观循环视为必须遵守的规则集。

也就是说，还差一步！

纸质自行车

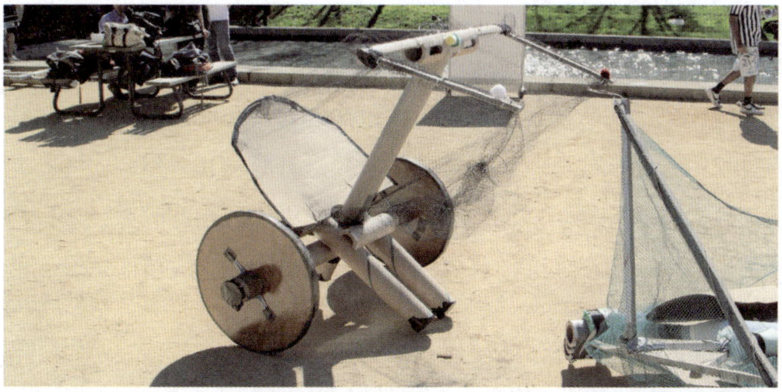

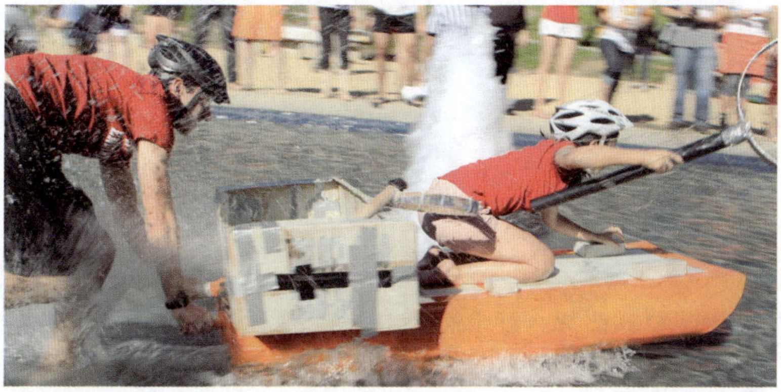

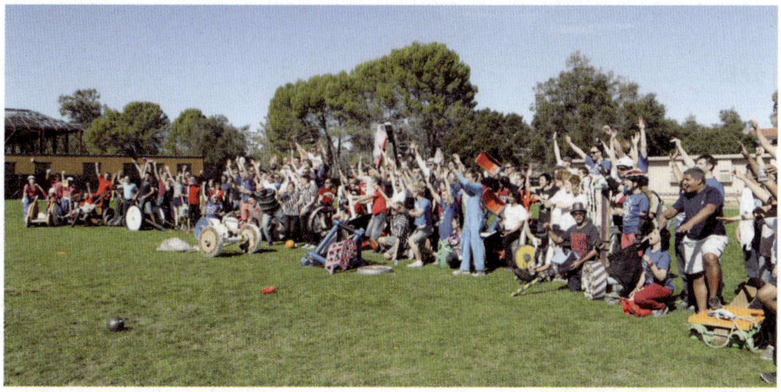

从学术上讲，每个设计思维项目都始于加利福尼亚州帕洛阿尔托斯坦福大学的纸质自行车挑战赛。参赛队必须制造一辆至少能承载一人的自行车，仅用纸张、纸板和最多 500 克的各种材料，如胶水或金属。这些纸质自行车必须经受住各种游戏和比赛的考验。

对学生们来说，纸质自行车挑战赛是一个巨大的热身活动，其主要目的是玩得开心！重点是学生们用自己的双手完成某件事的体验。在圣加仑大学这样的商学院，看到学生拿着锤子、电钻和锯子在大厅里走来走去是件奇怪的事。然而随着时间的推移，即使是校长也逐渐习惯了这种情况。

纸质自行车挑战赛，加利福尼亚州帕洛阿尔托斯坦福大学（ 2013 年、2014 年 ）

宏观流程
设计思维的 7+1 个阶段

探索设计空间

现在是团队成员走上街头的时候了。

设计思维项目总是从探索设计空间开始的。设计空间描述了设计挑战提出的直接环境。为了熟悉这一点，设计思维团队必须一方面进行桌面研究，另一方面与客户及其他利益相关者进行探索性对话。这是来自该领域的一手信息，必须收集这些信息并将它们结构化（需求挖掘）。

以下是属于优秀设计空间探索的内容。

客户：设计思维团队要确定可能的或已知的客户和客户群体。在这样做的过程中，团队成员收集潜在的客户并进行分类和分组，这些有助于在随后的需求挖掘阶段识别和寻找合适的人进行访问和测试。同样的流程也适用于用户。这种获取概要和高透明度的方式被称为“利益相关者地图”。

利益相关者：除了用户，通常还有其他一些与项目相关的人，这些人被称为利益相关者。利益相关者与客户和用户一样，被识别和分组。这些信息被记录下来，以后还可以修正得更精确。利益相关者可以是具体的个人，如果不能明确是哪个人，也可以是一个团体或组织。

团队知道什么，不知道什么

在设计思维项目中，从一开始就应该明确：对于提出的设计挑战，团队知道什么，不知道什么。这种明确性为尽快获取知识提供了方向。团队成员必须在整个项目过程中共同维护一个知识清单。

标杆分析

标杆分析是指其他行业或部门的可比情况。例如，一个致力于优化手术室运行流程的团队可能会使用一级方程式赛车的相关标准作为标杆。因为这两个领域都关注最高水平的精准和速度，如果犯错，那么势必会带来灾难性的后果。通过标杆分析，团队可以研究整个流程，得出相似之处，并将其整合到自己的设计挑战之中。

专利和其他信息源

专利数据库和其他信息源，如技术期刊，也是探索设计空间阶段的重要知识来源。团队成员应该不停地检测这些新趋势、新知识或其他有趣的发现，以此完善自己的项目。

商业模式和初创企业甄别

对商业模式和初创企业保持敏锐度是探索设计空间的一部分。因此，每个设计思维团队应重点关注行业内的创新商业模式和初创企业。

趋势侦察

趋势是丰富设计空间的有用来源。一些人提供了有关各种情况和技术趋势的研究。设计思维团队应该定期搜索与自己设计空间相关的趋势。

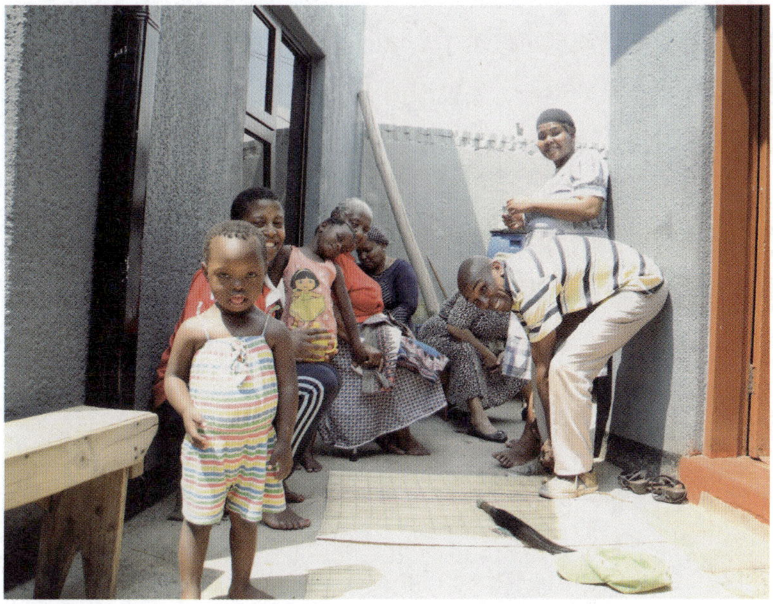

探索设计空间，南非约翰内斯堡（2014年）

宏观流程
设计思维的 7+1 个阶段

关键功能原型 / 关键体验原型

万事开头难，对设计思维团队来说也是如此。用户提出的设计挑战及周围的环境往往十分复杂，以至于团队成员很难确定最初该从哪里着手。

为了使这种复杂性便于管理，关键功能阶段和关键体验阶段的首要目标是为孤立的单一功能或体验开发原型。在理想情况下，选择的功能应该是让客户和测试人员感到新奇和有价值的。我们的目标不仅是从客户和用户那里获得积极的反馈，在某些情况下，为了界定哪些是可被接受的，设计边界在哪里，略微挑衅一下是值得的。

低分辨率的关键功能原型和关键体验原型对于展示想法很有用。使用这种方法，团队可以创造大量原型，并将它们带到客户和用户那里进行测试。

但关键功能原型和关键体验原型有什么区别呢?

关键功能原型

关键功能原型（critical function prototype，CFP）是一个实体产品或服务供应系统，以原型的形式允许客户测试一个给定的功能或组件。如果这是行不通的，团队至少应该将原型中出现的功能数量减到最少。

关键体验原型

关键体验原型（critical experience prototype，CEP）应该向测试人员展示“刚好足够”的体验，以便设计思维团队从测试中提取学习内容。比如，一个为了模拟自动驾驶汽车的体验。设计思维团队在实验室中搭建了一个隔间，这个隔间里有真实的汽车座椅和多个显示驾驶场景的屏幕。这种类型的原型可以用于简单的自动驾驶体验测试。当然，如今还有很多更复杂的情况，如模拟掉头和转弯。但当目标是获得对项目的初步学习时，前面描述的解决方案就足够了。

在典型的设计思维项目中，这个阶段会开发许多原型。重要的是，它们都将引导设计思维团队去构建和制作原型。

设计一个有影响的组件或功能。

1. 一个叫作“盒内”的产品原型（2013 年）

2. 一个有趣的，基于用户偏好的计算器原型（2014 年）

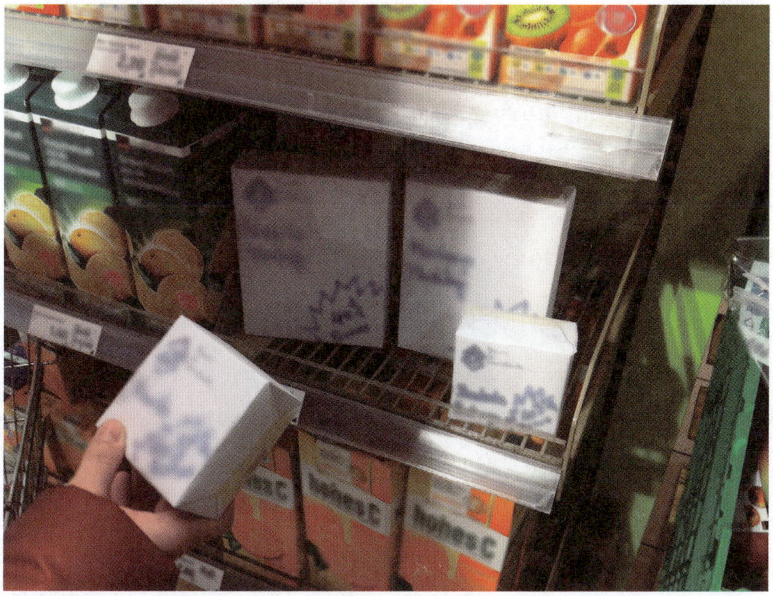

1

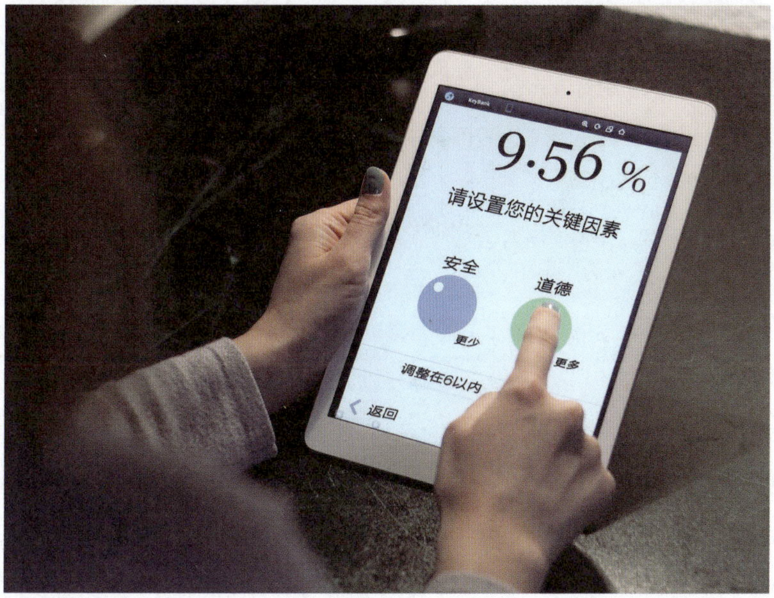

2

宏观流程
设计思维的 7+1 个阶段

黑马原型

“黑马”一词来源于一则赛马逸事：黑马是指没有人下注的马，但它却出人意料地获胜。黑马原型是不正常的，甚至有点滑稽，它们脱离了现实的局限性，有意地推翻那些围绕紧急解决方案的共识，并引入不确定性，这是为什么呢?

实践表明，以共识为导向的解决方案往往只是对现有解决方案的增量修改。相反，使客户或市场两极分化的解决方案，甚至是看起来完全不可行的，却有可能成为突破性的创新。即使这些原型还不能实现，单个元素却有可能实现。最重要的是，设计思维团队不会因为最初的不可能就回避它们。

在许多情况下，黑马原型阶段都有许多重构活动（参见第 2 章）。在重构中，团队从多个角度提出大量的设计挑战，并尝试重新表述它们，以便在一个问题上打开更广阔的视角。

与关键功能原型和关键体验原型类似，构建的黑马原型基本上都是低分辨率的，它们简单、快速、成本低，可以快速开始测试。使用这种方法比较容易处理失败的情况，团队也可以快速学习并改进。

根据我们的经验，黑马原型很难在管理层级众多的传统公司中受到青睐，有意识地偏离现实的项目有时会导致管理层的嘲笑。在某些情况下，甚至可能让管理层考虑将之放弃。这个阶段通常与一种错误认知相关，即项目有太多的活动空间，因此反而缺乏专注性。这样的观点应该被重新评估，因为它忽略了黑马原型阶段的要点。黑马原型中的游戏性和自由性是组织突破边界和开发全新解决方案所需要的。在许多项目中，特别是在关键功能原型和关键体验原型阶段，团队成员通常主要关注客户组织的现有商业模型，只有在黑马原型阶段，他们才能克服自己思维的局限性，并考虑新的模式——如果需要，甚至可以与现有商业模式相反。

有时候，如果你有了一个疯狂的想法，那么它就值得去实现。

（Hilary Hahn，2015）

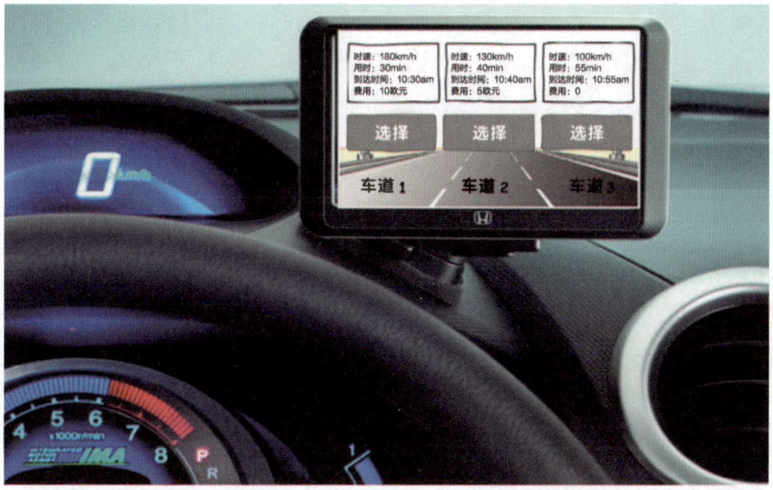

1

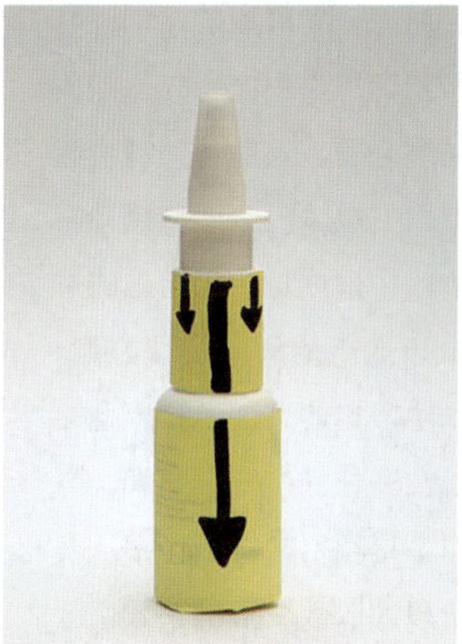

2

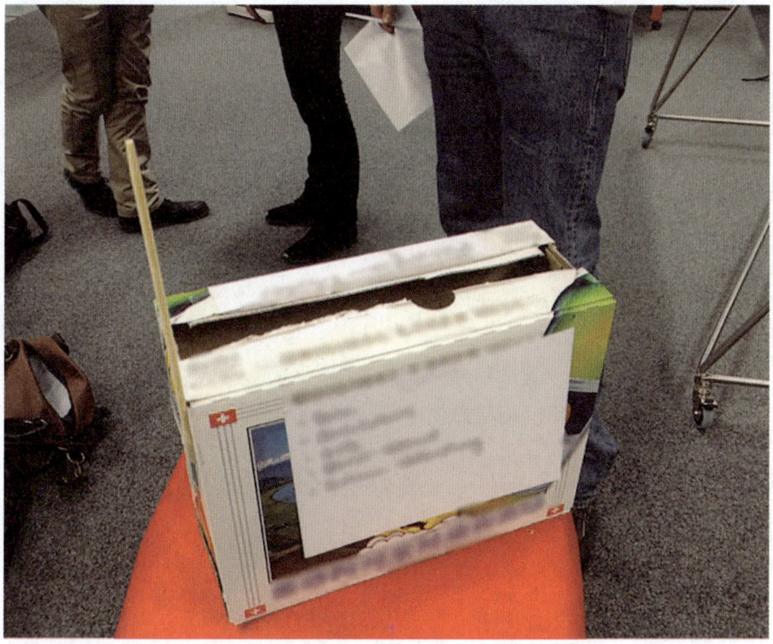

3

1. 车道使用费的黑马原型（2011 年）
2. 真空鼻腔喷雾瓶的黑马原型（2014 年）
3. 一个设备的黑马原型，可以将文件自动扫描、读取和归档（2012 年）

宏观流程
设计思维的 7+1 个阶段

方克原型（集成原型）

方克原型，又称集成原型，可以帮我们提出生产和交付相关的关键问题。它们将关键功能原型、关键体验原型和黑马原型阶段中最成功、最有趣的方案组合成新的集成解决方案。这一阶段也达到创意和原型的数量及多样性的一个高潮。方克原型是项目微观循环中从发散阶段到收敛阶段的桥梁。这一阶段的一项重要活动是确定以前哪些失败的原型应该被舍弃，不进入下一步的考虑之中。

方克原型在美学和触觉感知等方面还远未完成，然而这类原型应该提供潜在解决方案的基本功能和元素的基本草图。在这个阶段，微观循环的重点首先是构建和测试，而不是寻找额外的用户需求。

从设计思维团队的角度看，这个阶段是非常困难的，因为需要做出决定，决定哪一些原型需要被进一步开发，哪些原型需要被放弃。在这个阶段，团队内部和与客户的讨论通常都充满活力，因为团队和其他利益相关者正在努力地寻找解决方案。

根据我们的经验，与之前的阶段相比，这个阶段的原型数量略有减少，原因是将各个不同原型持续集成到单个解决方案中时，构建复杂原型的难度会越来越大。

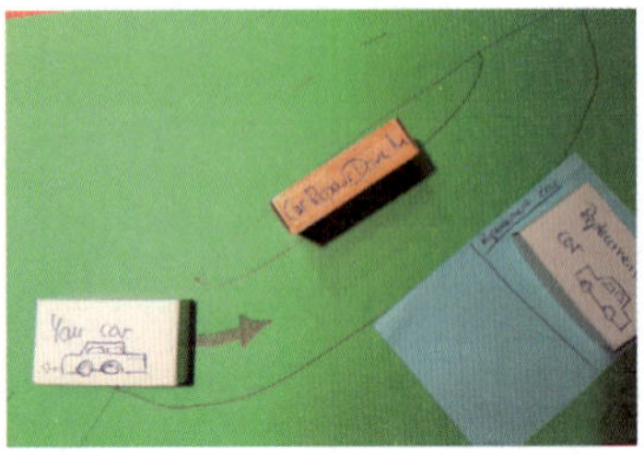
1

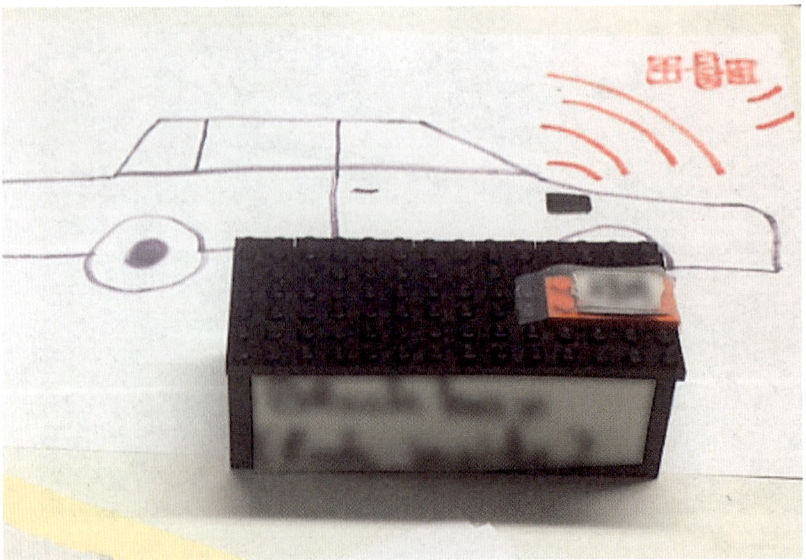
2

1. 展示汽车进入修理厂新方式的集成原型（2013 年）
2. 集成的汽车黑匣子原型，读取汽车开启 / 关闭、启动 / 停止的各项参数（2012 年）

宏观流程
设计思维的 7+1 个阶段

功能原型

有了功能原型，最终解决方案的要求和涉及的范围就被确定了。功能原型是对最终原型的探索。相对高精度的原型允许团队评估真正实现它时需要的工作量，并可以拿这个原型与客户讨论。

此外，高度的细节呈现使新的测试方案成为可能。单个功能可以在一个综合性的测试中进行评估和验证。这一阶段也是将其他个人和公司整合到最终解决方案中的发令枪。例如，如果团队需要开发软件或复杂的电子模块，软件开发人员可能就在此时进入项目。

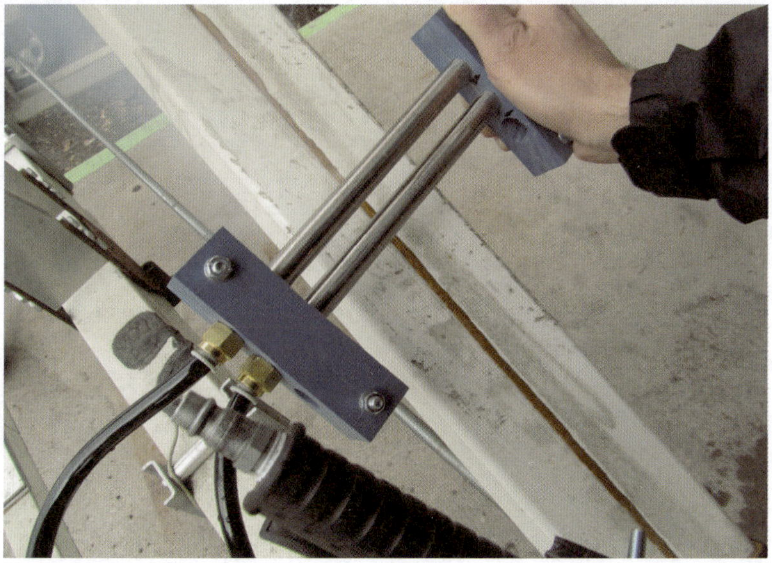

蒸汽喷嘴功能样机（2013 年）

宏观流程
设计思维的 7+1 个阶段

X 已完成原型

X 已完成原型可以帮助设计思维团队估算完成最终原型的工作量，其目标是开发并完成最终原型的选定功能或组件。团队应该确保选择的组件有足够的复杂度和挑战性，在 X 已完成原型之后，团队可以再次评估哪些功能和特征应该被转移到最终原型中。

设计思维项目的客户往往会让要实现的组件和功能列表超负荷运行，这会导致设计思维团队的日常设计进展经常被打断。因此，X 已完成原型提供了一个很好的机会，可以重新审视所有被提议的功能是否能在剩余的时间窗口内实现，如果不能，则应该减少组件和功能的列表。

笔记 / 草稿：

宏观流程
设计思维的 7+1 个阶段

最终原型

完成了！最终原型可以是产品、服务、战略或者业务的模型。它展示了设计思维团队对其设计挑战的解决方案。成果应该是高质量的，这样，客户、用户及其他利益相关者才能给出合理、全面的反馈。

在一个成功的测试之后，设计思维团队会为进一步开发和实现设定规范，而最终原型就是这个规范的基础。

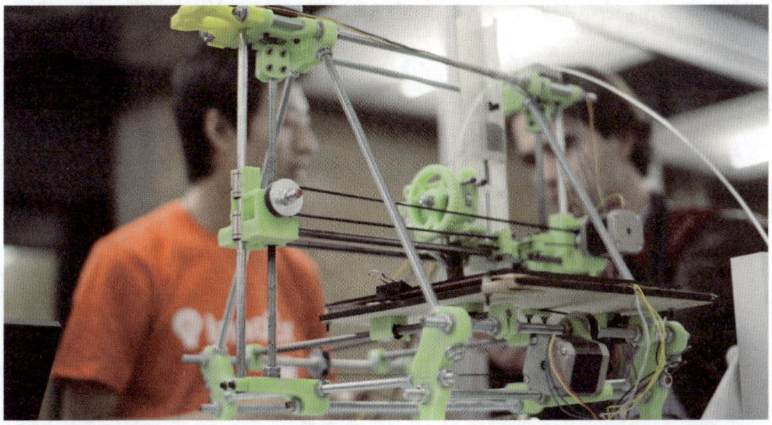

1

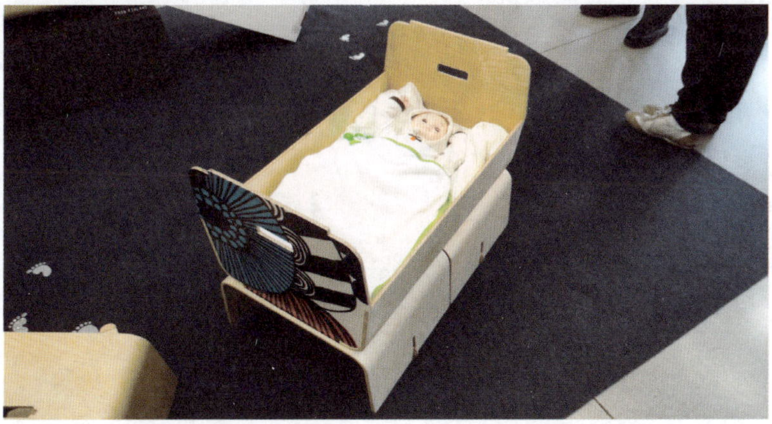

2

1. 电子元件的 3D 打印机（2014 年）
2. 欢迎盒子的最终原型，按芬兰的惯例，这要在孩子出生后送给家庭（2013 年）

设计思维工具箱

设计思维工具箱是一个方法集合，它提供了一种系统性和结构化的方法来解决问题。

初学者可以将本章描述的方法作为完成设计思维项目的指南。这些方法可以帮助我们把握复杂的项目，并聚焦于关键因素。

相比之下，那些已经有设计思维经验的人可以使用这些工具作为他们工作中的灵感来源，可以修改这些方法的元素，也可以跳过一些预定义的步骤，多次使用或改编。工具箱并不是一成不变的刻板教条。

为了使工具箱更易于管理，我们按照一个理想的设计思维项目的微观循环过程进行组织。

问题定义：一个成功的设计思维项目总是从一个好问题开始的。问题定义阶段的方法演示了如何定义一个好问题，以及在定义过程中要注意哪些重要因素。

需求挖掘和分析：需求挖掘帮助设计思考者理解问题，并为项目的下一步提取知识和方向。在观察过程中，设计思考者加深了对所有客户、用户及其他利益相关者在当前问题范围内的理解，无论这是一个面向终端消费者（B2C）的问题，还是面向企业客户（B2B）的问题。

创意：创意帮助设计思考者以最佳方式激活创造力。

原型设计：原型设计方法应该能够使创意可见和切实可行。将产品创意转化为原型是很直观的，另外，在本章中我们也分享了为服务和商业模型构建原型的方法。

测试：为了评估设计思维团队提出的创意，需要与客户、用户及其他利益相关者进行测试。在本节中，我们挑选了一些方法进行介绍，它们可用于 B2C 和 B2B 的情境。

为了补充微观循环中的方法，还有 3 个包含设计思维方法的章节也被纳入设计思维工具箱，具体如下。

建立项目：每个项目都需要做好规划，设计思维项目也不例外。在这个阶段，这些方法帮助我们建立一个项目并跟踪其进展情况。

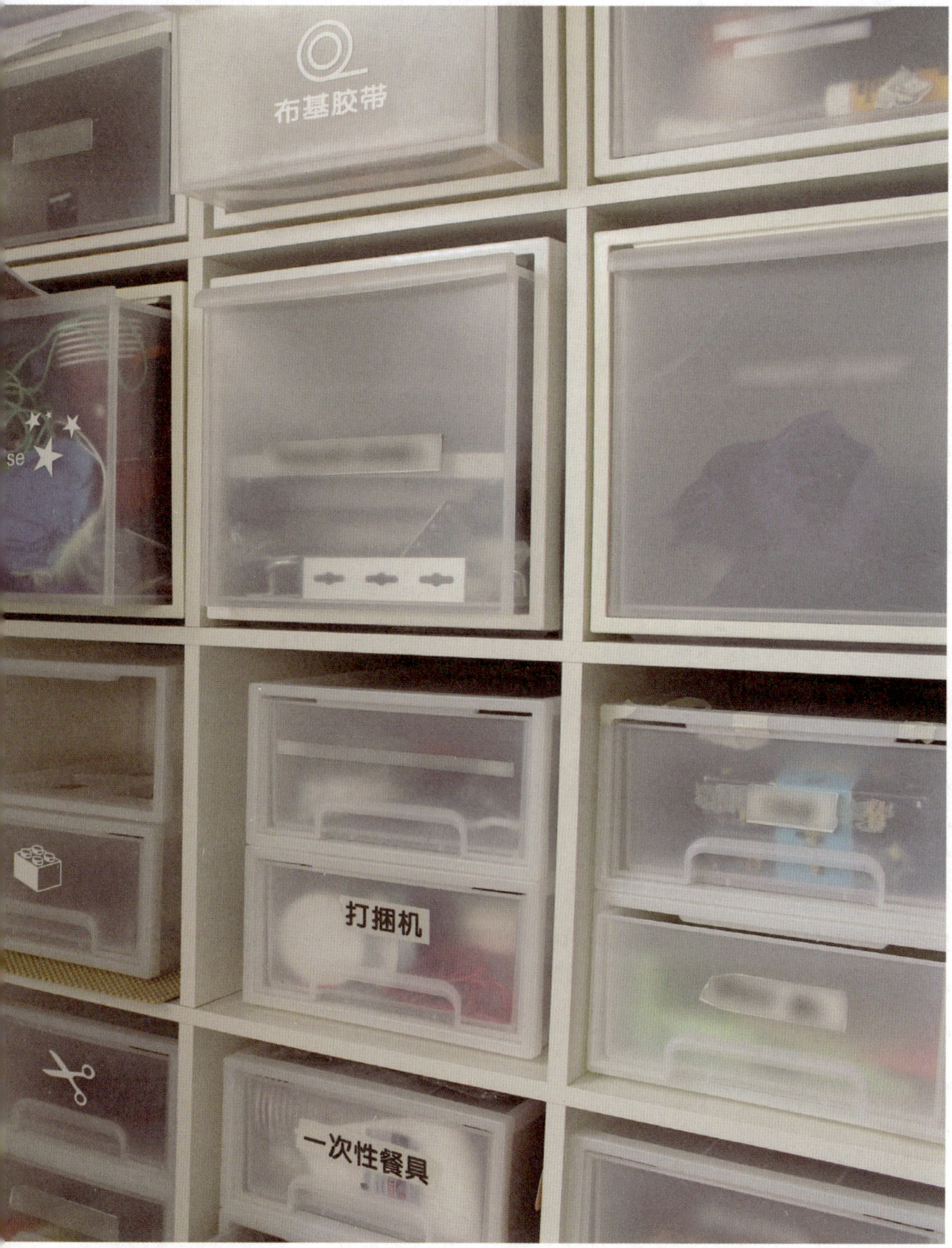

热身：热身时的一些小运动和小游戏，可以帮助我们唤醒身体和大脑。通常情况下，在创意活动之前要进行大量热身。

反馈：设计思维团队依赖于反馈。本章会展示一些结构化的反馈技巧。

这里的设计思维工具箱可以与现有的行业规范相媲美，例如VDI2223（依据设计方法产出技术产品）。除了一个显示具体步骤的过程模型，它还提供了一些技术方法，使特定步骤能够尽可能有效和高效地完成（德国工程师协会，2004 年）。

值得注意的是，一些方法可以被归纳到不止一个类别。如果遇到这种情况，该方法将被放在最常用的类别中。

设计思维行为规范

设计思维项目的成功在很大程度上得益于客户以及其他对话伙伴的信任。如果没有团队之外人员的参与和开放的协作，设计思维作为一种以人为中心的创新方法将会失败。

设计思维团队发现，他们与潜在用户和客户接触的频率越高越好，这样可以更好地理解人和人之间的行为差异，并使客户所在的组织也能够理解这种差异。通常，这种接触不仅限于设计思维团队所处的国家，还经常需要考察其他国家的文化。例如我们在进行某制药公司的项目中，会对欧洲、亚洲、北美洲等地的国家和南非的目标市场进行调研。设计思维团队既采访了生活在富裕地区的人们，也采访了生活在非常贫困地区的人们。如果没有这些人的帮助，这个项目就不可能实现。

这种开放和广泛合作的意愿基于我们在工作中建立起来的信任。没有信任，这些对话根本不可能发生。例如，我们不会有这样的机会把客户的照片和视频作为设计思维的核心。信任不是偶然发生的，个人和企业必须以尊重的态度发展和培育信任，其中一种方法是严格遵循那些适用于不同文化圈、国家、性别、年龄、教育水平、哲学等方面的规则。我们把这些规则称为“设计思维行为规范”。

设计思维行为规范是基于欧洲民意与市场研究协会（ESOMAR）建立的国际市场研究伦理准则（ESOMAR，2007），是所有交流的基础。与 ESOMAR 规范一样，设计思维行为规范是设计思考者行动的最低标准，考虑到国家法律和国际法时，在某些情况下会有更严格的规章制度。

设计思维行为规范的目标是（与 ESOMAR，于 2007 年制定的规范相一致）：

- 为设计思考者提供统一的规范和规则，在伦理层面规范人和数据的互动行为；
- 通过公开传播这些规范和规则，使人们和整个社会更加负责任；
- 在研究和测试时，除了明确团队内部的责任，还要说明一些特殊的责任，例如考虑儿童和年轻人。

与市场研究的国际标准（ESOMAR，2007）相一致，设计思考者也坚持以下基本原则。

法律

设计思考者必须了解并遵守相关的国家和国际法律。视情况，给定的法律也可能导致设计思维规范的收紧。

行为

每个设计思考者都必须从根本上遵循伦理行为规范。不能让某一个人的行为使整个设计思维群体处于不利地位。

儿童和青少年

在对儿童和青少年进行研究（寻找需求）和解决方案测试时必须非常小心，这不仅适用于我们如何与他们相处，还包括从他们那里收集到的数据资料。

自愿

参与访谈和观察都是自愿的。向参与者提供的信息必须是用他们可以理解的语言准备的。

个人权利

个人权利应该被尊重。应避免侵犯或损害个人权利，也应该避免暴露参与者的身份。

违反约定

设计思考者永远不能将收集的数据用于之前与参与者沟通之外的其他用途，除非参与者明确授权。

透明度和客观性

设计思考者必须确保所有活动和项目的概念、实施、文档自始至终都是透明的和客观的。

行为规范还与计算机和信息系统的交互有关。未告知参与者的数据保存本身就可能导致对隐私权的侵犯。因此，至少应考虑下述法律和伦理方面的问题。一些个别的案例还可能会涉及其他问题。

街头访问，中国上海（2015 年）

匿名

访问、观察或实地访问的数据必须匿名，除非参与者亲自签署了授权书。这意味着所有可能会标识参与者的数据都要删除，包括姓名、地址、保险机构或个人身份证号码等。只有匿名数据才能作为进一步工作的基础。对应大型数据库，删除这些特征可能需要投入大量的时间，然而这项工作至关重要。

伦理是一个学习过程，而非服从过程。

——M 实验室

数据保护（存取保护）

即使是匿名数据，保护数据不被第三方访问，也是一个复杂问题。在数字化世界里，计算机系统有如此多的入口，必须采取保护数据的步骤又是如此之多，以至于不熟练的人很快就会被数据淹没。因此，下面概述了一些需要考虑的问题。

硬盘加密：对于那些经常旅行的设计思考者来说，计算机很容易被遗忘在火车上，甚至被偷走。如果有人试图访问或者想以其他方式利用存储的数据，硬盘上的数据加密至少为入侵者制造了第一个障碍。

电子邮件：遗憾的是，当今电子邮件的加密程度和安全程度远远不够。在发送个人和机密数据时，有必要采用加密协议。虽然这种情况在实际情况中并不经常发生，但当存在这种可能时，我们总是应该小心为上，使用加密技术。

优盘：当然用优盘把数据从 A 复制到 B 是很便捷的，但我们也要意识到优盘很容易丢失。捡到优盘的人可以无限制地访问保存在其中的数据。如果选择使用优盘，就要加密它们，这样即使优盘丢了，对数据也有基本的保护。

数据销毁：很多设计思考者并没有考虑到销毁数据。然而在项目成功完成后，问题很快就出现了："现在我们该如何处理数据呢？"简单，只要没有计划与参与者进一步使用，数据应该被不可逆地销毁！

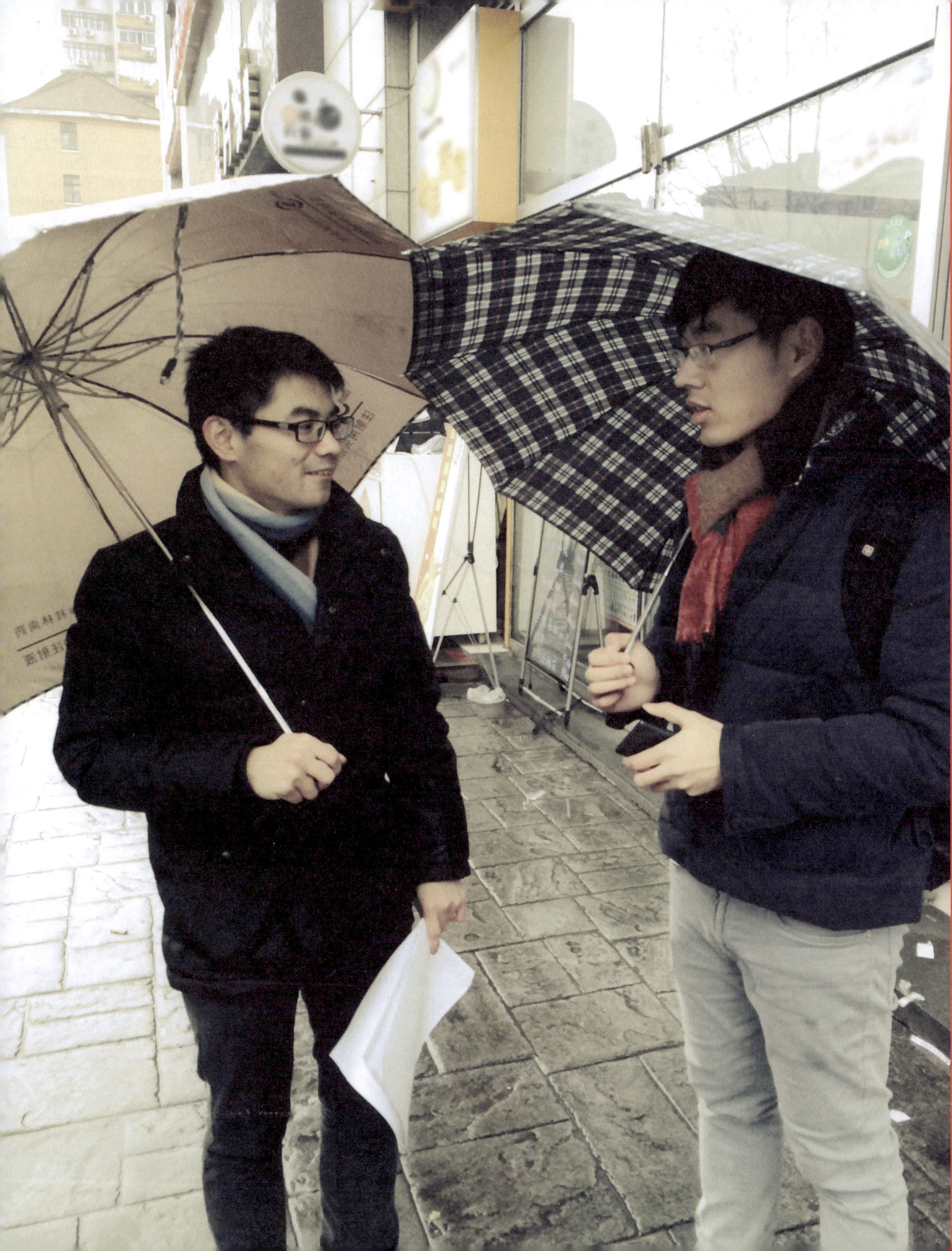

团队

优秀的团队是设计思维项目成功的关键。只有当团队中的每位成员都准备好竭尽全力，并且团队成员之间的互动是同步的，团队才能获得开发创新解决方案的动力。那么，优秀的团队具有什么特点？他们需要什么样的人才，需要注意什么？

斯坦福大学的同事马克·沙尔（Mark Schar）说，人们需要了解的关于优秀团队的一切都可以在电视上看到。他讲述了系列电影《恐龙战队》和《星际迷航》中的例子。柯克舰长总是关注大局，在艰难的情况下做出艰难的选择。斯波克指挥官总是质疑其（主要是人类的）行为，以及“一号”。她不仅是首席执行官，还拥有出色的逻辑思维和分析能力。这些只是我们从中可以学到的一些优秀团队的特质。

设计思维采用类似的工作方式进行。它不是要寻找某一种人，就像格言中说的“我们要找富有创造力的人”。不——优秀的团队是由不同类型的人组成的。能力的综合和相互作用才是关键。在设计思维中，成功的团队组成取决于 3 个因素：个性类型、多学科和 T 型图。此外，正是这些人独特的互补性和建立的协同效应，使他们成为伟大团队的一部分。

个性类型

一个人的个性类型没有“好”“坏”之分，它为建立多样化的最佳团队提供了支持。按照麦格雷戈的说法，“在正确的时间进行正确的组合”具有决定性的作用（McGregor，2006）。对一个优秀的团队而言，重要的不仅是成员拥有不同的背景（多学科），还要有不同的人格类型。内向者与外向者，思考者与沟通者，他们之间的相互作用造就了一个优秀的团队。

在学生团队中，我们使用团队学的方法将潜在的团队成员划分成 16 组，最主要的目的是将具有尽可能多不同特质的人聚集在一起，就像《星际迷航》一样。然而在组织过程中，这种方法很快就显示出局限性，因为个人权利显然是最受关注的。但如果我们与人力资源部门、工会等组织去沟通，开诚布公地讨论这样做的价值，几乎总是能得到建设性的结果。

多学科

多学科意味着在设计思维团队中，试图拥有尽可能多的教育背景，例如工程学、计算机科学、工商管理学、心理学、建筑学、设计学等。团队成员的专业知识以及他们给出的不同的解决方案，会为团队提供更多的改进机会。经过整合组建起来的团队比单纯地将各部分相加更加强大。

公司经常尝试把不同部门的员工放在一个团队中。在一些项目中，财务总监与来自研发、营销和客户管理的同事在一起工作。由于公司中的员工拥有不同的教育背景，公司非常适合发展这种多学科团队。

T 型图

组建设计思维团队要考虑的第三个方面是 T 型图。 T 型图象征着将一个人根深蒂固的、分析性的知识（字母 T 的垂直部分）与更广泛、更综合性的知识联系起来的能力。“T 型人”不仅能够汲取自己专业领域的知识，还能够在其他专业领域进行思考，并建立联系。

关注以上 3 个方面，不仅在公司，在教育领域也可以建立优秀的团队。

定义优秀团队的特征是什么？麦格雷戈（2006）是这样说的：“你喜欢和他们在一起，你期待所有的会议，你学习新的东西，你笑得更多，你发现自己把团队任务放在其他工作之前，你感到自己真正获得进步并拥有成就感。”其实，我们的直觉常常告诉我们一个团队是否有潜力成为优秀的团队。在麦格雷戈的支持下，加上我们的经验表明，团队是否具有以下特征至关重要。

开放性

团队成员愿意接受新的想法、建议和解决方案，即使它们可能是疯狂的，有时候甚至是不切实际的。对他人的开放性也是如此。开放的态度总是反映在一个团队有多愿意听取对方或第三方的意见上。

实验性

团队已经形成了一种实验的文化，即尝试做事并允许失败，而不是立即放弃新的想法和做法。

互助

团队成员互相帮助，培养好奇心、开放性，以及乐于实验的性格，这往往需要时间与耐心。

个性

允许个性和意见的差异是很重要的。团队成员之间和谐的沉默对提高成果的质量没有任何帮助。相反，好结果来自持续、建设性的讨论，对不同意见的探索和对多样性的接纳。

批判性

诚恳的批评属于优秀的团队！如果没有诚恳和建设性的批评，团队在向前推进项目时就会出现缺乏足够的力量和速度的风险。

孩子气

团队必须有勇气偶尔孩子气一下。孩子般的好奇心会产生对某个话题有价值的新方法，即使一开始看上去可能显得有些不合常规。

设计思维教练和经验丰富的心理学家能帮助团队唤醒和加强这些特征。如果对团队的组成和支持没有得到与设计思维流程同等程度的重视，整个设计思维流程也将一无是处。

关于构建“优秀团队”，你需要知道的一切都可以从电视上学到。

（Schar，2010）

设计思维团队（2013 年、2014 年）：

圣加仑大学、卡尔斯鲁尔理工学院和苏黎世大学的团队在斯坦福大学（2013 年）

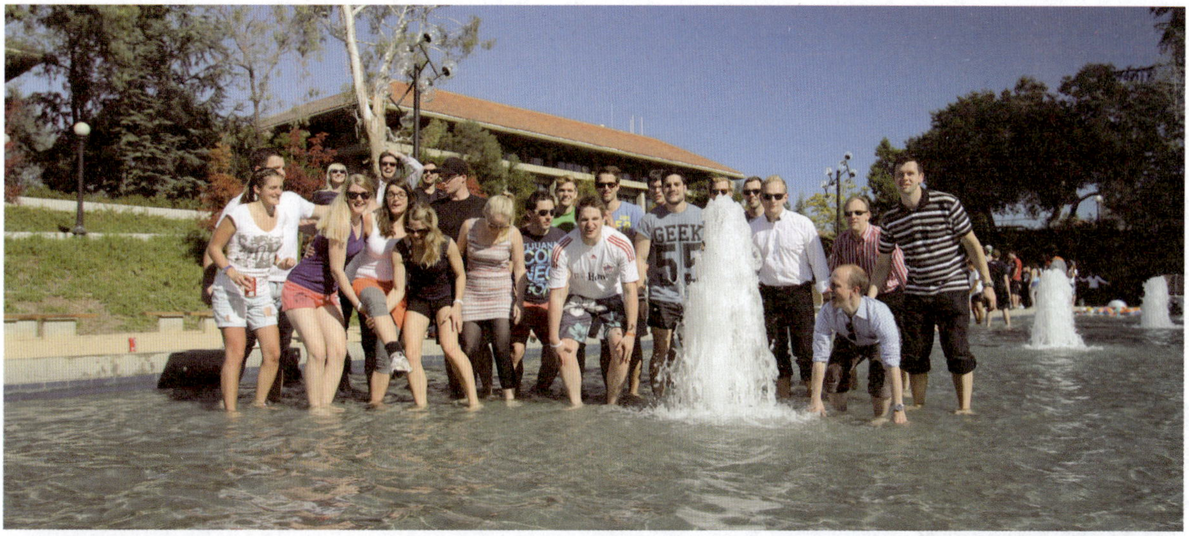

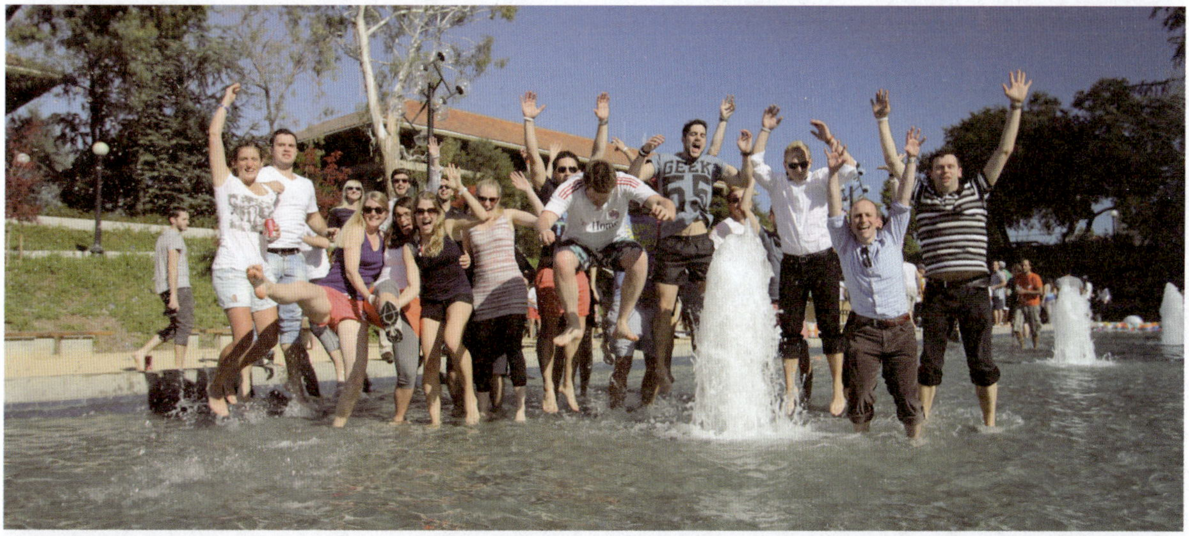

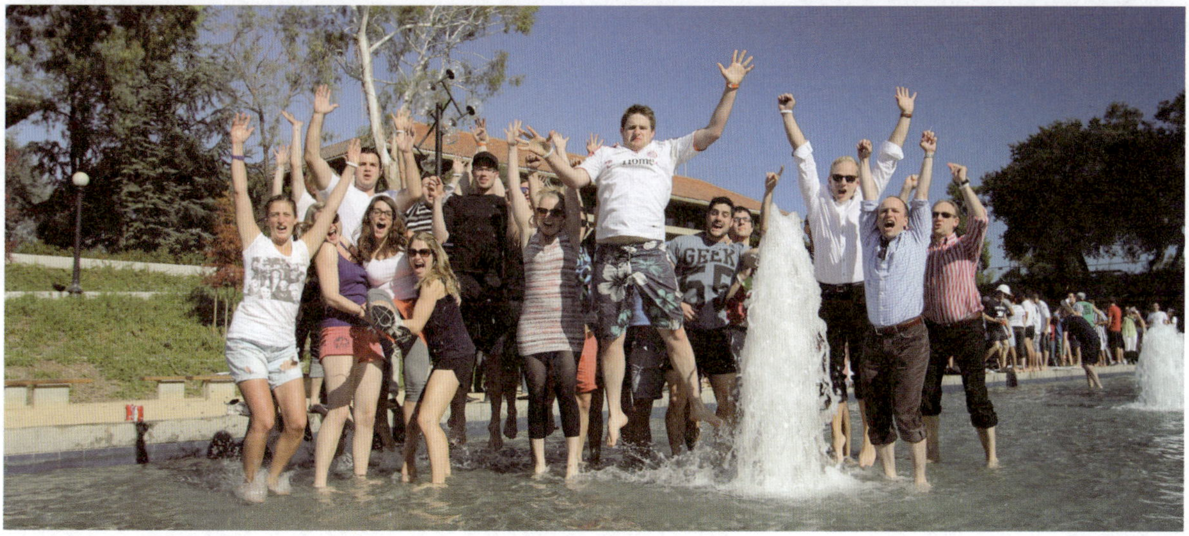

在公司中落地

将设计思维引入公司和组织已经是人们熟悉的领域。在过去10年里，许多公司都运用了设计思维。在此期间，他们积累了重要的学习经验并应对了转型过程中面临的典型挑战。

公司也认识到，将设计思维作为一种方法和一种文化引入，需要很长时间。管理者和员工的想法不会在一夜之间转变，甚至几个星期、几个月也都不行。更常见的情况是，企业必须计划一个多年的时间框架，并不断分配活跃的管理资源，以便引入设计思维方法。

根据我们的经验，这样的转变发生在两个层面上：项目的日常运营层面和组织的战略层面。当涉及采用设计思维方法时，二者是相互交叉的。

项目的日常运营层面

在项目的日常运营层面通常有以下3种不同的方式来考虑如何利用设计思维。

设计思维是创新工具箱：在这种应用方式中，方法元素和工具被单独拿出来用于现有项目中。一方面，这种方法可以快速利用设计思维中的有效元素；另一方面，员工通过第一次与设计思维方法的接触开始学习。

设计思维作为创新过程的一部分：在这种应用的变化中，发散阶段往往与之前采用的一些开放方法相结合，如迭代式增量软件开发过程（简称SCRUM，通常用于敏捷软件开发）。我们的目标是通过设计思维面向用户和激发创造力的方法，支持和改善之前主要关注于收敛阶段的开发方法。

设计思维作为创新和用户导向的“游乐场”：在这种模式下，设计思维在微观循环和宏观流程中都以实践为导向进行部署和实施。

组织的战略层面

公司融入设计思维文化的战略转型一般会经历以下4个发展阶段。

认知：处在认知这一阶段的企业需要迈出的第一步，感性地建立客户中心主义、创造力至上以及引入迭代方法。企业通过诸如召开员工大会，由设计思维教练提供的培训，以及由设计思维方法支持的项目等，使员工们感受到设计思维的用处。

实践：在这个阶段，大多数公司会评估设计思维在项目中的有效性，以解决选定的问题和特定的任务。在认知阶段的延续中，更多的员工接受了设计思维方面的培训，组织内方法论知识的基础得到了扩大。此外，更多的项目也是借由设计思维工具和流程完成的。

推广：在推广模式中，公司认为设计思维是一种既定的成功方法，这里的目标是稳定和扩大其在组织内的使用。与此相联系的是，一方面，设计思维项目的空间会得到扩展；另一方面，随着评价系统的建立，提高成功的透明度和可追溯性都将得到提升。

设计思维作为一种组织文化：为了使设计思维成为公司文化的一部分，要保证其原则贯穿于整个组织。除了使用上述所有形式，设计思维经常驱动和支持组织转型，这被称为“设计转型”。设计思维能使公司内部和外部面临的问题和挑战同时得到解决。

除了这些发展路径，还有许多额外的挑战和成功的经验需要牢记。这些将在其他章节中聚焦和探讨：

- 组织对客户和用户的定位；
- 中高级管理人员必须提供支持；
- 典型项目需要快速显示方法的成功；
- 通过培训提高对设计思维方法的认识和理解；
- 设计思维不是解决所有问题和任务的方法；
- 实现这些方法需要坚持；
- 必须克服和打破部门壁垒；
- 小团队带来活力、影响力和成功；
- 设计思维团队应该有自己的空间。

2

工具包

设计思维工具包使我们能够用一种结构化和系统性的方式解决设计思维问题。

初学者可以将这些方法作为指南。

准备

项目规划

设计思维项目规划经常采用经典的方法，这包括：

- 制订计划大纲；
- 为事件顺序设定参数；
- 制定时间表；
- 设定项目的截止时间；
- 估计所涉及的工作；
- 建立财务和风险管理计划；
- 确定人员配备需求。

本章主要讨论项目规划的前三点，因为这三点与传统的项目内容差异最大。此外，我们还提供财务资源规划方面的进一步建议。

我们通常可以将设计思维项目分为两大类（见本书第 56 页的表格）。

长期项目

在长期项目中，我们工作的设计挑战是，解决方案在未来（5 年）的问题陈述。这些项目的目标是，通过了解用户需求和市场趋势，建立对产品、服务和商业模式的预测。通常，这些项目的结果为一个组织或部门的战略制定提供了最初的动力。

项目开发

在项目开发中，我们关注具体的设计挑战和任务需求，关注用户及其他利益相关者。目标是可以在明确的时间框架内（2 ~ 5 年）内实施解决方案。根据项目类型，项目计划的执行方式是不同的。

项目大纲

项目大纲通常简明扼要，涉及以下内容。

现状： 对组织、市场现状的简单描述，以及一些相关的框架条件。

设计挑战： 清晰地描述需要解决的问题。

问题： 在项目完成后，客户问题列表中的问题应该得到答案。

解决方案的需求和限制： 在项目一开始就确定下来的对最终解决方案的要求，可以是经济的、管理的或者技术方面的。

在理想情况下，最初的项目大纲可以贯穿整个项目。然而在创新项目中，很难保证不会产生完全让原始设计挑战失效的新知识。所以，通常会修改项目大纲和任务需求，或者将其添加到微观循环的“问题定义和再定义”阶段。对敏捷性和灵活性的需求允许设计思维团队对其在需求挖掘阶段发现的客户和用户需求进行调整。

基于宏观周期进行项目规划

典型设计思维项目的时间安排和调度是基于前面所讲的宏观周期设计的。在众多成功完成的项目过程中，这个时间表已经被证明具有科学性，以及具有适应组织条件和要求的灵活性。

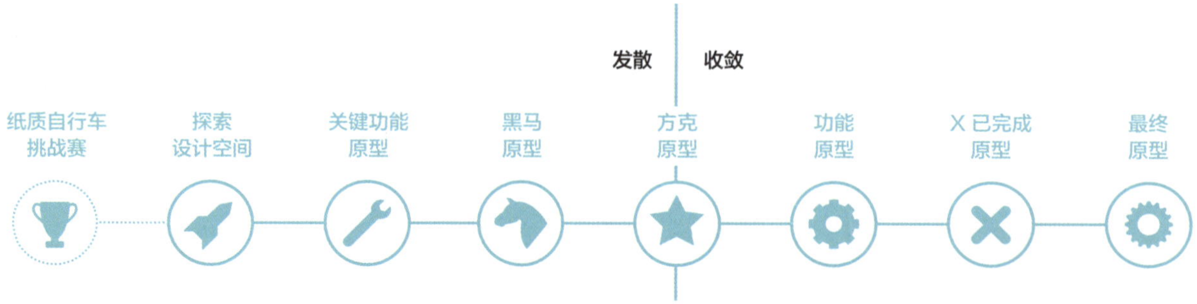

阶段	描述	产出
项目开始	项目正式开始，即项目规划开始	项目规划
项目启动	让整个团队成员聚在一起讨论项目大纲，并发出“开始”信号	对项目角色、任务、时间和结果的理解
探索设计空间	对设计挑战和解决方案空间进行定义和探索，强调需求挖掘	访谈客户等利益相关者，第一次洞察，关键功能定义，标杆分析和商业模式分析
关键功能原型（CFP）	继续寻找需求，为最重要的功能制作简单原型以便体验和测试	需求挖掘的结果，CFP（>20 种），失败以及从失败中挖掘经验
黑马原型	重新定义最初的框架条件，制作简单原型	需求挖掘，黑马原型（>20 种），失败以及从失败中挖掘经验
方克原型（集成原型）	从以前的阶段中整合最成功和最有趣的原型，转换制作更复杂的原型，目的是找到新的方向	方克原型（5 ~ 10），精细的测试结果
功能原型	实现一个包含所有重要功能的综合原型——与用户测试	功能原型（最多 3 个）
X 已完成原型	必须将最终原型的一个功能完整地做出来，这样才能预估开发最终原型需要的工作和精力	X 已完成原型
最终原型	完整的、精心设计的原型，尽可能地展示最重要的功能，并回答设计大纲中提出的问题	最终原型，包括项目结果相关的记录文档

这个时间表确保了在整个项目中不断开发原型，并将其用于收集评价和反馈。此外，它还确保了最重要、最基本的设计思维原则：客户中心主义、创造力至上以及引入迭代方法。

在前面提到的每个里程碑中，微观循环（问题定义和再定义、需求挖掘和分析、创意、原型设计和测试）至少执行一次，但通常是多次。

基于微观循环的时间安排和调度

设计思维时间表的第二个变量是基于微观循环的，而不是宏观周期。在访问用户时间和物理环境受限的情况下，这是一种特别有效的方法。在这种情况下，与用户等利益相关者的密切接触是必要的（需求挖掘和分析）。如果与宏观周期的时间表相结合，将更容易在微观循环的时间表中安排访谈和实地考察的时间。一个基于设计思维微观循环的时间表具有以下特点。

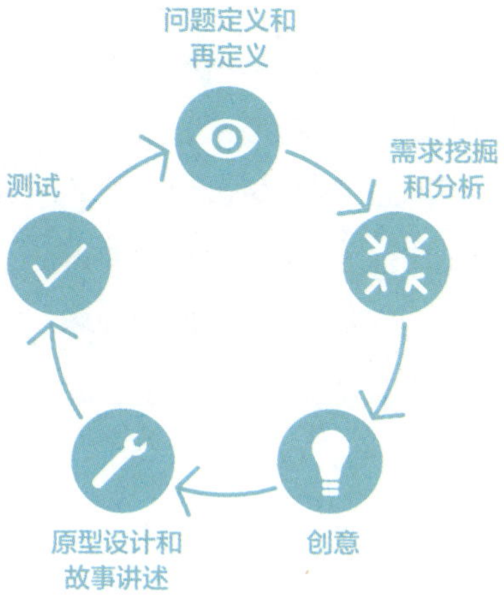

阶段	描述	产出
项目开始	计划中的项目正式开始	项目计划
项目启动	将整个团队成员聚集在一起，讨论项目流程，并发出“开始”信号	对项目角色、任务、时间和结果的理解
需求挖掘和分析	人类学方法的实地研究，提炼出方向（为进一步的项目进展提供知识）	访谈、观察结果和其他行业的做法
创意	在前一个阶段的基础上产生许多创意点	有优先顺序的创意集合，在原型的帮助下进行进一步阐述
原型设计	将创意固化为原型，以便与用户进行测试	原型，通常不多，最多 5 个
测试	与用户和其他利益相关者一起测试原型	测试结果

除了更容易地规划与用户等利益相关者接触的时间，这样做的一个优点是可以更深入地关注需求挖掘。因此对于面向未来的项目而言，基于微观循环的日程安排是个特别合适的方法。

时间

设计思维项目所花费的时间取决于每个特定组织内外的许多因素。然而，我们在超过 60 个设计思维项目过程中收集的经验，已经为不同阶段提供了一些时间规划的指导意见。当需要较好地估计和安排时间时，这些计划被证明是有用的。

在宏观周期基础上的流程	组织管理的最短时间
项目开始	1 个月
项目启动	半天
探索设计空间	2 周
关键功能原型（CFP）	2 周
黑马原型	2 周
方克原型（集成原型）	1 周
功能原型	3 周
X 已完成原型	3 周
最终原型	3 周

上述时间表建立在已经具备了以下条件的假设之上。

团队规模： 4 ～ 5 人，每个人承诺在项目上工作的平均时间为每周 2 天。在组织内，有时候这个投入时间会更长。

访谈： 时间表中假设与用户等利益相关者的对话和观察能够被无障碍地组织和实行。关于需求挖掘和分析的章节更细致地讨论了关于访谈的方法和技巧。

财务方面

在国内或全球执行的设计思维项目，与其他项目相比，其财务要求基本没什么区别。但通常有两项预算需要分开规划，因为它们通常可能导致成本上升。

差旅预算：以客户为导向意味着设计思维团队必须亲自出现在客户或用户所在的地点。这不能委托给市场研究公司或其他人！因此，有些项目因为人员出差需要提高差旅费用的预算。实际上，小组应该计划几次访问。只有这种层次的参与，才能引导设计思维团队建立对用户的同理心和形成对设计挑战的深刻理解。在现场工作有时是至关重要的，无论在埃塞俄比亚、不丹、哥伦比亚还是在南非。

原型材料：构建原型是大多数设计思维项目的核心活动。不管产品还是服务，在项目早期，原型通常是低成本和容易制作的，但在后期，其成本会增加。材料费用和某些情况下所需的外部服务（如制作软件或拍摄影片）应及早列入预算。

工具

- 规划软件，如微软的 Excel 或 Project 都是很有帮助的。
- 便利贴可以有效地展示项目计划，例如可以把要完成的事项写在上面，然后按时间线排列在一块泡沫板上。这样做的优点是房间里的每个人都可以看到项目计划，也很容易实施计划。
- 帮助项目规划的 SCRUM 或看板。

流程及技巧

- 尽早开始项目规划，给自己至少留 1 个月的时间。
- 列出至关重要的联系人名单。
- 根据事件顺序制定一个项目大纲。这不需要在一开始就完成，但它确实是设计思维团队与项目委托方对话的基础。
- 估算与项目相关的时间、成本和精力。
- 与项目委托方确认重要的会议时间，比如截止日期和里程碑会议。
- 建立一个考虑了人力资源的时间表和截至日期，以便项目的目标可以在给定时间范围内实现。
- 制定预算。

这通常是一个迭代过程，需要在项目开始之前就落实。

维度	长期项目	运营项目
目标	基于以客户为导向的产品战略、服务和商业模式，从设计思维中获得灵感和想法	通过开发以客户为导向的产品、服务和商业模式，解决当下 B2B、B2C 所面临的挑战
解决方案的时间框架	>5 年（不超过 10 年）	1 ~ 5 年
流程	聚焦于需求挖掘、分析和创意阶段，原型设计不那么重要	聚焦于设计思维的所有阶段
挑战	分配的任务必须与组织相关；抽象的创意也要通过原型表达出来	在发散阶段，客户和利益相关者可以识别他们认为有问题或者缺失的方面并加以评论，因此设计过程也可以被视为仅仅是对现有创意的实现

准备

基础设施

执行一个项目需要适当的基础设施。有的组织没有合适的空间来开展设计思维项目，在这样的条件下，如何建立"对"的环境可能会成为一个挑战，实际上，简单的材料也可以为成功的合作提供空间支持。

保障设计思维团队每位成员的私人空间： 每位成员都应该有自己的私人空间，即使团队内部合作非常紧密，也要保证每个人可以安静地工作，专注于需要他们解决的大量任务。

协作空间： 除了私人空间，为团队和协作建立合适的环境也很重要。团队成员经常需要与其他成员在这个地方一起工作，例如讨论访谈的结果，以及得出下一步应该如何行动的结论。

泡沫板： 结果、创意以及讨论事项都应该被记录下来，团队可以在任何时候调用它们。除了移动挂纸白板和常规白板，我们强烈推荐使用泡沫板。因为它很轻巧灵活，团队可以在上面贴便利贴，以及随时用作其他用途。

创意工具包： 无数的测试和讨论都在团队以外的空间进行，所以将最重要的材料打包放在行李箱里并带走，是非常有帮助的。

存储： 不应低估存放设备（泡沫板等）和原型所需要的空间。大多数办公室空间的设置，并不能容纳设计思维在项目中需要、获得和产生的大量材料。因此，在规划之初就要考虑这些问题。

材料（如原型制作）： 基本材料像便利贴、纸张等应该在各个办公室都有。许多设计思维的作者认为，需要一个创意区或手工区，一张爱好者的长椅或一个手工艺品商店。能够接触大量的材料当然是好事，但是我们也发现，其实一个小的、有限的种类就足够了。这些有限的材料已经能够进一步提升团队的创造力了。

原型制作空间： 特别是对创新产品而言，团队需要一个用来构建原型的空间。这也许会带来挑战。例如，如果使用 Arduino 等电子设备，就需要在不违反消防安全规定的情况下快速使用烙铁。

电话和电话会议： 今天还把这个列为要求看起来有点过时，事实上很多经验表明，在设计思维项目中一些简单的沟通手段，如视频会议设施等，设计思维团队并没有具备相应的沟通手段。然而，这在采访用户、客户以及专家时是必不可少的。

定制化的工作空间：一些小预算能够让团队购买他们需要的东西，使工作空间富有个性，从而团队成员之间也更加亲切。

提示与窍门

- 如果可能，尽量亲自检查所使用的空间和材料。我们的经验表明，房间预订服务中列出的材料和房间中实际有的东西往往存在很大差异。
- 列出需要订购的材料清单和所需的基础设施，并确保相关设施一应俱全。还要确保你已经考虑到所需的一些材料并不在许多组织的标准供应柜里，在这种情况下，你要做好准备等待一个月甚至更长时间。

笔记 / 草稿：

准备

团队构建

团队构建在设计思维项目中具有特殊意义。当一个团队组合得很好时，它总是能比个体实现更多的目标。然而，在团队建设方面，所谓的“好”又是因什么标准而定呢?

在过去的几年里，我们使用卡尔·古斯塔夫·荣格（Carl Gustar Jung）的人格类型的“团队学”指标，作为团队构建的标准。团队学决定了一个人的人格类型，并将其大致分类为：内向与外向、感觉与直觉、思维与情感、判断与感知。对个人来说，人格类型是构建团队的决定性因素。我们知道，一些学者会认为跨学科性比人格类型重要。然而我们的经验表明，在全球范围内（例如通过整合某些领域的专家），跨学科性比团队中的人格类型多样性更容易得到满足。

除此之外，我们的经验也证明了召开团队会议对管理团队多样性的价值。在小组会议上，团队沟通的规则可以被反复强调和讨论。此外，团队还会讨论人格类型测试的结果——当然是在尊重个人隐私和保密的基础上。目标是让团队识别并弥补其存在的潜在弱点，并更好地管理可能出现的冲突。

增加一些知识不怎么丰富但拥有多样化技能的人，实际上可以提升团队的表现。

（Surowiecki，2004）

人格类型

团队学测试可以确定一个人的人格类型。人格类型可以根据生活阶段和外在环境改变，但它仍旧可以作为一个人基本性格的良好指标。该测试将人分为以下类型。

内向与外向：外向的人与内向的人相比更开放，更愿意与他人接触，也更擅长沟通。内向的人通常有很强的分析能力。

感觉与直觉：依靠感觉的人更注重事实，往往会拖延做决定的时间。他们的直觉不会立即产生，通常只有在他们研究了某一情况的事实之后才会产生。直觉型的人用他们的“第六感”——直觉来做出决定。这通常来自经验和自信。

思维与情感：思维型的人往往根据呈现给他们的事实理性地做出决定。情感型的人通常会将对情境以及对同事的情绪因素带入决策之中。

判断与感知：判断型的人倾向于快速做出决定并在很长一段时间内维持这个决定，即使有了新的事实依据也是如此。而感知型的人在做出决定之前会花较长的时间来熟悉情况。

过去几年中，团队学测试的分类已经给出了“专家”“导师”“主管”等个性化的名称。值得注意的是，所有分类都被积极看待。当建立一个设计思维团队时，应该尽可能地涵盖团队学测试的不同象限。那些没有被覆盖的象限应该在团队多样性会议上被提出来讨论。

在组织环境下，人格类型测试必须谨慎地进行——必须充分保护个人数据。大多数情况下，即便个别成员自己同意测试，人力资源部门和工会也都需要参与。

跨学科

构建设计思维团队的第二个标准是跨学科，也就是团队成员的学科背景和其他经验。与项目的背景相关，一系列的资格证书和个人资料被集合在一起，例如将一名软件工程师、一名设计师、一名人类学专家和一名经济学家放在同一个团队中。这种做法的背后其实是一个假设，即团队应该能够访问来自多个学科的知识。

实际上，多样化的个人资质能够帮助团队解决复杂问题。遗憾的是，在银行业等许多行业，完全一边倒的方式对个人资质多样化产生了负面影响。

T 型图

第三个标准不仅仅与一个人给他的团队带来的专业知识或“深度知识”相关（由 T 的垂直部分表示）。在某种程度上，团队成员还应该能够在其他领域思考和工作（由 T 的水平部分表示）。没有交集或相互沟通时，T 型人通常很难识别。当组成一个新团队时，个人的专业中可能存在一些提示，项目发起者也可以从之前的项目中了解到一些个人特质。

资料来源

McGregor, D., “The Human Side of Enterprise”, 2006 (annotated ed.)
Parker, G. M., “Team Players and Teamwork: New Strategies for Developing Successful Collaboration”, 2008 (2nd ed.)
Surowiecki, J., “The Wisdom of Crowds”, 2004
Wilde, D. J., “Teamology: The Construction and Organization of Effective Teams”, 2007

工具

- 测试结果评价表（Wilde,D. J., 2007）

笔记 / 草稿:

提示与窍门

- 使用人格类型测试要注意对收集到的所有数据严格保密。
- 与客户的组织管理部门确定人格类型测试是否被允许，以及在什么情况下被允许。在某些情况下，还要与员工代表进行确认。
- 即便客户所在的组织允许人格类型测试，在测试之前也要与员工进行单独对话，解释测试内容和测试结果。如果有人因人格类型测试而焦虑，就要尝试去缓解其焦虑情绪；如果不能妥善解决，就不要进行测试——听从你的直觉。
- 进行测试。
- 分析数据。这些结果是构成团队组成的基础。
- 与每个团队成员单独讨论测试结果，并在小组中讨论团队测试结果。

1
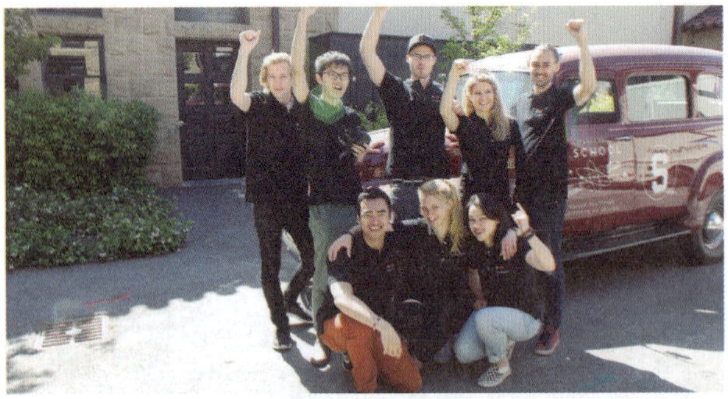

2
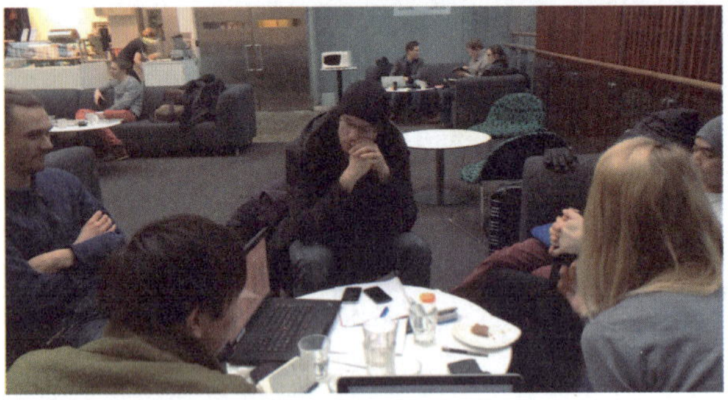

3
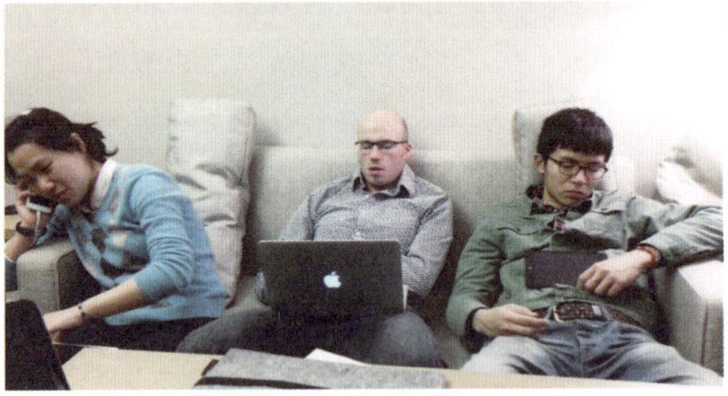

4
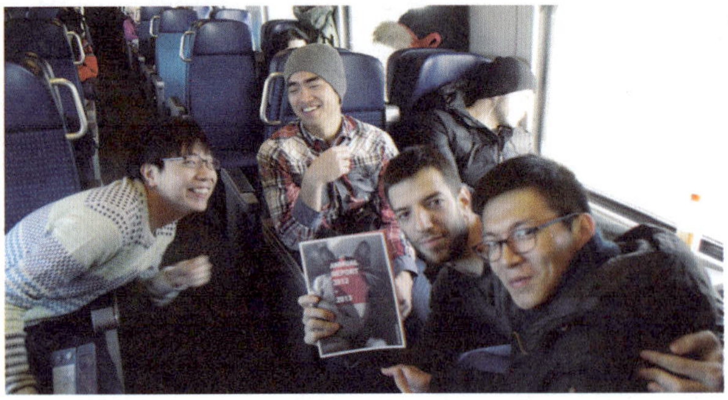

5
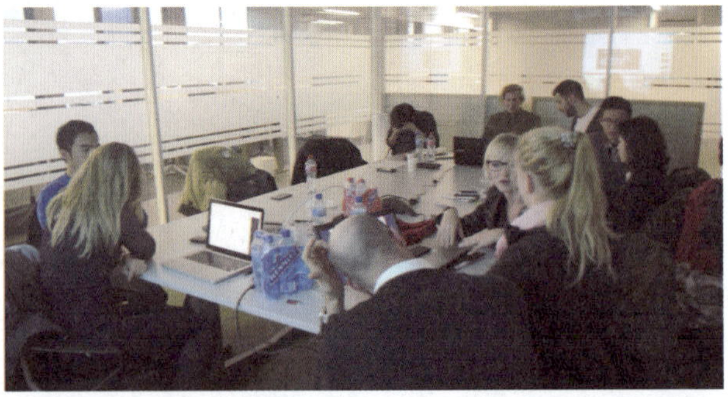

6
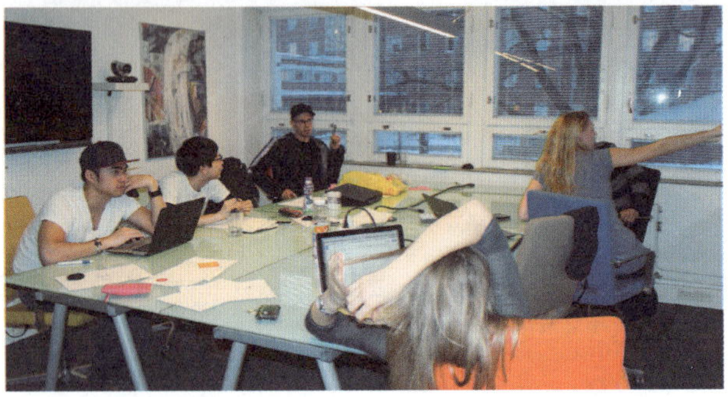

7
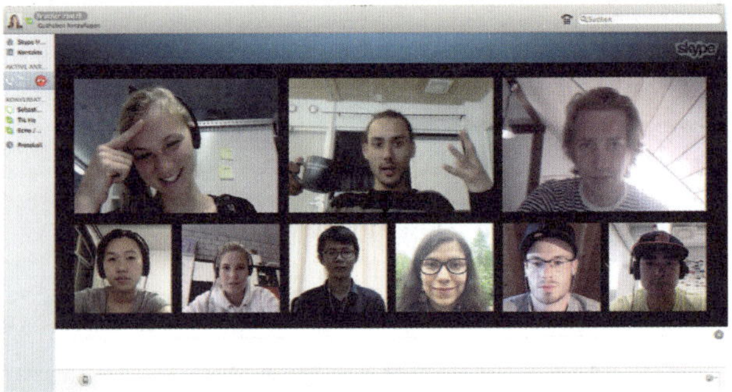

8
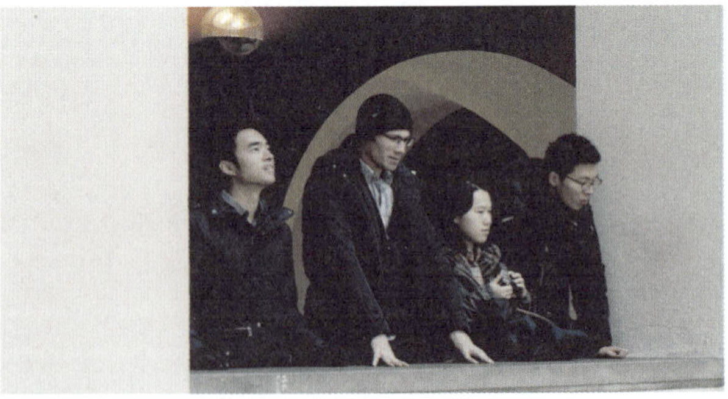

1. 来自中国、芬兰、瑞士和德国的团队成员在斯坦福大学举办项目启动会
2. 在芬兰召开的团队会议
3. 在上海结束一整天的工作坊和访谈之后
4. 需求挖掘结束后，从苏黎世到圣加仑的旅行途中
5. 在瑞士与公司代表见面
6. 在芬兰埃斯波举办工作坊
7. 许多线上小组会议之一
8. 苏黎世的工作会面

9
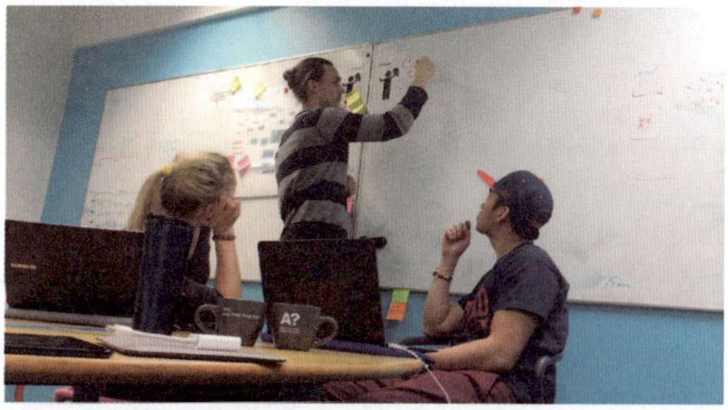

10
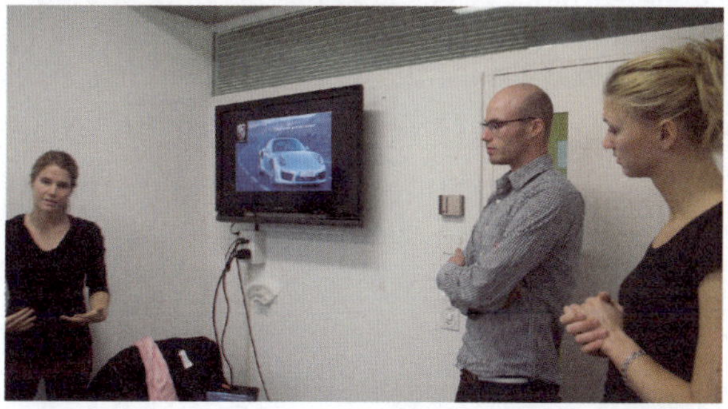

11
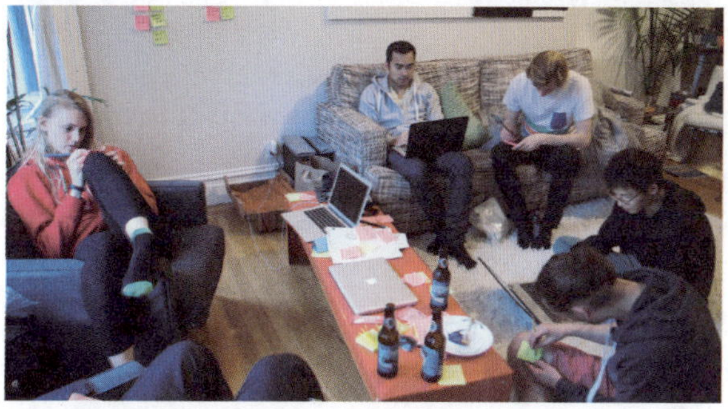

12
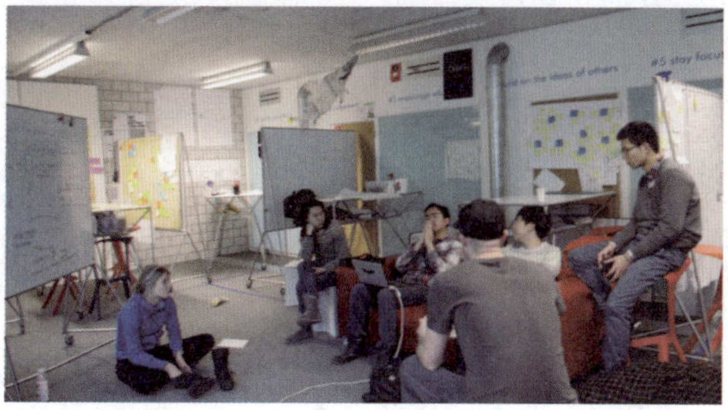

13
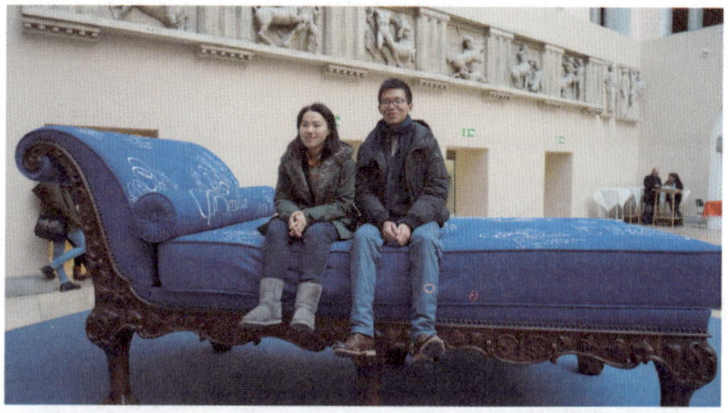

14
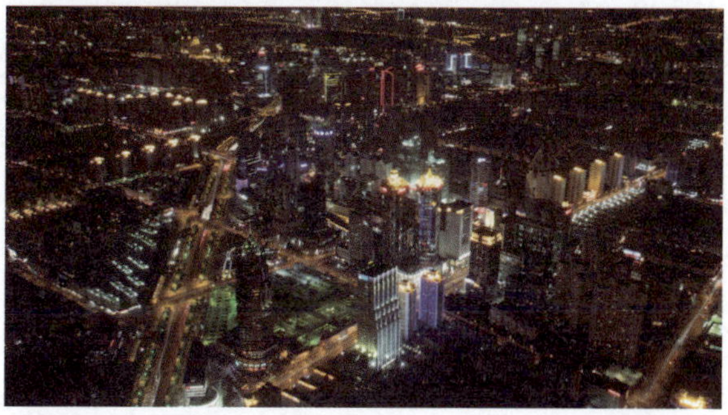

15
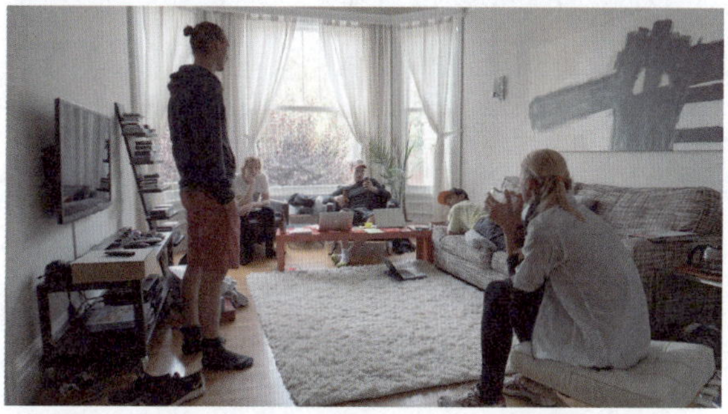

16
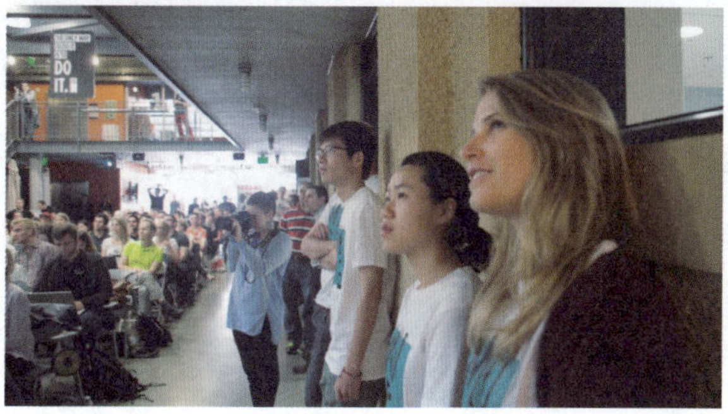

9. 在芬兰埃斯波举办工作坊

10. 在苏黎世为秋季汇报做准备

11. 在旧金山进行的会面

12. 在圣加仑大学为一次中期演讲进行排练

13. 在下一次小组会议前到苏黎世大学进行短途访问

14. 在中国上海进行需求挖掘

15. 在旧金山进行的会面

16. 所有小组在位于帕洛阿尔托的斯坦福大学进行最终展示

准备

便利贴

建立一个设计思维项目需要用正确的方法使用一些关键工具，如便利贴，现在很多厂商都提供各种各样的便利贴。现在彩色便利贴的使用会让用户的态度越来越分化，一些人认为用便利贴使工作变得有趣了，但这并不一定与工作效率相关。在设计思维项目中，便利贴扮演着重要的角色，其优势触手可及，关键在于我们能否正确地使用。

优势

概览：当按逻辑顺序贴在泡沫板或者墙上时，便利贴能够有效地快速生成一个概览。由于它们可以让内容在房间中真实呈现，而不是虚拟地存放在计算机中，团队成员通常能够更加快速地熟悉新的变化和结果。

易于重组：便利贴很容易地被移动和重组，例如在群体学习时。与可以轻易重新排列组合、再次粘贴的便利贴相反，移动挂纸白板和常规白板通常不行，因为内容是写在一个空白表面上，并且需要反复生成新内容。

可运输：便利贴非常容易运输。例如，如果工作坊需要在外部进行，便利贴可以非常方便地被带到新的项目工作区。

便携：团队总是在他们的行李中携带便利贴，这样就能快速和轻松地记录在旅行中的收获。这些内容可以稍后再集成到项目的工作区中。

我们应该注意什么

清晰性：那些使用便利贴时用小字号或者潦草字体的人，他们的团队成员可能无法理解。这将阻碍团队成员学习和利用他们的点子。

草图：如果可能，重要的发现应该在便利贴上画出草图。例如，机制和图表的草图通常可以帮助团队成员快速理解主题。它们还能帮助团队更容易地回到之前讨论的主题。

内容：好的便利贴通常具备一个标题。标题通常跟着解释性的半句话，快速简洁地展示最基本的想法。

马克笔：这看起来像是一个不重要的细节，但是经验告诉我们，使用过细或过粗的马克笔会使便利贴难以辨认。圆珠笔总是让我们在距离较远时看不清字迹，而粗头的马克笔几乎会让我们在任何距离都看不清便利

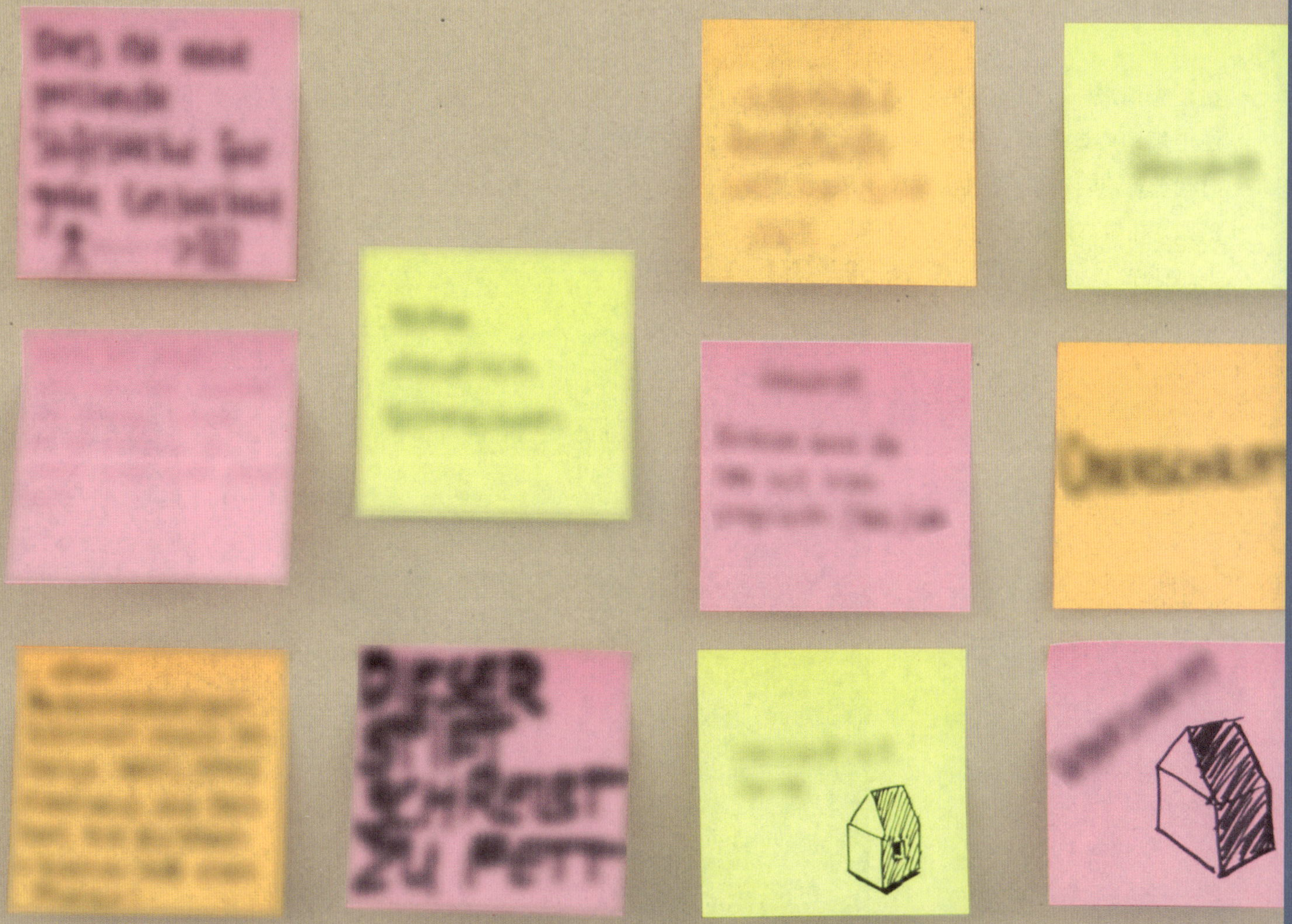

贴上的内容。中等粗细的马克笔，如 Edding 1300 型号，被证明是非常好用的。马克笔的颜色也很重要，红色的笔写在红色的便利贴上将很难被辨认。

字迹：便利贴上的字迹必须清晰易读。在大多数情况下，这意味着使用大写字母。下面这条经验是正确的：如果没有人能读懂，即使再好的创意也将失去价值。

提示和窍门

- 在理想情况下，便利贴的使用规则应该在项目开始时就予以说明和演示清楚，例如，在做“便利贴先生”等热身练习时。

工具

- 马克笔（例如 Edding 1300 型号）
- 各种大小的便利贴
- 适合粘贴便利贴的表面（某些组织中很难找），泡沫板提供了理想的解决方案

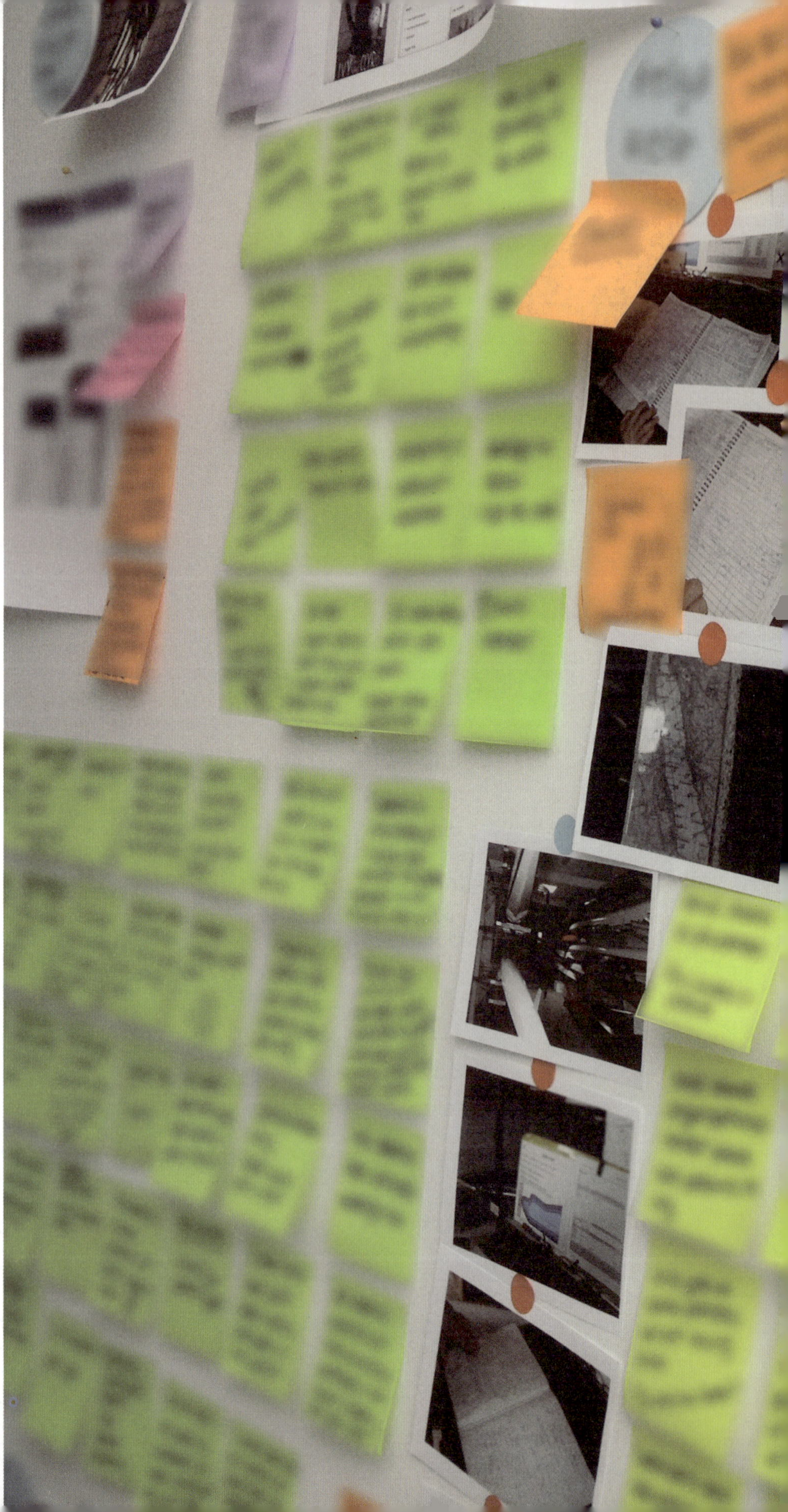

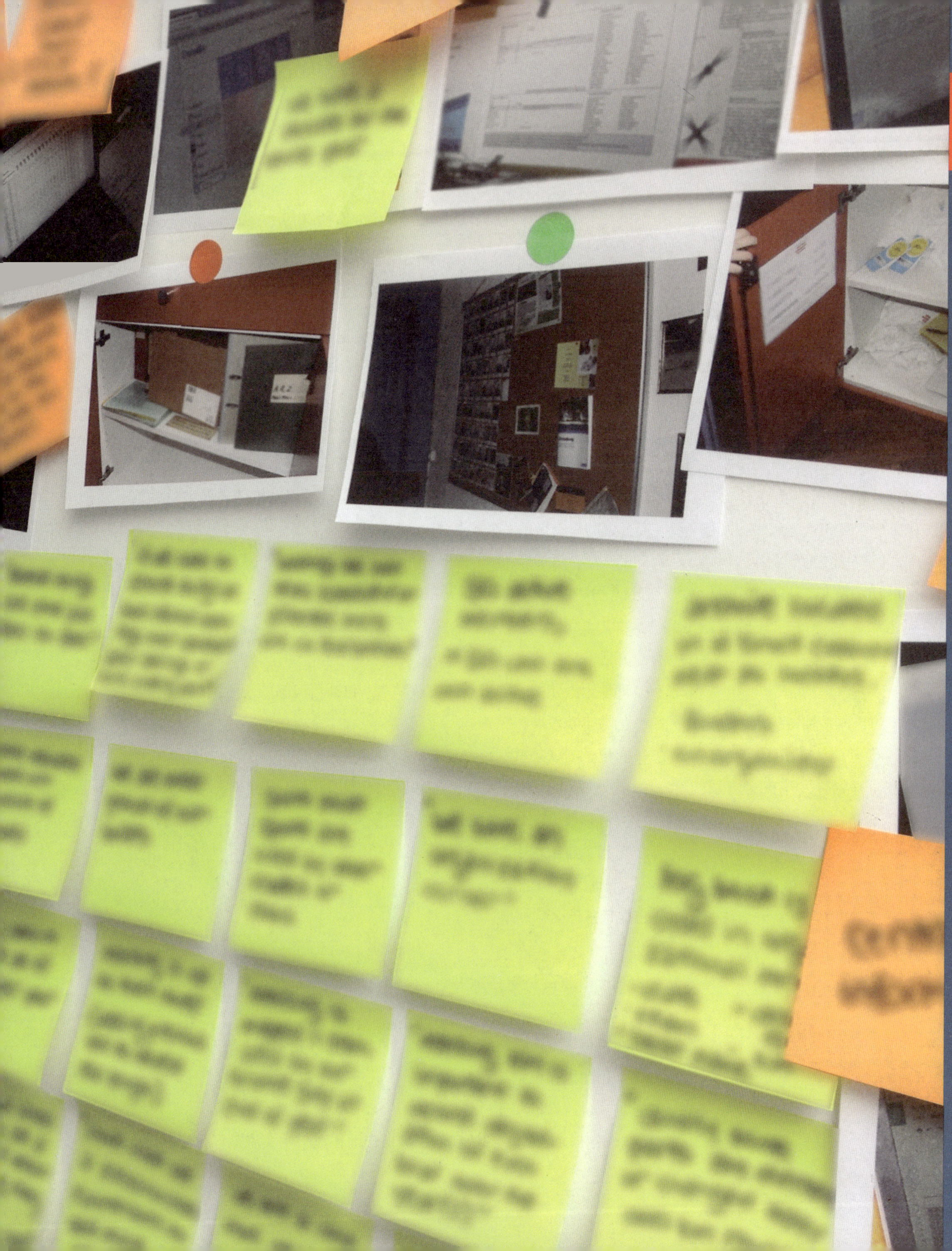

准备

DNA 分析法

这种方法是怎么产生的

充满热情地参与一个卓有成效的创新过程，其感受与引导者的引导风格及参与者的个人因素密切相关。

通常，团队对要实现什么目标、什么真正适合组织以及哪些参数应被视为给定参数，缺乏最初的共识。其后果就是，创意和评估方法往往效率低下，令人失望。

为了防止这些情况出现，几年前苏黎世的米拉尼设计与咨询公司开始开发了一种方法：DNA 分析法。

DNA 分析法的本质是什么

DNA 分析法让团队成员在历时 4 小时的工作坊中，从理性和感性两方面体验组织目标，发挥创意和建立共识导向，并保证内容上的相似性，调动团队的高度积极性。

理性和感性的目标与结果都会被详尽的记录，并作为对所有后续方法进行有效评估的依据。DNA 分析法可以防止个人动机的离题讨论，取而代之的是有效的、建设性的过程。

DNA 分析法的特点

- 开发时间超过 14 年；
- 理性因素和情感因素存在必然联系，包括可追踪的定量测试；
- 仍在不断发展和完善；
- 有记录的成功案例；
- 广泛适用于创新项目、产品开发、图形用户界面（graphical user interface，GUI）设计、通信、企业标识 / 企业设计、企业时尚、展览和企业架构中。

它能带来什么

- 对什么适合组织达成共识，如在创新管理方面，提高决策速度和信心；
- 快速有效地优化组织方向，如与危机或代际变化有关的方向；
- 强化动机和识别能力；
- 制订快速举措和通过行动计划；
- 对组织 DNA 的了解使我们积极自信地在竞争中实施差异化策略。

是关于什么的

- 专注于本质——组织的 DNA；
- 通常，组织特性是第一次被了解；管理团队体验他人如何“感受”其组织的特性，以及如何利用或改变这种组织特性。

过程

步骤 1：分析企业战略。筛选相关信息至关重要：是什么影响了组织？反复出现的主题是什么？例如，就创新而言，组织是面向过去还是面向未来，规避风险或勇于冒险，敏捷灵活还是保持稳定，等等。

步骤 2：战略内容的可视化演示。对战略内容进行主题配对，如将“规避风险与勇于冒险”用比喻或图片的方式在评估坐标上表示出来。

步骤 3a：领导团队 4 小时工作坊。作为第一步，管理层对每个主题配对（如“规避风险与勇于冒险”）进行关键性的自我评价，随后对与组织基本特征相关的结果进行再次确认。

- 开诚布公的讨论、达成共识，以及对组织当前战略地位定义，确立“当下”的情况。在了解了组织当前的基本特征或 DNA 后，设计思维团队需审查具体特征，例如创新组合（我们的产品有多大的创新力）与“现状”的关系；同时，还可以分析组织总体形象（在产品、交流、展览、建筑等方面）的创新效应。这一过程使得聚合点和分歧点，以及通过行动使其真实可信的需求都被明显地展现出来。这也意味着要将实际的组织潜力以及未来的能力放在首位。

步骤 3b：与竞争对手的比较。有了新获得的“战略眼镜”，设计思维团队就可以用同样的标准来评估竞争对手。重点是识别与竞争对手重叠和潜在的差异化领域。

步骤 3c：确立“应该”做什么。根据组织最重要的本质特征和具体特征之间的差距以及市场比较，确定“现状”和“应该”做什么，并提出缩小差距的相关步骤。

步骤 4：记录过程和结果。所有内容都应该协议化，并以概览和全局图的形式呈现。视觉化对表现理性的计量以及与情感相关的内容很有帮助。如果可能，商定的目标位置不仅应该用文字和图形呈现，还应该用令人印象深刻的图像来有效传达情感方面的内容。

使用该方法的经验

DNA 分析方法，一方面揭示了战略定位和组织身份之间的重要差异；另一方面揭示了预先存在的创新文化或市场对现有产品的影响等问题。

差距和相关的行动需求变得可量化和可衡量，然后转化为具体的行动目标。

对于组织价值观的管理和任何价值观的改变都必须有广泛的群众基础，以便在不完全使用自上而下式管理模式的情况下将新的方向融入组织。因此，我们建议在层级结构的后续级别中重复 DNA 工作坊，同时遵循“培训培训师”原则，在所有组织领域中持续管理目标。

这样做的结果是：确保目标在整个组织中层层分解，最重要的是，创新过程，如基于设计思维的创新过程，可以被理解和采用。

感言

DNA 分析法极大地帮助了我们在整个美德乐集团（Medela Group）形成统一的价值观。通过对市场形象进行全球可视化模型开发，我们提高了效率和效益。

雷娜特·施赖伯（Renate Schreiber）
美德乐集团首席执行官

这是我记忆中最好的一次与外部人员合作的过程。

海诺·冯·普朗津斯基（Heino von Prondzynski）
罗氏 VR 和罗氏诊断有限公司首席执行官

在费勒，我们使用 DNA 分析法进行了一个非常重要的组织定位和同步阶段。过程简单高效、结果清晰明了，我们可以收集到关于组织的“现在”与“应该”状态的宝贵知识……通过这些，我们在费勒管理团队中达成了集体共识。

罗杰·卡纳（Roger Karner）
费勒公司首席执行官

哪些主题与我的组织相关？我们的 DNA 分析法基于什么基础？内部的 DNA、流程和解决方案存在哪些差异？

公司 DNA 分析法的例子

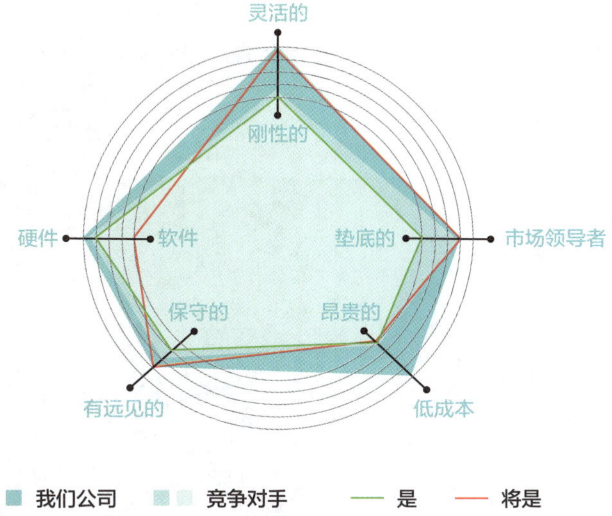

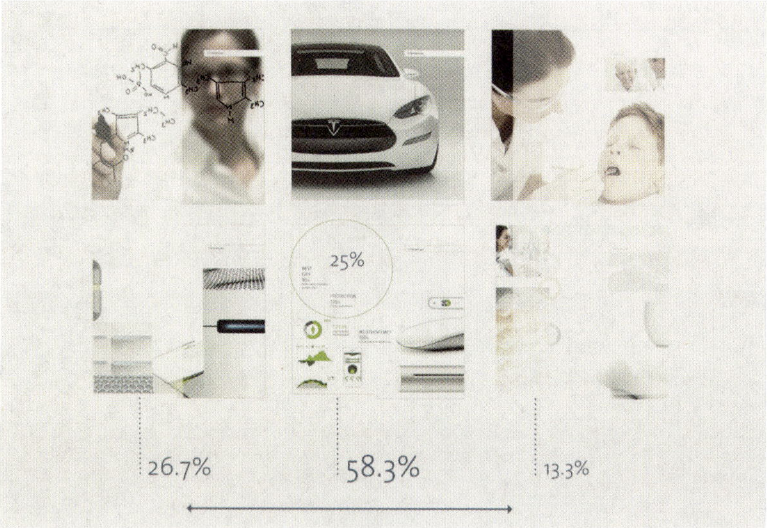

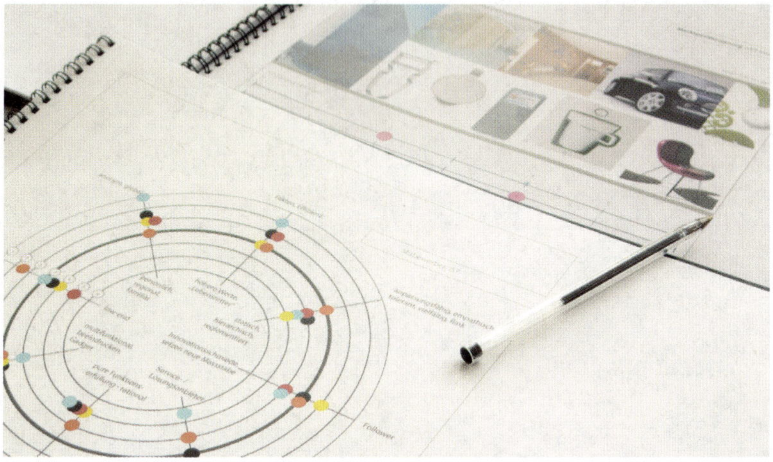

笔记 / 草稿:

问题定义和再定义

每个成功的设计思维项目都以一个好的、以目标为导向的问题陈述开始。然而，最初的问题陈述只为设计思维项目提供了一个起点，还需要通过微观循环的多次迭代，问题被不断调整或通过子问题进一步完善。通过不断的调整和完善，对问题陈述的定义和再定义，是项目的核心步骤。

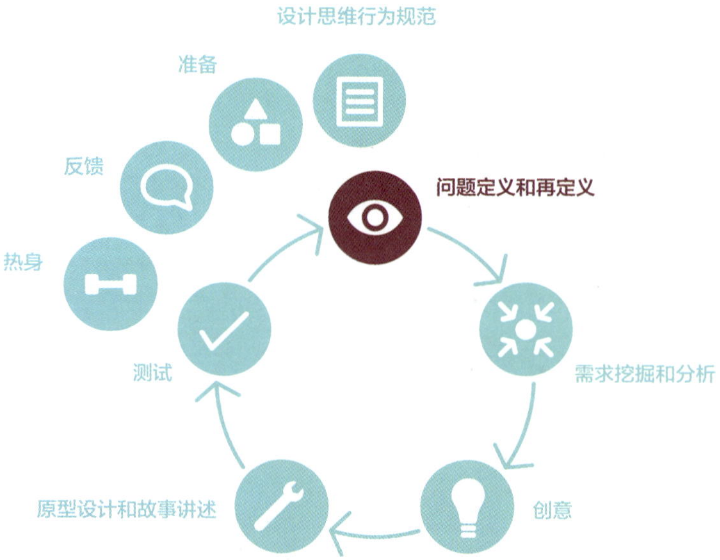

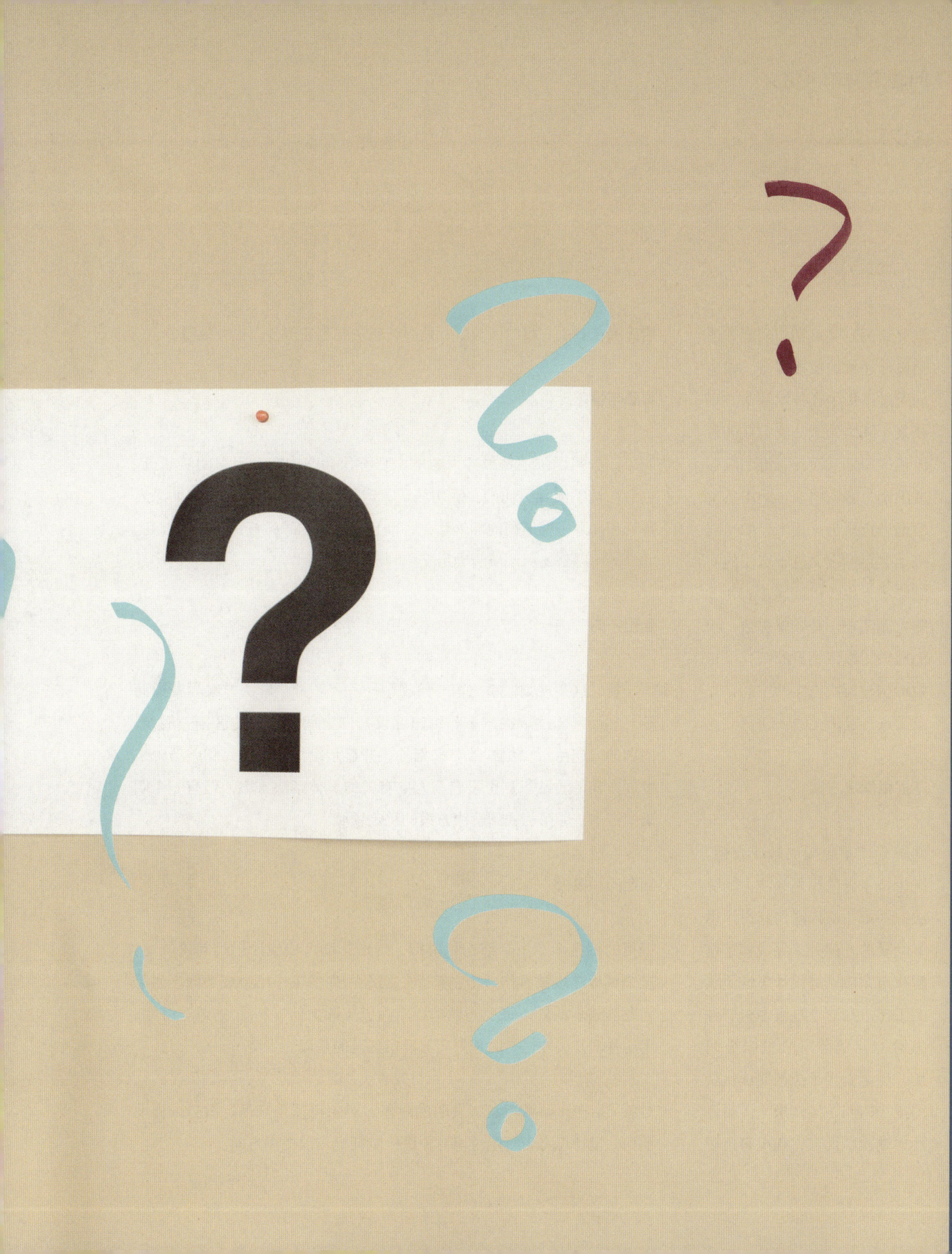

问题定义和再定义

定义问题陈述

定义和再定义最初的问题陈述是设计思维的重要部分。如果问题过于集中在技术解决方案或某一固定领域，就会在创意流程的早期对设计思维团队形成限制，团队将很难跳出条条框框进行思考。反之，如果围绕抽象目标定义过于宽泛的问题陈述，也会出现问题。为了防止团队在一开始就失败，我们提供了以下指导原则，以有效地构建解决方案的空间，并对其进行逻辑上的限制。

不提供解决方案

问题陈述不应提出解决方案。无论技术上的还是经济上的解决方案都不应该是构建设计思维问题的一部分。寻找和定位解决方案应该是设计思维团队的工作。在这个过程中有一种风险，就是客户的主张被误解，甚至替代了能帮助项目获得成功的问题架构策略。对设计思维团队而言，在没有直接给出潜在解决方案的情况下，发展新想法要容易得多，也有效得多。

灵感与情感

如果一个问题陈述是鼓舞人心的，它不仅会在内容上吸引团队成员，也会在情感上吸引他们。确切地说，这种情感联系可以点燃长期深入研究和探索主题所需的额外动力，而且情感也为思考打开了新的维度。此外，问题陈述应该被明确定义和制定。

给出方向

乍一看，这条规则似乎与第一条规则——“不提供解决方案”背道而驰。然而，陈述解决方案和给出建议方向之间有很大的区别。例如，问题的方向可以由组织战略来指导，并显示组织对其产品和服务未来发展方向的看法。这里没有与方向有关的具体解决方案，但有一个明确的方向，即可能找到解决方案的特定领域。

制定问题模板

下页的图显示了一个结构化模板，用来帮助形成设计思维问题陈述。这个模板应该被看作一个指南，它已经在许多工作坊中成功地产生了问题陈述。此外，每个问题都以“我们应该如何…… ”的陈述开始。用这些词开头往往有助于为问题设定正确的基调。

对象 / 某物：要新开发或发明的对象。对象可以是产品、服务或商业模型。设计思考者可以对该对象进行特征描述以提供方向。

用户画像：该元素与目标用户或客户群相关，即与项目结果相关的用户或客户群。用户画像不是委托项目的客户，而是在项目完成后使用创新成果的人。

条件、问题、变化：影响对象的框架条件、问题等。在银行业，这些可能是监管要素；在化学工业中，影响工作范围的可能是环境条件。

在填写模板时，不应过于关注每个单独的元素。许多成功的项目表明，该模板有助于产生和讨论新的问题陈述。

好想法起源于好问题。

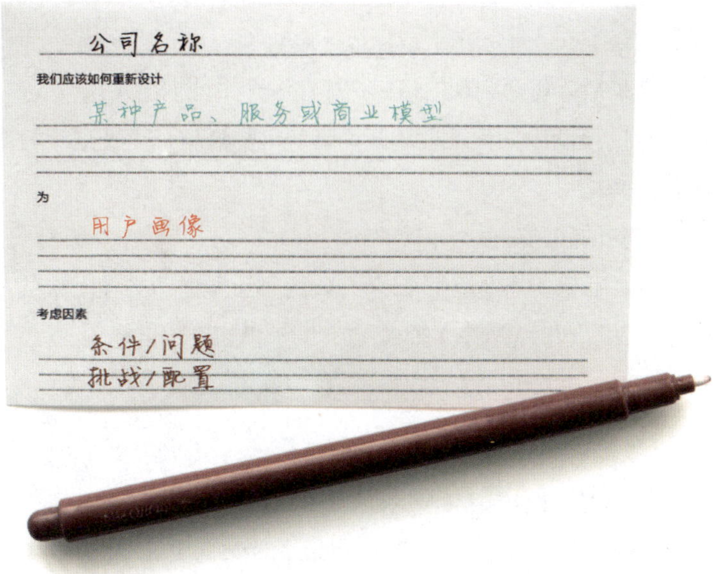

提示和窍门

- 与客户讨论项目可能的问题陈述。
- 在与客户会面期间或之后，使用该模板构建问题陈述。
- 与客户和组织中的其他利益相关者反复重新审视你的问题陈述，并不断修改。
- 始终根据一个“好”问题陈述的标准来评估你的问题陈述。

定义问题陈述是一门艺术！不要感到沮丧，即使一开始看起来令人沮丧和具有挑战性。我们的经验表明，为寻找正确的问题陈述而付出的努力往往会得到良好的项目结果作为回报。

问题定义和再定义

延展目标

使用“延展目标”方法，在垂直和水平方向上扩展现有边界。

纵向扩展：为已经存在的产品、服务或流程设定新的目标。例如，组织的客户满意度可以从 90% 提高到 100%。另一个例子是飞机燃料消耗从每名乘客每 60 英里 0.7 加仑[1]减少到每名乘客每 60 英里 0.2 加仑。设定的目标必须在技术上和组织上都具有挑战性。

横向扩展：这涉及全新产品、服务或流程的开发。它可以建立新的目标市场或限定条件，以活跃创意过程。一个金融行业的例子是向传统零售银行客户提供资产管理组合服务。

这两个扩展方向的共同之处是重新定义目标，以促进新的问题解决方法诞生。

[1] 1 加仑 =3.7854 升。

这种方法也存在如下风险。

失去动力：不现实或不鼓舞人心的目标会很快让团队成员失去动力。

压力：特别是高度积极的团队成员，致力于实现“硬”目标，在试图解决极其困难的问题陈述时，可能会变得压力过大。这可能会对其绩效水平产生不利影响。

在实践中，这些方法已经被证明是优秀的重构技术。

资料来源

Kerr, S. and Landauer, S.,“Using Stretch Goals to Promote Organizational Effectiveness and Personal Growth”, 2008

提示和窍门

- 将问题陈述写在一张大白纸或白板上。
- 对于纵向扩展，将要实现的目标按顺序一个个地列出来。
- 思考在你的团队中如何才能清晰而大胆地扩展目标。把这个写在最初的目标旁边。
- 共同定义新的问题陈述。
- 在实践中，延展目标的一个行之有效的方法是邀请其他团队成员参加。新鲜的、有时甚至天真的观点有助于重新设定目标。

印度理工学院：在一个国际项目中理解和定义问题（2015 年）

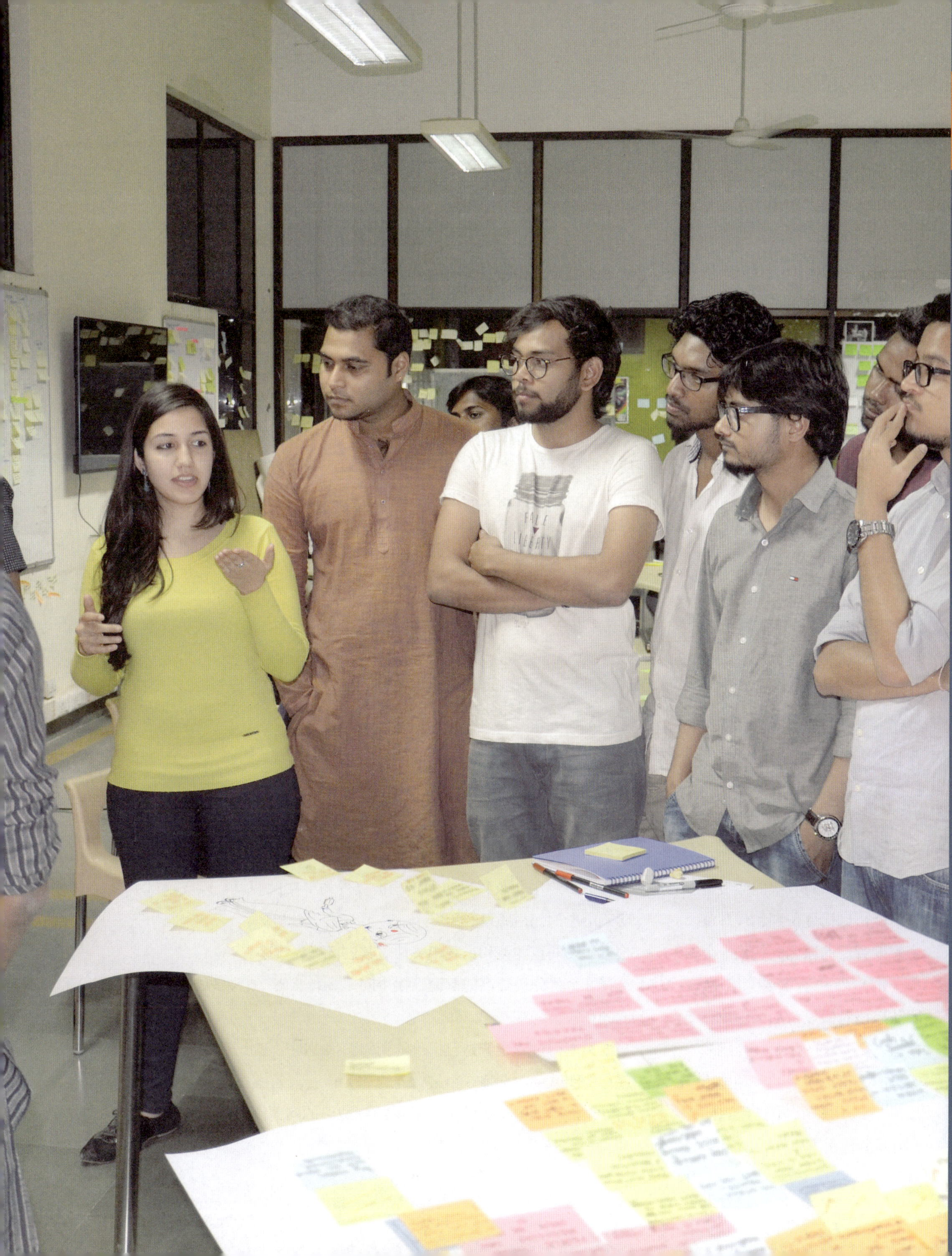

问题定义和再定义

定义和重构

在问题定义和重构中，焦点是对问题陈述实现一个新视角。通过从不同的角度考虑最初的问题，新的探索方向和新想法就会出现，继而导向初步解决方案的产生。

重构过程分三步进行（Morgan，G.，1997）

确定假设：在第一步中，确定项目中明确和隐含的假设和框架条件。其中包括初始问题陈述的假设和条件，以及在项目过程中逐步发现的每个假设。这些假设可能是以前不知道的，或者只是表面上考虑过。

质疑 / 挑战假设：在第二步中，设计思维团队对收集的假设进行质疑，目标是识别和理解每个假设背后的原因。找到一个单一的真理并不重要；相反，团队应该对假设背后的形成过程有一个基本的了解。当挑战假设时，可以使用的一种技巧是“5W 方法”，或连续追问 5 次“为什么”。

重新定义假设：在第三步，也是最后一步，对那些被认为有趣和重要的假设进行变形。变形的确切形式取决于宏观流程中的阶段。例如，在黑马原型阶段，假设条件被颠倒过来。为什么呢？因为思考一件事的反面往往比思考它的实际预期方向更容易。又如，许多团队的目标是改善状况。这个目标当然是有效的，但团队成员的想象力很快就用完了。当这种情况发生时，考虑完全相反的目标往往会有所帮助：如何使情况变得更糟？从答案中，团队可以收集对原始正面问题有价值的想法。问题的再定义有助于团队跳出思维定式，但团队成员必须准备好离开自己的舒适区。

资料来源

Morgan, G.,“Images of Organization”, 1997（2nd ed.）

提示和窍门

- 在白板上写下初始问题陈述。
- 在你的小组中，收集目前为止已被接受为事实的假设，以及项目中明确给出的任何假设。
- 根据假设的重要性和主观相关性对其进行优先排序。
- 选择 3 个优先级最高的假设，挨个问“为什么？”（最多 5 次），将问题和答案写在一起。
- 当结果变得过于笼统并且提供的新知识很少时，停止“5W 方法”。
- 在你的团队中，选择 3 个最有趣的“为什么”答案。
- 将 3 个最有趣的“为什么”答案组织成新的问题陈述（用“我们如何……”开头）。

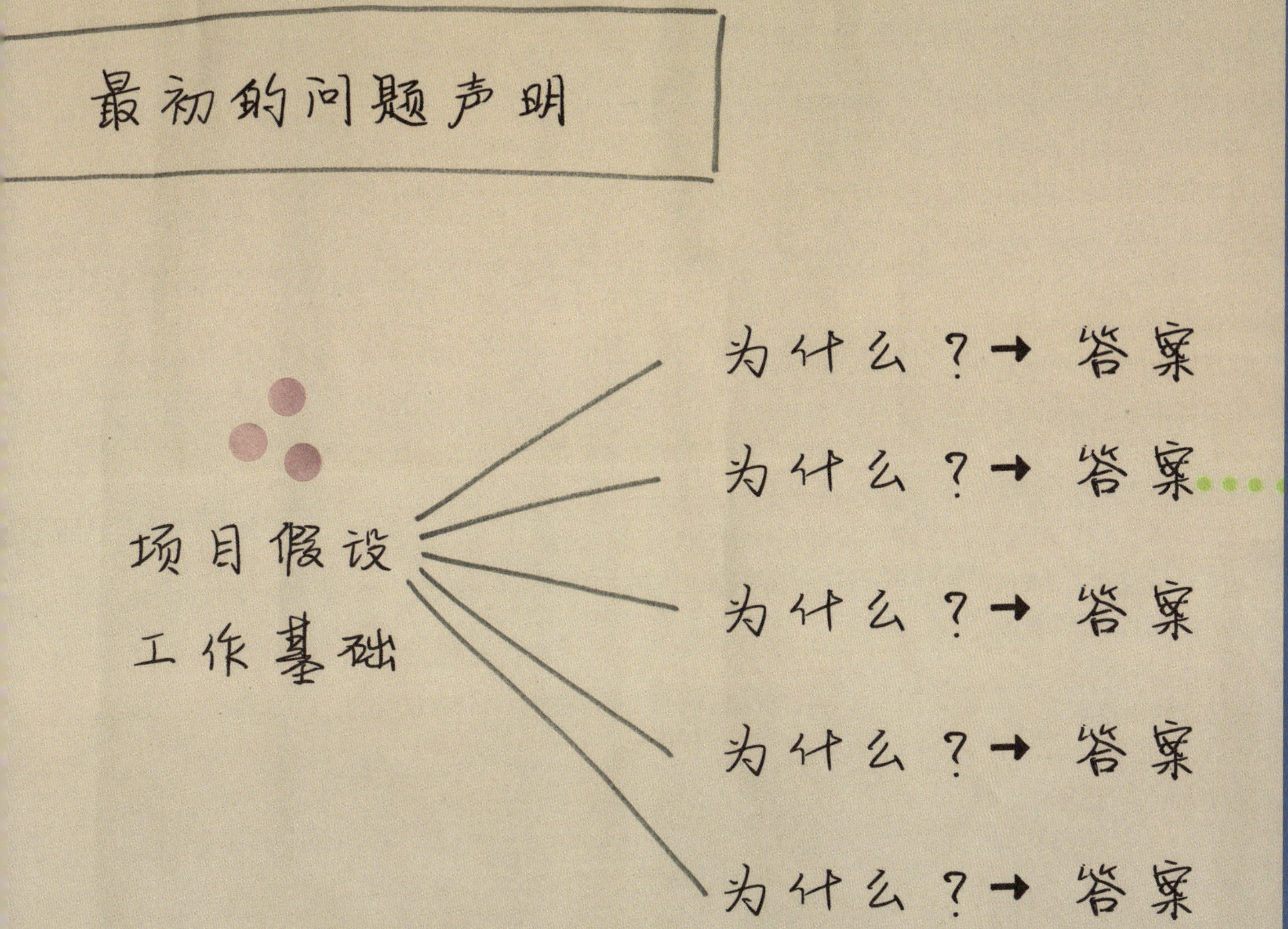
最初的问题声明
项目假设
工作基础
为什么？→ 答案
为什么？→ 答案
为什么？→ 答案
为什么？→ 答案
为什么？→ 答案

问题定义和再定义

从未来获得灵感

当试图把自己的思绪放到遥远的未来时，团队一起观看一部科幻电影或阅读一部科幻小说会有所帮助。电影《明日世界》(Kerstan & Schmuckler, 1972)中，过去一些前卫的思想家设想当今世界，其想象的力量如此强大。许多引人入胜的电影和图书也都符合这一标准。

从今天的角度看，根据问题的不同，我们推荐以下电影。

- 《太空巡逻队——猎户座飞船的奇妙冒险》
- 《2001：太空漫游》
- 《詹姆斯·邦德》(全系列)

电影和图书为那些雄心勃勃，试图为其项目设立新目标和框架条件的设计思维团队提供了极好的素材。

资料来源

Direction 2000 — A Preview of the World Tomorrow (*Richtung 2000 — Vorschau auf die Welt von morgen*) (documentary, 1972, Kersten, P. & Schmuckler, A.)
2001: A Space Odyssey (1968, Stanley Kubrick)

提示和窍门

- 爆米花、薯片和巧克力为电影之夜奠定了一个良好的开端！请确保准备充分。
- 应该有一台投影仪和一个大屏幕。
- 营造一种电影院的氛围，一起观看电影。

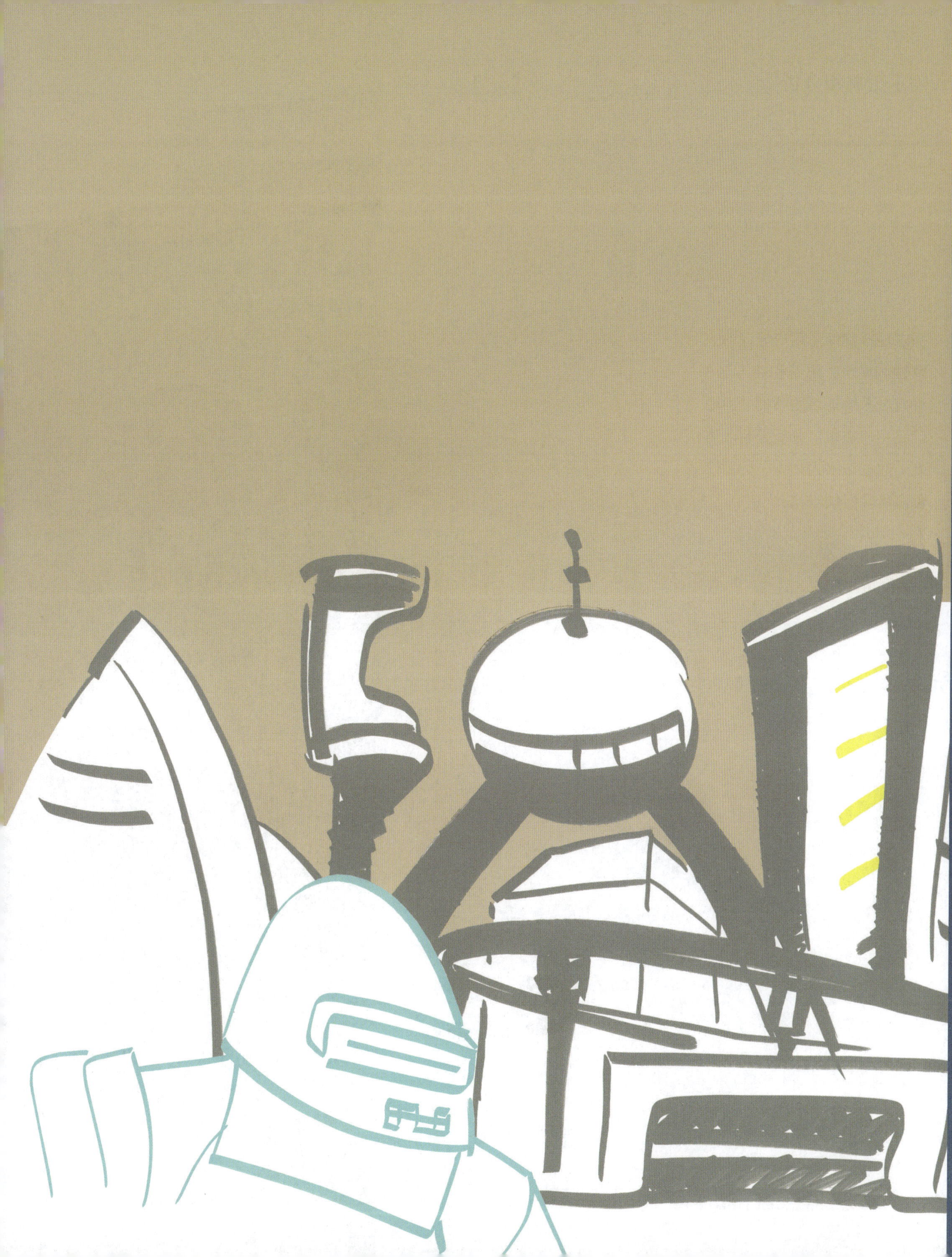

需求挖掘和分析

需求挖掘确保了用户导向的一致性。观察、访谈和参与这 3 种方法系统地帮助我们全面地确定用户需求。分析是将收集到的数据浓缩为知识，为后续创意阶段提供方向。

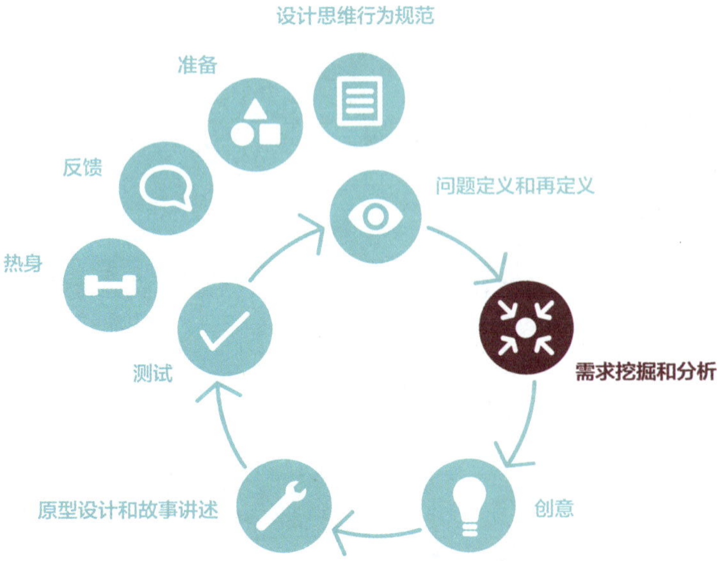

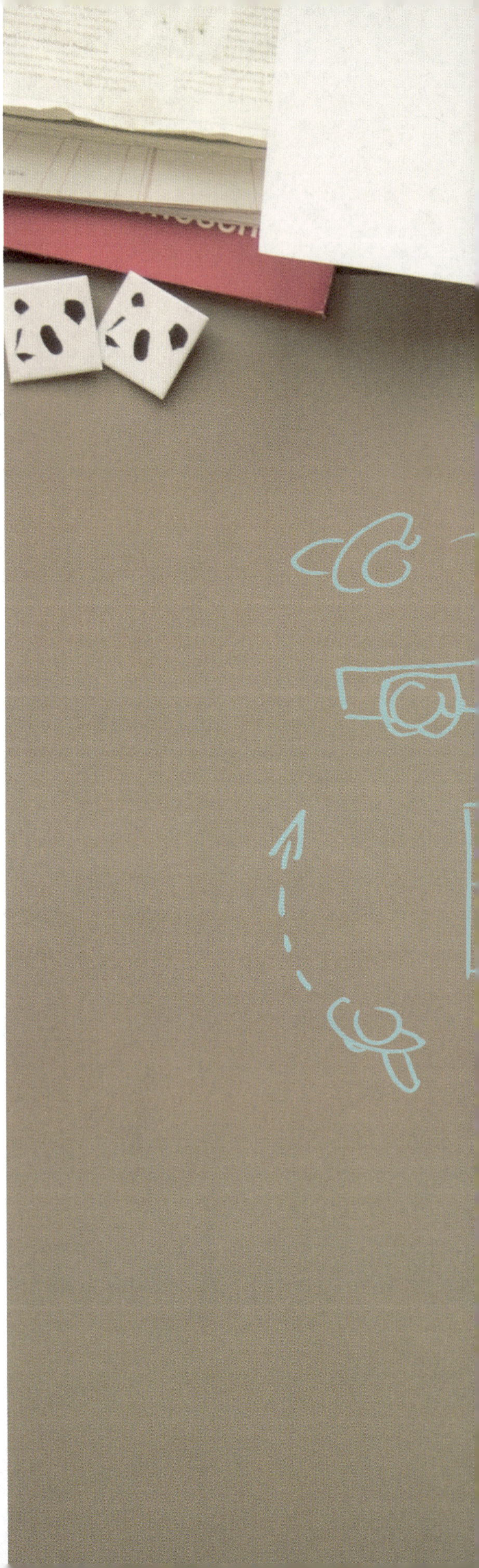

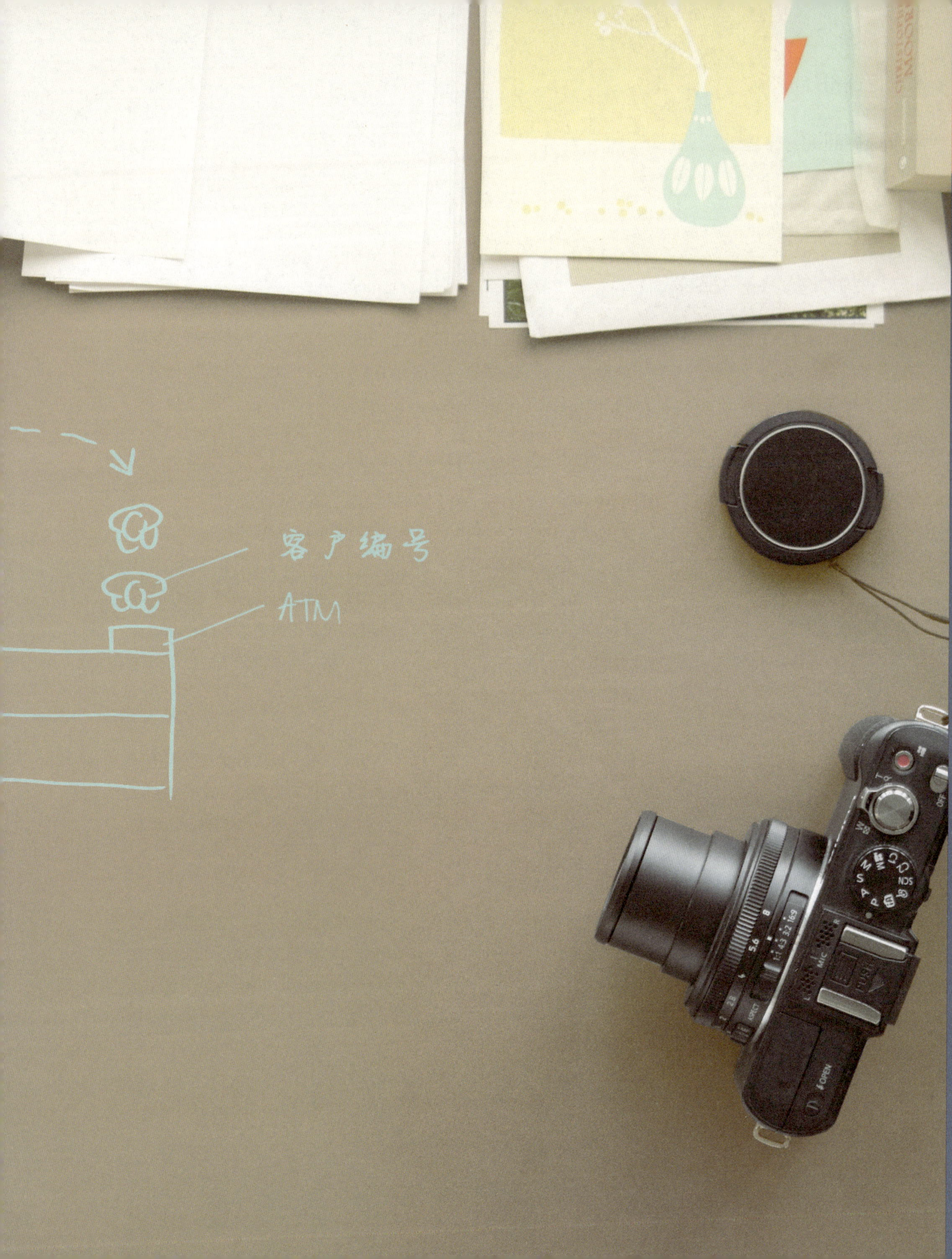
客户编号
ATM

需求挖掘和分析

需求挖掘周期

需求挖掘的基本过程（即需求挖掘周期）包括以下 4 个步骤，它们确保了这一方法的可靠性。

1. 确定探索空间的范围和初步准备： 在这个过程中，我们要确立起研究目标用户等利益相关者以及研究中要使用的方法。以下问题是首先要考虑的：我们应该观察或采访谁？该调查应该在什么环境下进行？应该使用哪些抽样方法？每个用户或利益相关者的样本将有多大？

2. 观察： 在这个过程中，我们要拍摄照片、视频和记笔记。在一些敏感领域进行调查时，我们也可以把观察到的东西画成草图。

3. 采访和角色转换： 在这个过程中，我们要根据问题列表开展访谈。设计思维团队通过角色转换可以加深我们对采访对象的理解：在调查时，团队成员扮演在特定主题下的采访对象，例如，团队成员可以与某位技术服务人员共同度过一天，亲身体验他们的工作。

4. 解释结果并重新界定探索空间（分析）： 在小组内分享观察与访谈的结果，理解这些结果，并让团队对其进行学习和借鉴。这一步骤在一些程序模型中被称为“分析”，它经常通过结构化的框架进行引导和推进。

在设计思维项目中，需求挖掘是一个基础的迭代过程。这意味着，在这种微观循环的每一个步骤，都有可能出现需要调整或修正需求挖掘目标的情况。这种灵活性会导致需求挖掘策略的扩展或收缩。在实践中，随着设计思维团队经验的增加，团队成员可以动态地实施需求挖掘的过程。

重要的是，需求挖掘研究的问题要涵盖以下内容：

- 哪些对象（项目、服务等）将被引入考虑的范围并使用？
- 哪些环境条件会影响被观察者的行为？
- 在要调查的环境中，人与人之间是如何进行互动的？
- 哪些类型的人,（在某些情况下）我们可以对其进行分类或区分？

资料来源

Brown, S., Gray, D. & Macanufo, J., "Gamestorming: A Playbook for Innovators, Rulebreakers, and Changemakers", 2010
d.school Stanford University, "What to Do in Need Finding", 2015

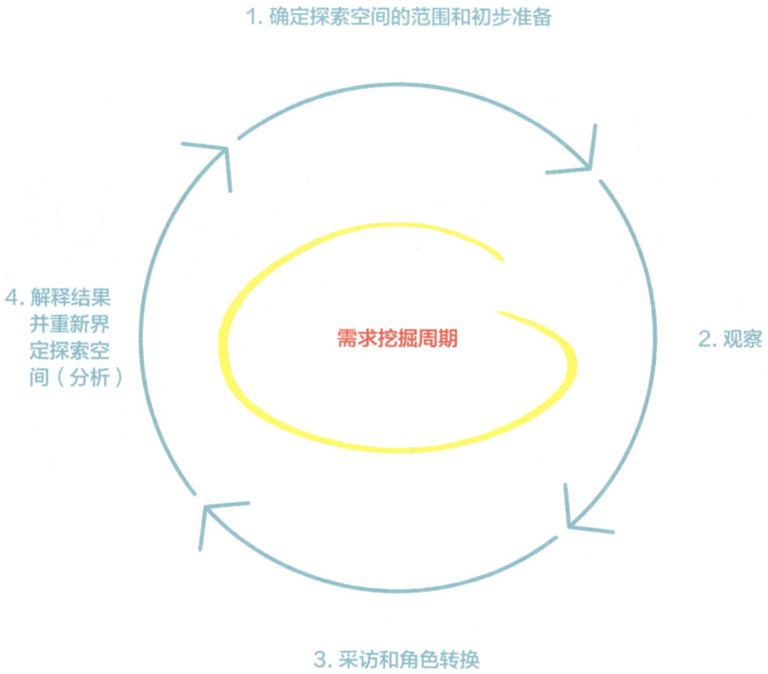

提示和窍门

要根据需求挖掘的周期，定期审查项目计划。在很多情况下，访谈和观察会出现延误。这些情况可能会使我们不得不调整项目的最后期限。

需求挖掘和分析

需求表述指南

在需求挖掘完成之后，我们要将收集到的需求以书面形式记录下来。此时，应对这些需求进行讨论，但不要在描述中将其与解决这些需求的潜在方法挂钩。

根据乌尔里克（Ulrich）和埃平格（Eppinger）的工作成果，一些应用准则已经被证明是很有帮助的。

描述需求要围绕着“什么”，而非“如何”：对需求的描述不应包括或具体说明解决方案。因此，要避免所有带有“如何去做”的暗示性描述。

具体性：对需求的描述应尽可能具体。在描述时，最好使用受访者原话中的具体例子。在这一阶段，应避免使用笼统的、转述性的描述。

积极，而非消极的：需求的表达应该是积极的，它要有建设性的作用。

产品属性：如果可能且有意义，我们在描述时应提及可以被改进或整合的产品和服务的具体属性。在这里，我们必须非常注意：应保持解决方案的空间具有开放性。

避免使用“必须”和“应该”：在分析时，应避免使用“必须”或“应该”等词语。“应该”这个词会把需求相关化，这在需求挖掘的语境中是没有意义的。一个需求要么是相关的，要么是不相关的。而如果使用“必须”这个词来表达需求，在某些情况下会过度限制潜在解决方案发挥作用的空间。

对这些指南的使用并非强制性的，但它们可以有效地表达我们所确定的用户等利益相关者的需求。

资料来源

Ulrich, K. T. & Eppinger, S.D.,“Product Design and Development”, 1995, 4th ed.

提示和诀窍

- 在项目和需求挖掘阶段开始时，重复应用这些准则是有意义的（特别是对初学者来说）
- 使用真实的数据来“在做中学”，是学习这些准则的最好方法

抽样方法

访谈既可以一对一地进行，也可以以讨论的形式在较大的焦点小组中进行。抽样决定了受访者是谁。抽样方法有以下几种。

立意抽样

在立意抽样中，我们通过预先确定的标准，如年龄、性别或生活方式来选择人或群体。选择的规模取决于时间和可用人数。乌尔里克和埃平格提出了样本量建议标准，即每组要进行 8 ～ 9 次一对一的小型访谈，是一种常见的规模选择方案。在焦点小组中，参与者的数量可以更少。

定额抽样

定额抽样与立意抽样一样，是通过预先确定的标准挑选人员。但是，这种取样方法还要事先确定每个群组的人数和要探讨的问题。

雪球抽样

雪球抽样利用了社交网络的力量。这种方法的期望是：最初抽到的参与者会为我们带来更多的受访者，帮助我们找到最初受访者的策略也会为我们带来他们的同类人群，这使我们可以与其进行更深入的对话。这种抽样方法可用于寻找“隐蔽”的群体。如果不使用这种抽样方法，我们可能很难与之建立联系（如亚文化的成员）。

资料来源

Ulrich, K.T. & Eppinger, S. D., “Product Design and Development”, 1995 (4th ed.)
Guest, G., Mack, N., Mac Queen, K., Maney, E. & Woodsong, C., “Qualitative Research Methods: A Data Collector's Field Guide”, 2005

需求挖掘和分析

目标群体识别

项目定义提供了一个初步的目标群体。随着项目过程中其他知识的发展，这个目标群体可以扩大或改变。虽然设计思维团队在项目的早期阶段负责探索性工作，以及寻求与多个用户和利益相关者的对话，但在后期阶段，探索空间已经架构得更加清晰了，设计思维团队更适合在需求挖掘过程中建立框架。

对探索空间进行细分的一个快速且普遍有效的模型是罗杰斯提出的创新扩散模型（diffusion of innovations model，DOIM）（Rogers，2003）。DOIM 将特定情境中的人群分为以下 5 类。

创新者：这些人有兴趣尝试和购买最新的技术和服务。通常情况下，他们有较高的社会地位和更多的财力资源，这使他们的这种尝鲜主义成为可能。创新者通常与科学家及其他创新者有着密切的联系。

早期使用者：早期使用者与创新者类似，他们也拥有较高的社会地位和更多的财力资源，但他们在选择新产品和服务时更加深思熟虑。早期使用者一般会是模型中后面几个群体的带头人。

早期多数派：比起上述群体，早期多数派需要更长的时间来接纳新产品和服务。他们的教育水平普遍高于平均水准。

晚期多数派：这个群体接纳创新的时间远远晚于人群的平均水准。且在开始使用时，他们往往会持高度的怀疑态度。这个群体的财力普遍低于平均水平。

落后者：这个群体中的人往往没有明显的舆论领导力，而且是最后接纳新产品和新服务的人——如果他们真的会接纳。这个群体中的大多数人往往收入很低。

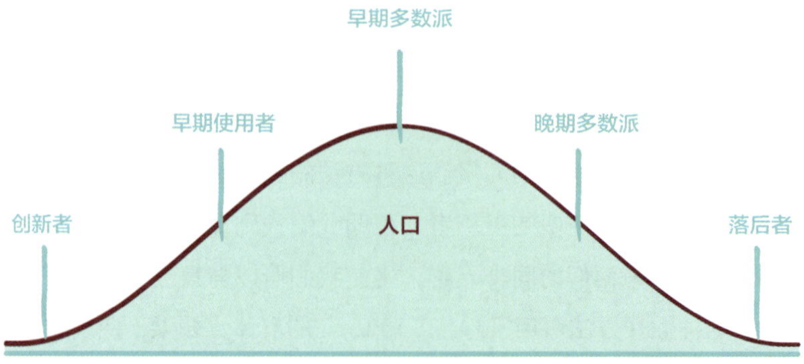

基于罗杰斯的创新扩散模型（2003 年）

实际上，位于中间的 3 个群体占据了总人数的 90%，而创新者和落后者则各仅占 5%。特别是在探索的早期阶段，设计思维团队可以借鉴这样的用户群体分布。需求挖掘策略要求我们尽可能多地采访上述所有群体，至少我们考察的覆盖面也要包括来自创新者、落后者和某个中间群体的人。

研究表明，对每组进行 8 ~ 9 次访谈一般足以确定 80% 的需求（Ulrich & Eppinger，2008）。例如在一个典型的、5 个小组同时进行的项目中，我们应开展 45 ~ 50 次对话。

为了更好地组织（潜在的）目标群体，我们可以将他们划分在一个“客户选择矩阵”中。这可以明确地显示选择标准以及出现的频率。这使设计思维团队能够对大量的访谈和观察结果进行管理，并保存他们的研究成果。此外，该矩阵还可以让我们在需求挖掘过程中取得的进展极易可视化。

资料来源

Rogers, E. M., “Diffusion of Innovation”, 2003, (5th ed.)
Ulrich, K. T. and Eppinger, S.D., “Product Design and Development”, 1995, (4th ed.)

提示和窍门

- 团队可以针对识别目标群体的标准进行思考和讨论。在某些情况下，一些标准模型（如创新扩散模型），可以作为一个指导框架。
- 在上述思考的基础上，团队可以讨论应该如何接触目标群体并与之沟通，例如有些时候，团队成员可能恰好认识某领域的创新者或专家，这就能使这项工作变得特别简单。

需求挖掘和分析

焦点小组

焦点小组在业内已经得到了广泛应用。在设计思维中，组建探索性焦点小组的目标是在短时间内确定尽可能多的用户和利益相关者的需求。这样，团队就可以对样本组进行有价值的研究。

焦点小组的目的不是推断而是理解；不是泛泛而论，而是确定一个范围；不是为了对人群进行描述，而是提供关于人们如何看待某种情况的洞察力。

（Krueger & Casey，2000）

焦点小组的组建形式是多种多样的。

传统焦点小组：这种小组把 10 ~ 12 个对象聚集在一起，通过召开一次安排紧凑的工作坊取得完整的成果。传统焦点小组花费的平均时间约为 2 小时。这些焦点小组不仅特别适合用来确定需求，也有助于产生新的想法。这些小组在敏感情境（如医疗问题）应用中也很成功。

迷你焦点小组：这种小组的参与人数一般为 6 ~ 8 人，耗时为 1 ~ 2 小时。当迷你焦点小组作为传统小组的补充时，由于其参与人数较少，它可以使针对问题的讨论更加细化和具体。

二人组：二人组也经常被称为"友情焦点小组"。这种小组主要用于分析单个参与者在表述答案有问题时遇到的困难。这种方法主要用于儿童或青少年。这些对话通常是坦诚的，且附有大量信息。

超级组：超级组（超过 100 人）主要用于测试。由于小组的规模很大，团队必须确定一套结构合理的问题。这样的小组至少要有两名主持人。从结果看，这种小组能迅速提供目标导向的反馈，但无法深入地探讨内容。

三人组：在应用三人组时，团队会邀请三人参加焦点小组，按先前确定的标准，这三人的特性可以是相似的或相反的。三人组的工作形式类似于一对一的访谈，但他们提供的信息范围更广。如果参与者在焦点标准上有不同之处，团队可以直接比较他们的答案。如果参与者是相似的，那么从他们每个人那里得到的成果一般可以相互补充。这样就可以为团队在短时间内提供高密度的内容。

聚会小组：在应用这种小组时，参与者会邀请组内的其他成员（包括主持人）到他的家中吃饭或参加活动，在聚会中讨论焦点问题。

工具

- 录音设备
- 照相机
- 笔记本

这些对话首先是为了实现建设性的、批判性的和理性的探究。然而，聚会小组一般只适合于与消费者有关的话题和问题陈述。

在线讨论组：另一个小组形式的变形是在网上进行的讨论。原则上，之前描述的大部分问题类型也可以在网上进行。

除了这里描述的焦点小组的变化（解释性和探索性），还有一些额外的活动可以在焦点小组中进行。

功能优先级：确定与客户或用户的观点特别相关的产品或服务的特征。

竞争分析：分析用户在竞争对手的产品或服务中特别重视或避免的特征。

趋势分析：在新建立的趋势中，焦点小组可以帮助引出和理解潜在的原因。

资料来源

Brenda, L. (ed.) .,“Design Research: Methods and Perspectives”, 2003
Krueger, R.A. & Casey, M. A.“Focus groups: A Practical Guide for Applied Research”, 2000

提示和窍门

- 尽早计划焦点小组。组织工作通常比预期的要多，需要提前计划。确定一个固定的日期。
- 写信给潜在的参与者，将你的目标和保密程序告知他们。
- 尽早搭建焦点小组进行的空间。
- 持续关注报名的情况。如果没有足够的参与者报名，在某些情况下需要寻找和联系其他参与者。
- 尽早将目标和议程告知焦点小组的运行团队，这样每个人都知道在活动当天需要做什么。
- 考虑组织参与者到达后的接待工作。对客户和用户焦点小组来说，这一点尤其重要。
- 带领焦点小组完成工作坊。
- 在结束一个焦点小组后，最好给参与者写一封感谢信。

需求挖掘和分析

访谈

访谈的目的是在特定背景下了解个人的动机、行为、意图和意见。因为访谈研究是社会科学中一种成熟的研究方法，所以有大量关于访谈的准备、实施和处理的文献。

在设计思维项目中，设计思考者要与所有相关群体的代表进行访谈。这既包括用户和专家，也包括那些通常避免使用新东西，对新产品和新服务不熟悉的人。访谈中采用最多的是“开放式”问题。与封闭式问题相比，开放式问题没有给参与者提供具体的回答选项。一个简单的访谈规则是：尽量让受访者说话。因为通常最有趣的细节都隐藏在受访者的叙述中，而这些往往只有在复述和对访谈进行广泛的回顾性思考之后才会显现。

当谈到访谈时，我们借鉴了迈克尔·巴里的一个模型（由斯坦福大学的 d.school 改编，2015b）。巴里将访谈的“流程”分为 6 个阶段。这些都能管理和激发对话。

1. 简介：简短的自我介绍和对访谈中感兴趣的问题概要。对于敏感或机密主题要再次确保对个人及其数据的保护。

2. 开场：提出一个相关的“破冰”问题。这往往涉及受访者的具体工作或生活背景。

3. 建立融洽关系：接下来，采访者会提示受访者描述与所讨论主题相关的某个特定事件，正在使用或最近使用（产品或服务）的情况。

4. 深入访谈：在这个阶段，当受访者从情感上熟悉了主题之后，采访者试图围绕一些具体特征逐步深入。例如，他可能会问：“你能描述一下这个独特的功能吗？”“是什么使该功能如此独特？”在“建立融洽关系”阶段结束后，许多受访者已经与采访者建立了足够的联系，从而能够在本阶段讨论产品或服务的情感方面。

5. 反思：在反思过程中，采访者试图激励受访者对自己的叙述进行反思。例如，“您会改进什么？”“您将如何重新设计这个产品或服务？”等。

6. 总结：总结阶段是访谈的结束，通常会透露将如何处理访谈的结果。特别是在个性化访谈（已知受访者的姓名）中，会向受访者发送记录，以确保采访者正确理解受访者的意思。

除了访谈中采用的这些方法，对话也有不同的方向，具体如下。

回顾性访谈：这些访谈的目的是详细阐述和更好地理解最近发生的事件。这种采访通常有助于采访者整理顺序，从而能够重现事件的过程。

领先用户访谈：在这一环节，领先用户被访谈。作为领先用户，这些人往往是第一个或第一批使用特定技术的人，或者是第一个依据经验为未来提供可靠预测的人。

照片观察访谈：为了补充采访，给受访者一台相机，要求他们拍摄特定产品或服务功能的照片。例如，与营养有关的项目可以要求受访者记录他的每一餐。这些照片被收集起来，然后为采访提供依据。这种方法的优点是能够以非常详细的方式处理给定的主题。

专家访谈：访谈某一领域的专家。除了能够对特定主题进行深入讨论，专家访谈还能帮助采访者快速扩展其对所讨论问题的知识。

项目“唤醒”访谈：唤醒访谈是快速的电话交谈或在家里与几个家庭成员的交谈。通常在项目开始时使用，这些最初的访谈可以让采访者更好地理解问题陈述的背景和范围。

资料来源

Brenda, L. (ed.) ,“Design Research: Methods and Perspectives”, 2003
d.school Stanford University, 2015b

提示和窍门

- 在实践中，由两名采访者同时进行访谈通常是值得的。用这种方法可以避免理解过程中的片面性。在访谈过程中，第二个采访者可以观察受访者的表达，并与他所说的话相对照，利用这一点来确定哪些陈述包含真正有价值的内容。
- 另一种行之有效的方法是，在访谈的一开始就使用问卷调查来测试几个受访者。如果问题不够精确或者重要的领域没有被涉及，就可以根据需要重新调整问题。

工具

- 录音设备
- 照相机
- 笔记本

1
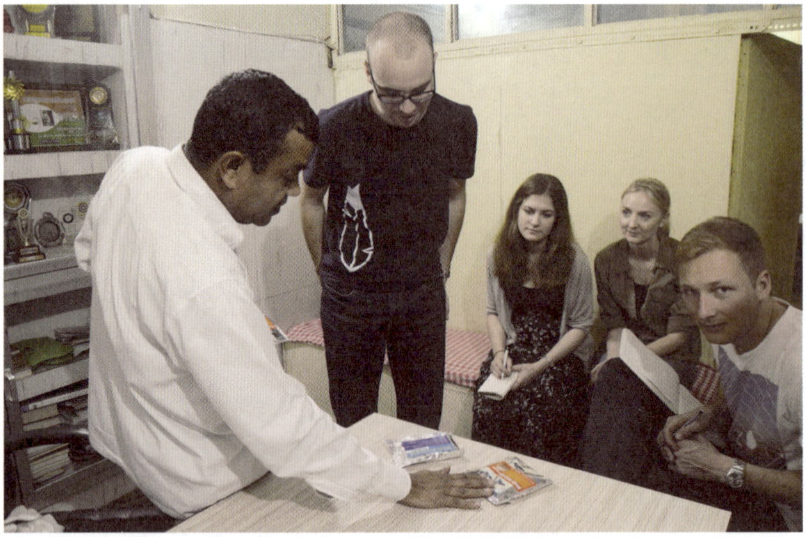

2
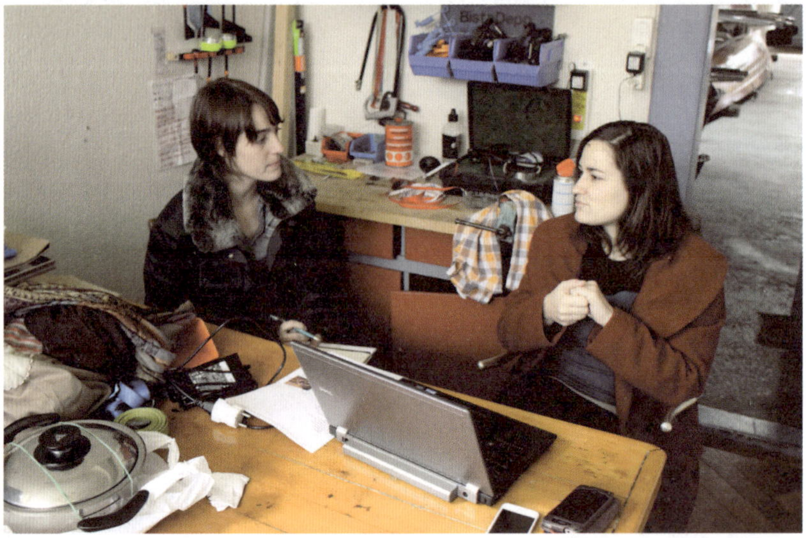

3
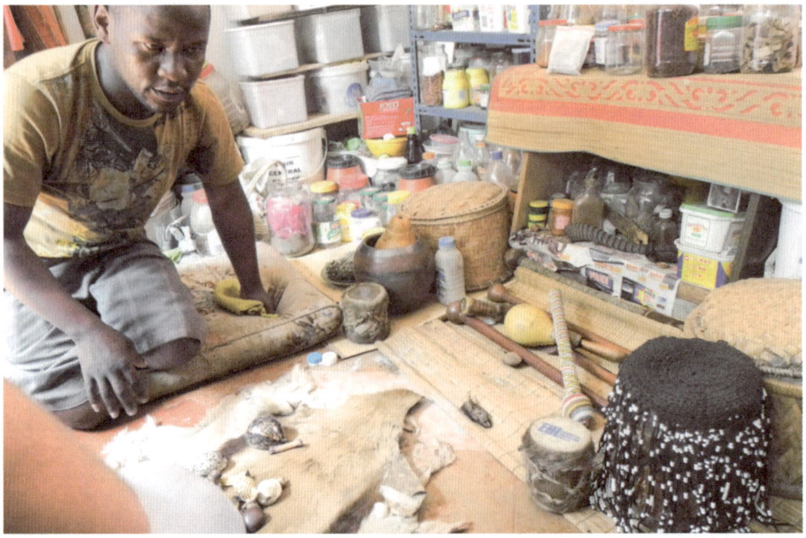

1. 对一位医生关于使用感冒药的采访，印度（2015 年）
2. 瑞士苏黎世俱乐部访谈（2014 年）
3. 南非医疗人士访谈（2014 年）

需求挖掘和分析

观察

观察的目的是描述和记录发生的事情，调查的核心通常是人们的行为。观察的优势在于，被观察者通常在自己熟悉的环境中活动，可以显示其真实的状态。此外，参与者也无须牺牲额外的时间来配合研究。

通过观察人们使用产品或服务的情况，设计思维团队可以找到改进产品或服务的策略。团队成员对这些情况进行质疑也能发现全新的需求，对用户形成新的理解。观察所得的成果可以延展到之后的阶段，对现有解决方案进行改进或形成新的解决方案。

这种研究的一个缺点是，仅限于在一定的范围内使用，原因是法律保护个人隐私。因此，在观察过程中，尊重特定国家的立法以及组织内的规则是至关重要的（见设计思维行为规范）。

观察的另一个挑战在于对所收集的数据进行解读。通常情况下，如果没有进一步的访谈，这些数据很难被使用。正因为如此，在需求挖掘的过程中，观察之后总是会跟着一个访谈环节。

在实践过程中，如何进行观察?

摄像机：在组织规定允许的范围内，可以用摄像机拍摄记录，稍后再对情况进行分析。

闲逛：在被观察者的环境中长时间停留。任何一个在星巴克待过 3 小时以上的人都知道，通过这种方法可以获得对人们行为的了解。

体验：跟随用户的脚步，模拟观察。

做一个参观者：在某些情况下，为了更好地了解工作流程，十分有必要请内部人士带领进行一次“参观”。例如，参观一家餐馆或实验室。

“狗仔队”：这是指秘密或匿名拍摄照片或视频。在这里，注意法律问题是非常重要的；也就是说，其中不应该有个人在影片或照片里被认出。

观察应该获得什么结果?

环境：物理空间或场所。

参与者：涉及的人。

活动：与观察对象有关的活动。

物体：相关的物理对象。

事件：与活动有关的事件。

时间：事件和活动的顺序。

目标：在所观察的情况下，人们的目标——他们取得了什么或试图取得什么?

工具

- 摄像机
- 笔记本

重要的是：在所有方法中，确保没有个人权利受到侵犯是至关重要的。

资料来源

d.school Software Design Experiences
Stanford University (n.d.)

提示和窍门

- 在开始观察之前，确保必要的材料和设备都是完整的，并且功能齐全。
- 计划观察目标以及采用什么观察方法。如有必要，在团队中分配任务责任。
- 如有必要，取得观察的授权。
- 一定要提前告知团队成员在观察环境中的行为预期。
- 进行观察。
- 评估观察的结果。
- 一旦数据处理完毕，立即删除所有的个人数据。最迟也要在项目完成后删除所有的个人数据。

笔记 / 草稿：

体验

体验是指设计思维团队成员亲身体验利益相关者（如用户和客户）所处的情境。它是对访谈的补充。作为一种手段，设计思维团队成员可以通过它了解用户的感受。例如，团队成员可以把自己当作家用电器的服务技术人员，这意味着他可能会进行与受过训练的员工相同的任务或活动。这有助于团队成员更深入地了解工作流程、行为倾向和整体情景。同时，在这个阶段，团队成员往往对他们正在探索的人和情况产生强烈的共鸣。

在产业环境中，这种体验往往是困难的或不可能的，特别是出于安全原因或在客户数据需要保密的特殊情况下。鉴于这种体验是整个过程的核心组成部分，要留出足够的时间进行充分准备。

在消费者环境中，体验往往要容易得多。例如，一名团队成员可以在银行中扮演一位对开户感兴趣的客户，从头到尾实践一次开户流程。

我们在体验中寻找什么？

洞察：对产品和服务在使用和互动方面进行深入理解。

对流程的理解：用户是怎么理解和执行流程的。

同理心：对用户或受影响的人群感同身受。

提示和窍门

为体验留出充足的时间是很重要的。因此，在团队中尽量提前确定你想体验的情境，并开始做相应的计划。

工具

- 摄像机
- 照相机
- 笔记本

需求挖掘和分析

标杆分析

标杆分析是指寻找其他领域和行业的可比情况，并从中获得创意、见解或解决方案。

比如，某个优化手术室工作流程的项目。我们寻找的比较标准是关于秩序、消毒、精确和零失败的。在这种情况下，优化流程的标杆可能是一级方程式赛车场上的一次进站。在短短的几秒内，机械师们必须以极高的精度使赛车进入最完美的运行状态，不管是过程还是结果都不能失败。通过比较二者的情况，我们可以获得有价值的见解以优化手术室中的工作流程。

标杆分析的目的是改善需求挖掘、设计和文档记录。

为了找到合适的标杆对象和情境，我们建议使用四步法。设计思维团队在项目中不断地将这一过程作为例行程序执行。

搜索： 搜索主要集中在市场竞争者、技术、专利等方面。例如，在某些专利搜索的帮助下，设计思维团队可以快速有效地找到大多数专利。博客、网络社区和报纸上也有不断发布的有用信息。

评估： 根据职能和与重点领域的相关性对所发现的信息进行评估。一个反复出现的问题是：面临一系列任务，是什么激励了团队？

关注： 坚持不懈地关注互联网上的新发展。

分享： 这个过程中获得的新信息应该尽快地在团队中被分享和讨论。

寻找恰当对标对象的基础是找到具体的类比标准，以便其他情况下（如上面的手术室 / 一级方程式赛车）的例子对阐明当前面临的问题和解决相关任务有所帮助。有了这些标准，团队就可以开始收集标杆对象，当然，这又要采用上面提到的四步法。

数字化汽车的标杆：

特斯拉 Model S（2014 年）

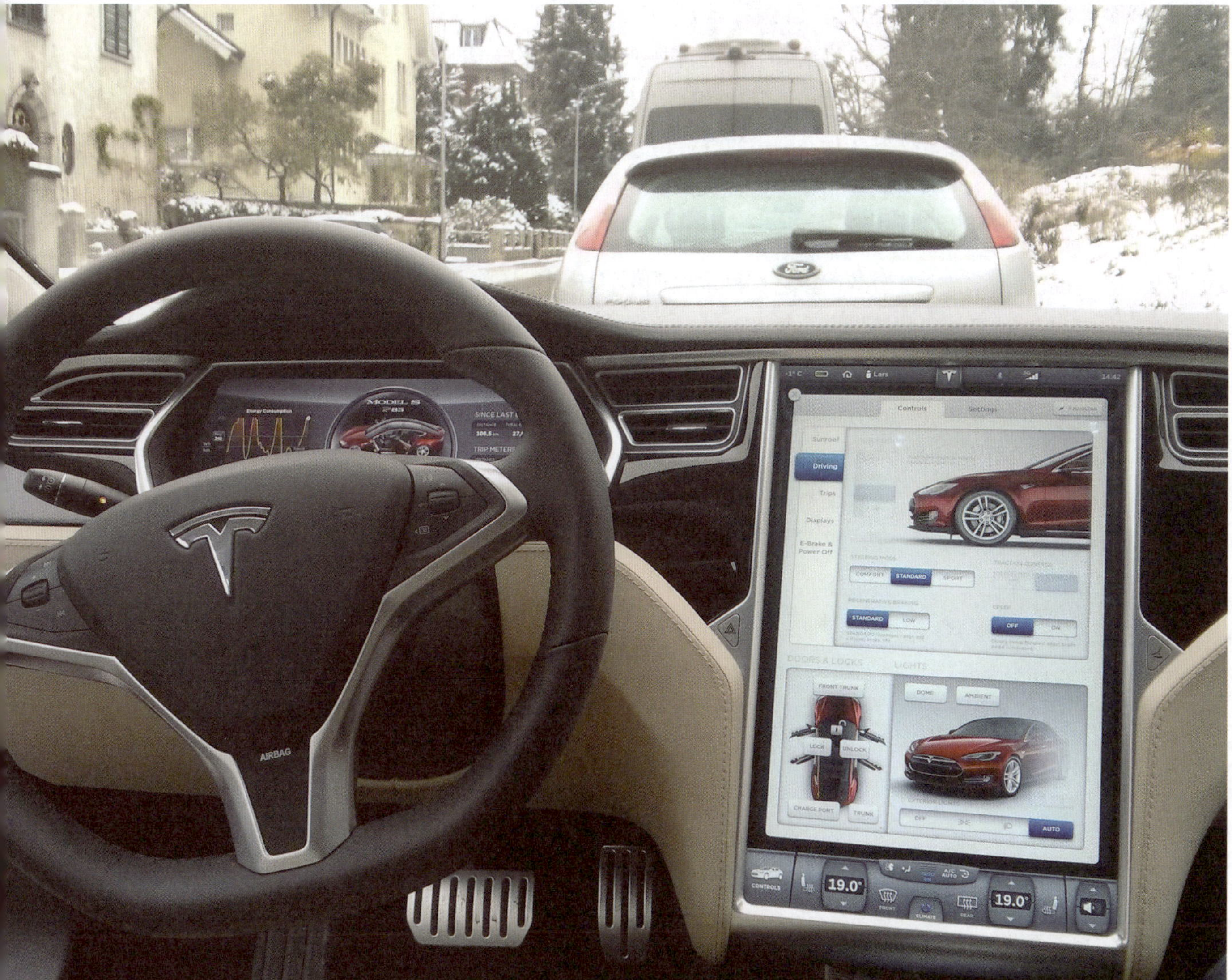

需求挖掘和分析

分析框架

分析框架的主要目标是整合在需求挖掘阶段收集的信息。这使得重要内容能够被重视。分析框架通常是多维的，并经常以图表的形式展示。它们能够对收集到的信息进行分组和分析。

例如：在一个开放式的办公室里，既有井然有序的办公桌，也有看起来非常混乱的办公桌。人们还观察到，有条理的人和没条理的人似乎都在两种“类型”的办公桌上工作。乍一看，这似乎没有什么意义。然而，有的人即使在很杂乱的办公桌上也能保证出色地完成工作。

在西方文化中，有序的工作空间通常等同于一个有条理的人。相反，一个混乱的工作空间被视为这个人很没有秩序。如果把这两种办公桌的类型和个性都转到一个图表或框架中，我们就会发现，对那些在混乱工作空间中的有条理之人，他们也希望保持有序的外观，但哪怕是目前领先的家具公司，也没有多少解决方案能符合他们的期望。

分析框架，比如上面的例子中所描述的分析框架，可以帮助设计思维团队在复杂的情况下保持对全局的把握。在展示信息时，韦恩图、2×2（或更高）维度的矩阵和柱状图都很有用。在许多情况下，自由形式的表述也是有效的。

资料来源

Beckman, S. L. & Barry, M, “Innovation as a Learning Process: Embedding Design Thinking”, 2007

框架分析的最终目标是重构，想出一个新故事，从而告诉用户如何解决他的问题，或者想出一个看待问题的新方法，这最终会让团队想出新的解决方案。

（Beckman & Barry, 2007）

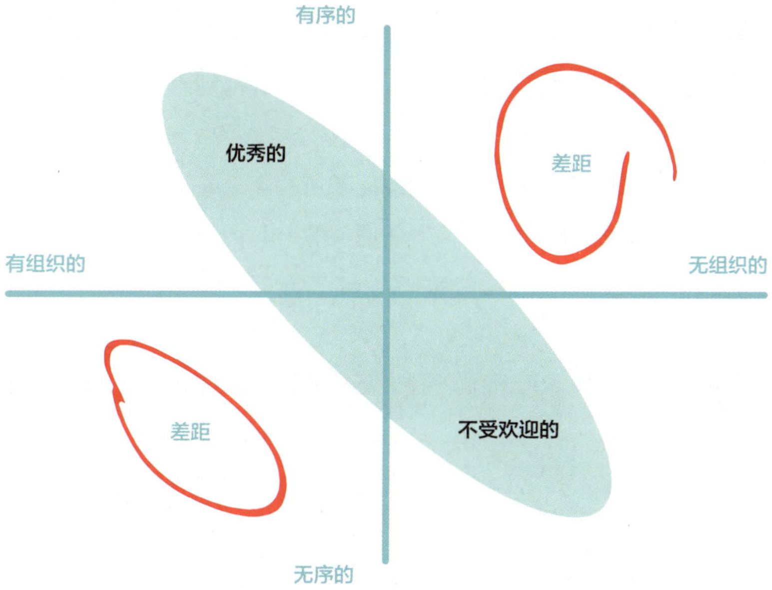

办公桌框架分析实例

提示和窍门

框架分析的过程并不复杂，但只有在拥有足够的数据，如访谈、焦点小组、观察等得出数据的情况下，才能发挥作用。

- 将在需求挖掘过程中学到的所有知识可视化。便利贴特别有用，因为学到的每个知识都可以用一张便利贴展示。
- 按照各种标准对结果进行分类。这一步是团队工作，并不总是在第一次尝试时就能得到一个有用的分析框架。理想情况下，团队会尝试从不同的维度和表现形式建立分析框架。

找到一个恰当的分析框架来描绘相关内容往往需要大量的时间。如果你对第一轮的分析框架识别结果不满意，也不要气馁。

需求挖掘和分析

现场笔记

将对观察、焦点小组和访谈的印象以现场笔记的形式记录下来，是需求挖掘的一个组成部分。在学术界，人类学是一个成熟的领域，其核心是有效和可靠地收集实地记录。一些在实践中开发的通用技巧，有助于更轻松、更有效地收集现场数据。

第一印象： 设计思维团队应该在进入一个环境后立即记录自己的第一印象。这可以包括气味、情绪、行为、组织和安排。

准确度： 团队成员应该尽可能准确地记录所有印象。无论它们是否与具体的行动或互动、房间的设置或任何类似的东西有关，都要尽可能准确地记录和保留这些印象。

不要以偏概全： 在现场记录中应避免笼统的描述。在设计思维过程的后期，当数据被评估时可以进行归纳，但不是对现场的一手资料进行归纳总结。

关注点： 现场笔记应该包含与观察和访谈相同的方面：物体、人、互动，等等。

资料来源

Emerson, R. M., Fretz, R. I. & Shaw, L. L.,“Writing Ethnographic Fieldnotes”, 1995

工具

- 笔记本

提示和窍门

- 每个小组成员都应该携带记录工具（笔和笔记本）。
- 笔记应该只包括最重要的词语和访谈结果。
- 我们建议在采访 / 观察结束后，直接将现场笔记补充成更详尽的笔记，当然也可以在当天补充。

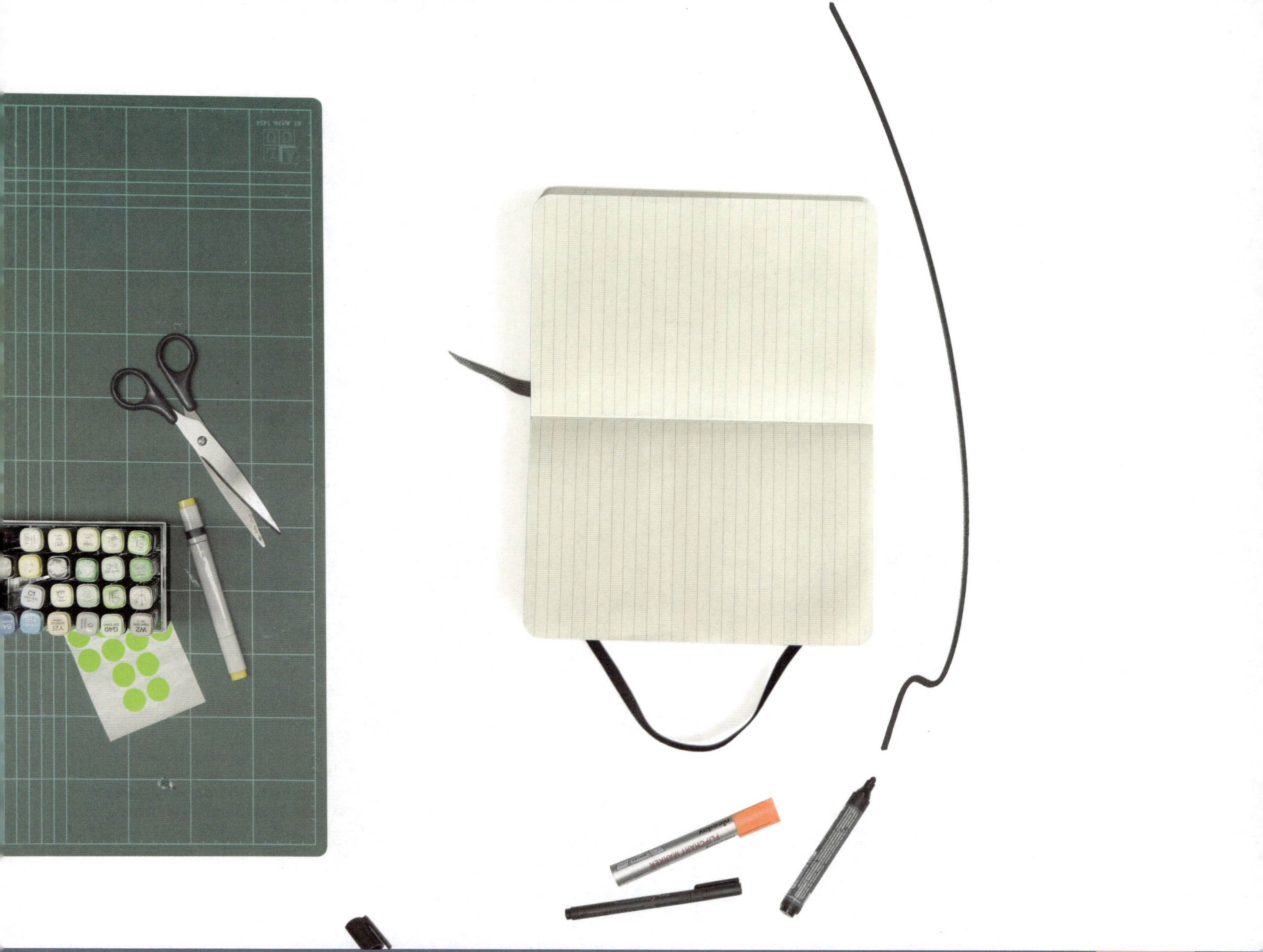

情绪板

情绪板是一种来自沟通学和设计学的工具，其目的是向选定的用户和客户群体表达环境、气氛和情绪。它把图片、视频和文字等放在一起，类似于一个大型的拼贴画，以说明一些通常用其他方法难以描述的东西（见 Gray et al.，2010，p 200-201）。一般来说，会使用一大块纸板。在设计空间探索阶段，设计思维团队应始终可以接触到情绪板，它既可以被不断地调整，也可以作为灵感的来源和目标提醒的工具。

在项目后期，例如功能原型设计阶段，可以利用对开发中的新产品具有特殊重要性的材料对情绪板进行更新。对汽车行业而言，这种材料可能是汽车座椅的织物或皮革。此外，还可以使用数字情绪板，如某些网站上的那些制式样板。这特别适合于在全球不同地点工作的国际团队使用。

资料来源

Brown, S., Gray, D. & Macanufo, J.,“ Gamestorming: A Playbook for Innovators, Rulebreakers, and Changemakers”, 2010

材料

- 纸板和泡沫板
- 报纸
- 图片和其他鼓舞人心的材料

提示和窍门

- 与你的团队一起，选择希望在情绪板上展示的主题。
- 将主题钉在泡沫板或大纸的顶部。
- 小组成员共同寻找能够说明所选主题的图片、文字和其他材料，并把它们钉在板子上。

情绪板通常会迭代发展很长一段时间。

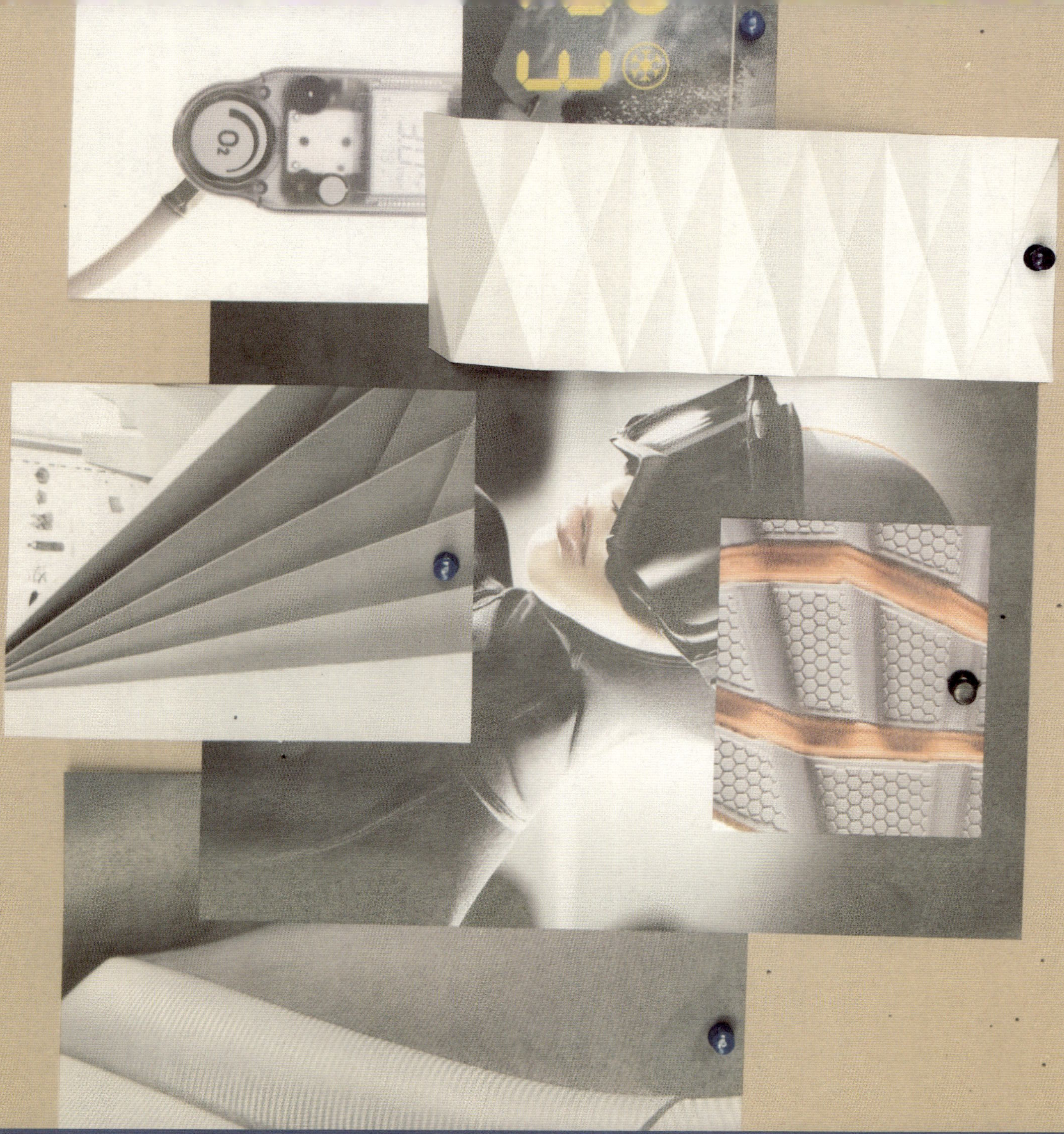
O₂

需求挖掘和分析

AEIOU

对观察的初学者而言，AEIOU是一种特别有用的方法。这个缩写词代表了行动（action）、环境（environment）、互动（interaction）、物体（object）和用户（user）。

通常，当处在一个情境中时，人类大脑只专注于它所感知到的几个基本方面，以简化信息，使其更容易理解。然而，这种过度的信息过滤机制对观察来说是一种障碍。观察是为了获得一个完整的概览，而不应该受到特定观察者主观性的限制。

为实现这一点，AEIOU 方法将不同的任务分配给不同的观察者，这些观察员只集中关注分配给他们的具体方面。

AEIOU 是什么意思

行动：观察和记录个人的活动。

环境：对环境的观察和分析。在医院里，这可能是负责整理壁橱里各种材料的归档系统。

互动：观察人与物之间的相互作用。

物体：观察物体的使用情况，如机器。

用户：在用户的场景中观察用户。

提示和窍门

- 使用 AEIOU 框架，将团队分成更小的小组。
- 每个子小组观察和分析分配给他们的内容。
- 在整个小组的讨论中对结果进行汇总。

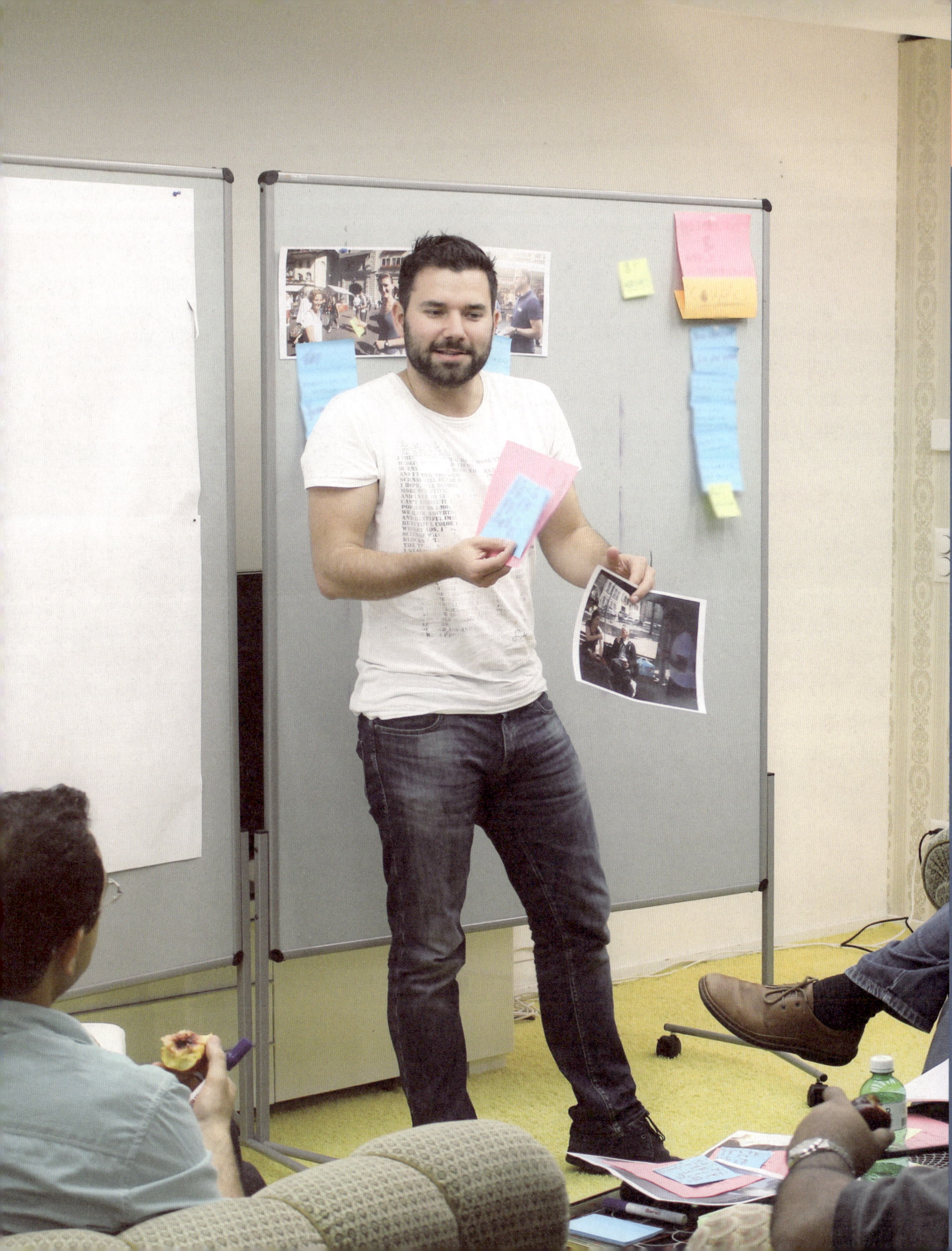

需求挖掘和分析

同理心地图

同理心是感知和理解他人的感觉、情绪、思想，也包括理解他人行为的能力。许多方法可以帮助我们在技术层面上了解个人，但同理心地图让我们能够在情感层面上理解个人和群体。

在布朗等人（2010）的方法中，同理心地图展示了个人和群体（用户画像）的4个核心经验要素（见、闻、思、感）与特定环境的关系。采用这种形式的地图，被分析的个人或群体所看到的、听到的、想到的和感觉到的都被记录在纸质或数字图表中。之后，个人在访谈和观察中的实际所见所闻、所思所感也会被记录下来。因此，设计思维团队对正在探索的问题的情感维度有了深刻的理解。

见：这个人看到了什么？
闻：这个人听到了什么？
思：根据经验和期待，他对声音和视觉带来的感知有什么想法？
感：这个人对于所看到的、听到的和想到的东西有什么感觉？在某些情况下是否会产生差异？这些差异可能导致满意或不满吗？

资料来源

Brown, S., Gray, D. & Macanufo, J., “Gamestorming: A Playbook for Innovators, Rulebreakers, and Changemakers”, 2010
O'Reilly, d.school Stanford University, 2015b

工具

- 便利贴
- 马克笔
- 移动挂纸白板或其他可供绘画的材料

提示和窍门

- 带上足够大的书写和绘画材料，如移动挂纸白板或纸板，从左上角到右下角，从左下角到右上角，画一个大十字。
- 给所产生的4个领域贴上标签：见、闻、思、感。
- 把要分析的人或人物（群体）的名字写在十字的正中间。
- 在小组内，分析这4个类别。每个小组成员手中都有便利贴，并在4个领域出现时加入自己的贡献。

用户画像和同理心地图——斯坦福大学 SUGAR 启动工作坊（2014 年）

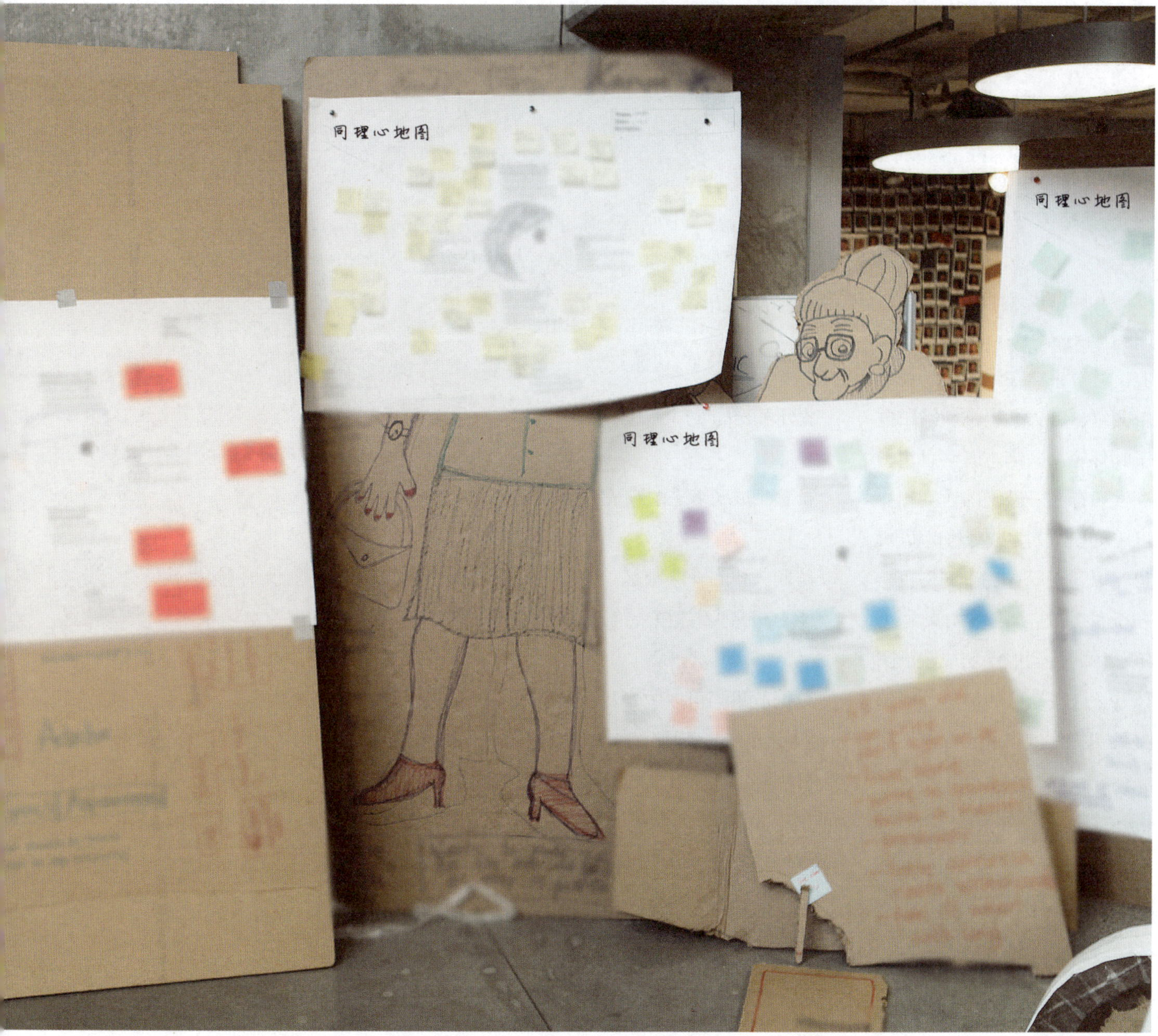

需求挖掘和分析

网络志

网络志（Netnography）是“互联网的简称”（net）和“民族志”（ethnography）的组合。网络志描述了一种用于了解人类在网络和虚拟世界中行为的方法（见 Beckmann and Langer 2005，pg221）。相应地，人们通过人类学方法收集的数据探索了互联网上的交流。材料来自在线论坛、在线新闻组、聊天、社交网络和电子邮件等。网络志既可以用于探索只存在于网上的协会和社区（如模拟人生或魔兽世界），也可以用于既存在于网络也存在于线下的社区（如兴趣小组、休闲活动的论坛或政治团体）。这些社区的信息一般都是免费提供的，或者在注册后获得。

工具

- 门户网站和论坛的账户

网络志学者特别关注特定社区的态度、意见、感觉和看法，以及仅通过定量方法难以掌握的符号和仪式（Beckmann & Langer, 2005, p. 222; Broderick & Lee, 2007 ）。

资料来源

Beckmann, S.C. & Langer, R., “Sensitive Research Topics: Netnography Revisited”, 2005
Broderick, A. J. & Lee, N., “The Past, Present and Future of Observational Research in Marketing”, 2007

提示和窍门

推荐生成网络志的方法，具体如下。

访问：找到一个社区，开展与你正在探索的问题相关的活动，这样就能为研究找到相关的信息。

数据收集：可以收集数据。例如，通过直接复制有关群体经验的文字和笔记，或者通过对个别群体成员的采访。网络志学者既可以作为一名观察者，或者也可以作为社区中的活跃分子。

数据分析：可以使用定性和定量的方法来分析材料。

对参与者的反馈：对所探索的社区和受访者的反馈有两个目的。一方面，受访者有机会重新思考他们所说的事情；另一方面，网络志学者履行了他们对参与者的伦理责任。

需求挖掘和分析

用户画像

用户画像是特定群体日常生活的理想化、典型化的表现。用户画像通常用于启发和指导设计思维团队的决策。在 20 世纪 80 年代和 90 年代，用户画像主要由营销人员使用。后来，它们也被用于开发技术和软件。

简单地说，用户画像是用户、客户及其他利益集团的描述性模型。它通过总结一组个体所共有的大量基本的、共同的特征来建立一个典型角色。用户画像是从观察、访谈和焦点小组中得来的。作为一种典型角色，“用户画像”并不代表单一的个体，尽管“用户画像”往往只刻画一个典型角色作为某个群体的代表。典型角色的人格化特征有助于设计思维团队直接接触并富有同理心地看待某个特定的人群。

在开发新产品、服务和商业模式时，用户画像的具体特征可以将细分人群彼此区分开来。这为设计思维团队做出具体的开发决策提供了基础，并且可以在此基础上，将决策追溯到特定的人群中。

与项目状况同步，设计思维团队一般会划定两种类型的用户画像。

真人尺寸的用户画像：通常情况下，真人尺寸的用户画像在项目早期可以快速且容易地构建，其目的是呈现对访谈伙伴的第一次分组假设。在这个阶段，可以使用一些简单的工作材料，用户画像也可以是相对浅显的。

用户画像 = 人 + 故事 / 目标 = 同理心 + 一致性

（Silver, 2011 ）

科学严谨的用户画像：科学严谨的用户画像是经过精心设计的，与库珀（Cooper，2003 ）等人的工作相一致。这种用户画像是在很长一段时间之后出现的，能够为设计思维团队提供决策的方向。

资料来源

Cooper, A., & Reimann, R., “About Face 2.0: The Essentials of Interaction Design”， 2003,（2nd ed）
Brenda, L.（ed.）., “Design Research: Methods and Perspectives”, 2003
Silver, C., “Need Finding 101 ”（PowerPoint）, 2003

工具

- 用于低分辨率用户画像的大量图片、纸、纸板和马克笔
- 用于高分辨率用户画像的文字处理程序

按照库珀（2003）的说法，生成用户画像可分为以下7个步骤。

1. 基础假设：第一阶段包括假设和选择某一类用户画像的典型代表作为访谈对象，然后通过观察、访谈和其他方法验证假设，并对人群进行分类。在许多情况下，在项目开始时，假设和现实之间存在明显的差异。如果差异较大，就需要对目标群体的定义进行调整。我们的目标是确定用于采访对象的分组标准。

2. 映射：这一阶段是为了理解访谈对象的观点，并根据先前确定的标准对他们进行映射和定位。需要指出的是，访谈对象在所选类别中"正确"的定位，不如设计团队在寻找需求过程中获得的"直觉"重要。

3. 模式：根据映射和定位显示的关系，访谈对象应该会浮现一个模式。例如，库珀表明，人们倾向于要么以服务为导向，要么以价格为导向。在这个例子中，这两个类别将是形成不同用户画像很好的出发点。

4. 分析：在这一步，设计思维团队将使用额外的数据和特征来充实用户画像。例如，对典型工作日的表述可以包括个人对数字媒体的态度，对挫折的容忍度，等等。应该为上一步中的每个类别找到更多的数据。

5. 完整性和差异化：在这一步中，设计思维团队再次检查和考虑角色的完整性和差异化。当然，这并不意味着在后期项目阶段所获得的新知识不会被纳入其中。如果出现了新的不一致的情况，就需要再次调整。

6. 叙事：特别是在项目的高级阶段，创建简短的角色描述（篇幅占1～2页）是值得的。这些描述包含了关于该角色所代表的群体典型的一天、行为倾向和态度的重要信息。

7. 用户画像类型：在所有的用户画像都被创建之后，最后一步的重点是根据项目需要对他们的优先级进行排序。确定优先次序可以帮助设计思维团队在项目过程做出目标导向的决策。具体排序如下。

a. 主要用户画像：应该为其开发产品、商业模式或服务的一个或多个群体。

b. 顾客用户画像：相对于产品的用户，聚焦于客户角色，特别是在商业环境中，阐明这个群体的要求。

c. 负面用户画像：使用用户画像来确定那些不愿意使用产品或服务的群体也是明智的。

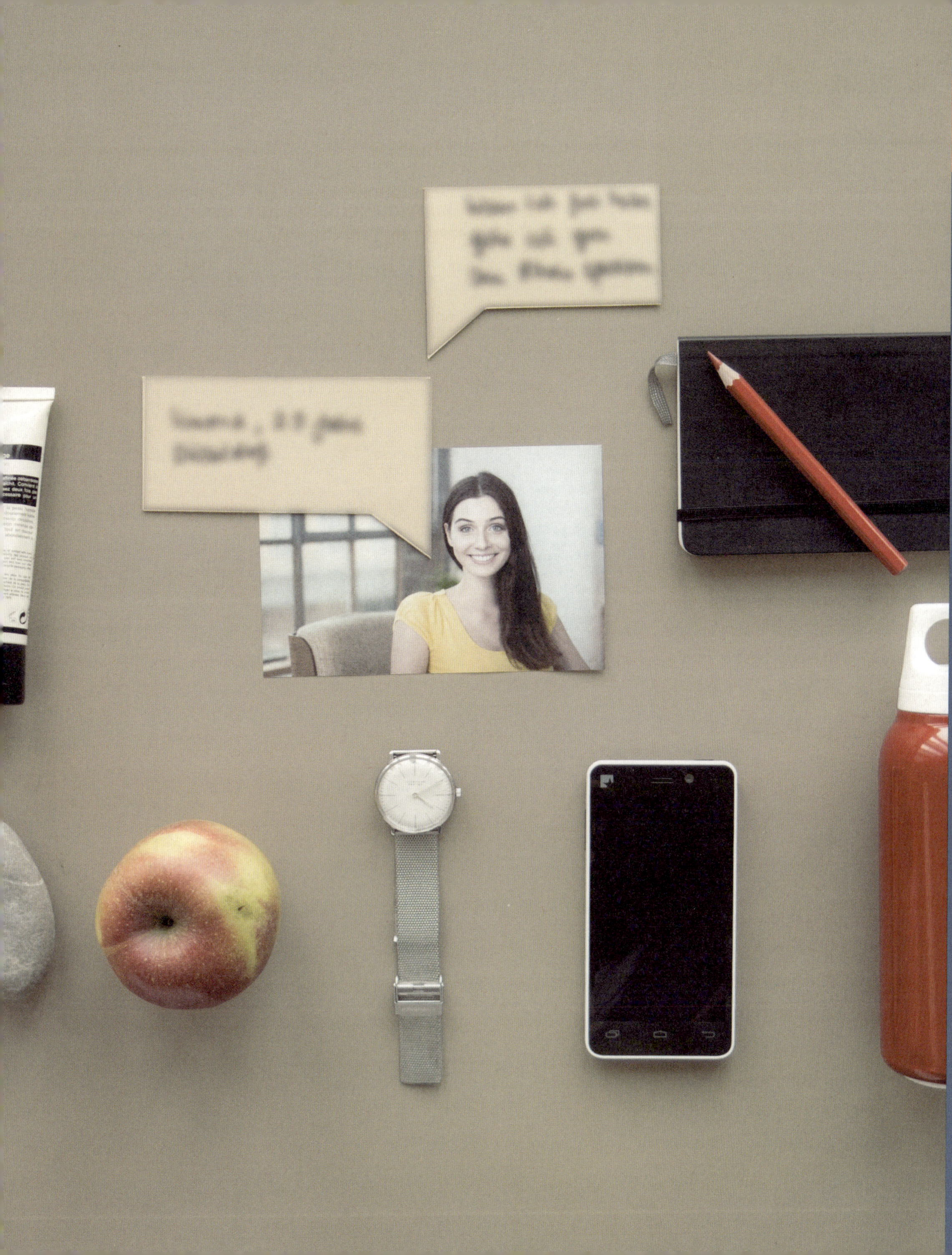

需求挖掘和分析

推论阶梯

推论阶梯是一种从采访中收集更多信息的技巧。虽然“为什么”（why）的问题往往会导致抽象的答案，但“如何做”（how）的问题有助于从访谈对象那里得到更具体的答案。这两种问题密切相关。抽象或一般的答案对于获得更广泛的背景概述和更完整的理解是有用的，具体的答案提供了具体的情况或实施的案例。“为什么”和“如何做”的有效组合有助于在访谈中获得更深层次的内容。

笔记 / 草稿:

提示和窍门

这种方法很容易使用，但必须加以练习！写下一个用户的需求，并尝试使用“为什么”的问题来加深你对背景的理解。比如，“为什么客户有这个需求？”同样也要对“如何做”进行提问，例如，“我们如何看待客户的需求？”

5 个为什么

谁没有经历过被孩子们追问为什么？孩子们经常问为什么，以更好地理解他们周围的世界和发生的事情。这种方法经常与推论阶梯一起被设计思维团队广泛使用。本质上，它们都是关于问题的系统性调查。

在实际应用中，“为什么”的问题被提及多达 5 次。这些答案可以帮助团队找到问题的真正根源。

工具

- 移动挂纸白板或常规白板
- 马克笔

提示和窍门

- 把需要探索的内容写在白板上。
- 和你的团队一起，用“为什么”的问题对这些内容进行 5 次提问。
- 在白板上写下每个问题和对应的答案。问题和答案都应该是完整的句子。
- 从上一个问题中选定一个答案，并据此制定下一个问题。

这种方法有时会导致一些琐碎的陈述。如果发生这种情况，你要么重新思考并重新表述问题，要么已经达到使用这种方法的目的。

需求挖掘和分析

观点

通过“观点”或者叫作“看待一头猪”的方法，从一系列利益相关者的角度考虑对问题的各种立场，以获得新知识。

对一头猪的各种看法就是例证，“看待一头猪”这个名字也由此而来。对猪感兴趣的利益相关者可能是农民、屠夫、肉类爱好者、素食者、兽医等。在确定了利益相关者之后，我们会列出每个人的利益和观点。素食主义者可能认为猪是一种被剥削的动物，不应该被杀死；农民可能认为猪是牲畜；农场主关心的可能是如何保持最佳养殖条件；而屠夫把动物看作可以加工成各种不同肉类产品的材料。

这种方法用在商业环境中的一个具体例子是，为引入新的客户关系管理（customer relationship management，CRM）系统做准备而记录各种不同看法。公司的CEO认为CRM系统是改善客户关系的重要措施；信息安全部门则认为它威胁到已经捉襟见肘的IT预算，现在必须投资于额外的项目；市场部普遍支持这一系统的引入，因为它能够记录所有的客户关系；但销售人员对此持怀疑态度，因为它会使销售人员可以被取代。

工具

- 纸板或白板
- 便利贴
- 马克笔

资料来源

Morgan, G.,“Images of Organization”, 1997 (2nd ed.)
Morgan, G.,“Imaginization: The Art of Creative Management”, 1993

提示和窍门

- 在一块纸板或白板的中间写上中心问题的陈述或研究的主题。
- 利用头脑风暴，让团队尽可能多地想出与主题有关的利益相关者。
- 把每个利益相关者写在便利贴上，并把它们都贴在问题周围的白板上。
- 一旦你认为你已经确定了所有的利益相关者，就用连线来表示利益相关者和主题之间的重要联系。
- 用简单有力的词语标记连接线，以有效地传达利益相关者之间的关系。核心目的是记录利益相关者正面和负面的看法。

1. 利益相关者之间是如何相互联系的？

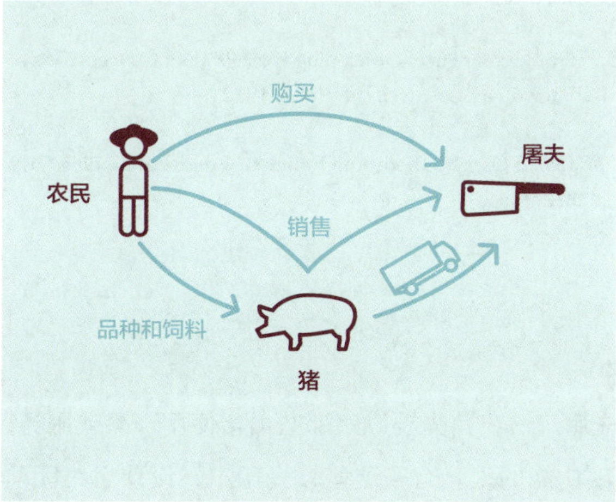

2. 注意事项

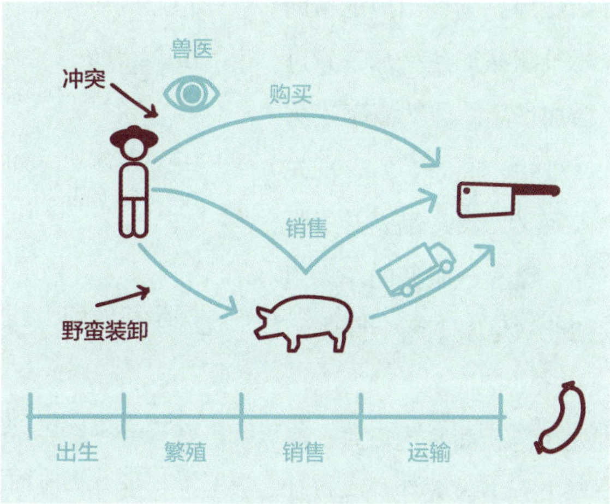

3. 优先考虑有趣的关系

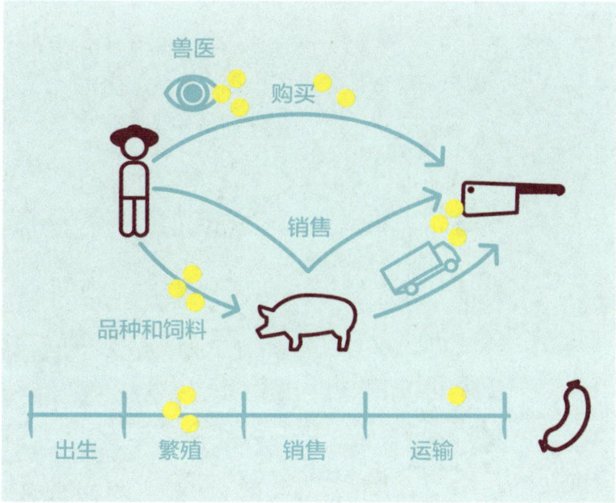

4. 选择一个利益相关者

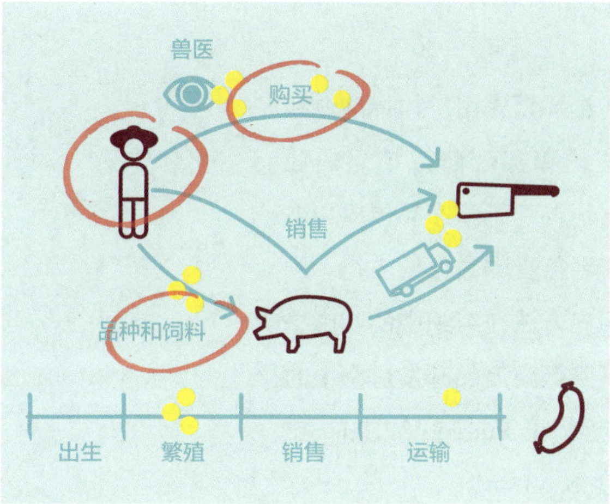

“看待一只猪”的例子，阐述了与猪的饲养和屠宰相关的利益相关者

需求挖掘和分析

领先用户法

领先用户法在20世纪70年代开始使用。领先用户能帮助设计思维团队加速产品开发过程，增加产品的成功概率（见 Hippel, 1986, p. 796）。领先用户被定义为新产品、升级版本产品、流程、服务的早期用户。他们满足以下两个标准。

- 领先用户所面临的需求，是市场上大多数人在几个月甚至几年内都不会注意到的。
- 领先用户会对问题的解决方案提供帮助。

上述选择领先用户的标准得到了理论和实证研究结果的证实，也得到了新产品传播和被消费者接受的数据的支持。领先用户方法在组织中的实施是为了降低新产品开发过程中的风险（见 Luethje & Herstatt, 2004, p. 533）。

资料来源

Herstatt, C. & von Hippel, E., "From Experience: Developing New Product Concepts Via the Lead User Method: A Case Study in a 'Low-tech' Field", 1992

Herstatt, C. & Luethje, C., "The Lead User Method: An Outline of Empirical Findings and Issues for Future Research", 2004

提示和窍门

设计思维团队采用领先用户法，首先要确定那些最常使用产品或服务，并且能充分利用其全部功能的人。有了这些领先用户，设计思维团队就可以开展前面描述的焦点小组、访谈和观察等方法。这将使新的、以目标为导向的需求和想法得以显现。

需求挖掘和分析

照片观察法

在照片观察法中，参与者（被调研方）会预先得到数码相机、胶片相机或者摄像机。他们被要求用照片或视频记录自己生活中的某个特定片段，以及对所记录的材料做笔记和编写简短的描述。现在，智能手机也为此提供了一个很好的选择。参与者可以立即使用电子邮件或其他任何渠道将图片、视频和与他们的第一印象相关的评论发送给设计思维团队。

照片观察法适合于很多种情况，特别是当研究者的存在会导致行为的改变，或者研究者根本不可能出席时。尽管这种方法在效率方面的优势非常明显，但我们不能低估它的复杂性，因为它需要做很多的准备工作和后续追踪工作。

照片观察法的一个具体例子是要求参与者对他们吃的每一顿饭进行拍照，并在方便的时候，描述吃饭的地点和原因。

在照片观察法的帮助下，设计思维团队可以获得对参与者饮食行为的真实印象，同时发现在访谈中可能没有披露的饮食习惯。

开展和支持照片观察法的一个新媒介是亚马逊土耳其机器人。这个由亚马逊提供的门户网站使有偿工作订单（例如，摄影工作）能够被放在网上。注册用户可以执行这些工作订单，并在成功完成工作后按照事先规定的费用获得报酬。由于亚马逊土耳其机器人可以在全球范围内使用，因此能在很短的时间内收集照片和视频片段。这种方法的一个缺点是，与更传统的方式相比，提交的工作质量难以监测和控制。此外，设计思维团队往往无法与参与者进行后续沟通。

资料来源

Brenda, L. (ed.) , “Design Research: Methods and Perspectives” , 2003

提示和窍门

- 检查要使用的一台或多台相机。理想情况下，应提供一个简单的设备使用说明。
- 向参与者展示相机的功能并分发给他们。
- 我们建议再分发一个小尺寸的信息表（5.8 英寸[1]×8.3 英寸或 A5），其中涉及研究目标和本研究关注哪些方面。
- 在研究进行过程中，你可以通过社交媒体软件或电子邮件向参与者发送提醒和状态检查。
- 收集照片并收回相机。
- 稍后将照片打印出来与拍摄照片的参与者讨论。

[1] 1 英寸 =2.54 厘米。

工具

- 相机，必要时请使用有录像功能的相机
- 社交媒体软件或电子邮件，用于快速交流和更新信息
- 亚马逊土耳其机器人

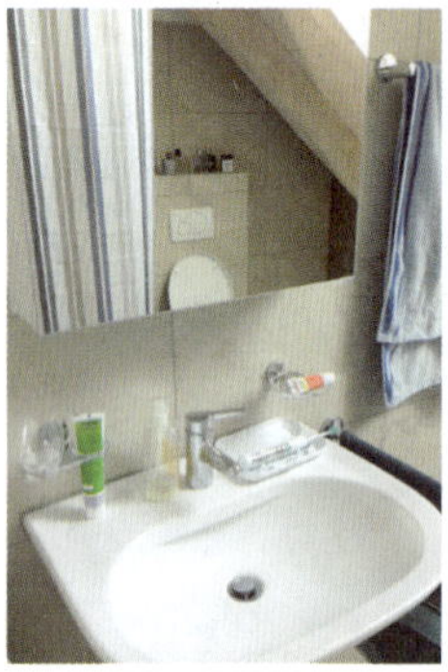

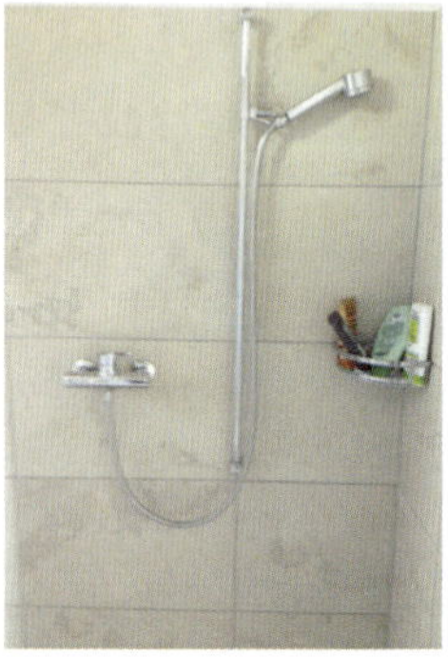

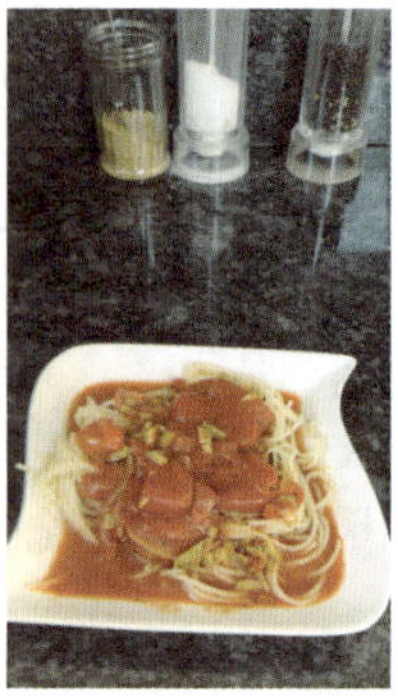

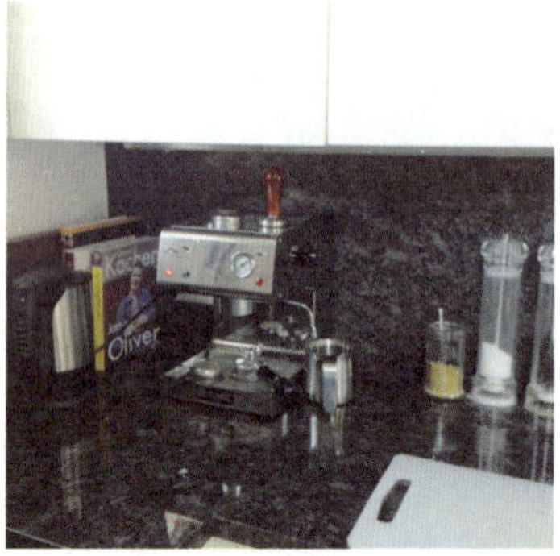

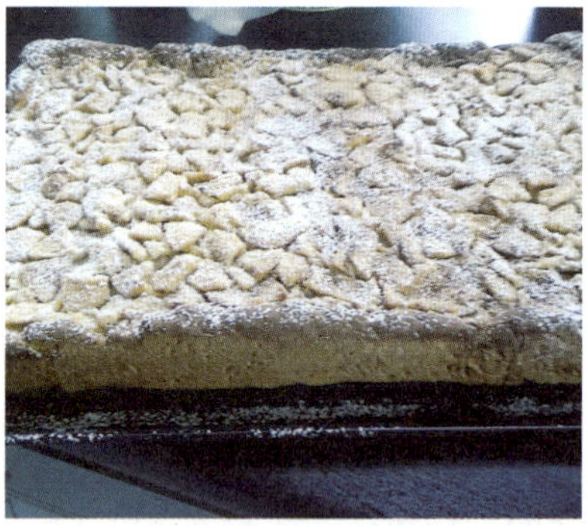

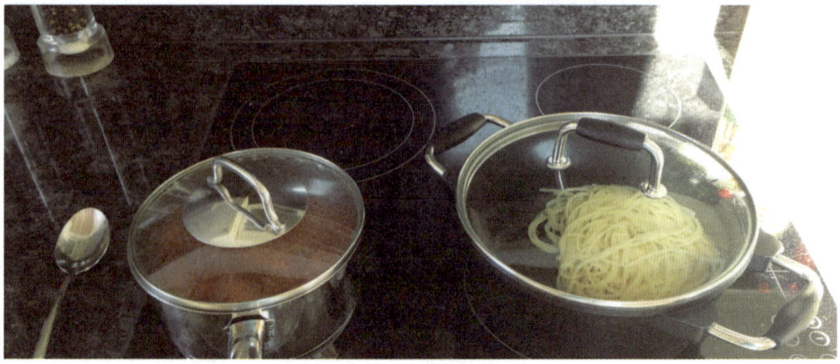

用于研究家庭日常事件顺序的照片研究（2014 年）。在这个案例中，一位来自列支敦士登的参与者拍摄了一系列照片，记录了一天中最重要的事件和发生地点。

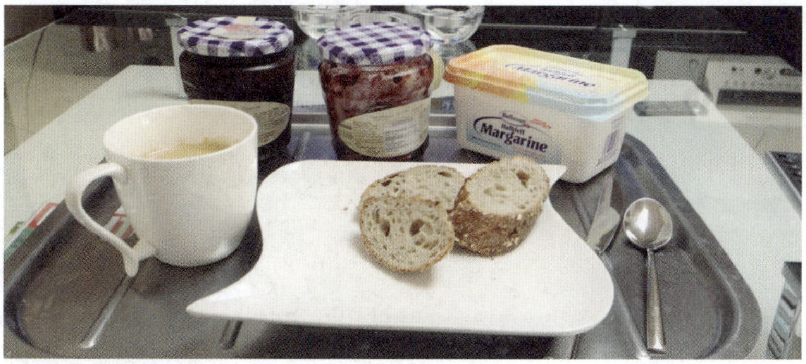
Margarine

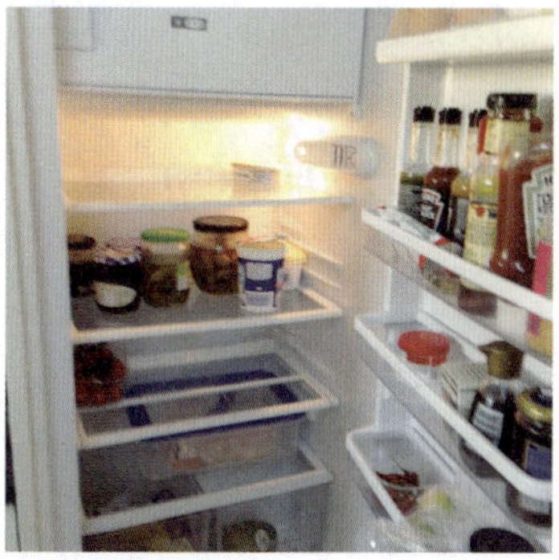

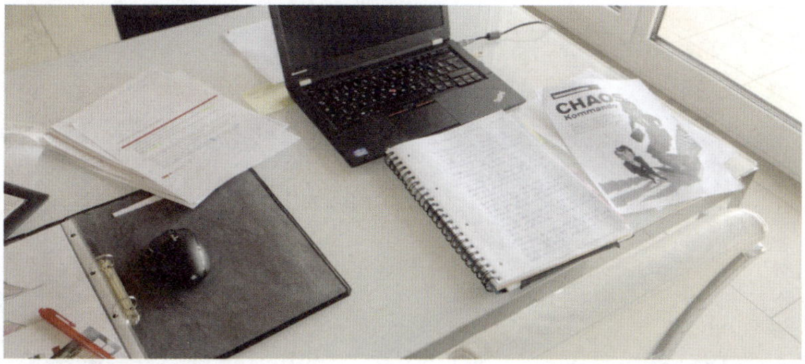

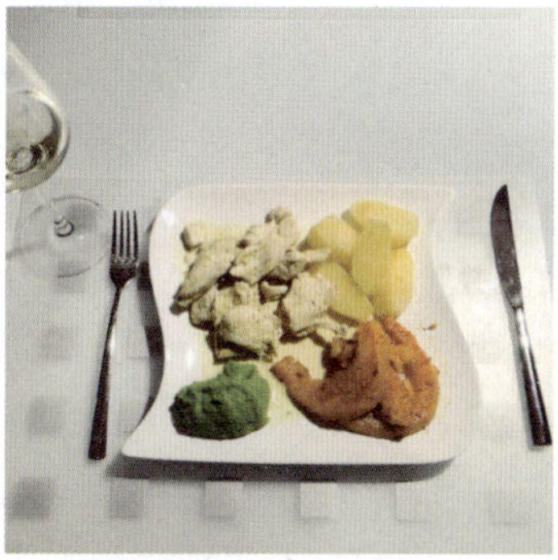

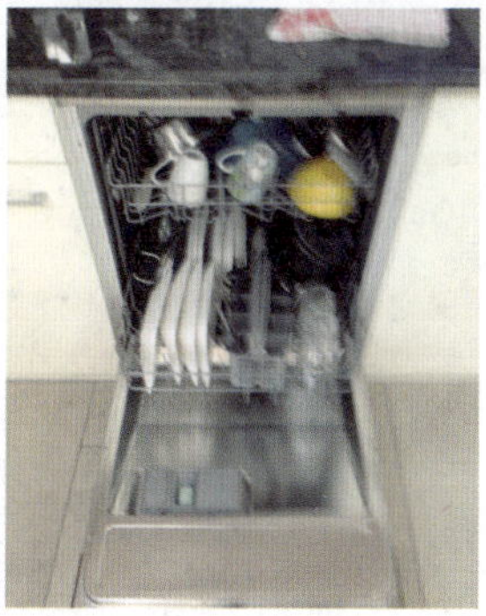

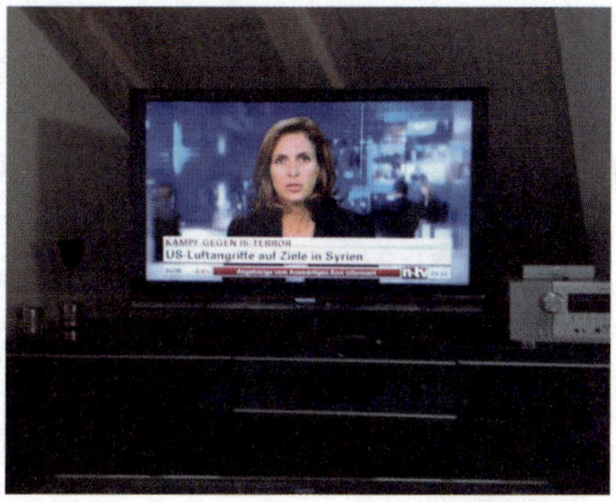
KAMPF GEGEN IS-TERROR
US-Luftangriffe auf Ziele in Syrien
n-tv

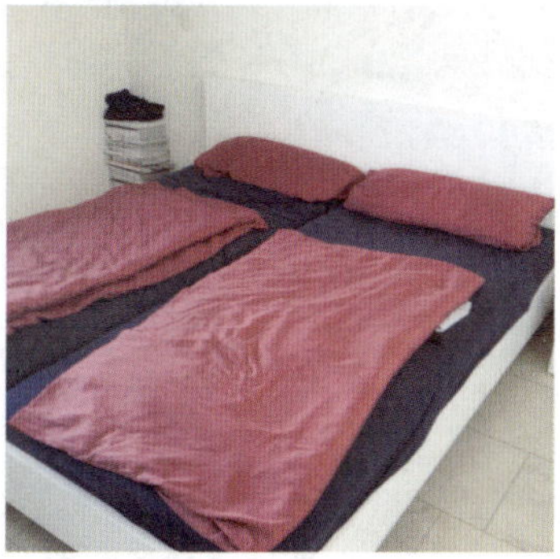

创意

创意阶段是设计思维团队在需求挖掘和分析的基础上，为潜在的解决方案提出想法的阶段。专业的创意法可以帮助团队从尽可能多的角度产生创意。

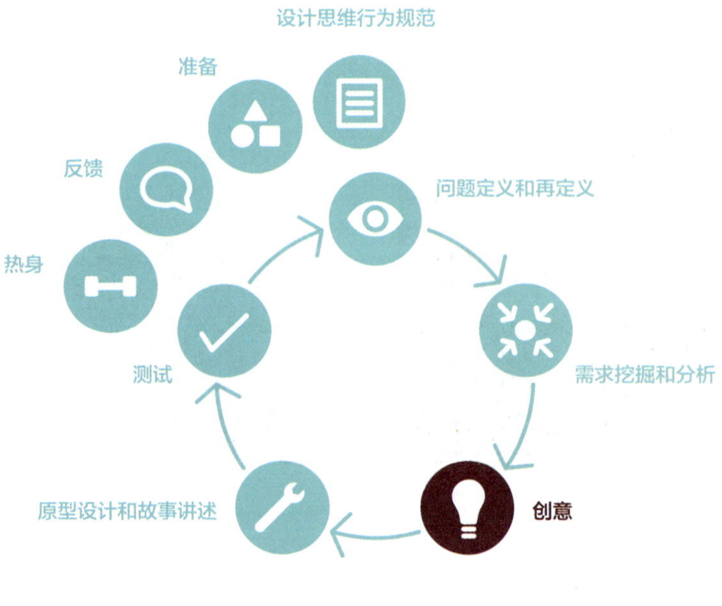

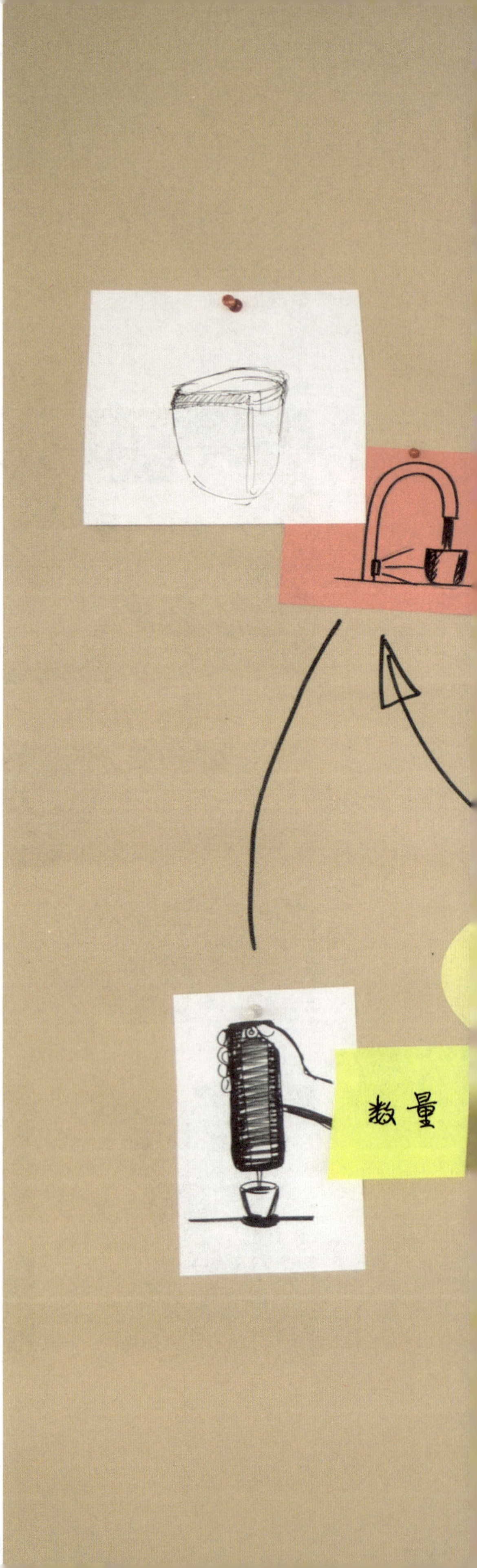

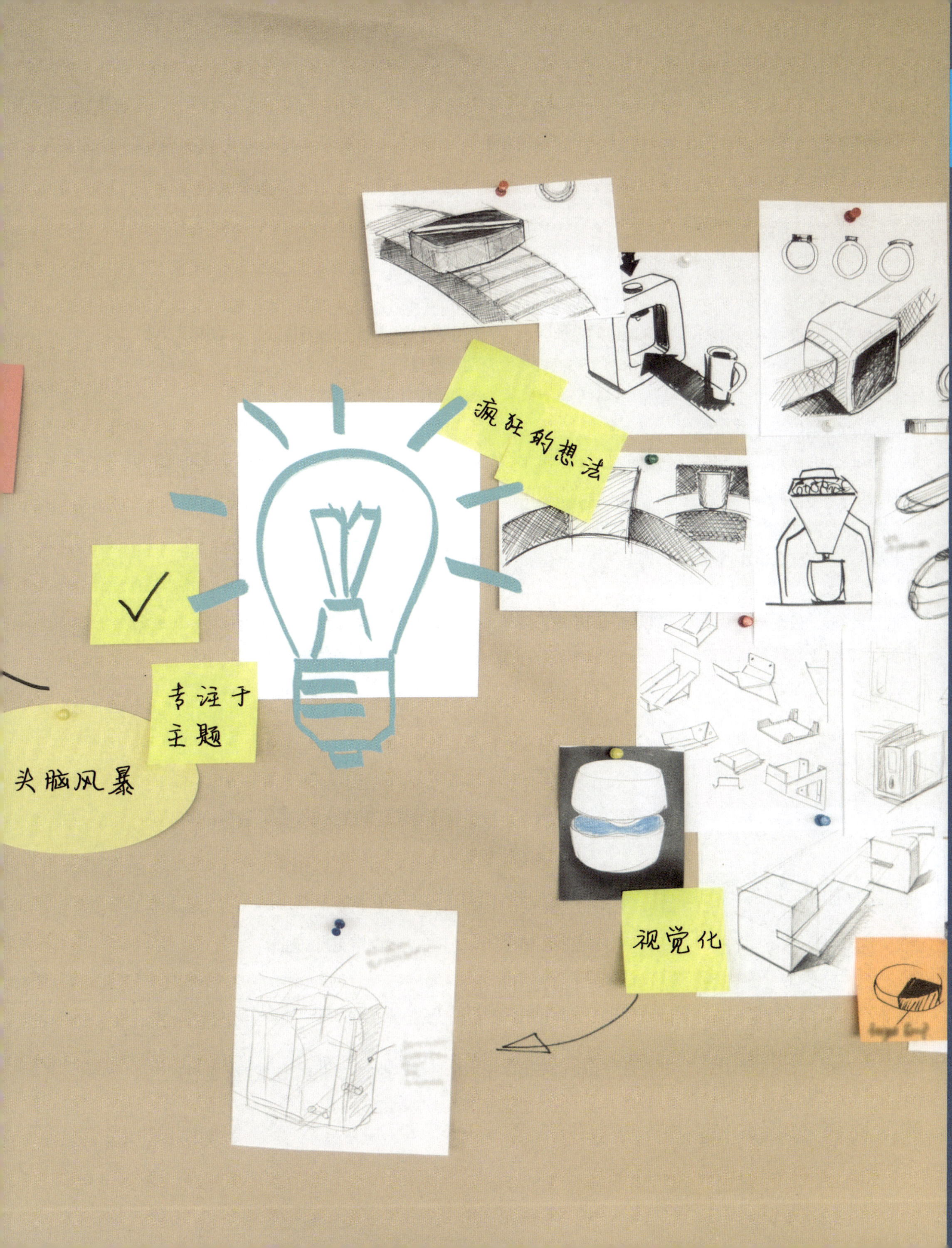
疯狂的想法
专注于
主题
头脑风暴
视觉化

创意

头脑风暴

头脑风暴无疑是最著名的创意技巧，也是在团队中产生新创意的一个好方法。只需纸和马克笔就可以开始这个过程。作为一个倾听、分享知识和寻找创意的集体活动，头脑风暴促进了团队成员之间的合作。在设计思维中，头脑风暴计划周密、有条不紊，它为团队提供了时间和空间，以此开展集体创意。当需要新想法时，头脑风暴也可以自发地进行。

工具

- 马克笔（最好是 Sharpies 的或 Edding 1200 型）
- 秒表
- 钟

头脑风暴总是从一个好的问题陈述开始。一种被称为“我们如何去做”（HMW）的问题类型有助于设定正确的起点。此外，对于一个好的头脑风暴会议，有以下 7 个基本规则需要注意。

追求数量：创意的数量至关重要！团队必须以产生尽可能多的创意为目标，并致力于在预定时间内产生尽可能多的想法。

推迟判断：评估和讨论具体的创意应该推迟到头脑风暴之后进行。

以他人的想法为基础：利用诸如“是的，而且……”等技巧，在进入下一个创意之前，团队成员应尝试以队友的想法为基础进行讨论。

鼓励疯狂的想法：明确允许疯狂的、非常规的想法，这些想法乍一看可能很荒谬，但是它们有助于团队接受新的观点。

一次只谈一个问题：讨论应该始终只围绕一个主题。同样，团队也不应该细分成小的讨论组。

视觉化：文字很好，图画更好。创意应该被形象化。在设计思维中，即使是最差的图画也会比便利贴上的文字更易于理解。

专注于主题：团队应确保他们一直专注于他们试图解决的问题。

头脑风暴面临的一个主要挑战是管理层级制度。团队内部的管理层级制度不应该影响创意的流动和答案中出现的分歧。

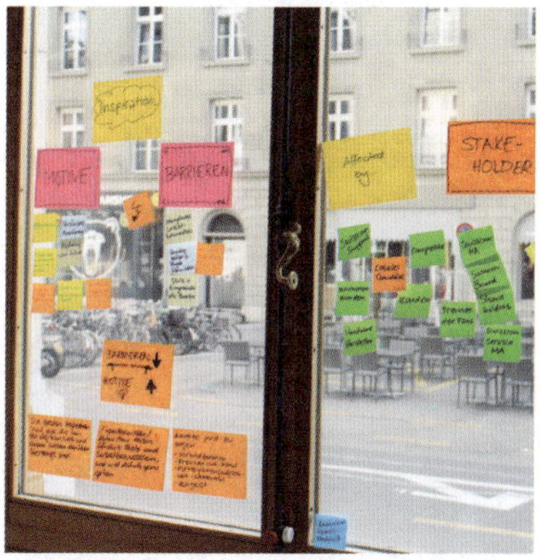

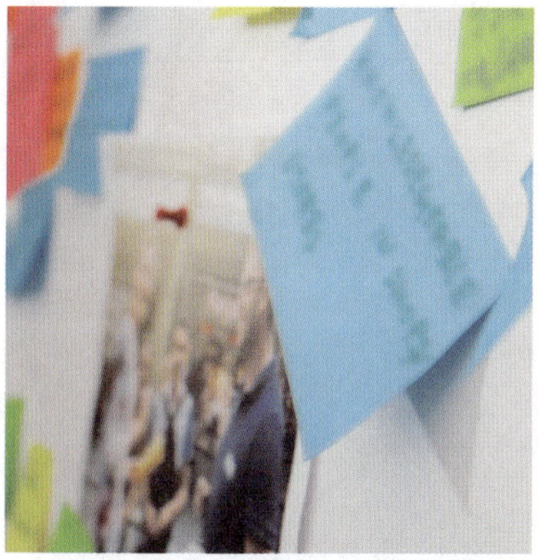

圣加仑大学商业创新硕士（MBI）和 MBA 项目的学生，在瑞士电信位于伯尔尼的“头脑健身房”里举办设计思维训练营。头脑健身房为瑞士电信员工提供了理想空间，以便他们可以使用以人为中心的设计方法。

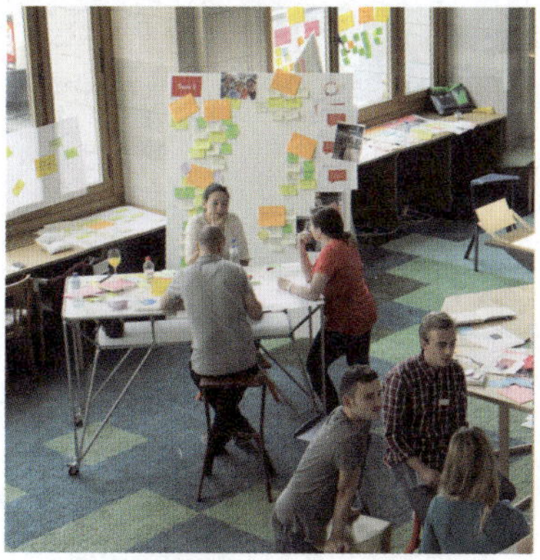

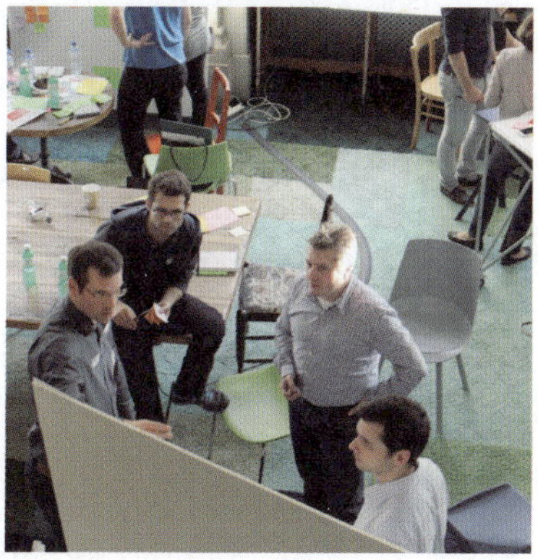

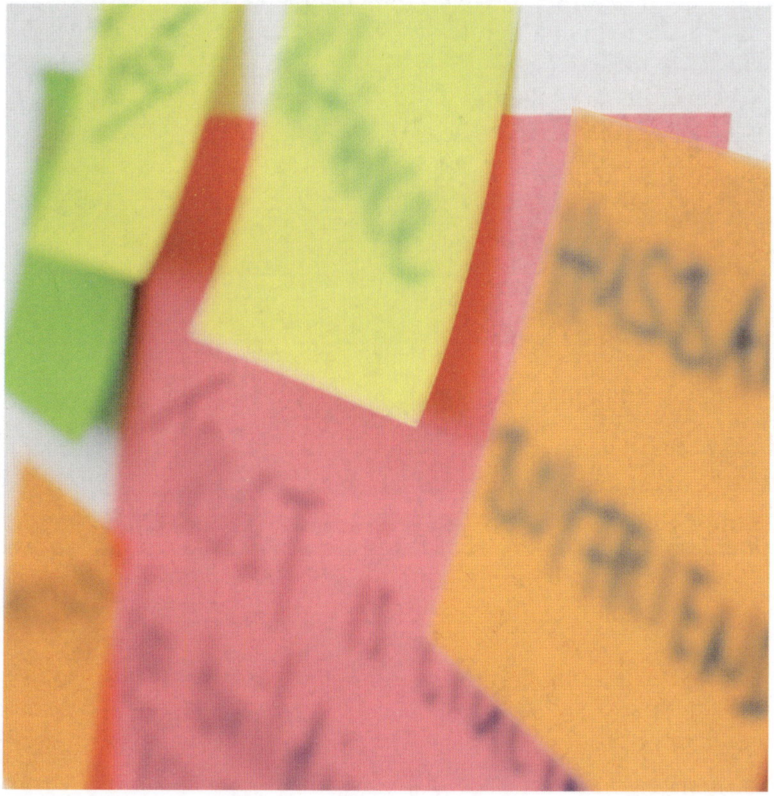

提示和窍门

- 巧克力和糖果。
- 每个参与者手上都应该有便利贴和马克笔。
- 将需要头脑风暴的问题写在一张大的牛皮纸、纸板或白板上。
- 每个参与者都可以贡献他的想法。尽量遵守头脑风暴的规则。
- 一旦某位团队成员贡献了某个想法，其他团队成员应该尝试使用“是的，而且……”的技巧来发展它。
- 一旦某个想法的潜力被充分阐述，其他团队成员可以贡献一个新的想法。

头脑风暴听起来很容易。然而在短时间内想出许多好点子，需要团队内部进行大量的练习。如果团队成员很累，他们可以事先做个热身运动。

创意

脑力书写法

脑力书写法，又称书面头脑风暴法，是头脑风暴的进一步发展，每位参与者在一张纸上为某个问题陈述写下 3 个创意。这些创意笔记被传递给邻近的参与者，并在 5 轮传递过程中进一步完善或完成。

为开展脑力书写法，团队成员要先对问题陈述进行讨论。在此过程中，只允许提出对问题的理解，不讨论解决方案。这些准备工作有助于加强团队对目标的理解。在脑力书写环节结束时会产生丰富的创意，设计思维团队可以进一步讨论它们并确定其优先次序。

脑力书写法的好处是，不会使个别小组成员的思维因管理层级问题被排除在外。豪施尔特（Hauschildt）认为，运用脑力书写法会带来与头脑风暴类似的高绩效。

资料来源

Hauschildt, J., “Innovation management”, 2004

工具

- 泡沫板或纸板，以便在上面放结果
- 马克笔（最好是 Sharpies 或 Edding1200 型）
- 秒表
- 钟

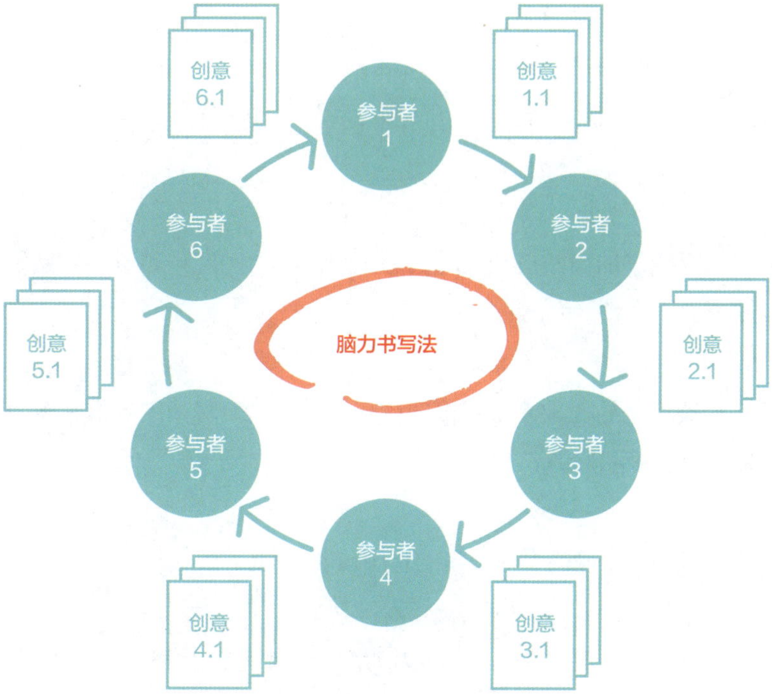

1

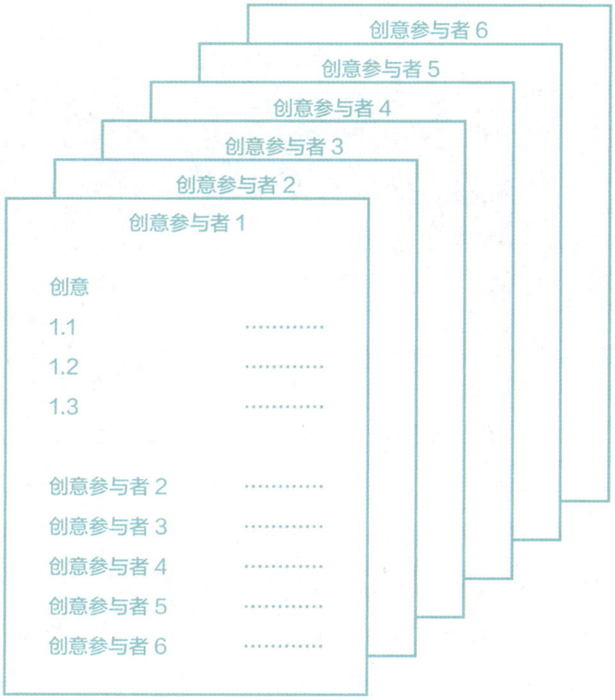

2

1. 脑力书写法的说明（Hauschildt，2004）

2 . 脑力书写法模板

创意

六顶思考帽 / 横向思考

六顶思考帽或横向思考是同一种方法。通过这种方法，设计思维团队可以从不同的角度以系统的、目标为导向的方式考虑问题。爱德华·德·博诺（Edward de Bono）普及了这一概念。

博诺认为，六顶思考帽是研究问题时应考虑的6个角度。在它的应用中，每个团队成员都会得到一顶帽子，以及一种特定的思维框架和视角来参与讨论。德·波诺定义了以下思考帽。

白帽子：白帽子的佩戴者对问题采取以事实和数据为导向的观点，体现一种中立、实事求是和客观的气质。只有事实才算数——数据中的异同很快就会被识别和重视。

红帽子：红帽子的佩戴者有一个非常情绪化的视角，甚至可以说是有愤怒的特征。其目标是体验和评估情绪反应。

黑帽子：黑帽子的佩戴者消极和厌恶风险。持这种观点可以识别和解决问题及弱点。

黄帽子：黄帽子的佩戴者是积极的和乐观的。其目标是识别潜在解决方案的所有好处和优势。

绿帽子：绿帽子的佩戴者代表新的想法和创造力。

蓝帽子：蓝帽子的佩戴者冷静而专注，侧重于对小组构思过程的管理、控制和组织。

资料来源

De Bono, E., "Six Thinking Hats", 1999 (2nd ed.)

提示和窍门

- 给每个团队成员分配一顶帽子，并再次描述每顶帽子的作用。
- 在团队中讨论给定的问题。在讨论过程中，每位参与者都必须扮演其所戴帽子指定的角色。
- 每位参与者都应该根据讨论结果做好自己的记录。
- 在此练习之后，参与者应该用到他们的个人笔记，再对结果进行讨论和思考。

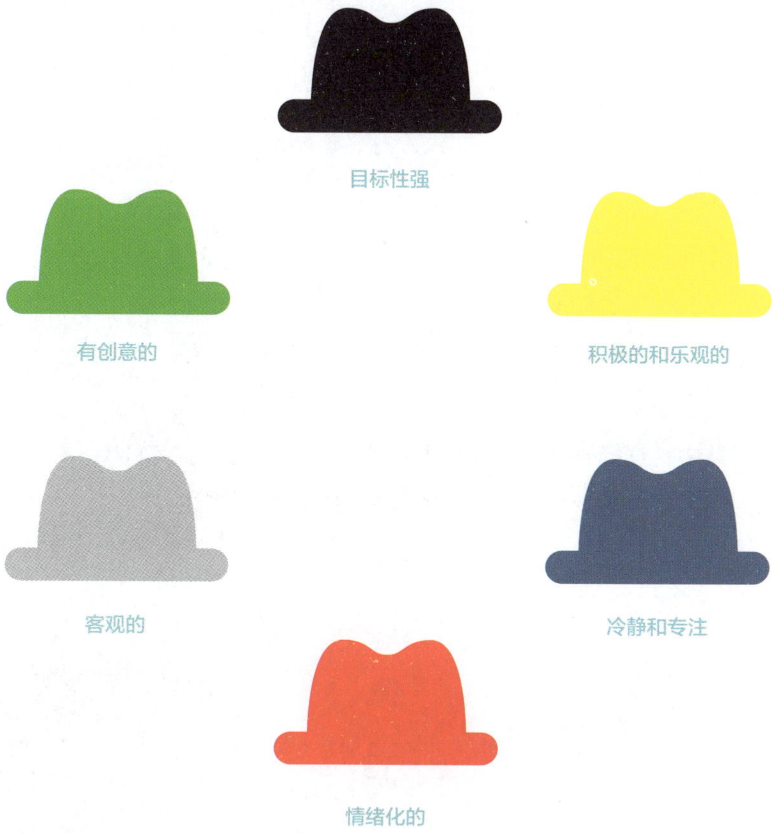

德 · 博诺的六顶思考帽（ 1999 ）

材料

- 笔记本
- 彩色的，甚至可能是有趣的帽子（可选）
- 录像机，用来记录互动并在之后进行分析（可选）

创意

10^n

10^n 可以在需求挖掘的创意和综合阶段使用。它使团队成员能够在不同的层次上思考问题——既可以比现实中的问题大，也可以比现实中的问题小。如果团队发现自己在头脑风暴中没有产生有用的结果，那么 10^n 可以通过设立限制条件提高创造力。例如，“如果团队有 100 万美元的预算，解决方案会是怎样的？”或者“如果团队仅有 50 美元的预算，解决方案会是怎样的？”

当然，对放大和缩小具体哪个参数，是没有限制的。

材料

- 纸板
- 马克笔
- 便利贴

资料来源

d. school Stanford University, 2015b

提示和窍门

- 把最初的问题陈述写在一块纸板或白板上。
- 作为一个小组，列出问题陈述所有可能的属性和限制条件。
- 在团队中，选择有趣的属性和限制条件，放大或缩小它们。
- 根据新扩展或减少的维度，重新撰写最初的问题陈述。

创意

我们如何才能

“我们如何才能”的问题陈述表述（HMW）是设计思维中最重要的方法之一，尤其是在创意阶段。正确的提问方法往往能极大地提高后续方法的成果质量。“我们如何才能”的问题有助于防止假设的解决方案参数影响最初的问题陈述。这允许并激发了对潜在解决方案更有效的思考。

这里有两个例子：

1. 我们怎样才能尽可能快地把健康食品送到顾客手中？
2. 我们如何改善运动员的训练条件？

资料来源

d. school Stanford University, 2015b

提示和窍门

- 尽可能使用 HMW 问题来引导头脑风暴。
- 在白板或移动挂纸白板上写下“我们如何才能”。
- 在团队中讨论如何制定 HMW 问题陈述。写出备选建议，并一起评估。

笔记 / 草稿：

原型设计和故事讲述

原型设计是一种在设计思维项目结束阶段模拟真实产品、服务和商业模型的技术。目标是制作一个原型，以便研发部门能够在设计思维项目完成后尽快用于实践。当然，原型样态的组合和创造性是无限的，因此除了这里列出的部分形式，其他原型形式也是可以的。

提示和窍门

快速：尝试在设计思维项目的早期阶段快速构建，那时的原型设计不应该投入大量的时间和资金。

保持开放的态度：即使你认为自己已经找到了创意和原型的最终答案，也要对改变和全新的想法保持开放的心态。

足够好：根据项目所处的阶段生成合适的原型，保证其足够好。

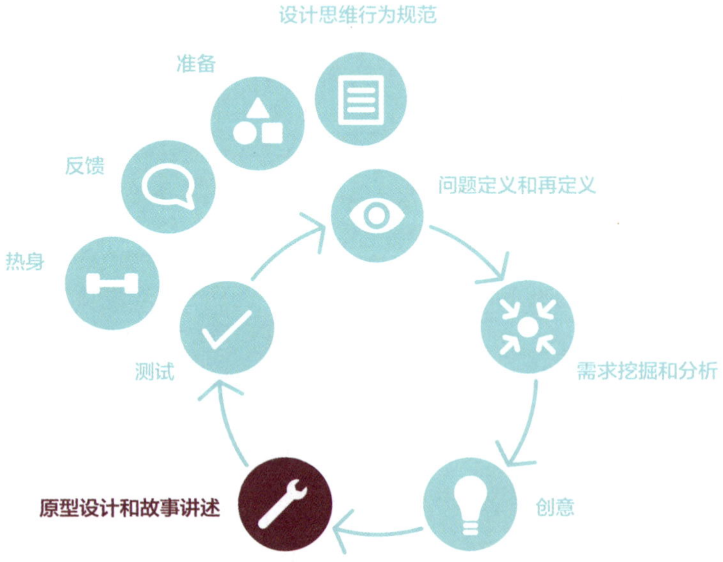

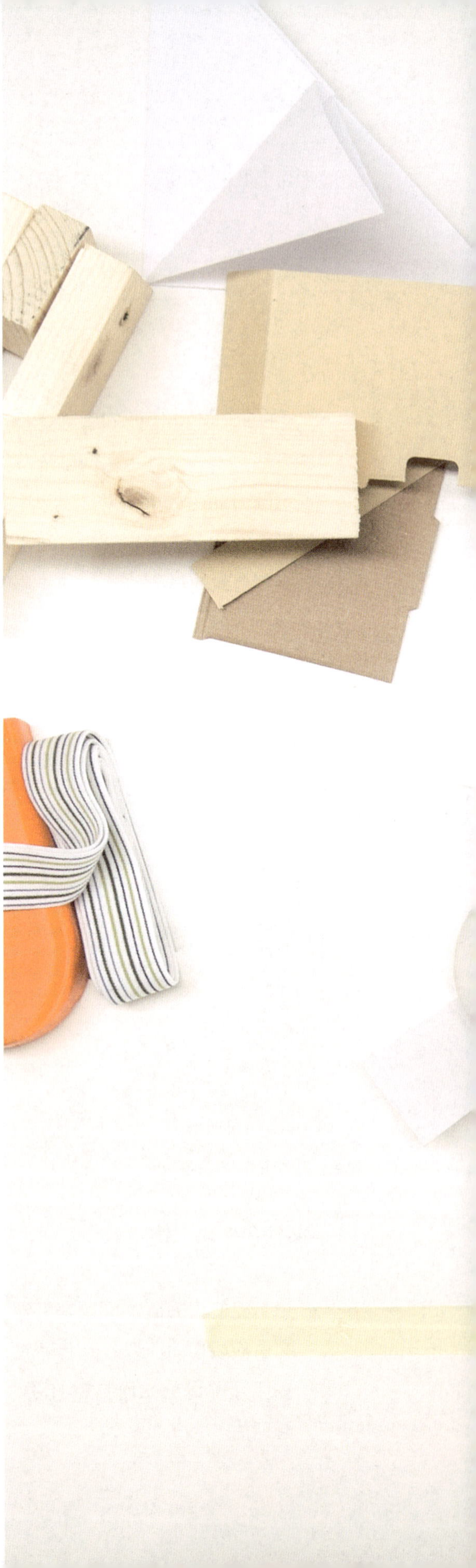

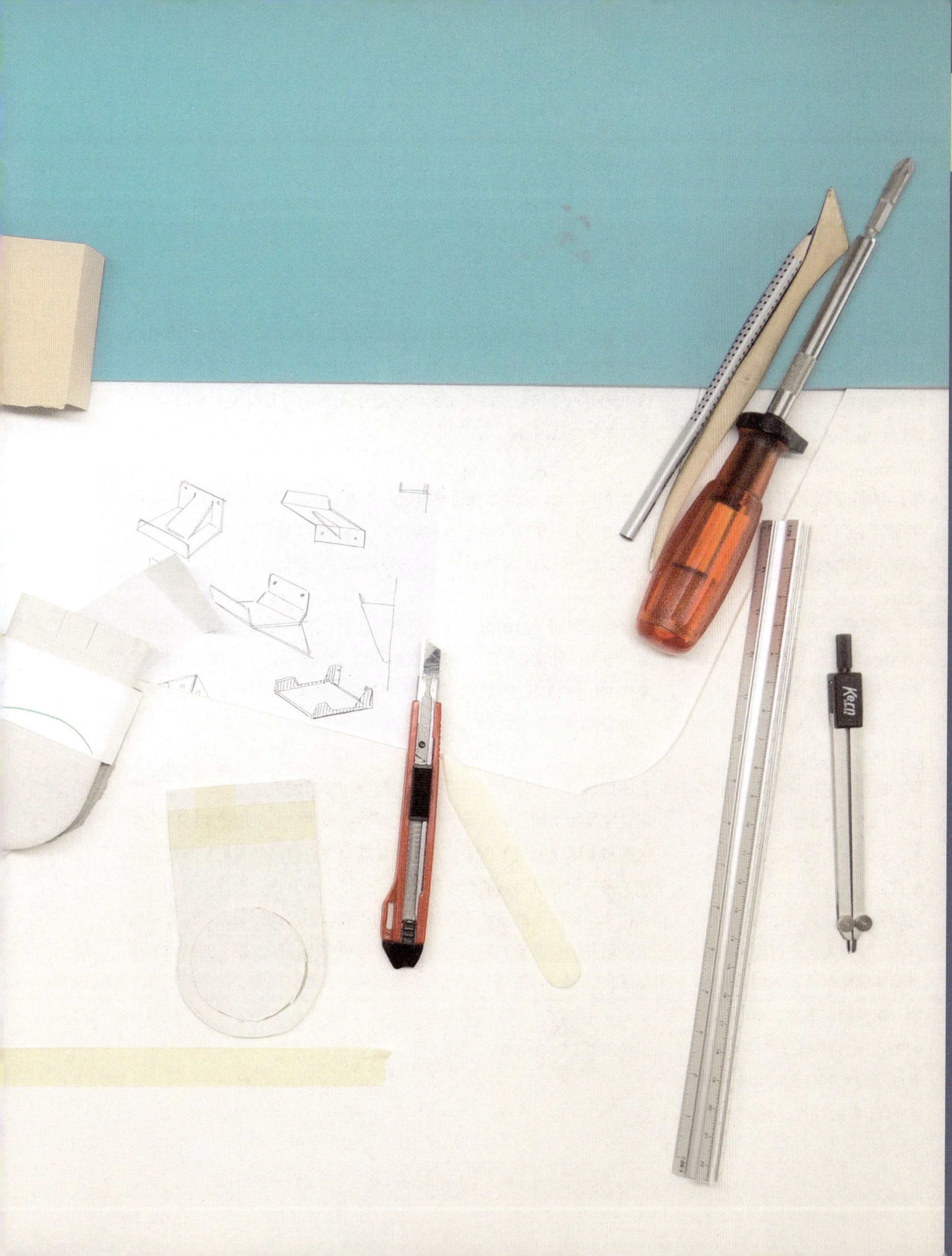
Kern

原型设计和故事讲述

原型设计

原型设计不是在研究了几周之后才开始的，而是按照微观循环的方式在设计思维项目一开始时就启动了。但这些最初的原型是如何设计的呢？其原则是，早期原型应该是低分辨率原型（LRP），而高分辨率原型（HRP）则在项目后期进行。

低分辨率原型：LRP 可以使基本概念和单一功能在项目早期阶段通过有形的表达和与团队外部的沟通得到有效验证。比如在工程学中的焦点原型。LRP 在外观上通常是非常基本的，它们制作起来既快又便宜，一些原型甚至可以在几分钟内完成。通过这种原型化方法，客户和用户可以快速测试想法的雏形，识别和丢弃失败方案并澄清误解。例如，我们制作了许多低分辨率原型，专注于提高制药公司实验室设备的自动化程度。这些原型不仅帮助设计思维团队迅速对实验室中复杂且富有挑战性的日常事件产生理解和共鸣，而且传达了他们自己的想法。与高分辨率原型相比，LRP 的另一个优点是，产生那种爱上自己的工作成果而不再寻找新想法的概率要低得多。

高分辨率原型：每个设计思维项目都会建立 HRP。HRP 从技术和经济角度进行了充分考虑。在一些项目中，这些原型已经非常接近于现实，以至于用户认为产品或服务已经可以购买了。例如，在 2011 年，我们为一家汽车公司建立了一个完整的汽车共享系统的解决方案。原型机可以通过智能手机随时开启 / 关闭、启动 / 停止汽车。使用一个门户网站链接，可以进行预订并建立定价模型。从本质上说，与 LRP 相比，建立 HRP 的要求更高，需要更大的投资。因此，HRP 要在项目的后期阶段构建（从方克原型开始）。

在该模型中，原型的数量与分辨率程度和项目的进度相关。许多原型都是在关键功能、黑马原型和方克原型阶段构建的。正如座右铭“经常失败，尽早失败”所说，大量的早期原型只是帮助我们与其他利益相关者一起测试团队的假设和想法。使用这种方法，设计思维团队可以快速验证正确的假设，并快速识别和消除不正确的假设。从方克原型阶段开始，原型的数量明显减少，但精度提高了，投入的精力也增加了。

资料来源

Ulrich, K.T. & Eppinger, S.D., “Product Design and Development”, 1995 (4th ed.)

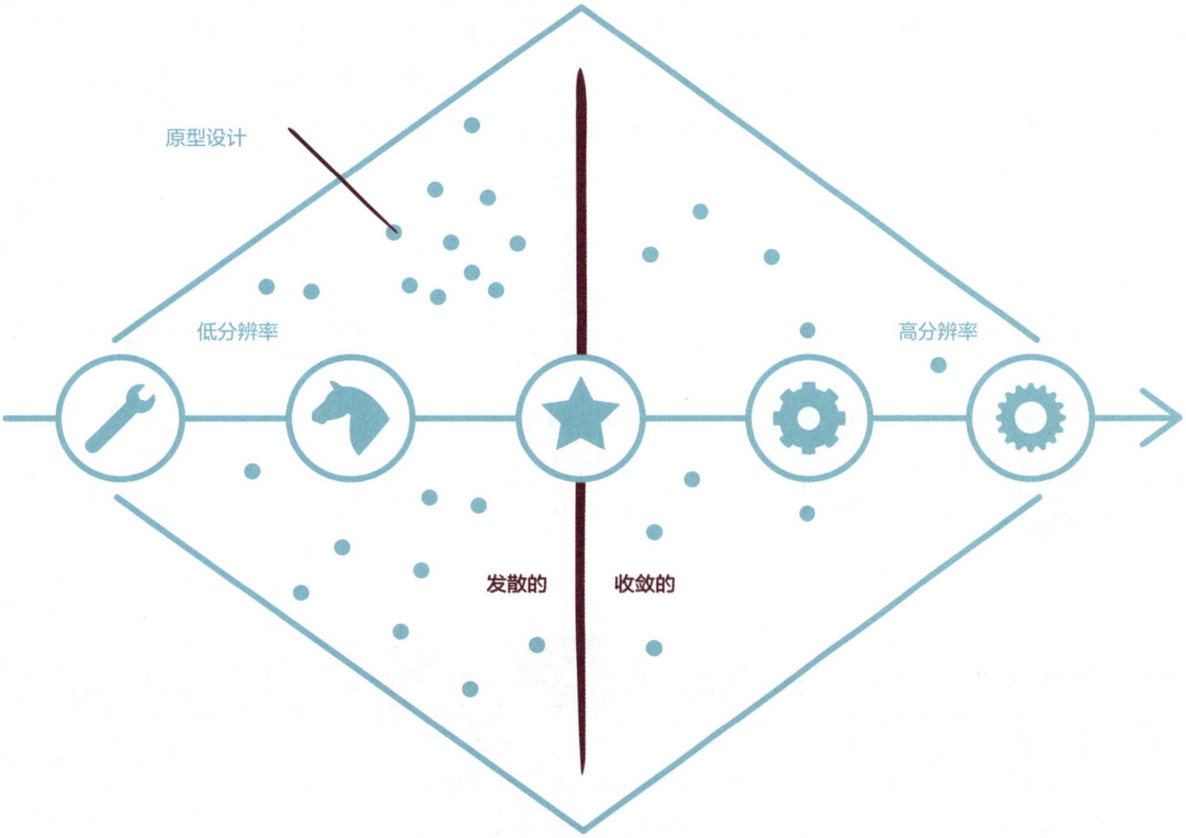

原型从低分辨率到高分辨率。

原型设计和故事讲述

线框图

线框图是计算机或其他设备（如智能手表、智能手机等）上用户界面的基本的、功能简化的演示，一般用于显示按钮、通知、一般导航和元素序列。设计思维团队可以通过线框图进行测试，收集关于可用性、顺序和元素序列的反馈。

使用线框图的目的是尽快使功能具体化，并为用户测试做好准备。即使贴在便利贴上的简单图画也能派上用场，其他材料，如纸或硬纸板，在设计思维项目的早期阶段也很受欢迎。例如，我们为一家汽车公司模拟了一个交互式风窗玻璃，我们通过在一张不干胶纸上打印各种信息实现了这一想法。

从实用角度看，线框图的优势在于，它的简单性往往能带给用户一种他们的反馈能够产生实际影响的感觉。相反，一个精心设计的模型可能会抑制用户提供反馈的欲望，因为他们可能会认为产品或服务已经完成，这使得他们的反馈变得无关紧要。所以，简单这个特性使线框图成了项目早期完美的工具。

提示和窍门

- 使用简单的材料，如纸和硬纸板。
- 完美主义在这里帮不了你，线框图不应该太复杂。
- 线框图的模块要能够变化，例如允许用户更改自己的日程设置。

1

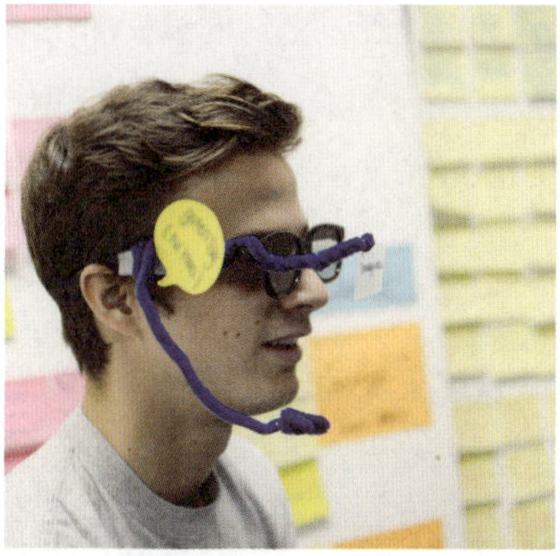

2

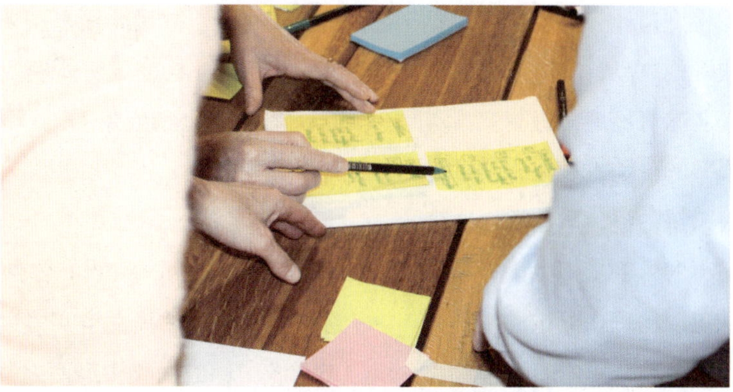

3

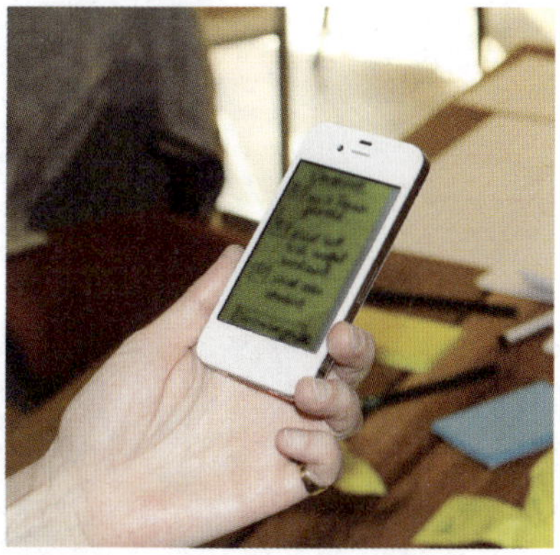

4

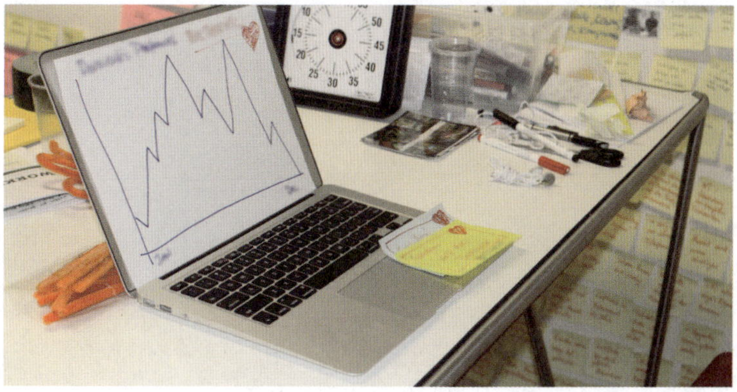

5

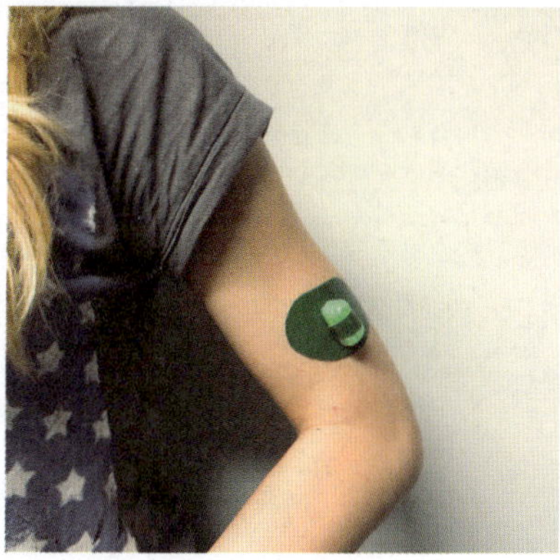

1. 数据眼镜的模拟
2. 在便利贴的帮助下制作线框图
3. 手机上的线框图
4. 在笔记本电脑上手绘线框图（图纸一个接一个显示在屏幕上，以模拟整个过程）
5. 旨在帮助银行顾问评估客户情绪的情绪传感器原型

原型设计和故事讲述

实体模型

实体模型是计算机系统用户界面或其他产品、服务系统的预览，应尽可能地接近真实。实体模型的价值主要在于测试用户对系统的整体印象。通过高度逼真的外观模拟，设计思维团队可以向正在测试的用户和客户提出非常具体的问题。

因为制作模型的要求更高，所以制作的模型数量比线框图要少得多。因此，经过测试的线框图在项目后期阶段才会变成实体模型。像 Photoshop 和 Illustrator 经常被用作工具制作模型。也就是说，设计思维团队经常使用基于 HTML 5.0 的简单模型。

举个例子：在为一家欧洲软件生产商测试了大量的线框图之后，我们为一个门户网站开发了实体模型，该门户网站旨在促进化学品供应链（B2B）中供应商和生产商之间的沟通。在实体模型的帮助下，整个产品可以真实地显示出来。然而，设计思维团队应该确保实体模型不会过早地被使用，而是要在线框图构建和测试之后再使用。

软件

- Adobe Photoshop
- Adobe Illustrator
- HTML 5.0 编辑器

提示和窍门

水平而非垂直：使用实体模型时，将自己限制在前端开发即可。不要将注意力集中在它们所基于的后端功能上。

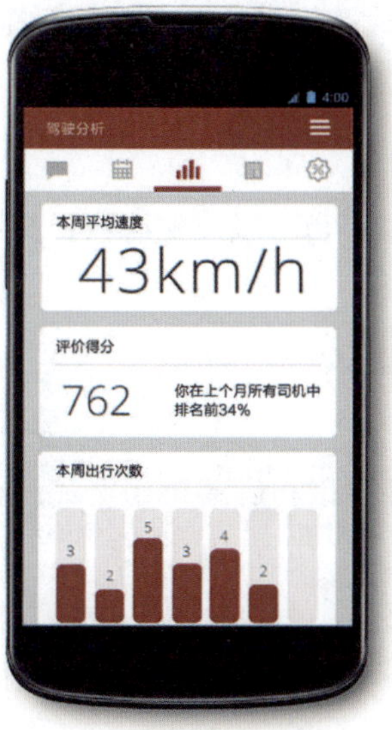

1

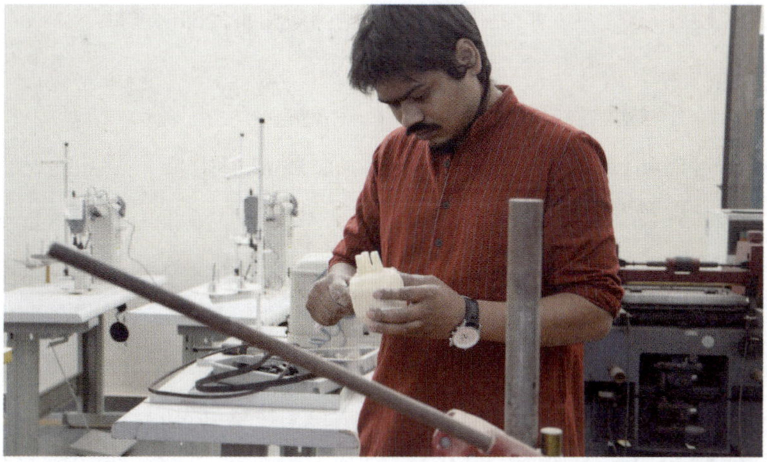

2

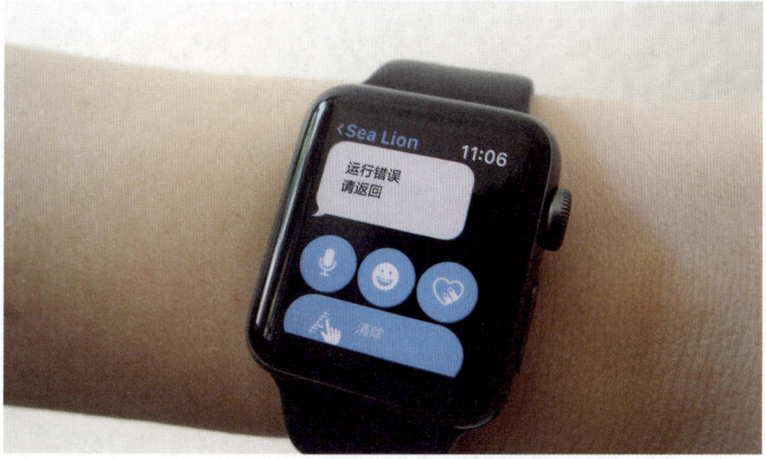

3

1. 在手机上实时显示客车数据的高分辨率模型
2. 正在制作的实体模型。圣加仑大学和坎普尔印度理工学院之间的合作项目（印度理工学院，2015 年）
3. 模拟通知智能手表发生机械故障的通知模型

开放式硬件

开放式硬件平台为人们提供了一种简单、廉价和快速的方式，以此构建具有大量传感器、驱动和计算元件的原型。在世界范围内，最著名的平台是 Arduino。它最初是为自己动手社区设计的，如今很多的大型组织也越来越多地使用这些平台，用来有效地生成中高分辨率的原型。例如，Arduino 提供了一系列模拟和数字接口，可以连接到各种传感器和电机。只要对 C 和 C++ 编程语言有一个基础的了解，就可以构建简单的机电系统。网上也很容易找到各种相关视频，从猫的自动喂食器到家里各种用途的自动供水系统。

开放式硬件平台的优点是可以兼容多种设备。这避免了对电阻、电路或连接焊接进行复杂的计算。团队可以使用印刷电路板上的标准组件，用插头和插座将它们连接起来即可。

一些门户和平台的例子如下。

- Arduino
- Sparkfun: 提供基于 Arduino 架构的自有平台，以及传感器、开关、显示器和执行器的广泛选择。
- Adafruit: 与 Sparkfun 类似，它提供自己产品线中的组件。文档记录非常好用，适合这个领域的初学者。
- LittleBits: 基于 Arduino 架构。这些组件可以更容易地组合和编程，而且工作量更少。
- Electric Imp: 非常小的节能平台，可以在 Squirrel（一种基于 C 语言的编程语言）的帮助下进行编程，标配 Wi-Fi 连接。
- Raspberry: 知名平台，包含一个带显卡的完整计算机处理器，多个 USB 连接和以太网连接。
- Fritzing: 基于 Arduino 的学习平台。

提示和窍门

好奇心：尝试一次构建自己的硬件。LittleBits 为每个人提供了一个简单的入口。

初学者：在网上四处看看，也许可以参加一个初学者工作坊。

模块而不是集成：一开始尽量不要将所有的模块组合在一起。应该构建可管理的模块，并模拟单个组件的集成，这样能大大降低入门门槛。

工具

- 微控制器或印刷电路板
- 编程软件
- 编程附件：编程器、USB 线等
- 电烙铁
- 电子元件：电阻器、电容器、晶体管、发光二极管、传感器、开关等
- 连接线、试验板、侧切钳、鳄鱼夹
- 外壳、充电器等附加组件

1. 利用 Arduino 平台传感器和显示器，测定室内植物的土壤水分
2. 在 Arduino 平台和二氧化碳与氧气传感器的帮助下，确定运动员的最大摄氧量的原型

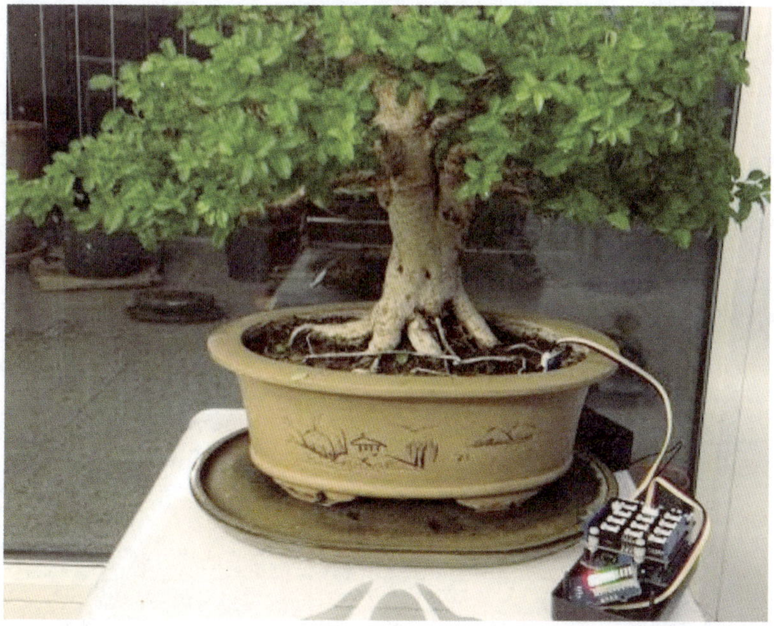

1

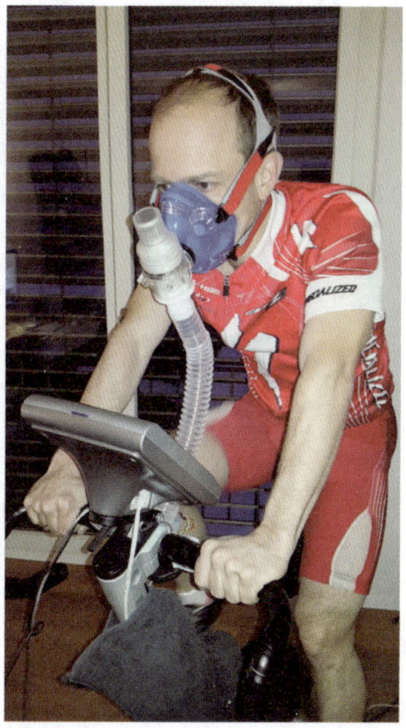

2

原型设计和故事讲述

角色扮演

角色扮演是一种特别适合于模拟服务和业务，并将其原型化的方法。在角色扮演中，至少有一位演员扮演某个预定的角色，并把它演出来。目标是让观众或者观看角色扮演的测试人员，能够体验到最真实的情况。

角色扮演的好处是，它只需要相对较少的材料即可，而且可以用于低分辨率和高分辨率的原型。在许多使用角色扮演的设计思维项目中，用于角色指导的小剧本都是事先写好的。例如，在一家软件公司，我们用角色扮演来演示税务顾问和客户之间的许多咨询场景，以确定哪种新的软件支持方法可能最有效，并会在未来被认可。

除了有计划和脚本化的角色扮演，还有一些情况是即兴角色扮演。我们主要使用它们来为计划的角色扮演生成脚本。通过这种方式，我们生成了所谓的原型。

对这种方法持批评态度的人曾警告说，人们往往不适合扮演某个特定的角色。这种批评在实践中可以观察到。然而从我们的角度看，只要原型的核心功能得以保留，这一事实便是我们不能放弃角色扮演的理由。如果团队未能达到这一目标，也许他们应该转向另一种方法，如漫画。

提示和窍门

我们建议团队在白板上共同展开故事，确保关键语句被保留下来。之后，就是练习、练习、再练习！

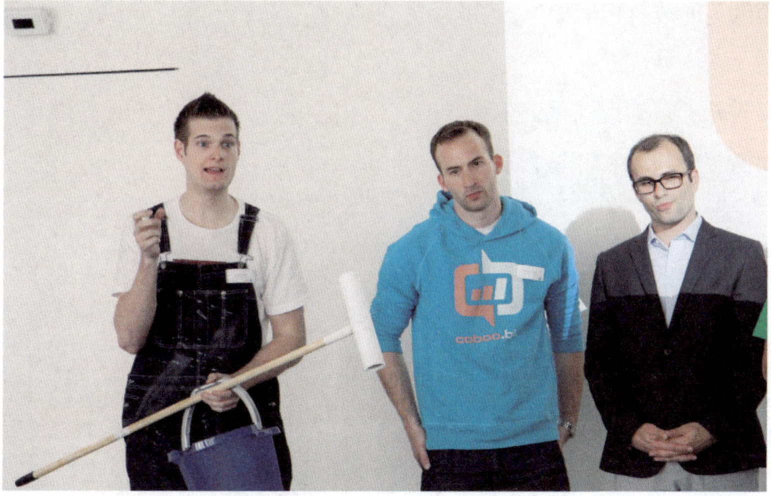

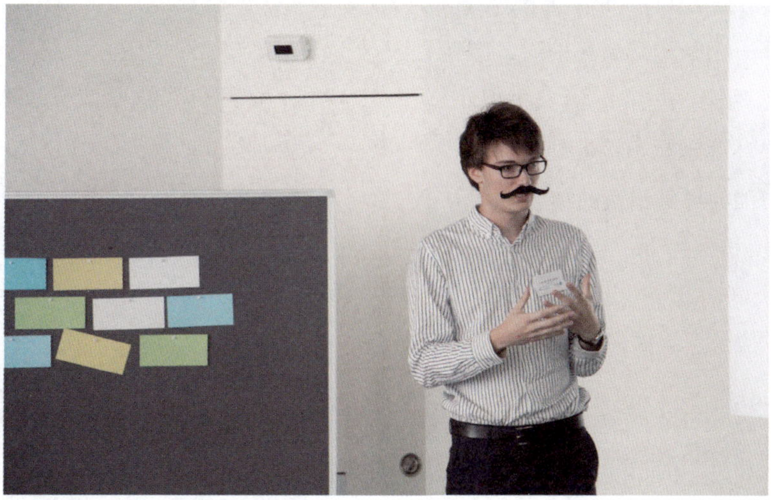

用角色扮演模拟工作流程和情景，以演示机器、软件和人的交互作用（圣加仑大学，2013 年）

原型设计和故事讲述

体力激荡

体力激荡是一种特殊的角色扮演技巧，是指人们即兴运用自己的身体来感受周围的环境。体力激荡既是一种原型设计，也是一种头脑风暴，通过它既可以测试创意，也可以获得新的见解。

一个例子是在地面的飞机客舱模拟装置中模拟洲际飞行。在不实际使用飞机的情况下，可以模拟和测试现有或新开发的内部设备功能，从而大幅降低成本和缩短用时。

为准备一场体力激荡会议，团队成员通常会观察和分析他们想要模仿的情境。这些结果被用来指导体力激荡中的具体问题。如果要添加新的维度和改进问题，显然也应予以考虑。然后是情境的建立，如果可能，参与者会直接在现场做出反应。在那里，体力激荡或被用作头脑风暴的工具，或作为与客户进行测试的一部分。

体力激荡的成功标准如下。

简要告知：必须提前全面告知体力激荡参与者和测试人员事件的过程。

新用户：第一次进入新环境的人通常需要更多的时间来适应。因此，在项目规划中应考虑到这一点。

相似性：在可能的情况下，当选择一个新的测试环境时，应该尽可能地与实际情况相似。如果环境感觉不接近现实，那么可能会导致错误的结果。

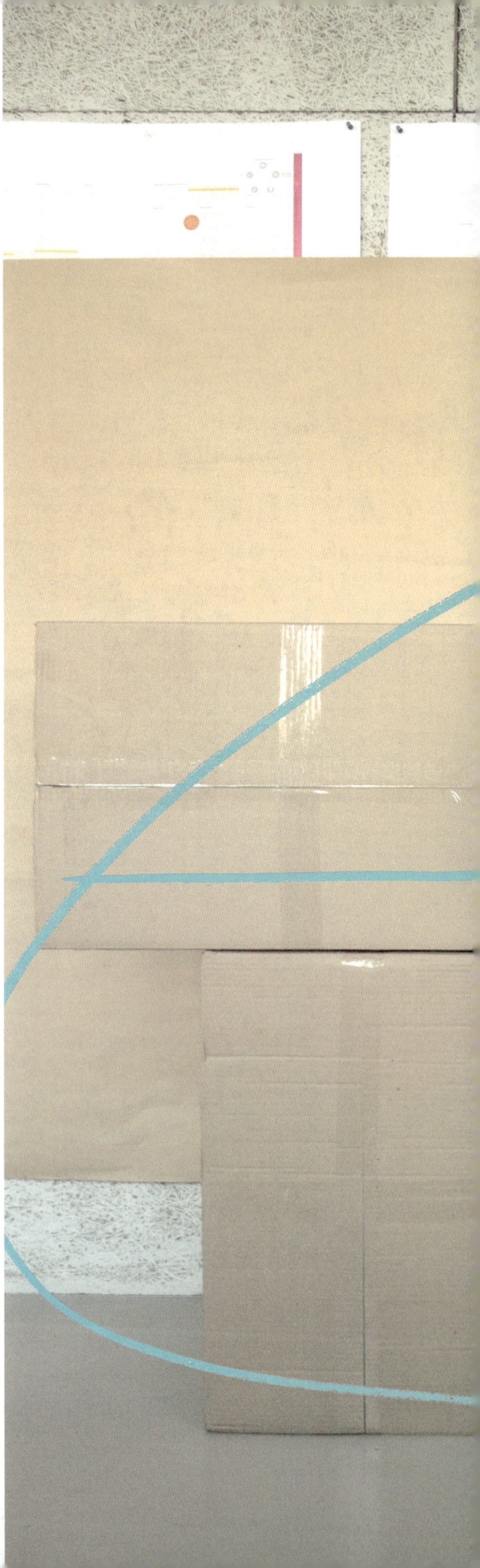

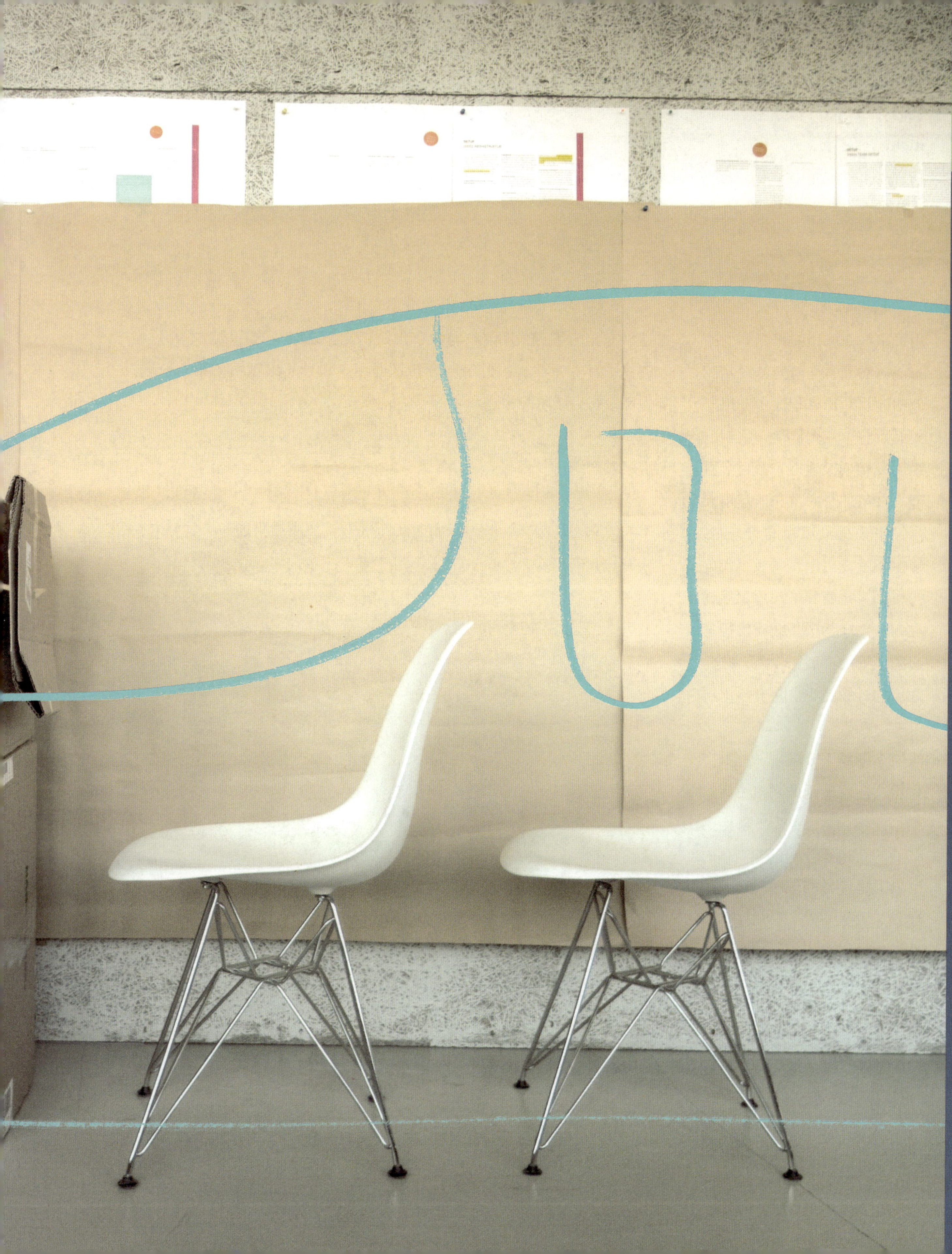

原型设计和故事讲述

纸原型设计

用纸来构建原型是一个强大的方法。然而，这一方法经常被低估。从计算机程序中的用户界面到整个汽车座舱，我们已经用纸和纸板建造了数百个原型。在圣加仑大学和斯坦福大学，设计思维课程的第一周，学生们就要用纸和纸板制作自行车（其他材料的总重量限制在 500 克）。这些纸质自行车必须至少能搭载一个人，并在之后的对战游戏中胜出。

纸原型不局限于展现一些数字材料，还可以延伸到对生活的模拟！ 例如，对于一家化工行业的公司，我们借助简单的纸贴，轻松地模拟了包装上的质量封条。在另一个案例中，我们用纸做了一个“健康测量仪”。这是一个连接在手臂上的屏幕，用于测量和显示个人的健康状况。

这种方法的优点很明显：与数字方法相比，纸原型的开发成本和付出的精力都非常少。因此纸原型特别适用于设计思维项目的第一阶段，也可以在后续阶段构建。

提示和窍门

“开始行动吧”——激励你的团队在纸上构建原型，即使一开始看起来有点儿琐碎。

材料

- 用于绘画和写作的马克笔
- 电线和绳线
- 剪刀和锋利的刀具（如美工刀）
- 塑料泡沫板

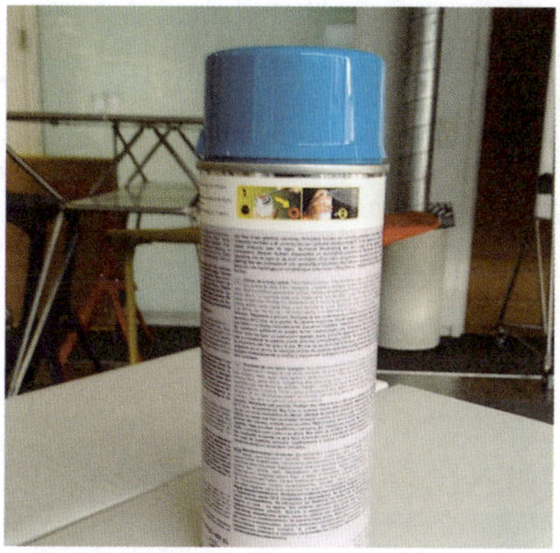

1

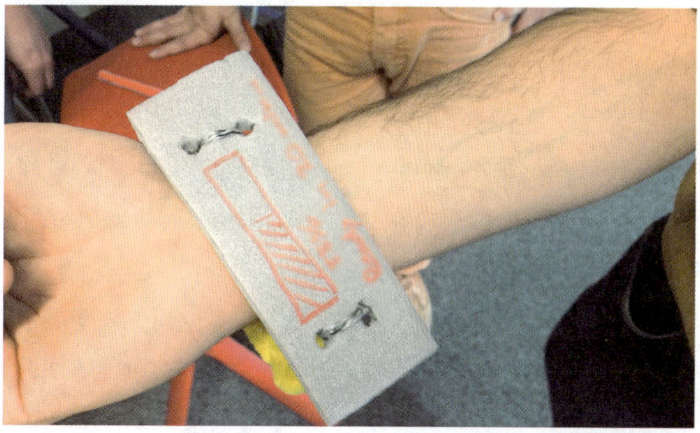

3

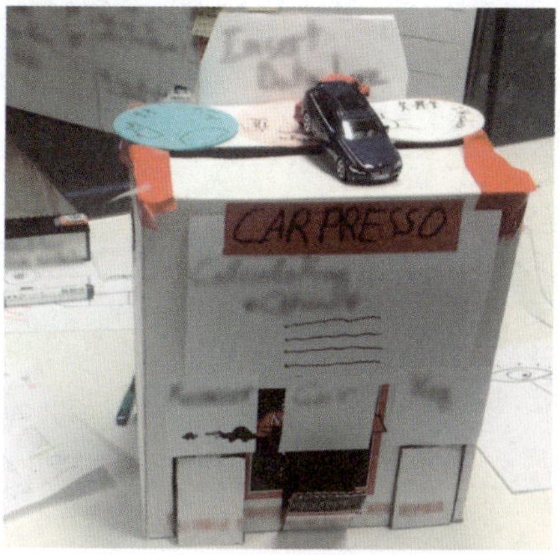

2

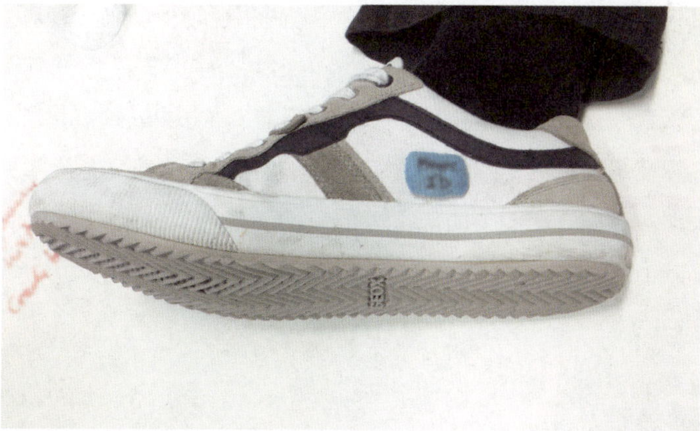

4

1. 喷雾器上的贴纸，模拟高质量的密封
2. “CARPRESSO”可以根据用户的情绪或期望的驾驶行为（运动型、优雅、舒适）来模拟汽车的输出
3. 腕部传感器原型，用于显示身体的各种医疗数据
4. 在运动鞋中安装模拟芯片显示移动数据

原型设计和故事讲述

讲故事和写故事

讲故事是一种能够交流和呈现各种场景和故事的方法。与角色扮演不同，故事讲述是由一个故事讲述者而不是一群演员来完成的。故事讲述者在讲故事的时候与听众互动，因此能够把讲故事的过程分成几个部分，并使之个性化。

讲故事的缺点是原型的质量主要取决于故事讲述者的公开演讲能力和个人风格。并不是所有的人都是为讲故事而生的，在实际情况中，这一点应该予以考虑。这种方法需要团队成员以诚相待。

除了口头讲故事，故事还可以通过文字、图片、动画和视频进行交流。

书面故事：书面故事并不要求讲述者和听众同时出现在同一个地方。当团队需要跨大洲测试原型时，这种方法特别有用。在描述写下来之后，原型就可以发送给测试人员，而无须做进一步的解释。

视觉故事：视觉故事是带有或不带有文本的图像故事。这些图片直接增加了故事的可理解性，然而并不是每个原型都能视觉化。漫画是另一种我们会单独讨论的方法。

动画和视频：动画和视频为故事的视听叙述提供了许多可能性。就像 Kickstarter 等网站上的视频一样，创意和方案被清楚地展示出来。然而，这种方法的缺点是制作动画和视频需要投入大量的精力，因此我们通常只在构建高分辨率原型时使用这种方法。

提示和窍门

- 在你的团队中开发一个故事板，也就是对即将演示的场景进行浏览。白板通常适合于此项工作。
- 主要发言人和每个角色的重要台词应以书面形式记录下来。
- 多次练习讲故事，并使用本书中描述的反馈技巧。

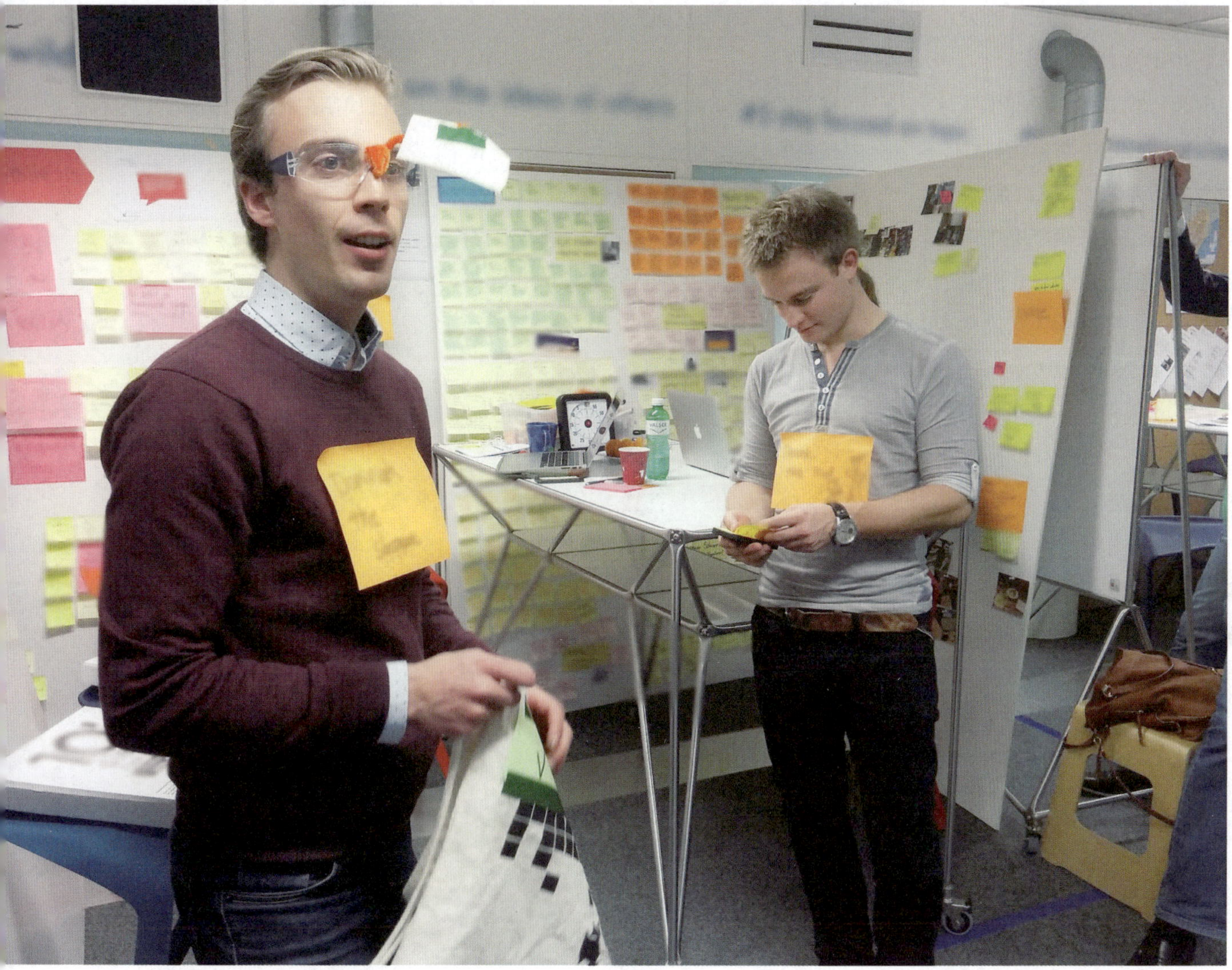

在圣加仑大学举办的企业工作坊中讲故事（2014 年）

原型设计和故事讲述

漫画

漫画是故事讲述的一个子类别，它借助小故事呈现产品、服务或业务模式，为设计思维团队提供了一种非常具体且通常很有趣的方法。我们的经验表明，漫画已经证明了完全可以作为服务和商业模型的原型。几年前，团队中还需要有人能够绘制漫画，以便利用这种方法，而现在，团队可以利用大量在线工具来绘制漫画，甚至生成动画。

漫画的优势在于，它们降低了接触门槛，特别是对年轻群体而言。因为漫画很有趣，所以与其他方法相比，测试者在由此产生的讨论中往往更加投入和开放。

提示和窍门

- 在开始画漫画之前，想想故事的时间顺序。可以使用白板等工具来展开故事。
- 在团队中，为每个场景绘制一张最能表达你的观点的关键图片。
- 绘制漫画的初稿，并在团队中进行测试。
- 整合团队反馈并完善漫画。

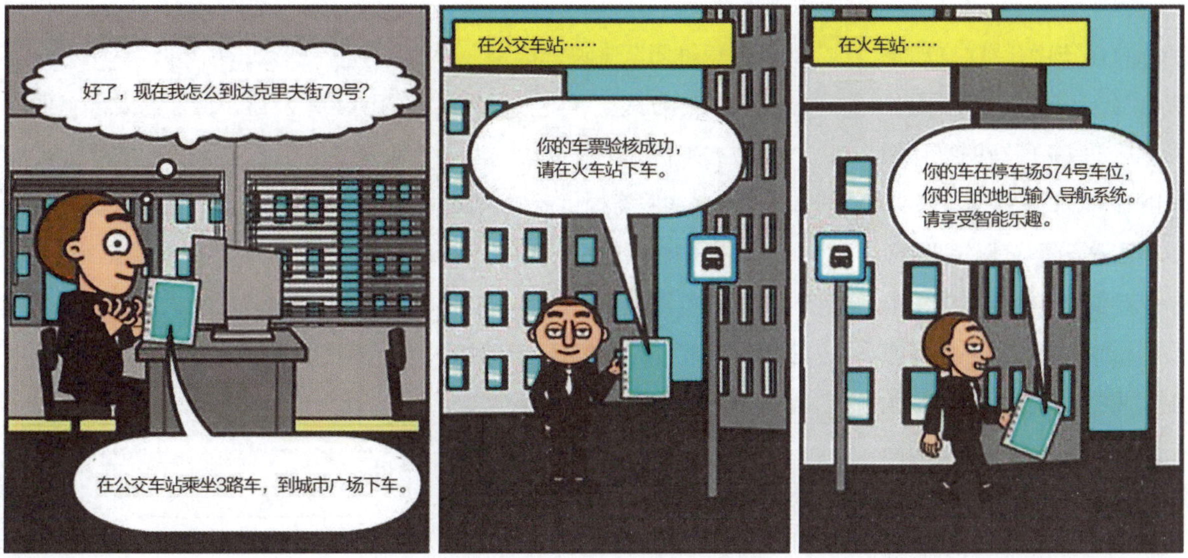

圣加仑大学于 2012 年开发的原型机，用于展示一种新的移动概念：通过组合使用不同的交通工具（ 火车、汽车、公共汽车 ）将人们导航到目的地

原型设计和故事讲述

快速三维原型

在过去的几年中，3D 打印技术在社会上引起了巨大的轰动。今天，似乎所有的物体都可以用这种方法打印——从插头、插座等简单部件到时尚饰品和艺术品，从人体组织结构到房屋和飞机部件。这些操作的共同之处在于，创建形状和工具的复杂性正在大幅降低。其技术原理是塑料、水泥、导电材料和组织替代物等材料被三维分层，或通过激光硬化，从而实现 3D 打印。

对设计思维团队来说，这是一种适用于所有形式的中分辨率和高分辨率原型的好方法。许多项目由年轻的创始人发起，他们需要大量低成本的方式来替代专业设备（通常专业设备要花费上万美元才能买到）。3D 打印在线服务提供商提供各种便利服务，只需客户上传数据，就可以提供多种材料的打印结果，并通过邮政包裹将打印结果寄送给客户。一些研究所也有库存设备，包括 3D 打印机和激光切割机，可以根据需求使用。此外，3D 打印机的私人所有者也经常接受打印订单，许多人正是为了这项服务而在 3DHubs 社区上注册的。

工具

- 谷歌 SketchUp：快速简单的 3D 模型开发
- 3D 打印机
- 其他材料，如细丝

提示和窍门

获得 3D 打印机最简单的方法是访问 FabLab。看看相关技术，并与专家交谈。

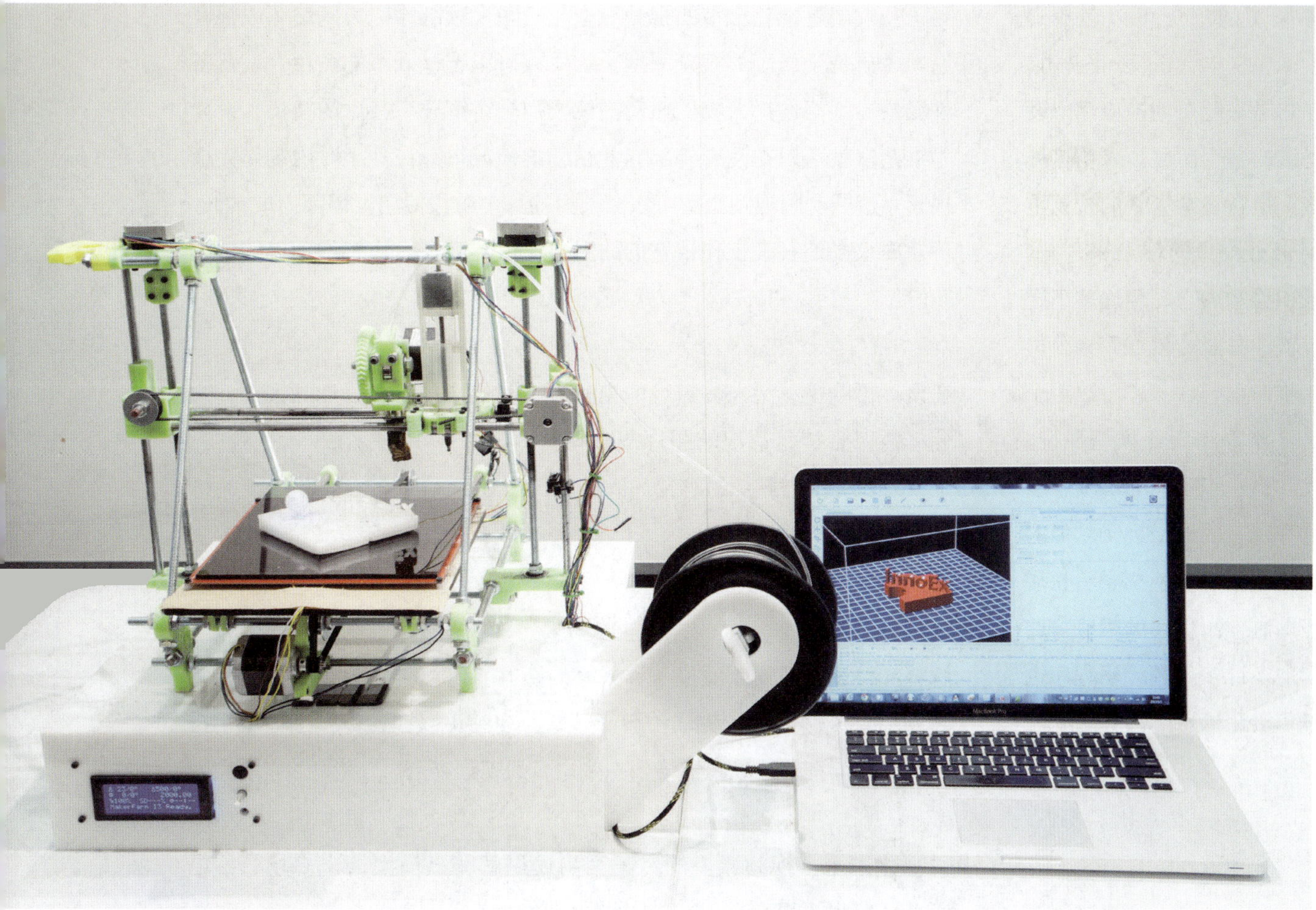

改造版的 3D 打印机，用于打印电气导体和电路。该项目是 2013 年圣加仑大学和斯坦福大学合作的一部分

原型设计和故事讲述

视频原型

视频原型的历史可以追溯到20世纪80年代的苹果公司，现在它越来越多地被应用于设计思维的各个阶段。采用这种方法，带有复杂场景的视频可以用相对较少的精力来开发、记录和显示。它的用途并不局限于软件界面（就像苹果公司刚起步时那样），还可以用于服务、流程和商业模型原型。现代计算机程序如iMovie，以及越来越多的自带视频功能的高级单反相机，使初学者也能迅速地制作出优质的视频。此外，现在许多视频编辑程序也可以直接在智能手机上使用。

另一项发展是建立虚拟的视频原型。一些视频制作门户网站可以很容易地生成基于漫画的视频原型。制片人可以选择众多的角色，设置各种场景，甚至选择人物的声音。只要稍微了解一下其中的技巧，设计思维团队就可以在没有外部专业帮助的情况下，在几小时内制作完成视频。这些动画视频原型可以在项目的每个阶段使用，但因为成本低，不需要太多的开发工作，它们的主要价值体现在设计思维项目的早期阶段。

在设计思维中，另一种流行的视频原型制作形式是定格动画视频。为此，数百张特定情况的图片按时间顺序排列，并汇编在一段视频中。这给人一种延时影片的感觉。

视频原型通常用于以下目的。

解释和测试：视频原型是一种很好的媒介，可以传达复杂的故事，以一种易于传输的方式测试和解释原型。视频可以在计算机上播放，在社交网络上分享，或者上传到一些知名的视频平台。

可视化未来：视频原型的另一个用途是解释最前沿的未来场景。电影《明日世界预览》（*Preview of the World from Tomorrow*, Kerstan & Schmuckler，1972）就是其中一个有趣的例子。使用这些视频通常在设计思维的黑马阶段最有意义，因为这个阶段是关于生成未来的原型。

尽管视频原型有很多可能性，但它也有缺点。一方面，制作精良的视频会让人觉得所呈现的原型已经存在，这可能会带来错误的期望。这种效应会极大地影响反馈的质量。另一方面，存在这样的风险——观众评价的不是原型，而是视频本身。然后，他们判断原型会比他们本来可能拥有的更好或更差。

提示和窍门

- 尽早开始制作视频原型。
- 注意拍摄许可。
- 最好拍摄比你需要的更多的视频材料，这样你在编辑时才能有所选择。

工具

- iMovie—Apple 的视频编辑程序

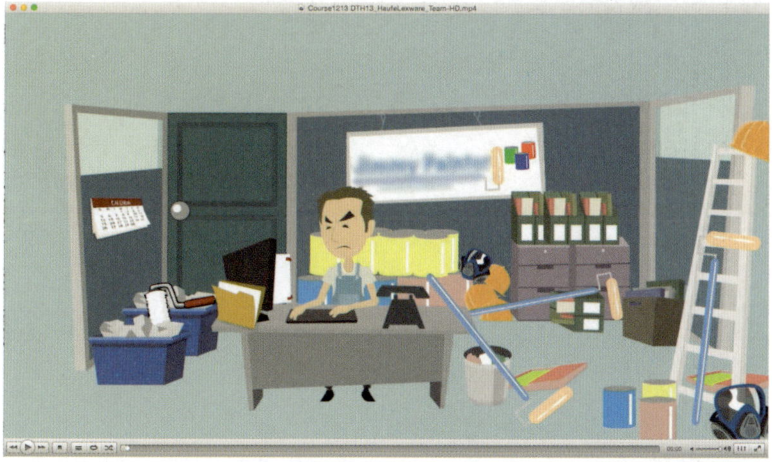

用视频原型演示税务顾问和中型企业之间协作的服务概念

服务蓝图

在服务蓝图的帮助下，服务原型可以以一种结构化的方式被系统地组织和描述。服务蓝图包括各种组件。

物理场景：例如，患者在医院活动的物理场景——入院。物理场景通常提供关于服务中事件的信息和证据。

用户活动：用户活动是指用户在流程或服务中的所有行为。回到医院的例子，这可以是在接待处填写病历或基本信息表。

前台活动：前台活动由服务提供商执行，通常与用户活动直接相关。在医院的例子中，这可能是医生对患者例行的检查。

后台活动：后台活动与所提供的服务有直接的因果关系。服务提供者是在后台进行这些活动的，用户是看不见的。在医院里，这些活动通常是治疗结算。患者很少直接接触到这些过程，因为它们是在医院和保险公司之间进行的。

支持性活动和系统：这涵盖了与案例相关但不直接相关的所有步骤。在医院里，这可能涉及用于检查的材料和手术室材料的消毒，以及处理患者治疗数据的计算机系统。

蓝图的特殊优势是，它可以使用相对简单的方法来表达复杂的情况。当与专家进行第一次可行性测试和希望在测试人员中激发新想法时，这种方式非常恰当。

材料

- 白板或微软演示文稿
- 马克笔
- 索引卡或便利贴
- 用于可视化的图像

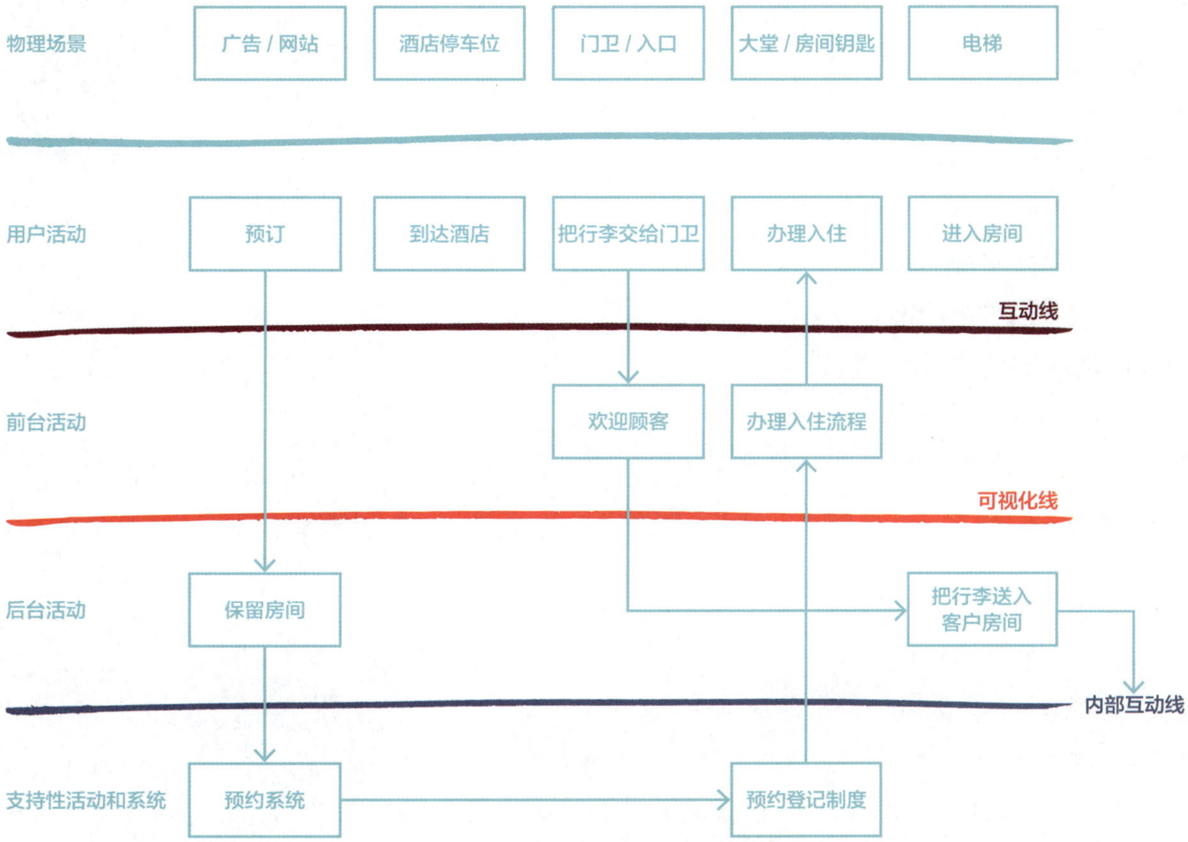
物理场景
广告 / 网站
酒店停车位
门卫 / 入口
大堂 / 房间钥匙
电梯
用户活动
预订
到达酒店
把行李交给门卫
办理入住
进入房间
互动线
前台活动
欢迎顾客
办理入住流程
可视化线
后台活动
保留房间
把行李送入客户房间
内部互动线
支持性活动和系统
预约系统
预约登记制度

原型设计和故事讲述

草图和涂鸦

草图和涂鸦是用手绘表示的产品、服务或商业模式场景。这些图纸通常是在设计思维的第一阶段绘制的。在这一阶段，速度很重要，原型分辨率很低。草图和涂鸦是用简单的材料创建的，设计思考者无须任何经验，即可绘制。在某些情况下，绘画天赋是有帮助的，但我们的经验表明，即使不是画家，大家也都能画得足够好。

草图和涂鸦显示的只是重点产品或重要组件，但它们也可以包含进一步的信息，以供使用或嵌入扩展的业务模型。多个涂鸦的组合也可以讲述一个故事。

当设计思维团队正在旅行，手边没有其他材料来构建原型时，草图可能会很有用。通常很容易拿到马克笔和一张纸，团队成员至少可以粗略地写下想法。

资料来源

Buxton, B.,“Sketching User Experiences — Getting the Design Right and the Right Design”, 2007

提示和窍门

唯一的提示是：每个人都会画画！不要拘谨，去画吧。

材料

- 铅笔和橡皮擦
- 纸
- 索引卡或便利贴
- 将具体情况可视化出来的图片

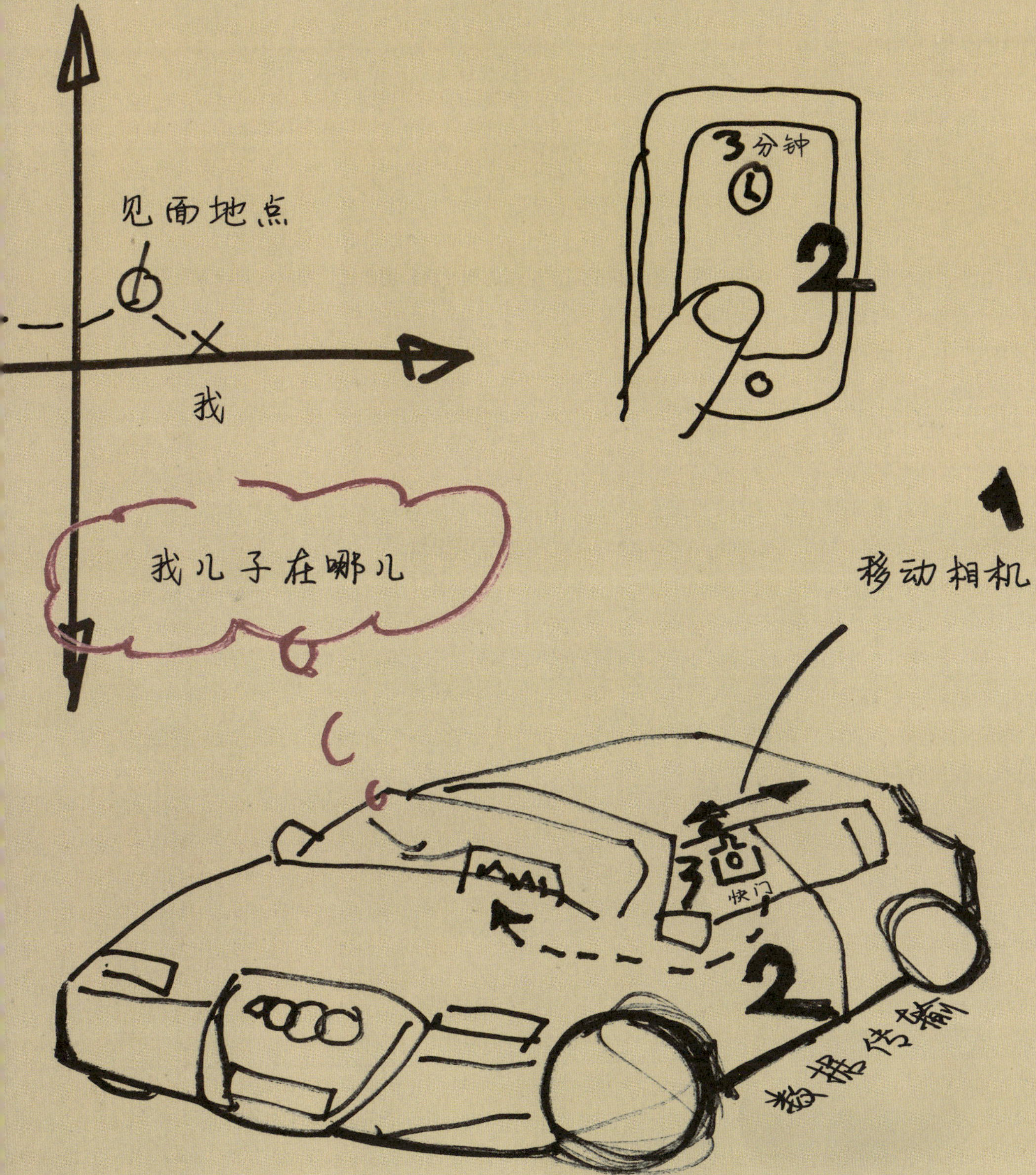
见面地点
我
我儿子在哪儿
3分钟
2
1
移动相机
快门
2
数据传输

Photoshop 原型制作

Photoshop 原型制作是低分辨率原型的另一种形式。通过使用特定场景的照片和图像创建出的蒙太奇效果，可以演示产品使用或服务概念的场景。例如，我们为一家汽车制造商准备了一个户外停车场的概念。为了展现一个显示车位状态的显示器看起来可能是什么样的，即停车位是已被占用，还是可用，或有车占用但并未占满该空间——我们使用 Photoshop 软件在被占用的、空的和未完全使用的车位上放置了一些方框。使用这些经过处理的照片，我们能够在没有大量文字的情况下展示想法背后的基本原理。

这种方法的优点在于制作原型的速度快和简单性。同时，测试人员很容易理解这些原型。

提示和窍门

学习使用照片编辑工具需要大量的时间。因此，初学者也可以使用微软的 PowerPoint，以此更容易地操作照片。

工具

- 相机
- 照片编辑软件：Adobe Photoshop/Photoshop Elements 或开源替代软件，如 gimp.org
- 打印机

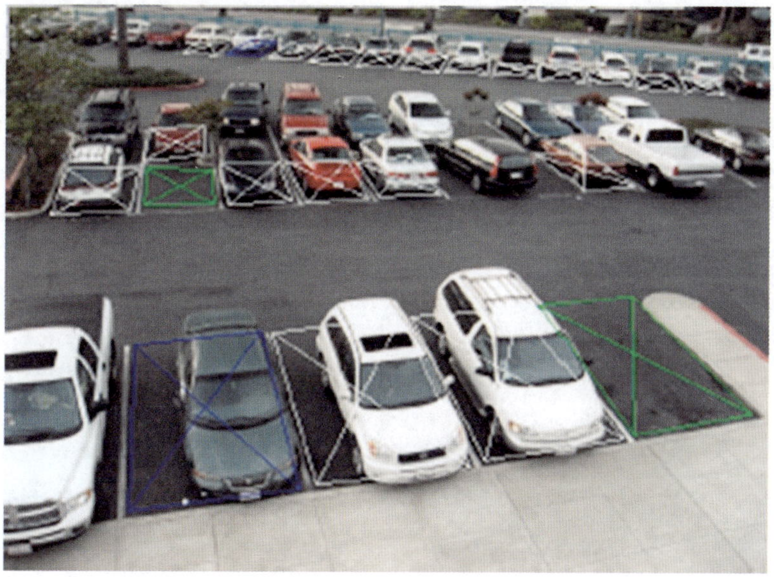

城市和停车场外的停车探测器原型（低分辨率版本）；圣加仑大学项目（2012 年）

原型设计和故事讲述

组合原型

组合原型介于低分辨率和高分辨率原型之间，它们是用纸和其他材料制作产生的。例如，在测试实验室机器检修的远程支持时，我们使用了带有拍摄视频功能的手机。对这个原型，我们用皮筋将手机固定在测试者的头上，相机面向前方。然后，我们发起视频会话，通过移动电话联系远程的专家。连接到移动电话的耳机确保测试者可以通过耳机接收所有指令。采用这样的原型，多种技术和工艺可以立即投入使用，并且可以在几小时内测试相对复杂的场景。

速度快是使用组合原型的优点。组合原型比只使用一种材料制作的原型分辨率更高，因此它们更容易被体验和测试。

工具

- 开放式硬件
- 特定程序所需的材料

笔记 / 草稿：

1
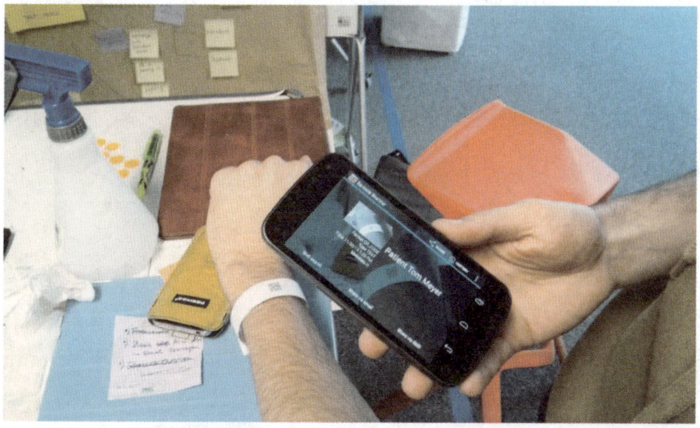

2
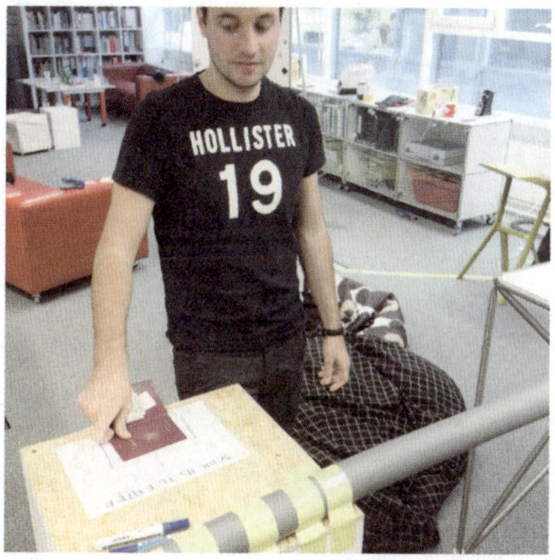

3
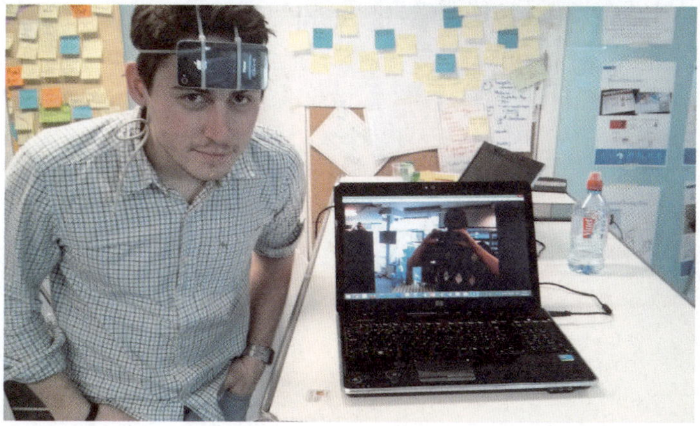

4
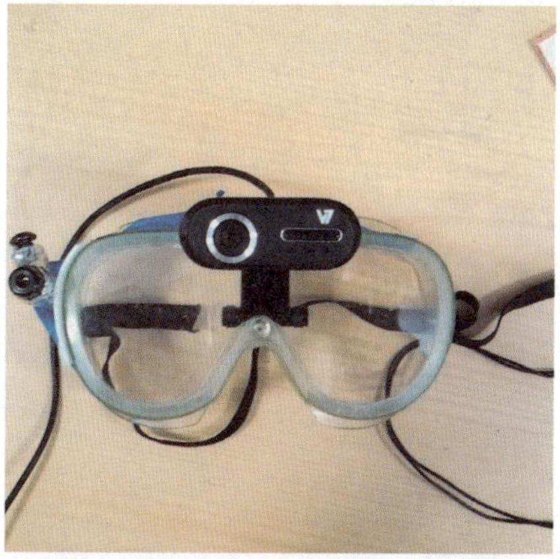

5
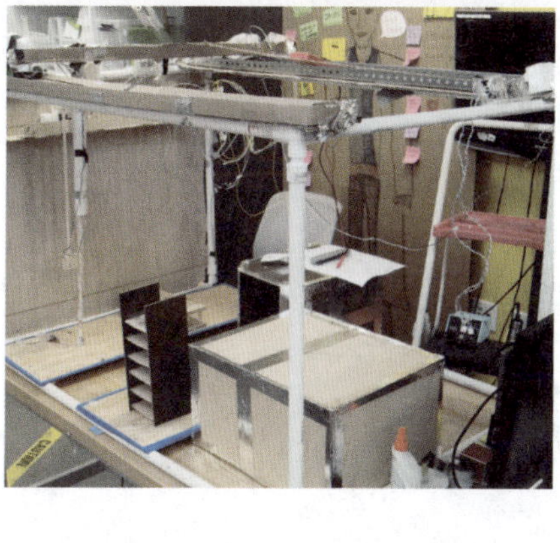

1. 用于医院患者登记的臂环原型（圣加仑大学，2014 年）
2. 使用护照或个人身份证进行快速简便注册的原型（圣加仑大学和哈维里亚纳主教大学，2012 年）
3. 模拟机器远程支持的原型（圣加仑大学，2014 年）
4. 在维修工作中提供远程技术支持的头盔摄像机原型（斯坦福大学和圣加仑大学，2014 年）
5. 一台实验室机器的集成样机（2014 年）

原型设计和故事讲述

城市规划

城市规划是一类原型，它关注展示解决方案中的建筑以及与其相关方面。这种原型在开发服务时很有用。我们利用这种方法提出了一种新的资产管理咨询概念，其中一个部分就是重新设计银行的咨询室。

提示和窍门

FabLabs 提供了快速构建小型建筑原型的可能性。

工具

- 纸张、木材、纸板、胶水等
- 3D 绘图工具

高分辨率的原型往往需要考虑三维 CAD 绘图，因为三维图纸能让人一目了然地看到一个新场景的样子。然而低分辨率的原型，如房间模型或城市规划模型，也可以用纸、纸板、木材和其他材料来构建。测试人员可以通过模块的形式，用低分辨率的原型展示自己的想法。

在城市规划模型的帮助下，我们为汽车行业的一家公司展示了一个城市中心的汽车维修接收站原型，它与城市郊区的车间网络相连接。这些接收站的设计灵感来自苹果公司的设计。

城市规划原型通常能很快拉近测试者与观察者的距离，不管是好的还是坏的情绪都容易被激发出来。

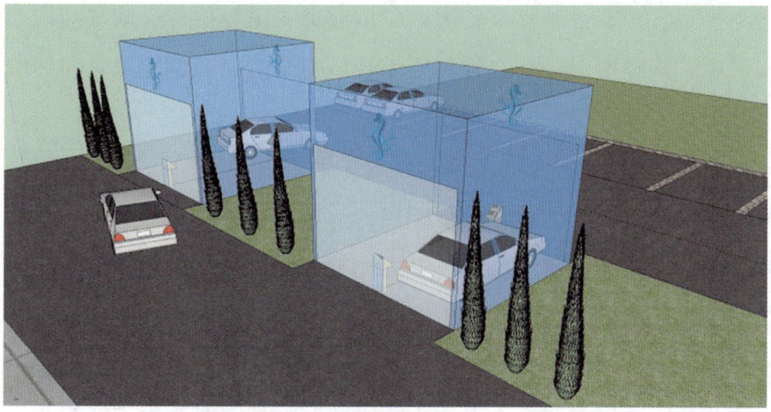

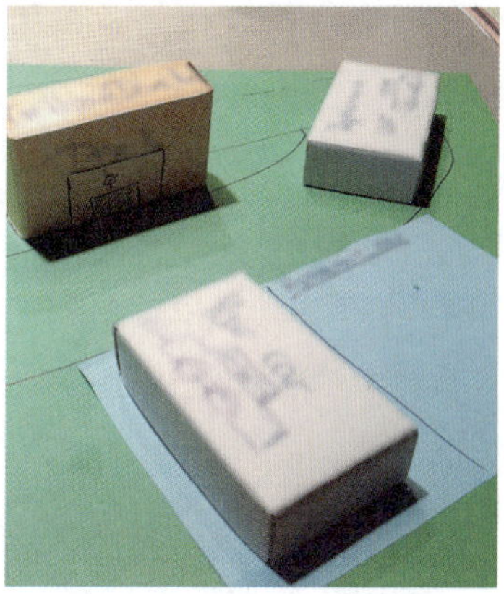

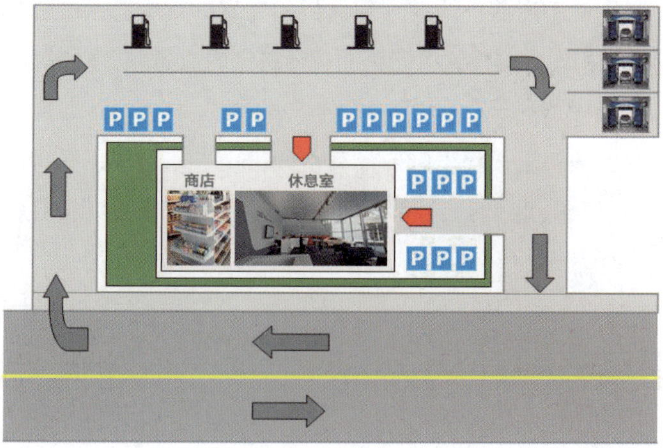

在苹果专卖店概念启发下研发出的大城市汽车维修接收站的例子（圣加仑大学 / 卡尔斯鲁厄理工学院，2014 年）

原型设计和故事讲述

商业模式原型

商业模式原型显示了不同参与者（如客户、生产者、供应商等）之间的业务联系，目的是系统地展示利益相关者之间的商业关系和动机。最著名的描述商业模式的框架是由奥斯特瓦德、皮尼厄和克拉克（Osterwalder, Pigneur and Clark，2010）编写的商业模式画布。这个模型沿着 9 个维度构建商业模型：客户细分、客户关系、渠道通路、价值主张（产品和服务）、核心资源、关键业务、重要伙伴、成本结构和收入来源。该模型对于建立透明度和分析复杂的商业模型具有很好的效果。

在测试想法时，该模型通常会证明自己过于"技术官僚主义"。我们的意思是，用户和测试人员经常努力在框架所描述的维度参数内想象自己，而没有时间将他们的想象力融入其中。

出于这个原因，除了画布，设计思维团队在设计思维项目中还构建了特定情境的商业模式原型。他们展示商业模式时，有时只使用草图和涂鸦，有时也使用商业模式的其他材料和元素。其优势在于，与预先定义好的类别相比，这样做可以更加契合特定的业务或客户情境。

商业模式原型适用于设计思维的所有阶段。由于该原型主要讨论的是商业方面的问题，我们往往将商业模式原型放在识别实际用户需求之后。

工具

- 商业模式画布
- 纸张、纸板、马克笔等

资料来源

Osterwalder et al.,"Business Model Generation: A Handbook for Visionaries, Game Changers, and Challengers", 2010 (1st ed.)

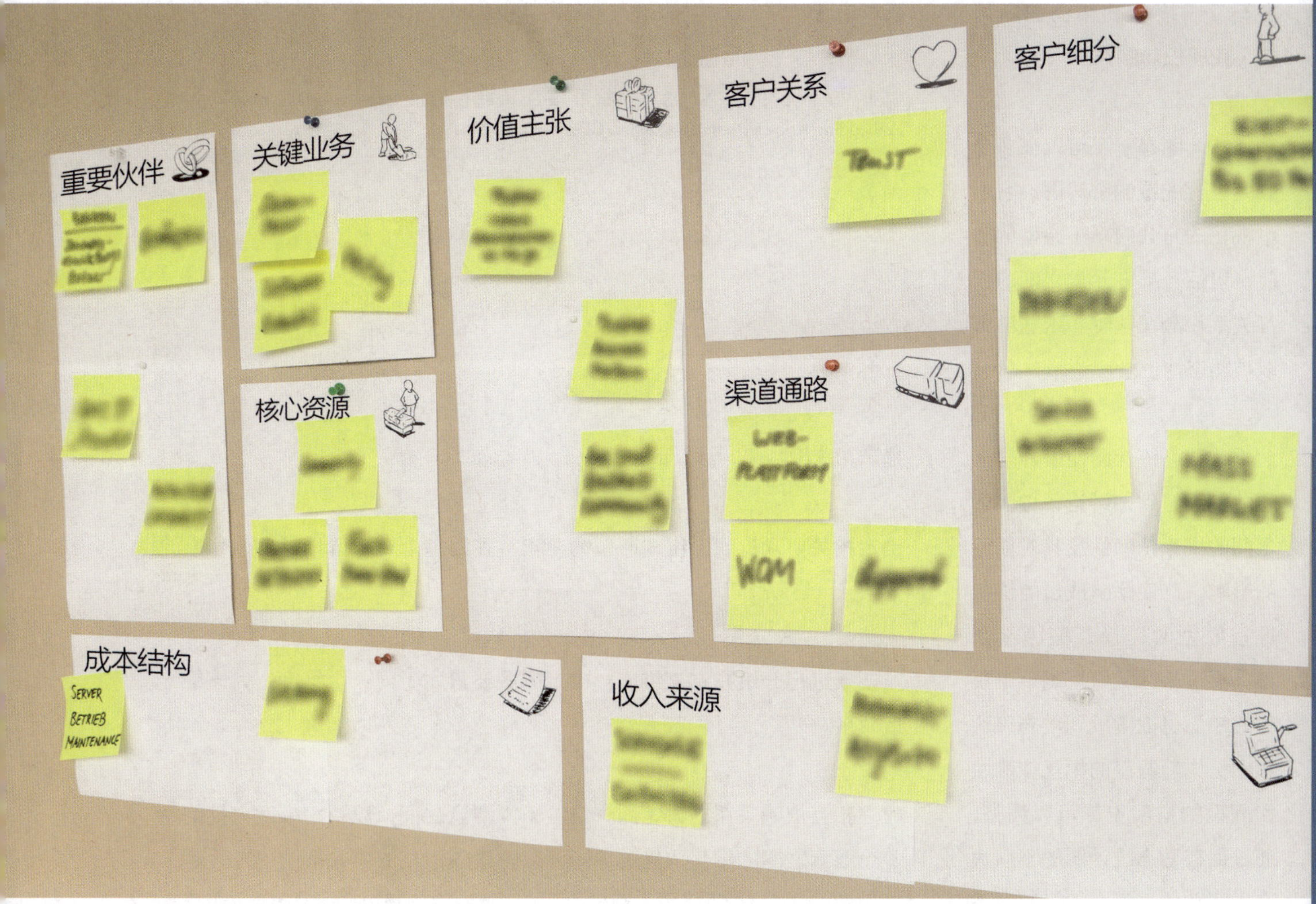
重要伙伴
关键业务
价值主张
客户关系
客户细分
核心资源
渠道通路
成本结构
收入来源
TRUST
SERVER
BETRIEB
MAINTENANCE

原型设计和故事讲述

动态统计图

由马丁·埃普勒和塞巴斯蒂安·克恩巴赫制作

动态统计图是一张可以在多个维度进行配置的雷达图。它用可视化的方式展示了原型的功能，包括各维度元素之间的相互关系和潜在限制。这些都可以被动态地记录和调整。

此外，动态统计图使设计思维团队能够看到并讨论各种因素之间的相互依赖性及其对原型的影响，这使团队成员能够在准备原型时选择某些因素合集。反过来，从原型测试中获得的知识可以集成到动态统计图中，先前假设的相互依赖性和假设的框架也都可以调整。通过保存动态统计图的不同状态，团队成员可以记录原型开发过程，并在以后进行反思。

资料来源

Eppler, M. J., Kernbach, S., Wiederkehr, B., & Gassner, P., “The Confluence Diagram: Embedding Knowledge in Interaction Constraints”, 2014

提示和窍门

确定相关要素： 列出组成原型的要素，并为每个要素选择最小值和最大值。

对要素进行分组并定义维度： 确定哪些要素属于同一个维度，为该维度命名。

建立相互依赖关系： 讨论同一维度不同要素之间，以及跨维度链接的多个要素之间的相互依赖关系。可以将这些相互依赖关系描述为“越多导致越多”或“越多导致越少”。这不是关于数字的精确性，而是一种趋势的描述。某个因子能够影响的其他因子数量越多，该因子滑动旋钮的面积就越大。

建立原型概要文件： 通过滑动旋钮，可以看到相互依赖关系。团队可以移动不同的旋钮，从而建立用于讨论的原型概要文件。

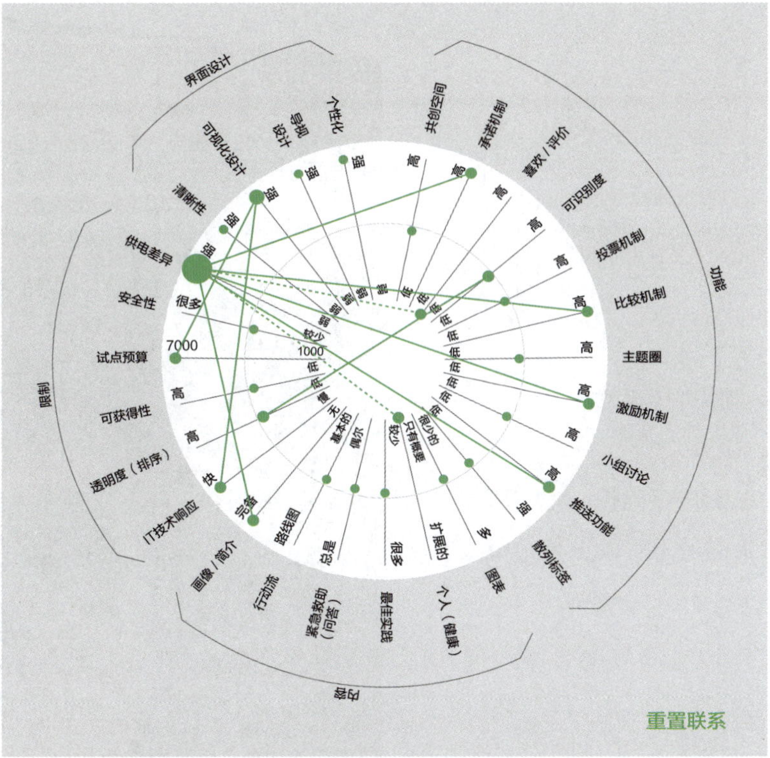

重置联系

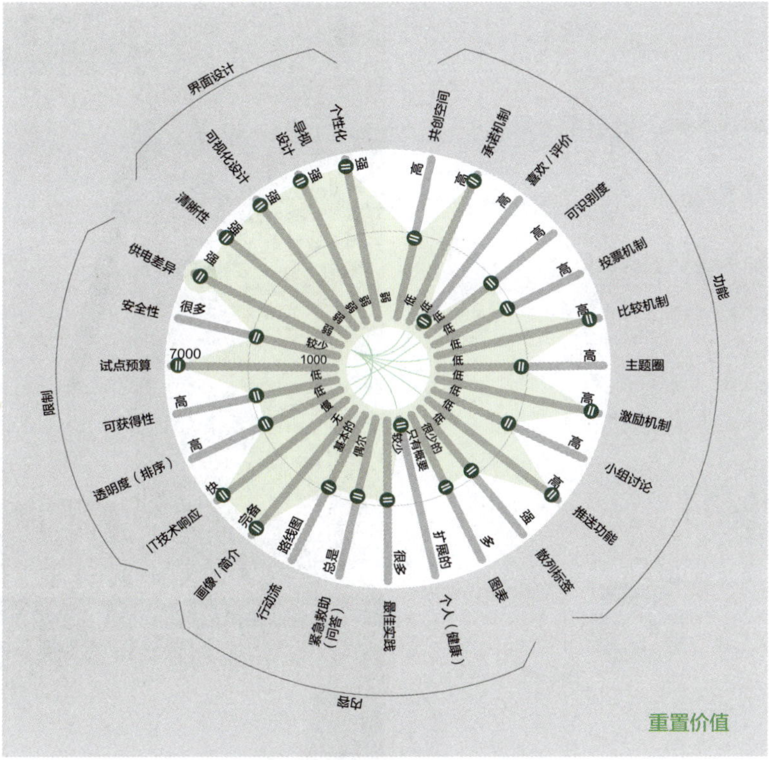

重置价值

为一家保险公司设计思维原型的动态统计图（ 2015 年 ）

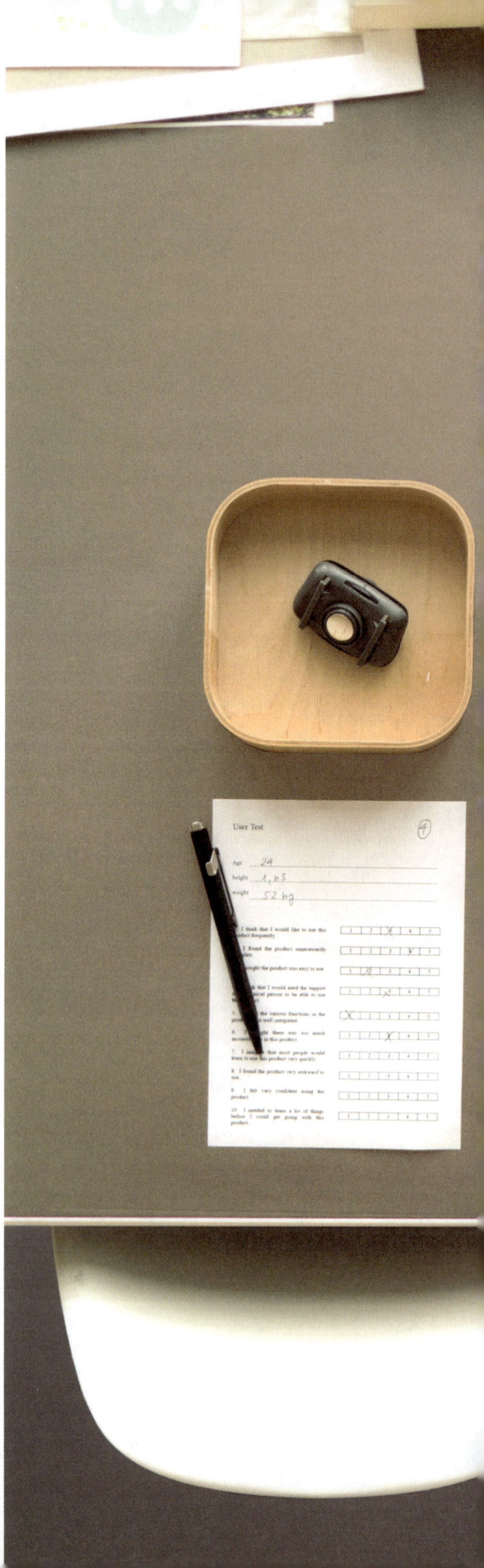

测试

现在，用户和其他利益相关者对创意以及原型进行测试。

对假设和得到的新知识再次进行审查，以确保正确性。它们可能是对的，也可能是错的。团队对测试结果的反思将改进整个解决方案。

像你知道你是对的那样去制作原型，但要像你知道你是错的那样去测试。

——斯坦福大学设计学院，2015b

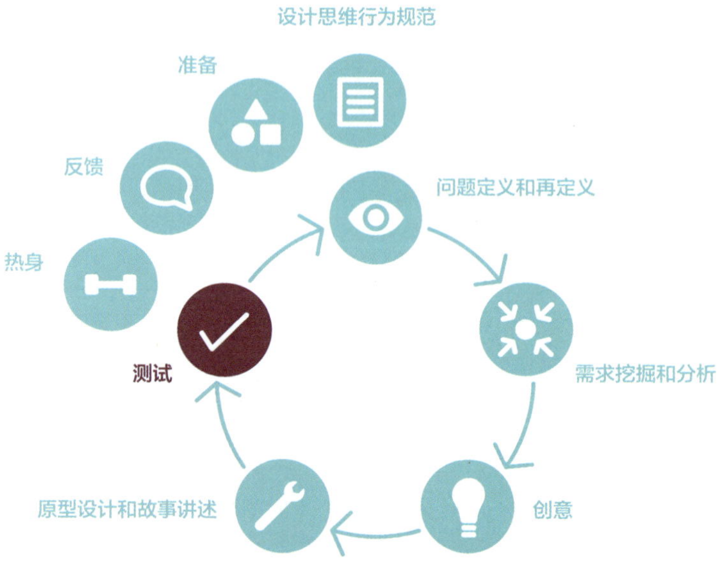

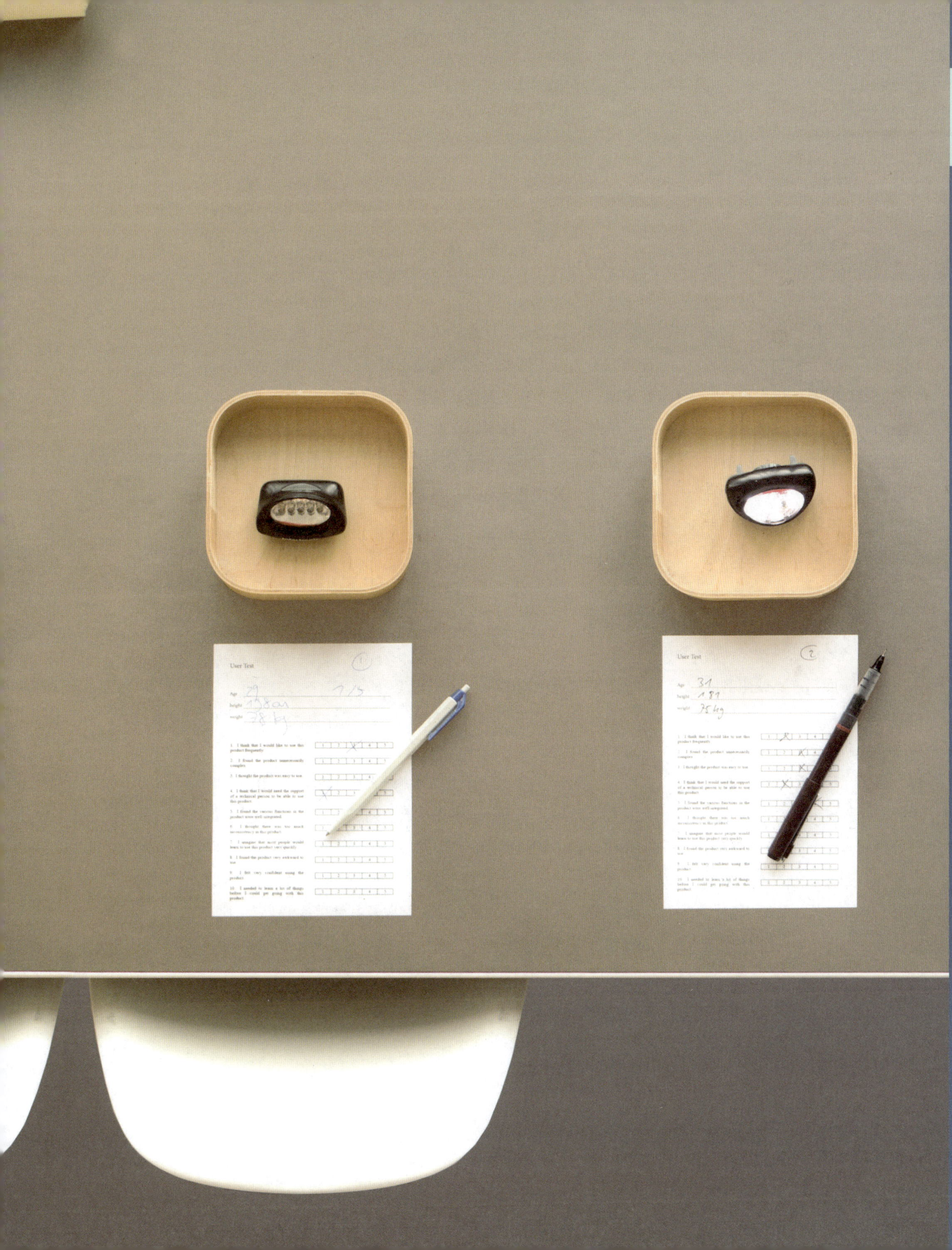
User Test
User Test

测试

消费者诊疗所

当使用消费者诊疗所作为测试方法时，用户会看到实际使用中的产品和服务。用户可以发表他们的意见。除了新的产品和服务，现有的产品和服务也可以作为比较点。这一概念是20世纪60年代在汽车行业发展起来的，目的是征求客户对车型的意见。

对于消费者诊疗所，被邀请的人应该是所展示产品或服务的目标客户和用户群的代表。消费者诊疗所通常分三个阶段进行：准备、示范和跟进。在每个阶段，测试人员都会填写一份调查问卷，询问用户对特定产品或服务的意见。该数据可以用于之后的广泛评估和分析。

测试人员的数量可以从数十人到几百人不等。焦点小组测试引入的产品和服务仍处于形成阶段，而消费者诊疗所中的产品和服务实际上已经可用。从这个意义上说，消费者诊疗所不仅展示了测试者对所演示产品的个人意见，还展示了其应用和使用情况。通过这种方式，消费者诊疗所提供了一种测试高分辨率原型的好方法，因为它们已经提供了（几乎）完整的流程和功能模拟。在设计思维项目的早期阶段，这种方法并不被高度推荐。

提示和窍门

- 选择测试组和测试者。
- 准备：分发关于“测试人员希望从产品中获得什么”“他们的期望是什么”等的调查表。
- 实施：演示产品或服务，并与测试人员一起试用应用程序。
- 在演示阶段，观察并记录测试人员的反应。
- 跟进：通过调查问卷，再次要求测试人员分享他或她对测试产品的意见和总体印象。调查问卷还询问产品是否满足测试人员的期望，他或她喜欢什么，为什么喜欢，以及其他可能的个人用途等。

测试

可用性测试

术语“可用性测试”讨论了测试人员在设定框架下使用产品或服务的技术和程序。通过这种测试方法，测试人员必须使用产品或服务执行特定的预定任务。

例如，在测试在线购物门户网站时，测试人员被赋予购买特定商品或更改其个人信息的任务。在测试过程中，设计思维团队会使用摄像头或预装软件观察并记录测试人员的所有移动、步骤和动作。

可用性测试有以下不同的方法。

认知预演：这种测试的重点是测试人员对产品或服务的认知过程。特别是对软件产品而言，瞬间就可以决定一个产品是否实用。当用户站在售票机前，如果按钮数量过多或他们需要查找的层级过于详细和烦琐，可以很快被反映出来。

活动分析：探索测试人员在使用产品或服务时的一般行为。在正式分析中，技术工具将显示并处理整个活动流程。在非正式分析中，测试人员会简单地过一遍活动，并在最后对原型的优点和缺点进行评估。

自言自语：自言自语这个方法并不复杂，甚至听起来有点原始，但它是高效的。使用该方法，测试人员可以在使用系统时大声地表达他们的想法、反应和下一步要做的事情。一位同时在场的观察者可以理解并写下测试人员的思维过程。

调查问卷：调查问卷是一种传统的工具，可以揭示可用性的许多方面，例如在计算机系统中。这是一种间接的可用性测试方法，因为它不直接利用或涉及被测试的产品或服务。定性和定量问题都会在调查问卷中体现。

提示和窍门

在专业可用性测试的活动分析领域中有许多服务提供商。

工具

- 项目原型
- 笔记本和钢笔 / 铅笔
- 摄像机，用来记录测试

测试

NABC 推介

NABC 推介是对新创意简明扼要的描述，现在通常也被称为“电梯推销”，因为理想情况下，对项目意图的描述是如此简短，以至于一个人可以在乘坐电梯时向其他人解释并推销它。

NABC 是需求（need）、方法（approach）、价值（benefit）和竞争（competition）的英文首字母组合。演讲应覆盖所有这些关键词。

工具

- 一个善于思考的头脑
- 钢笔 / 铅笔和纸

需求： 客户有什么需求，应该解决哪个问题？
方法： 新创意如何满足需求？问题将如何解决？
价值： 通过这个具体的想法，解决方案为客户提供了什么价值？
竞争： 该解决方案与现有的其他解决方案有哪些不同之处？

当设计思维团队从复杂的思维过程中抽身出来，形成核心的产品或服务时，NABC 推介是一个特别有用的工具。如果一个人能够在 30 ~ 60 秒内用 NABC 推介表达一个解决方案，那么他已经找到了这个想法的核心。

在测试中，向测试人员进行 NABC 推介时无论有没有原型，都可以立即收到对该创意的反馈。NABC 推介的优势在于，它使测试人员能够快速了解和评估创意想法最核心的部分。该方法对于在动态环境（如街道）中测试低分辨率原型非常有用。因为包含大量细节的详细说明会花费太多的时间，从而导致大量的测试人员无法参与。

提示和窍门

整理一份 NABC 推介稿，以一种有效且切中要点的方式描述你的想法。请记住，推介演讲应包括解决什么问题、你的创意、对客户的价值以及创意的独特之处。

- 向测试人员解释你的创意，并要求他们提供简短的反馈。
- 在进行推介时，请考虑以下因素：
  - 你用原型解决了什么问题？
  - 原型长什么样，它如何解决问题？
  - 客户如何获得原型？

测试

设计师交流之夜

设计师交流之夜是 NABC 推介的一种较新的形式。它的目标也是在短时间内展示一个复杂的想法，但是在这里，演示者将使用幻灯片，并有 20×20 秒的时间来展示 20 张幻灯片。演示软件通常设置为 20 秒后显示下一张幻灯片，正因为如此，演讲者必须言简意赅。这种形式的演示文稿不允许在幻灯片上使用大量文字——重点应放在图像上。这增加了演示的清晰度，使被测试者更容易理解。

现在世界各地有许多设计师交流之夜活动。设计思维团队也可以分享他们的演示文稿，使其得到评估。

作为一种测试方法，设计师交流之夜与 NABC 推介类似，即向参与者展示想法并直接收集反馈。

资料来源

Pechakucha，2015

提示和窍门

- 如果可能，请仅使用幻灯片图像；观众需要更少的时间来把握图片而不是文字。
- 多练习几次演示文稿，不要忘记激活幻灯片自动切换功能。

工具

- 微软演示文稿
- Prezi 演讲软件
- Keynote 软件

笔记 / 草稿：

测试

需求挖掘方法

一些需求挖掘的技巧也适用于与用户或在实验室中测试原型。这样做的好处是能够将需求挖掘和测试阶段结合起来，特别是在一些大型、冗长的项目中。

以下方法适用于需求挖掘和测试。

焦点小组：无论从概念上，还是通过演示或讨论考虑低分辨率原型时，可管理的参与者数量使焦点小组非常有用。对于精细的原型，采用消费者诊疗所的测试方法会更好。

用户画像：用户画像也可以用作产品和服务的初始测试技术。特别是在设计思维实验室中，用户画像可以帮助团队成员设身处地地为用户着想，从而进行内部“替代”测试。为此，团队成员将扮演所选人物的角色，表演人物角色的特征并测试原型。使用此方法，可以尽早发现问题。在某些情况下，甚至在将问题传递给“真正的”测试人员之前，就可以及早发现并解决问题。

访谈法：访谈也是测试现有原型的绝佳机会。要确保测试是在实际访谈之后进行的，否则你就会冒着只讨论原型的风险。

1
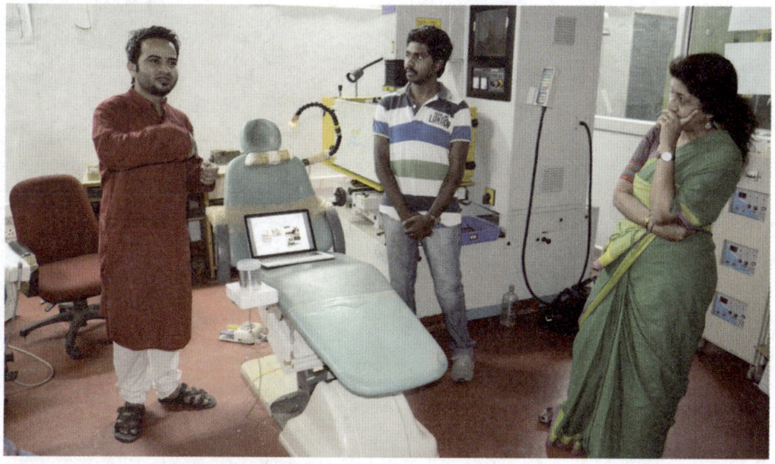

2
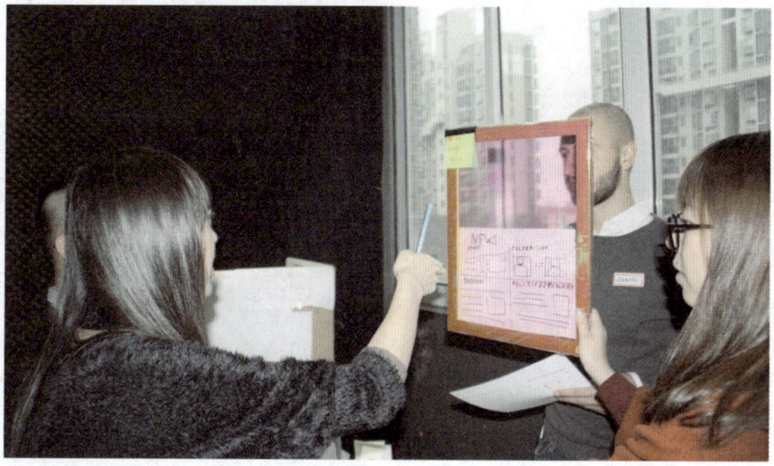

1. 在印度坎普尔测试一种用于牙科手术的新椅子（2015 年）
2. 在中国上海一次焦点小组结束时的测试情景（2015 年）

热身

热身就像运动、音乐和表演艺术一样，是让身体和头脑为即将开始的一项具有挑战性的任务做好准备的小练习。

在设计思维中，不时进行热身活动是很有帮助的。例如，从一开始就直接进行头脑风暴可能会感到困难和费力，参与者通常不会立即进入正确的、创造性的和有灵感的思维状态。在这种情况下，热身能刺激思考，帮助参与者专注于即将到来的任务。

原则上，热身可以用在设计思维的每个阶段，特别是当工作显得艰巨和停滞的时候。在这一节中，我们描述了几个热身活动，当然还有其他很多形式的活动。

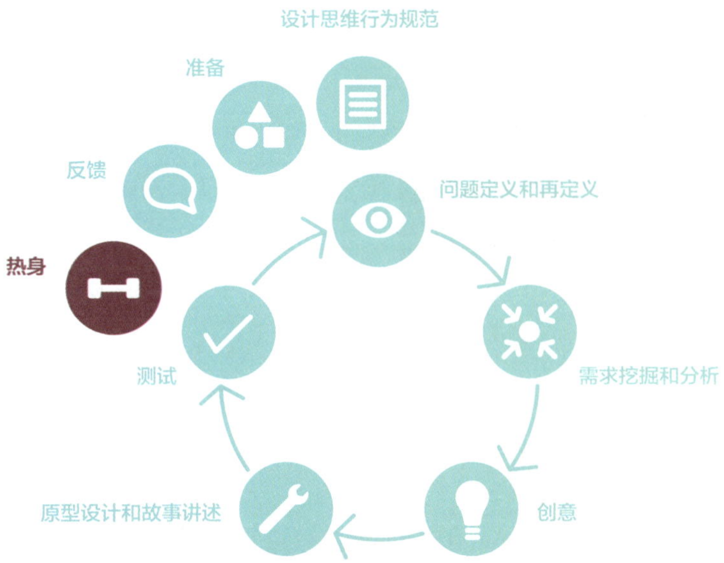

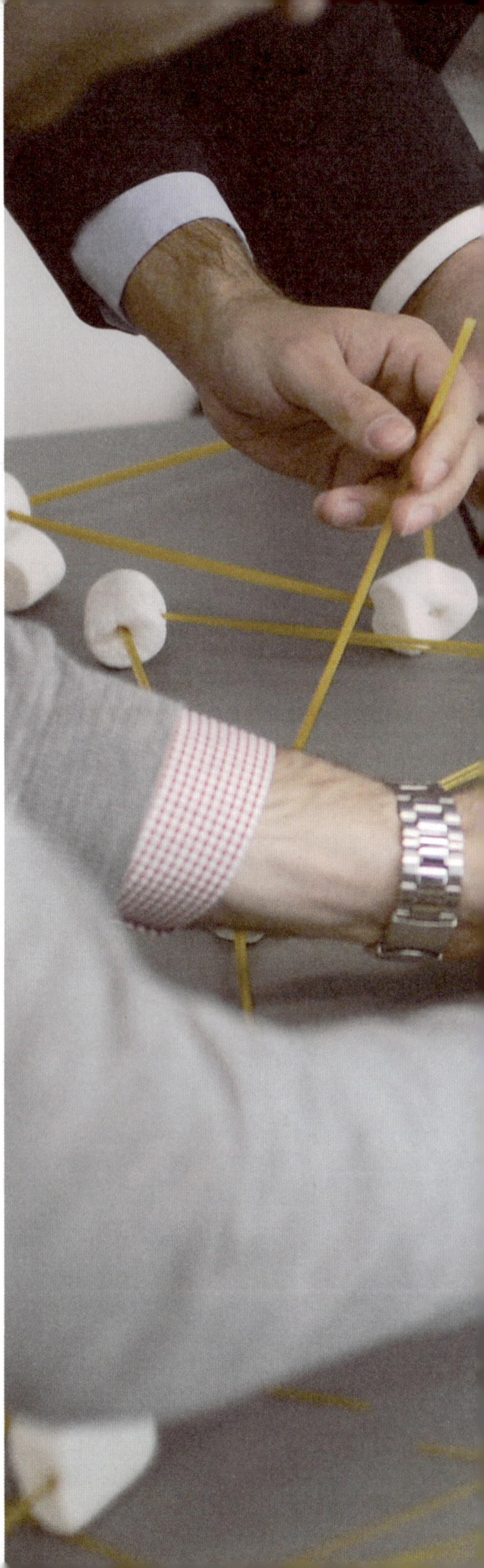

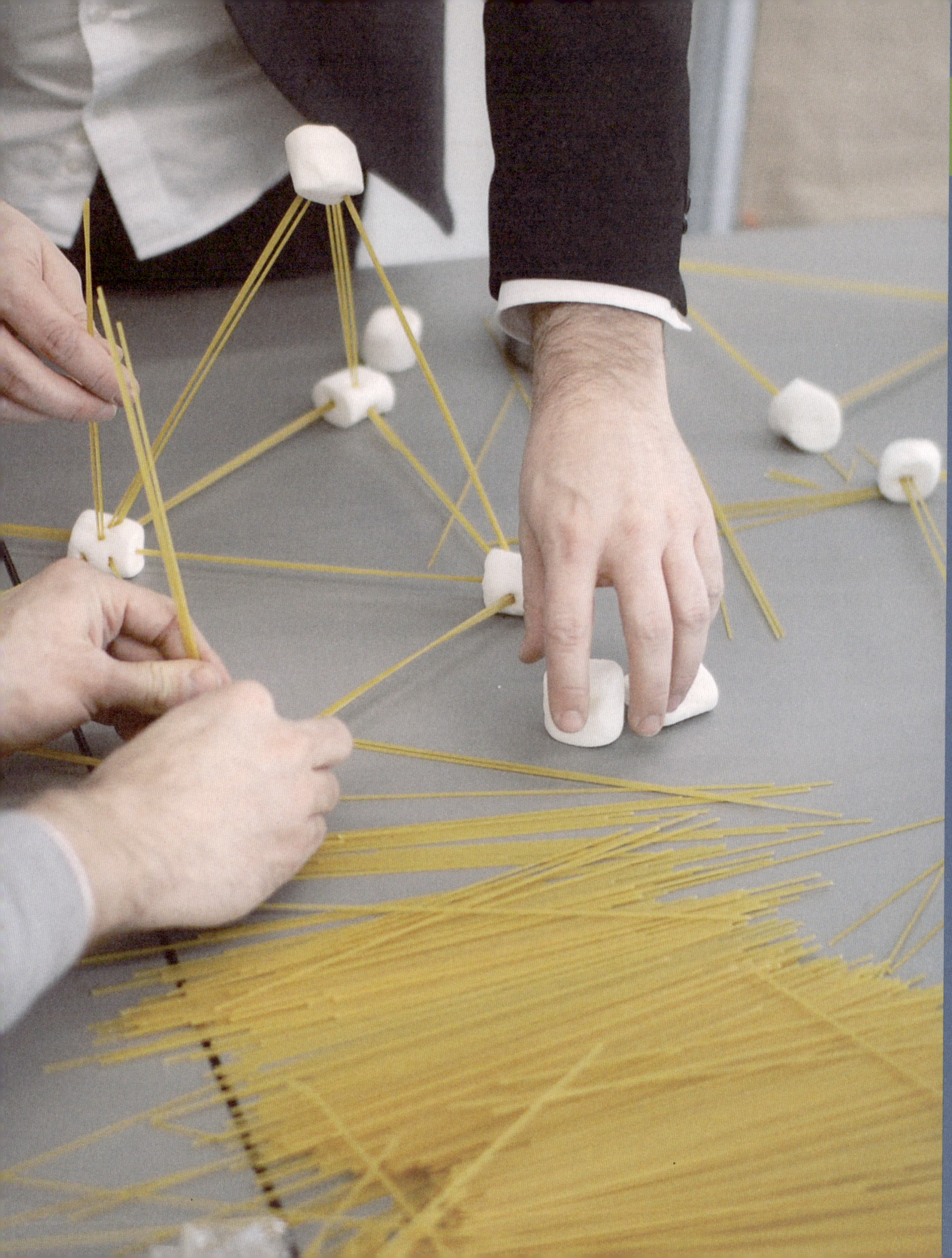

热身

意大利面塔

意大利面塔是一项有趣的娱乐活动，可以激励参与者进行建造和实验。其任务是在10分钟内用意大利面建造尽可能高的独立的塔，不允许附加材料。

这个练习也不仅仅是热身活动，设计思维团队还可以用它来评价团队的计划和执行方法。活动后的小组讨论可以激发思考。

引入一些变化也是可能的，具体如下。

重复：如果一个人想证明复制也是创新的一部分，那么在第一轮结束之后可以进行第二轮意大利面塔游戏。在两轮比赛之间，参赛队伍展示他们的意大利面塔，并解释搭建方法。当他们有机会建立第二个意大利面塔时，这些新的知识和团队自身的经验都将被带入第二轮。在原型设计中，我们遵循“经常失败，尽早失败”的座右铭。这种加入第二轮的变化练习有助于在创新过程早期发现错误的假设。

纸塔：可以用报纸和胶带代替意大利面。从某种程度上讲，这种替代形式更干净（但没有那么有趣）。

材料

为建造意大利面塔：

- 意大利面条
- 棉花糖
- 垃圾袋（清理用）

为建造纸塔：

- 尽可能多的报纸和杂志
- 胶带

提示和窍门

- 采购足够的意大利面条和棉花糖。
- 将所有人分成3～4人的小组，给每个小组相同数量的意大利面条和棉花糖。
- 给各小组10分钟的时间建造最高的塔。
- 10分钟后，停止建造并比较高度。

圣加仑大学意大利面塔热身赛
（2014年）

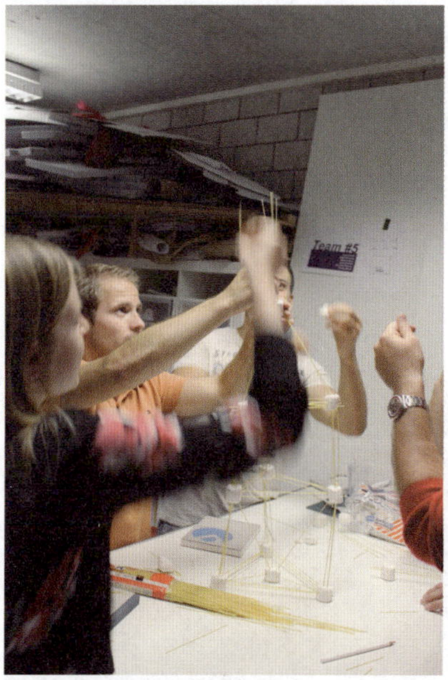

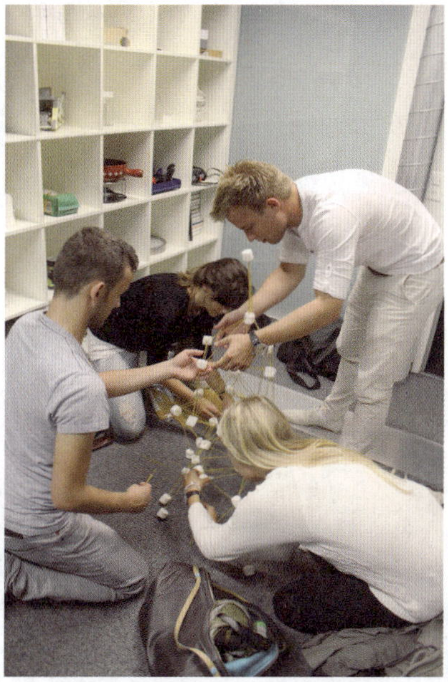

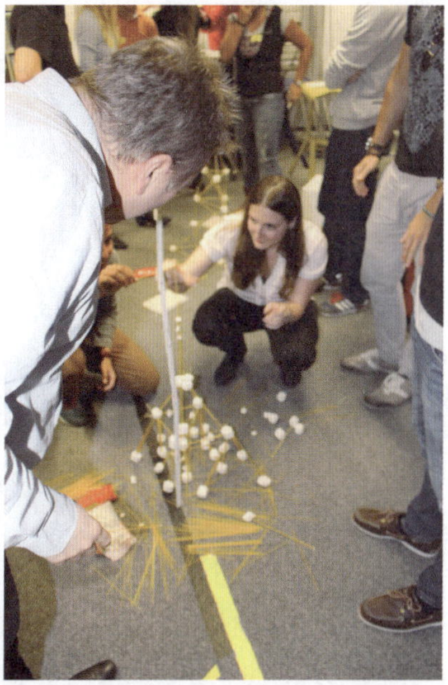

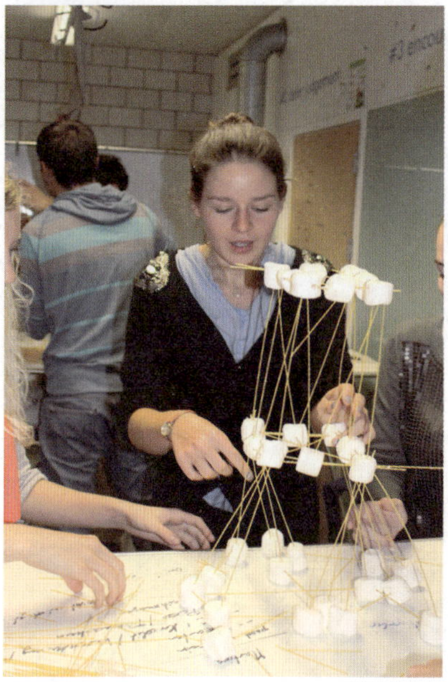

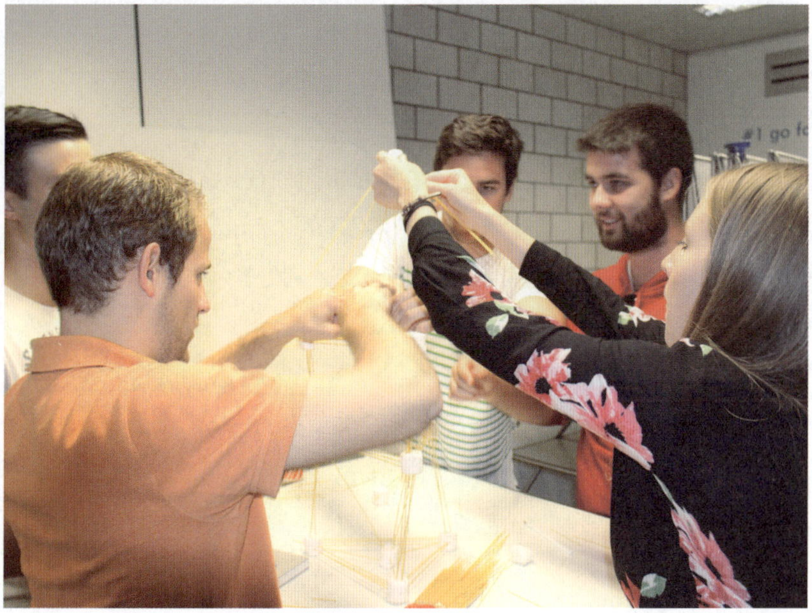

热身

是的，但是……/ 是的，而且……

谁没听过这句话？“是的，但是……”在工作坊、对话和头脑风暴会议中，人们每天都在使用它。其结果通常是，人们并没有真正地合作和建立在彼此的想法之上，而是在彼此分离的情况下建立了平行的想法和思想世界。“是的，但是……/ 是的，而且……”用一种有趣的方法来展示了这一点。

提示和窍门

第一轮：所有人被分成若干小组，每个小组有两名参与者，每个小组会接收到一个任务，例如计划从苏黎世到上海的旅行。每个小组成员都被要求提出自己的想法，但只能使用“是的，但是……”作为开头。给小组两分钟的时间计划行程。在任务结束时，询问他们这次旅行的目的地。

第二轮：保留相同的小组设置，并分配相同的任务，唯一的区别是参与者只能使用“是的，而且……”作为开头。两分钟后，询问行程指向何处。

通常，当团队使用“是的，但是……”时，他们的旅行根本不会出发。与此相反，当使用“是的，而且……”时，创意会流动起来。与团队成员一起，反思为什么以及哪些流程导致了这种情况。

这个热身活动特别适合于创意阶段。

笔记 / 草稿：

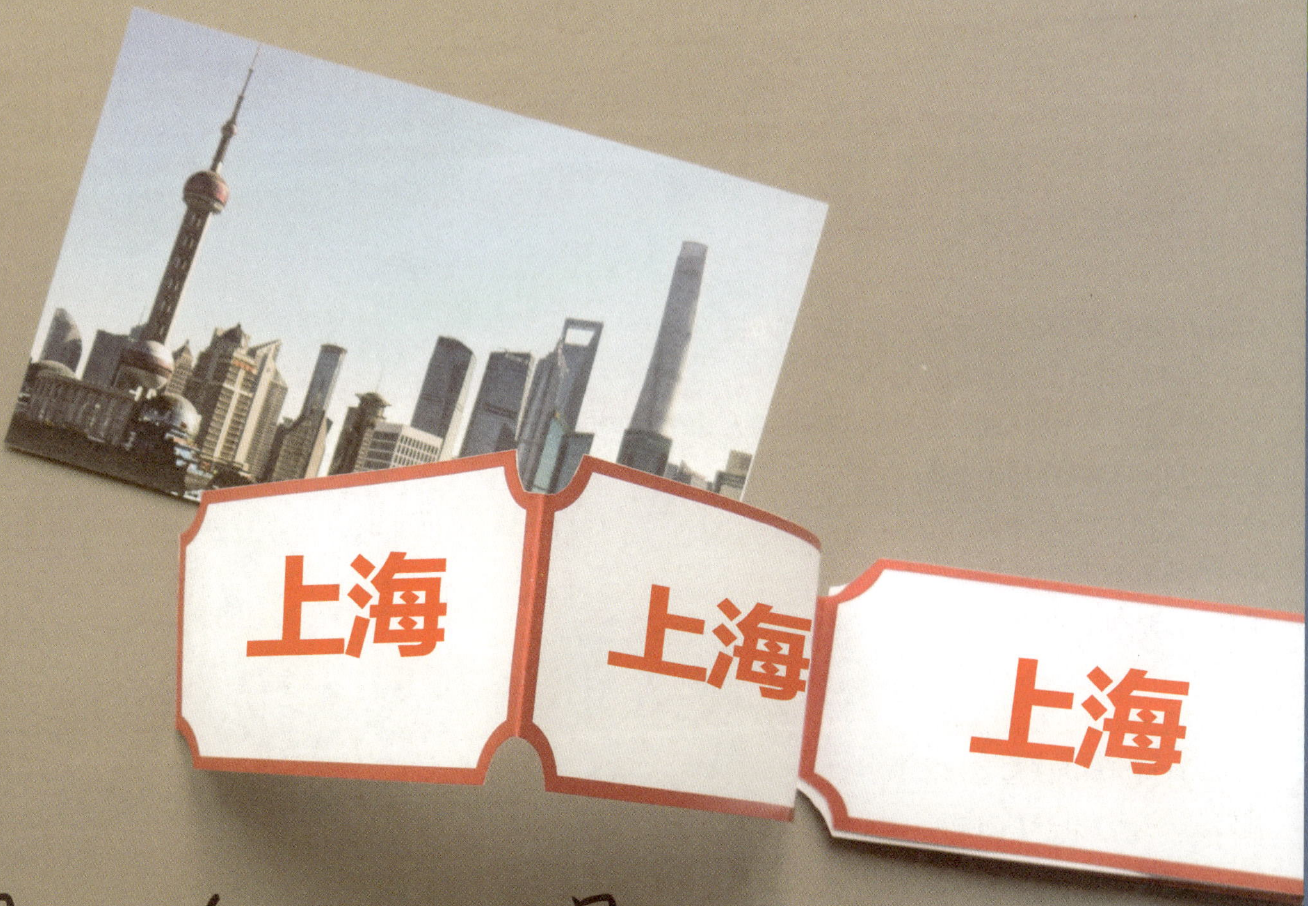

是的，但是……

是的，而且……

热身

竞赛

竞赛是一场热身活动，它能为疲惫的团队成员重新带来活力。参与者 4 ~ 5 人一组，任务是只用 4 只脚和 6 只手接触地板，往前移动 10 ~ 15 米，跑得最快的小组获胜。参赛小组有 5 分钟的时间准备比赛。

高强度的运动很快就能让疲惫的团队成员重新活跃起来，让他们为接下来集中注意力和采取行动做好准备。缺点是，不是每一组人都能进行这种活动，而且有些环境不能提供足够的活动空间。

提示和窍门

提前准备大量的水和巧克力！

工具

- 起点和终点线
- 大厅或空旷的空间
- 巧克力、饼干等

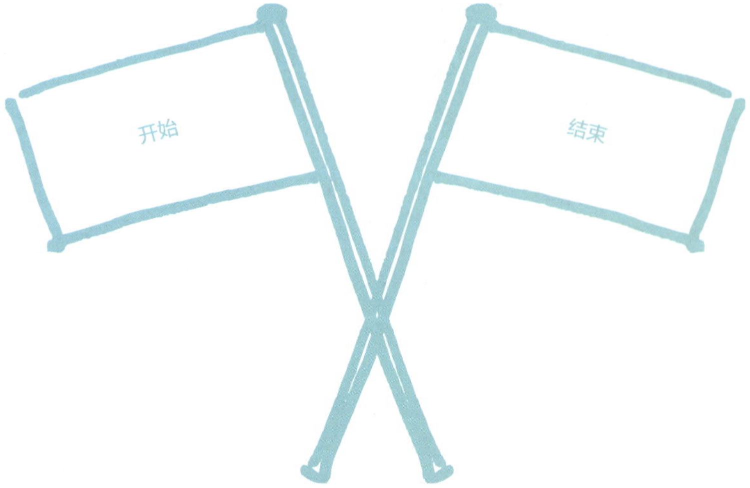

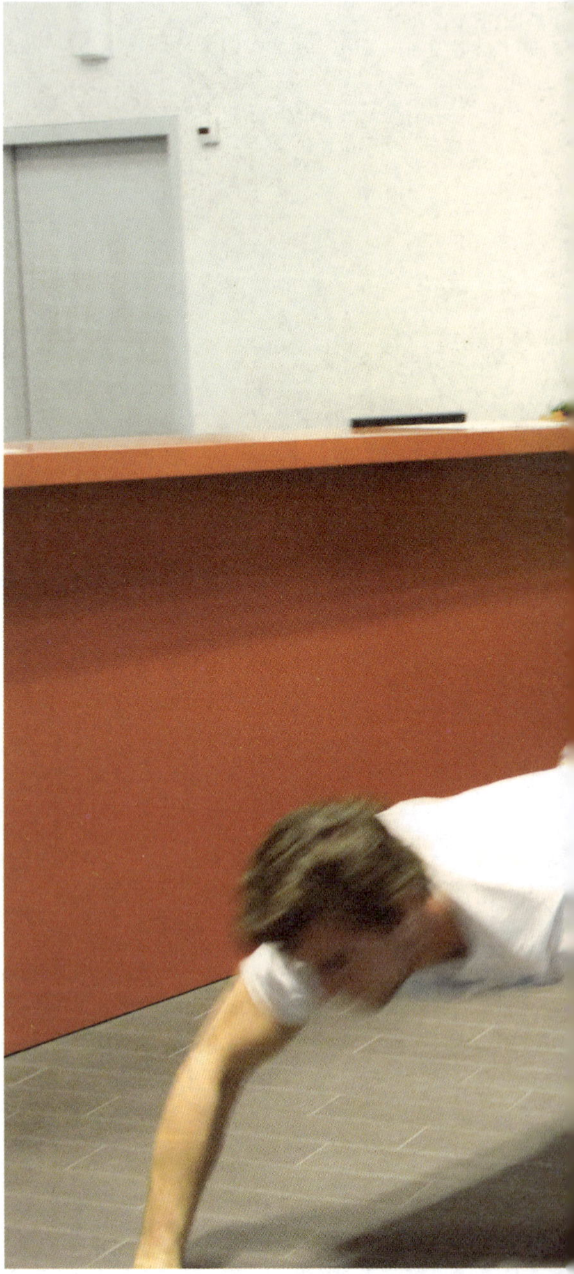

在圣加仑大学的设计思维训练营（MBI 硕士和 MBA 课程）中，大家在瑞士电信位于伯尔尼的“头脑健身房”里进行比赛。头脑健身房为瑞士电信员工提供了理想空间，以便他们可以使用以人为中心的设计方法（2014 年）

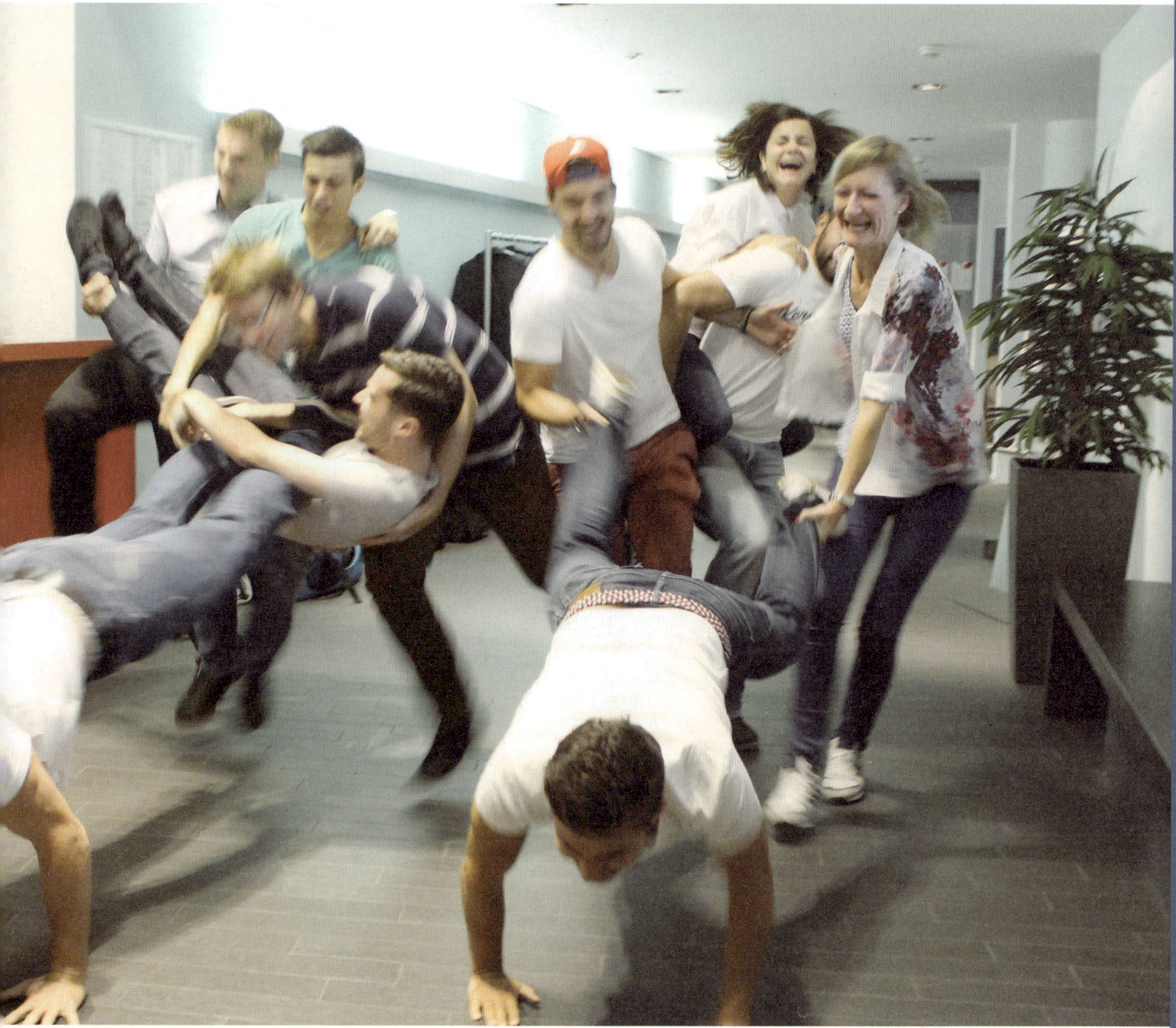

热身

列队

列队需要5～10分钟，可以帮助团队成员以有趣的方式更好地了解彼此。在此过程中，团队成员将被问到一系列问题，并且根据各自的情况把自己安排到合适的位置上。例如，团队成员可以根据参与者的鞋码来列队，还可以根据最喜欢的度假地点来重新排列。一旦参与者确定了他们的顺序，主持人可以就这个结果进一步询问他们。

列队这项热身活动适用于40～50人的团体。我们的经验表明，它在工作坊或类似活动开始时效果良好。

提示和窍门

当你围绕团队的实际问题提出问题时，热身效果最好。例如，如果设计思维团队正在研究一个关于俱乐部和协会的问题，你可以要求参与者根据他们拥有的俱乐部会员总数来排列。这增加了与主题的共鸣，而且很有趣。

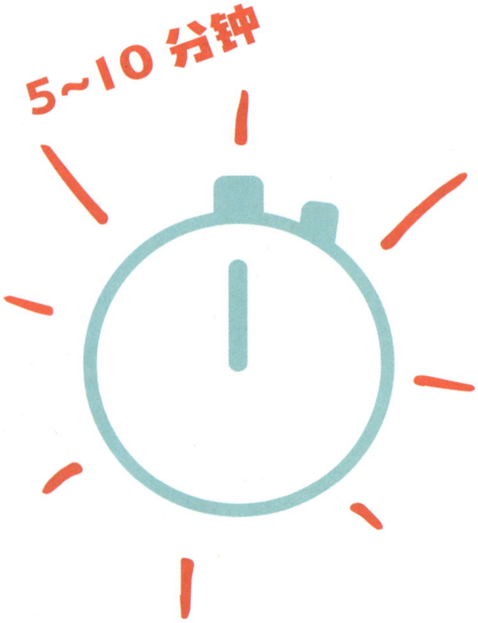

工具

- 大而干净的空间

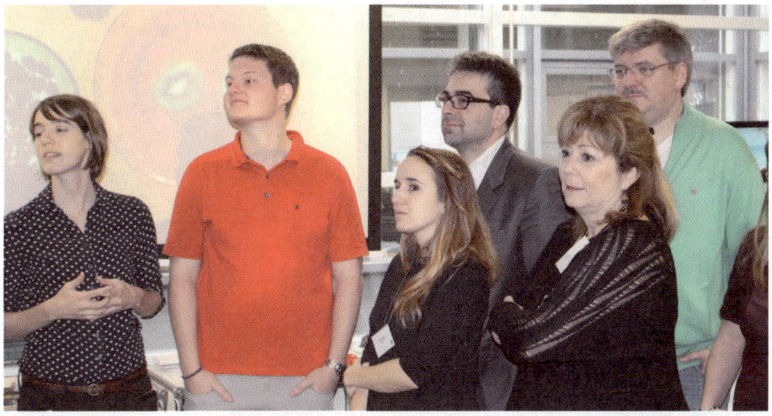

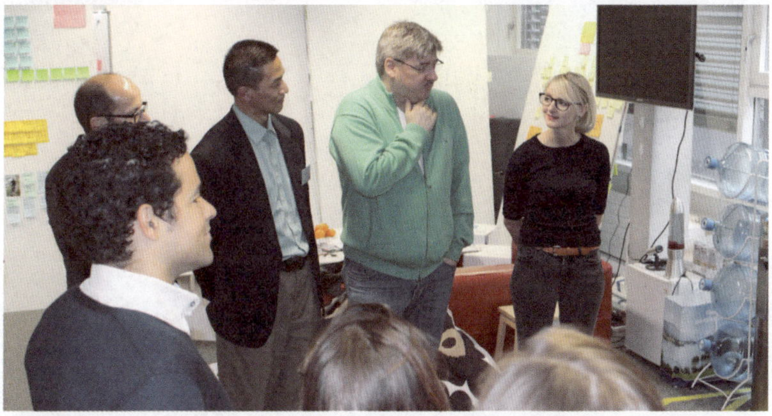

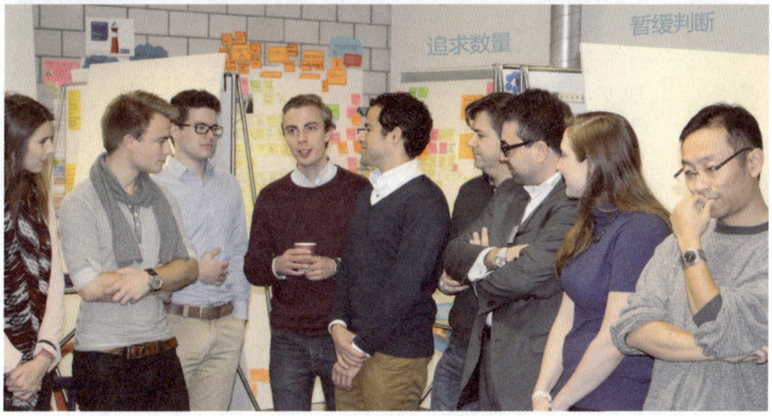

在圣加仑大学举办的国际高管工作坊上进行列队热身活动（2014 年）

热身

简笔画

每个人都可以画！简笔画热身活动是一种鼓励参与者画简单图形的能力练习。参与者收到便利贴和笔，而任务是画出表现不同情绪的简笔画，如好奇、刻薄、批评、无聊等。参与者通常有 5 分钟的时间来完成此练习，5 分钟后，参与者将自己的简笔画贴到板子上，根据情绪将其分类整理，并简要解释。

在头脑风暴或原型设计开始时，进行这个热身活动特别有用。参与者通过这个练习体验到，尽管可能多年没有画画，但自己仍有能力画出一些表述性的图片。

提示和窍门

- 向所有小组成员分发便利贴和笔。
- 要求每位参与者在便利贴上画出一种特定的情绪。
- 给学员 5 ~ 10 分钟的时间。
- 请参与者将便利贴展示出来并解释。

材料

- 便利贴
- 钢笔 / 铅笔
- 秒表
- 钟

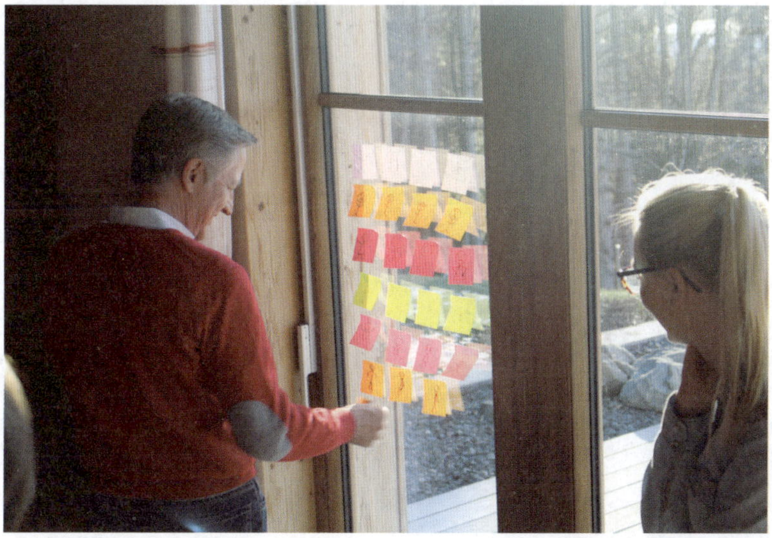

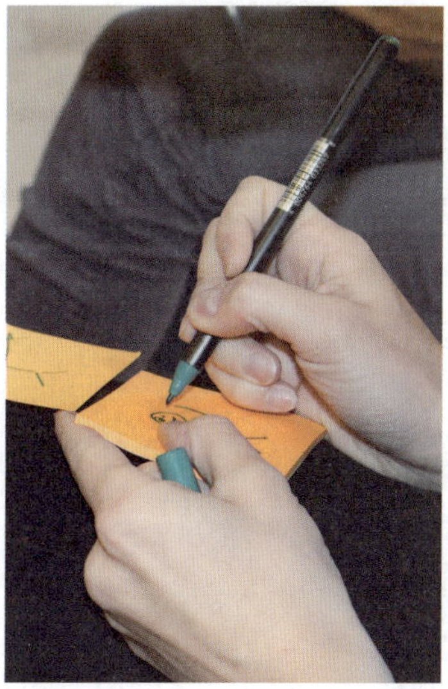

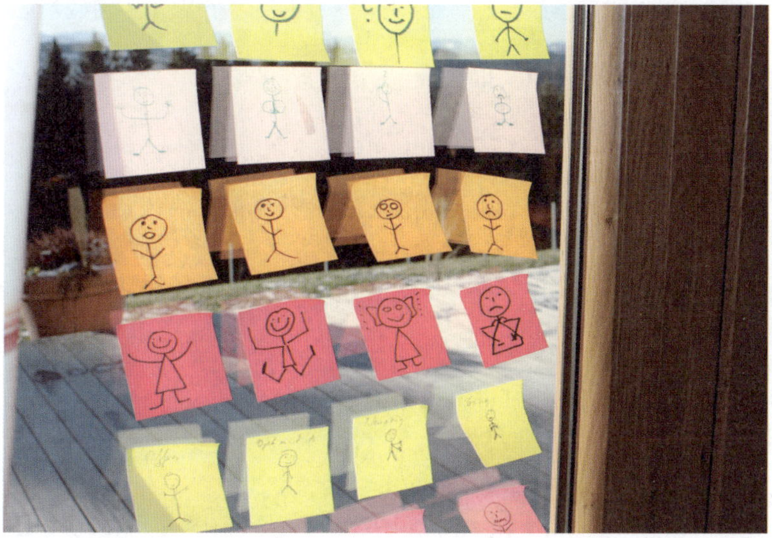

企业工作坊中的简笔画热身
（2015 年）

反馈

圣加仑大学 MBI 和 MBA 项目的学生在瑞士电信的“头脑健身房”进行了反馈。头脑健身房为瑞士电信员工提供了理想空间，以便他们可以使用以人为中心的设计方法

开放的交流，特别是高强度的反馈文化，应该是每个设计思维项目的一部分。建设性的反馈有助于设计思维团队识别错误假设或通过对问题的反思获得新知识。

总体来说，以下规则有助于在设计思维项目中建立健康的反馈文化。

建设性：反馈应该是建设性的，并带来新知识。破坏性的反馈会很快导致团队内充满挫折感，士气低落。

开放：没有“愚蠢”的问题或评论。如果团队成员有问题或评论，则应在团队内部被听取和讨论。

随时：反馈可以在流程中的任何时候给出，而不仅仅是在专门计划好的时间内。

实践表明，团队成员每隔一段时间就会相互提供反馈。通过这种方式，内容或个人层面的问题得到了解决。反馈也可能来自外部第三方。我们建议在项目进行中期演示时，从参与者那里获得积极的反馈，本节介绍的几种方法便可用于此目的。

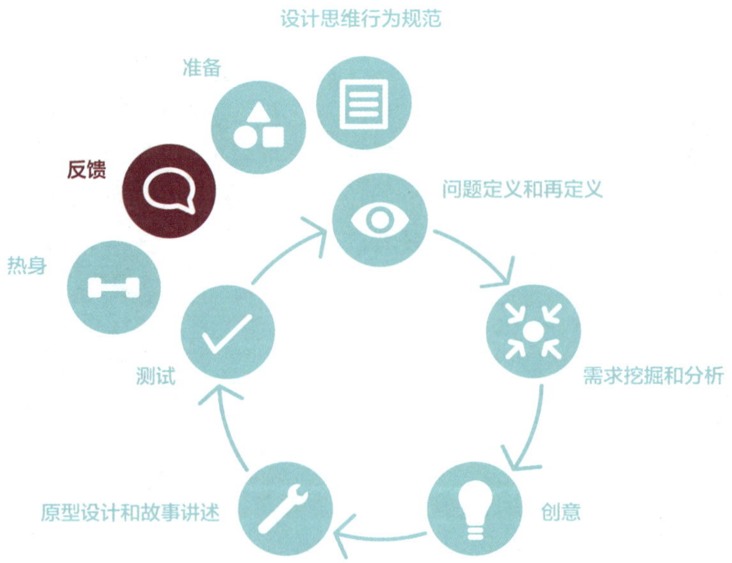

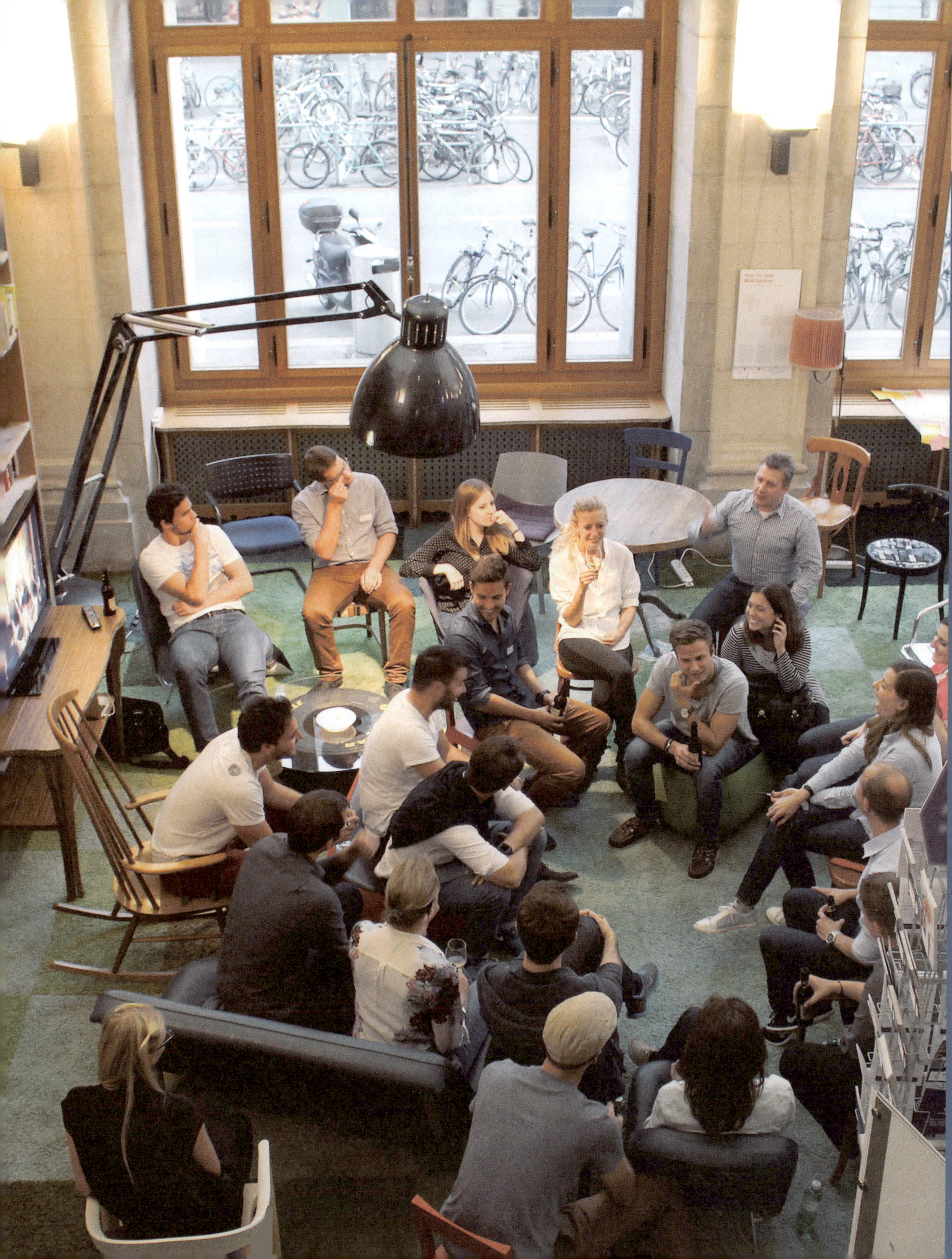

反馈

我喜欢，我希望，如果……会怎样

“我喜欢，我希望，如果……会怎样”的方法有助于激发团队内部的开放式反馈。该方法不管用在小团队还是大团队中都很有效。实际上，对于大规模团队，我们会在每把椅子上分发反馈调查表，以便每位参与者都能记录反馈。

该方法的一个使用示例可以是这样：“我希望产品创意能通过角色扮演在舞台上以交互的方式演示。”“我希望下一次，观众可以通过角色扮演更紧密地结合在一起。”“如果有下一次，我们能否提前一起排练演示？”

“如果……会怎样”的问题也可以与“我想知道……”和“怎么做”结合起来。除了使用正确的方法提供反馈，团队成员相互聆听也很重要。当然，并不是所有的反馈都必须立即做出反应。在实际情况中，团队应该决定立即处理哪些反馈。

提示和窍门

对初学者，要坚持采用“我喜欢”和“我希望”的结构进行反馈。在我们的培训师工作坊中，当学员错误使用时，我们会积极纠正他们。

工具

- 纸，钢笔 / 铅笔

笔记 / 草稿：

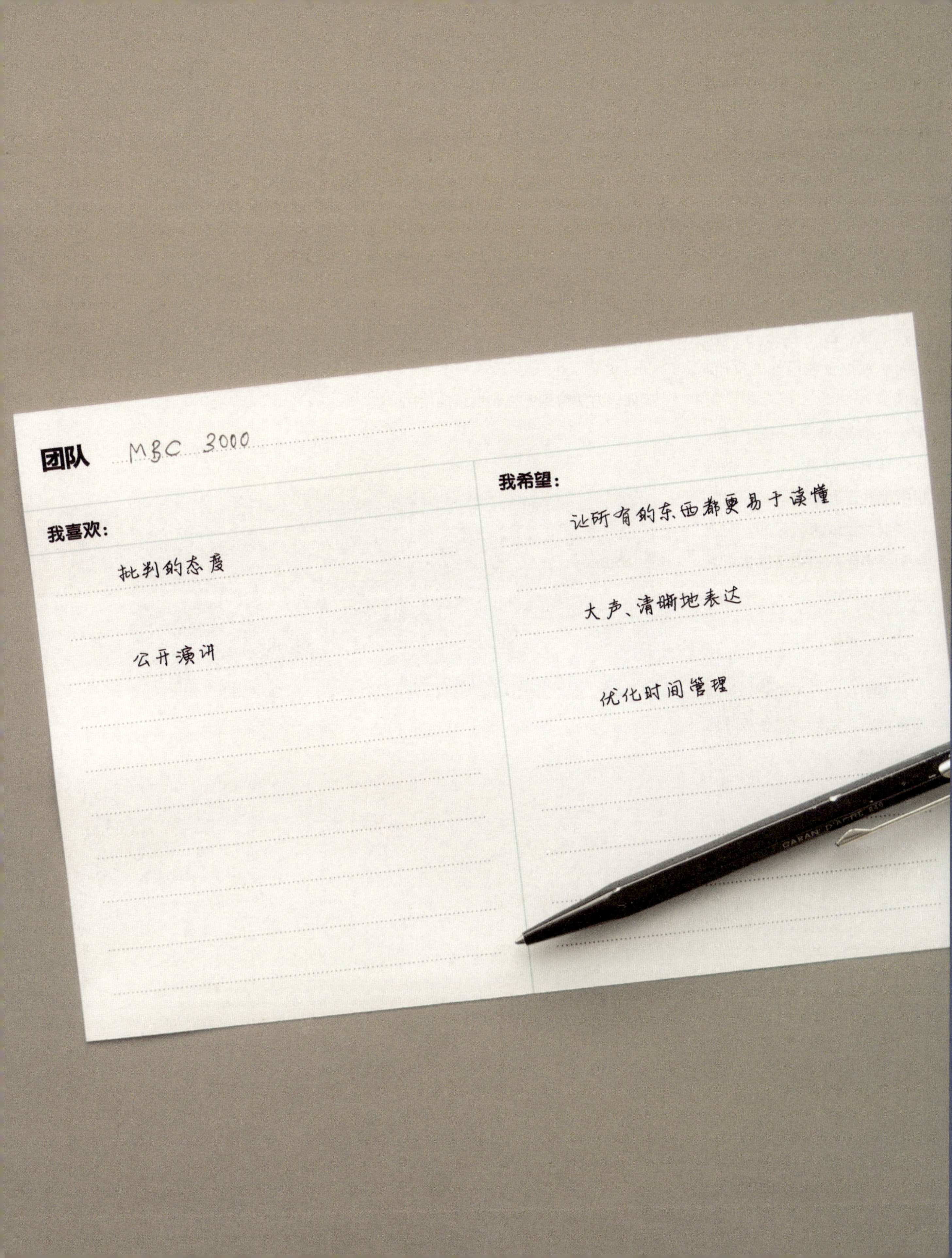
团队 MBC 3000
我喜欢：
批判的态度
公开演讲
我希望：
让所有的东西都更易于读懂
大声、清晰地表达
优化时间管理

反馈

“+”或“Δ”

“+”或“Δ”方法的目标是为小组提供建设性的反馈。就像“我喜欢，我希望，如果……会怎样”方法一样，反馈被分为两类。“+”类别是指那些正向的反馈，即团队应该继续做或重复做的。“Δ”类别是指团队将来可能重新考虑或改变的点。

“+”或“Δ”方法可用于任何类型的反馈，无论它是否侧重于创意、活动、原型或其他任何内容。

提示和窍门

确保该方法得到完整和持续的使用。

工具

- 反馈模板
- 可移动挂纸白板
- 钢笔 / 马克笔

资料来源

Brown, S., Gray, D & Macanufo, J.,“Gamestorming: A Playbook for Innovators, Rulebreakers, and Changemakers”, 2010

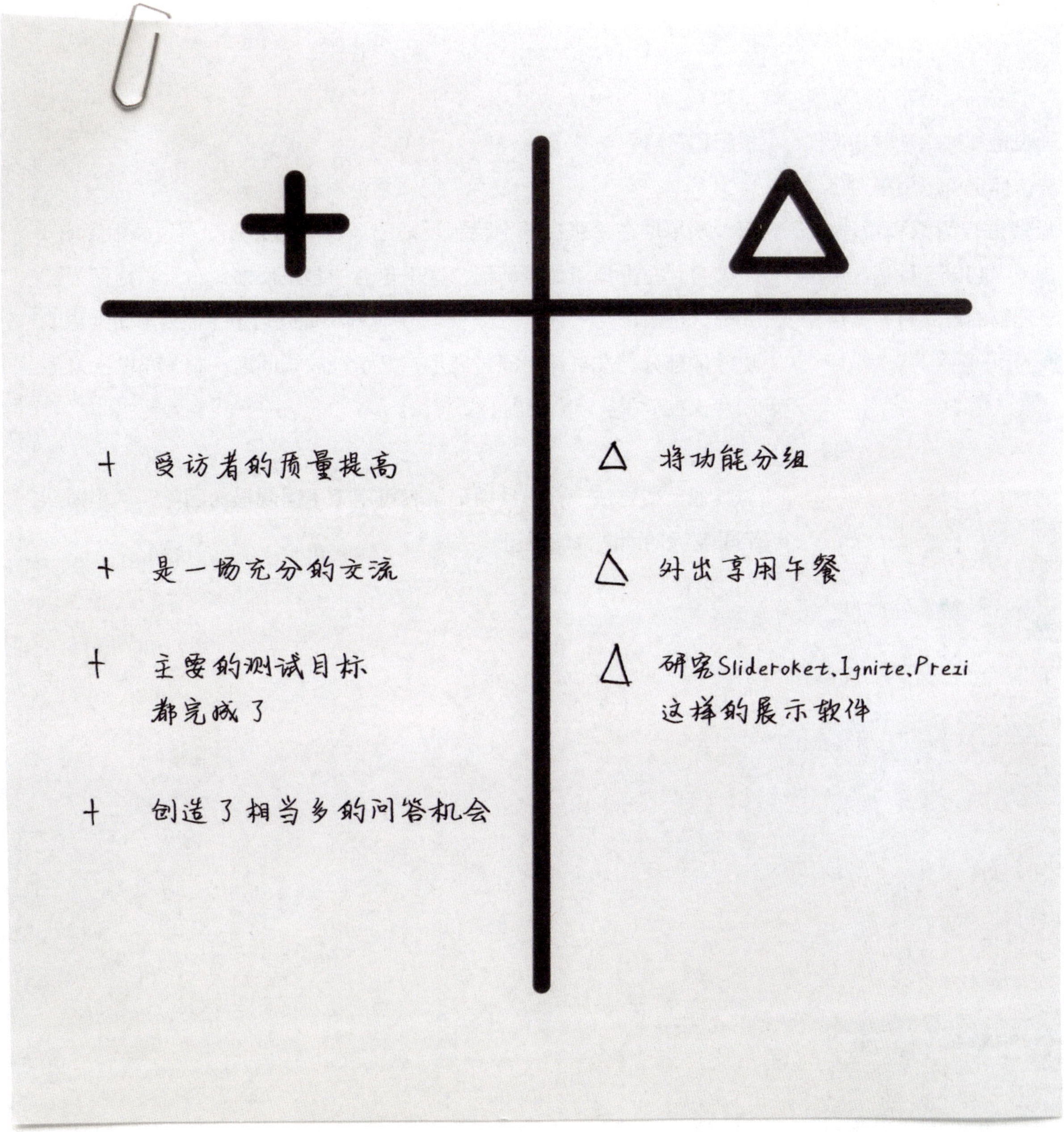
+ 受访者的质量提高
+ 是一场充分的交流
+ 主要的测试目标都完成了
+ 创造了相当多的问答机会
△ 将功能分组
△ 外出享用午餐
△ 研究Slideroket、Ignite、Prezi这样的展示软件

反馈

反馈记录表

反馈记录表是一种用于收集反馈的方法，但也可以用来对已收集的反馈进行组织和管理。其优势在于，它以一种初次用户也容易理解的方式将答案结构化。

提示和窍门

可以简单地在一张白纸上绘制反馈记录表。将页面分为大小相等的4个部分。左上角用加号标记，这里包含的是正反馈；右上角标记为三角形，正如在“+”或“Δ”方法中一样，此处记录了需要重新考虑或更改的部分。左下角用问号表示，显示开放式问题。右下角贴上灯泡图片，表示在反馈中提出的新想法。

与其他反馈方法一样，反馈记录表可用于不同规模的团队，从小团队到非常大的团队都能适用。

工具

- 白纸
- 马克笔或钢笔

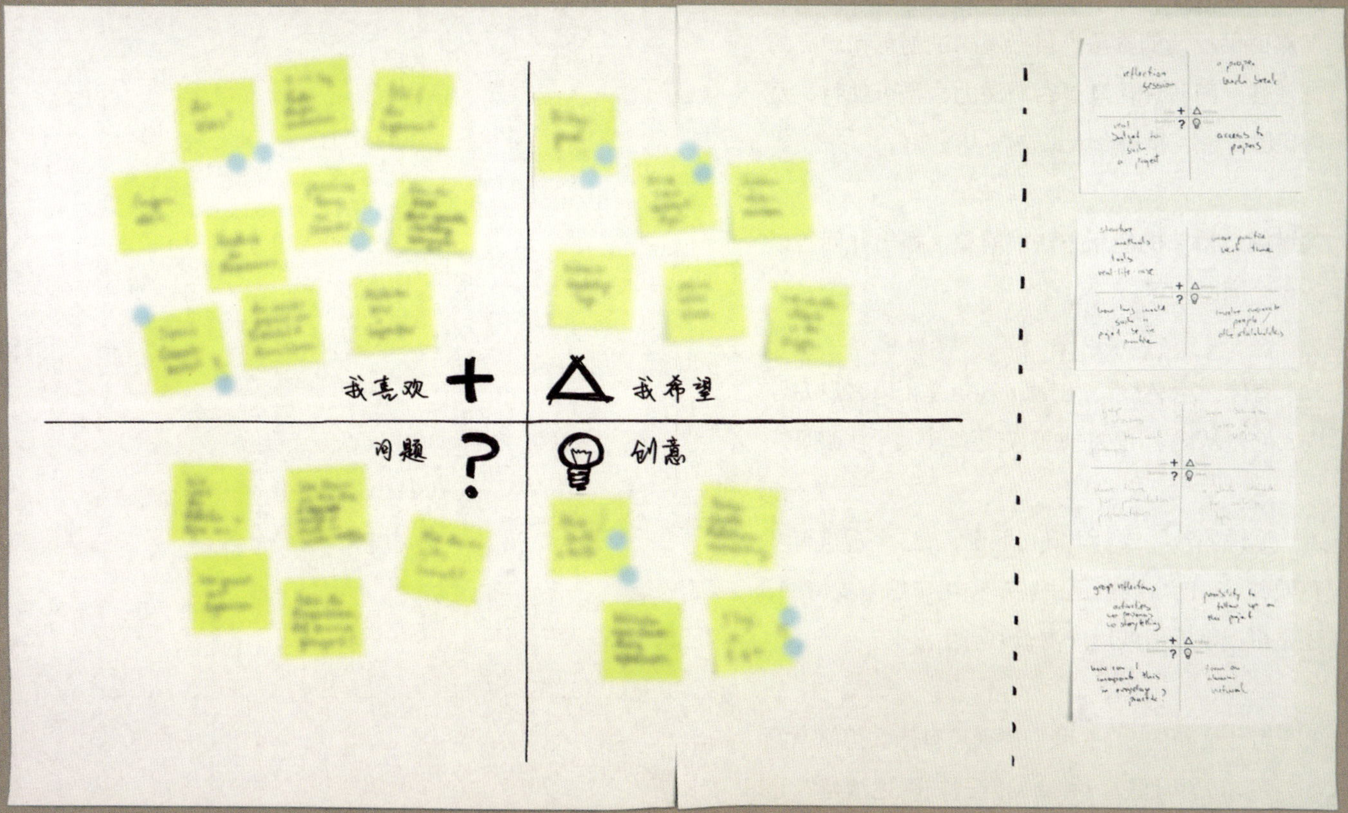
我喜欢
我希望
问题
创意

反馈

关键阅读清单

在设计思维中关键阅读清单是一种为团队创意和观点提供反馈的方法。目标是测试创意和观点的有效性，同时评估其是否有潜力、是否独特、是否足够专注、是否令人兴奋。

关键阅读清单的使用方法很简单，提出并回答以下 4 个问题即可。

1.“有什么意义？”：创意 / 观点是否以客户为导向？它是从需求出发的吗？它是基于某个洞察吗？

2.“谁说的？”或者更确切地说，“这个观点有多有效？”：这个观点是由客户和用户需求支持的，还是可以从客户或用户需求中衍生出来？

3.“有什么新的？”：我们的观点有什么价值？例如，需求是否通过一种新的方式被阐述清楚？是否定位在新的用户情境中？

4.“谁对此感兴趣？”：这个观点有多么重要？团队是否有热情？值得花时间去实现这个创意吗？为什么或为什么不？

关键阅读清单是有经验的设计思考者常用的一种方法。初学者也可以使用这些问题来挑战自己的团队，获得精确反馈。

笔记 / 草稿：

工具

- 白纸
- 马克笔或钢笔

同意声明

对每个设计思维工作者而言，恰当地处理来自观察、访谈和其他研究材料的信息和数据是所有工作的基础。如果由于组织限制而无法收集数据，情况自然会变得更加困难。

在项目期间，我们通常会让访谈合作伙伴签署同意书。对参与者来说，同意书会引起必要的注意，因为这清楚地表示数据正在被收集。同意书还表明了数据将被使用，这也增加了透明度和信任感。

典型的同意声明至少包括以下信息：

- 正在收集数据的个人的姓名；
- 设计思维项目的目的；
- 允许收集语音记录或视频数据的声明；
- 表明收集的数据是否将在设计思维项目范围内被匿名使用，还是会显示参与者的身份；
- 在某些情况下，明确允许在设计思维项目的范围内使用带有人物面部的图片或视频；
- 在某些情况下，明确允许使用某人的真实姓名；
- 说明项目结束时如何处理收集的数据；它将被保存（匿名或带有个人姓名）还是被删除？
- 联系方式，如电话号码、地址、电子邮件地址；
- 签名，并注明日期和地点。

资料来源

International Chamber of Commerce and ESOMAR, “ICC/Esomar International Code on Market and Social Research”, 2008

提示和窍门

- 了解组织内是否已经有这样的同意声明。
- 检查同意声明是否有适用于参与者的语言版本。
- 始终随身携带几份同意声明的纸质版本（使用恰当的语言）。
- 在开始收集数据之前，告诉访谈对象此项目的目的和内容，以及打算收集数据的事实。
- 给被访对象足够的时间来阅读同意声明。
- 让被访对象在同意声明上签字。如果可能，在你回到办公室后给他邮寄一份。

3

设计思维实验室

创意需要空间！

组织与建筑之间的相互作用催生了一个孕育创新的环境。

创意空间

创意是如何产生的?

是什么激发了我们的灵感?

新想法从何而来?

是什么增进了我们的创造力和灵感?

好想法不能强求;独自坐在办公桌前思考,通常很难产生好创意。它们往往来自潜意识,通常很难被激发出来。灵感并非来源于自己,而是由外部因素激发的,因此在适宜的环境中工作,必定能够促进创意的产生。

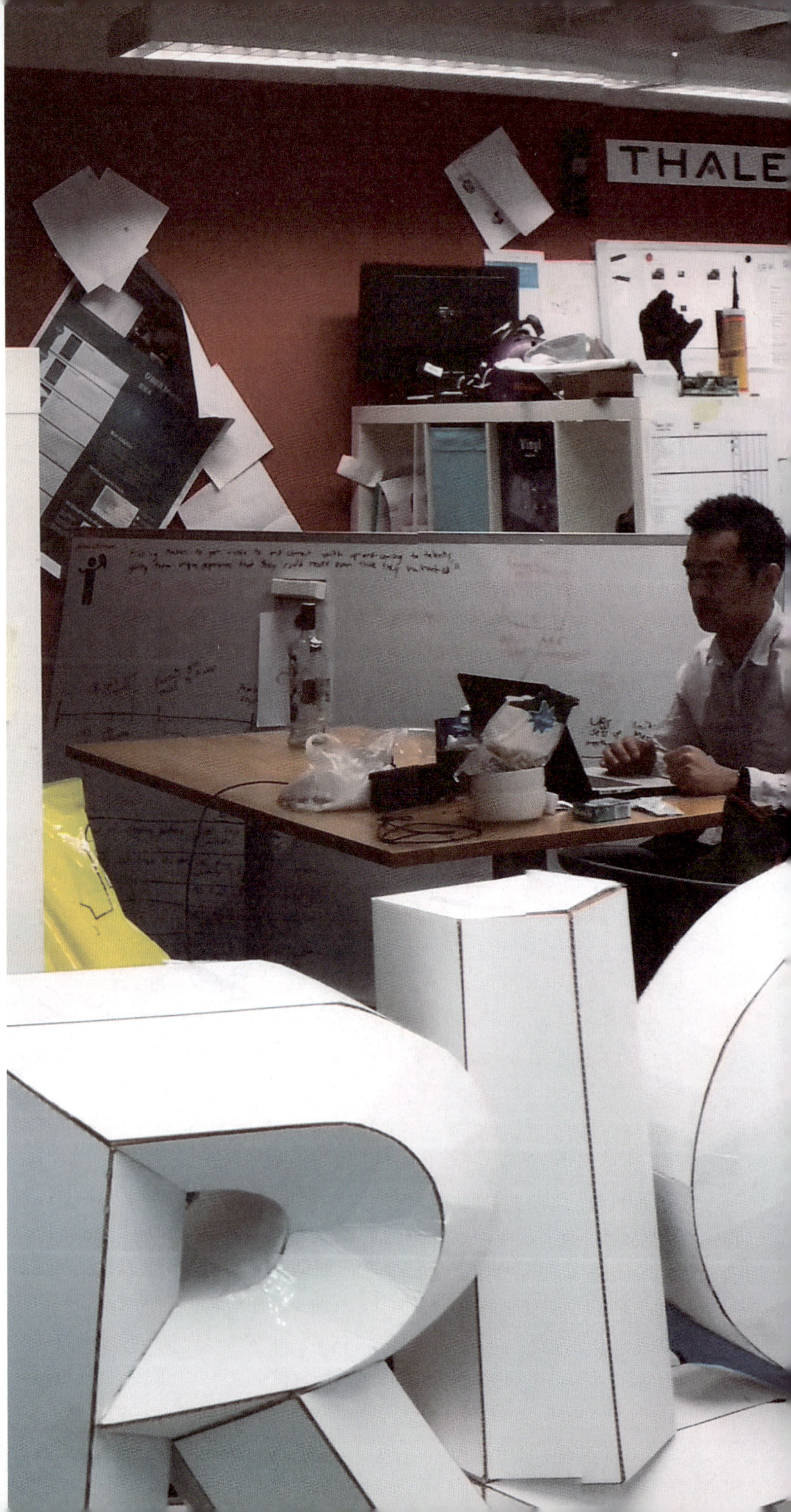

注:THALES——泰雷兹集团

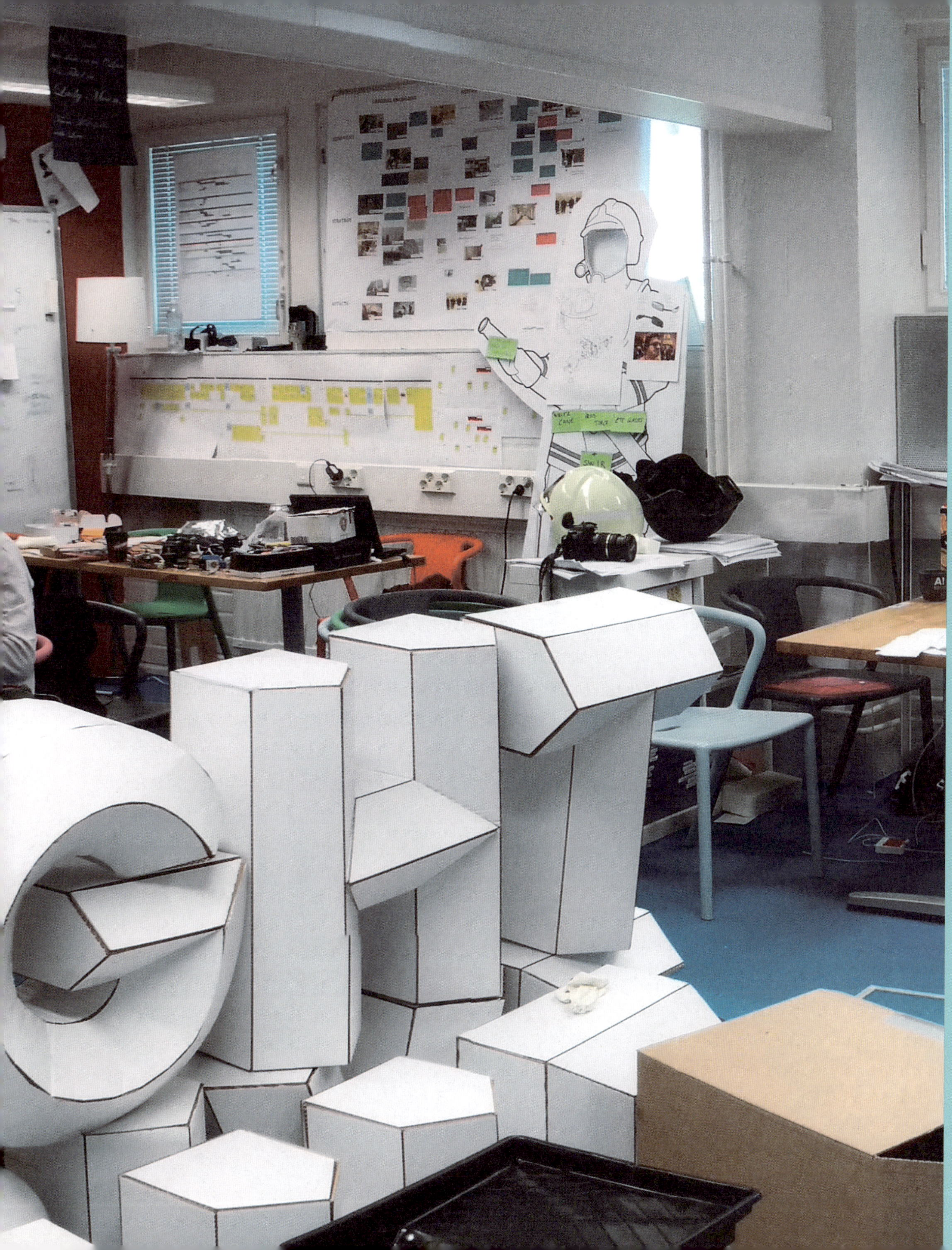

创意空间

通过环境激发灵感

格罗夫斯（Groves，2013）提出，人们总是有意无意地寻找或建立某些最能让自己获得灵感和发挥创造力的环境或状态。它主要有以下 4 种。

大自然：新鲜空气、阳光和自然环境能激发人们的想象力，给人带来幸福感和放松感。大自然能让一个人暂时脱离熟悉忙碌的环境，让他们思维活跃。

运动：运动能促进血液循环，提高人的警觉性。反复的、相同的运动模式能使人进入放松状态。有趣的是，并非只有运动能使人达到这种放松状态，编织等手工也能达到同样的效果。

酒吧和咖啡馆：视觉刺激和与他人的交流会带来新想法。

淋浴或沐浴：就像阿基米德一样，很多人都说，他们最好的想法是在沐浴或淋浴时产生的。

以上环境或状态的共同点是，它们都是供人放松的空间。与工作场所的办公桌不同，在这里，人们不会把精力集中在需要解决的问题上。放松时，他们会不自觉地进入更自由的心理状态。

在组织中，我们可以利用以上见解，在办公楼环境中构建上述环境或状态，以此促进创造性过程的发生。谷歌提供了一个著名的创意促进空间建设的例子。在谷歌位于特拉维夫的办公区内，花园的长椅和桌子都放在橘子树的树荫下，内部的灯光也是模拟自然界的光照。在谷歌位于苏黎世的办公区，则有一个连接两层楼的滑梯，一个小型运动场，还有一个仿照英国古老图书馆建造的房间，里面有书架、吊灯和毛绒椅子。小型会议室以冰屋和滑雪缆车为原型，被嵌入人造的冬季景观。水上休息室则用灯光效果和水族箱模拟了一个水下世界。沙发甚至是一个充满泡沫的浴缸，这些设施营造的空间都能让人们的压力得到释放和思维活跃。

史蒂夫·乔布斯的愿景是设计出一个人们可以自然互动的建筑。他意识到，当人们互动并乐在其中时，就会有好事发生。

（Capodagli，2010）

通过交流激发灵感

除了环境，交流也是激发灵感和进行创意工作的重要因素。通常，与他人交流自己的想法和计划会为我们带来新的灵感。

一般来说，我们可以将组织内的沟通划分为以下 3 种形式（Allen & Henn，2011）。

协调沟通：这种形式的沟通与组织内部的实践活动有关。它是由组织结构和企业文化决定的。

信息交流：这种沟通方式为组织内的信息传播服务。它也是由组织结构和企业文化决定的。

寻求灵感的沟通：这往往是员工之间自发的接触和互动，也包括与来自其他项目或其他部门同事的沟通。这些对话是放松的（“走廊中的聊天”），而且是跨学科的。这种形式的交流会给双方带来新的启发。

组织内强调的沟通一般是前两种，即为实现协调和获得信息而进行的沟通。但是，要想营造一个良好的沟通氛围，第三种（寻求灵感的）沟通很重要。实现这种沟通必须有适宜的条件。设计合理的建筑布局可以提供这些条件（Allen & Henn，2011）。建筑需要让偶然的、随意的交流有很多发生的机会，例如为员工提供偶然相遇的地方，像咖啡馆和休息室。这些地方应该被建造得让员工能够（并希望）在这里停留足够长的时间。此外，一个专门的交流空间可以让员工经常离开自己的办公室与众多同事会面，这可以让他们交流彼此的灵感。

皮克斯总部的入口大厅宽敞开阔，被用作中心会面点。会议室、意见箱和食堂都位于这个地方，这里被称为中庭。连洗手间都被设置在了中庭，所以员工们每天都会难免遇到彼此。

苹果公司位于库比蒂诺新规划的总部蓝图是这样的：一栋建筑呈环形布局，这个环形的中心是公园式的景观。建筑规划围绕着能让员工间进行尽可能多的灵感邂逅而展开。

创意空间是让员工偶遇的地方，是提供巧合和交流灵感的地方，同时也是话题聚焦和让人兴奋之地。

它们可以是单个的区域、房间，也可以是整栋的建筑。创意空间并不能取代传统的、带有办公桌和计算机的工作空间，而是为组织和员工提供了重要的额外机会，这是普通的办公场所无法做到的。

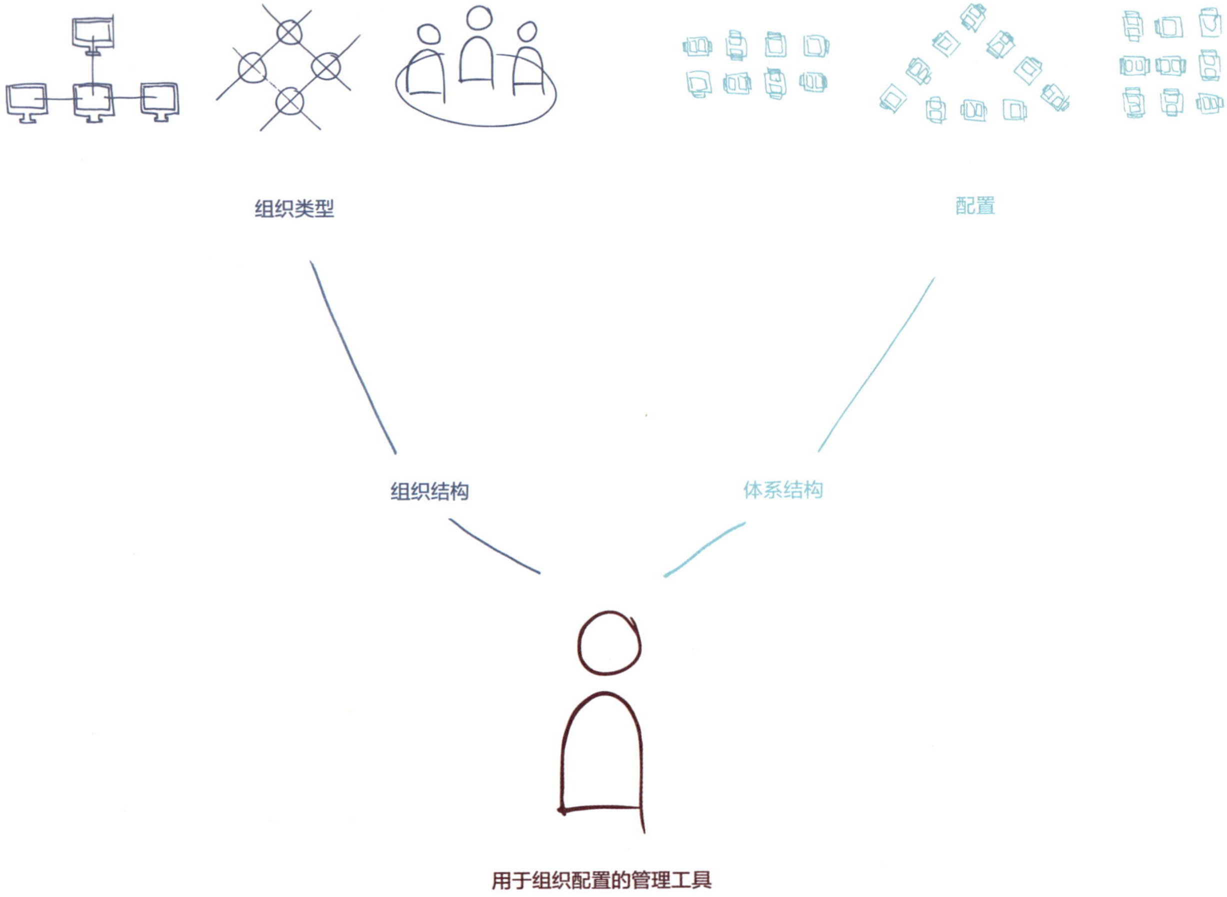

符合艾伦和亨恩要求的组织配置（ 2011 年 ）

建立设计思维空间的黄金法则

在布置设计思维空间时，我们首先应该熟悉创意工作空间的一般原则。一些作者提出了自己的建议，其中最重要的概念是“创造空间”（Doorley & Witthoft，2012）和“是什么让工作场所出彩”。（Kahler Slater，2010）。他们从自己的经验出发，为营造创意工作空间制定了一些规则，这些规则同样适用于设计思维，具体如下。

1. 培养小组和团队的互动

2. 激发创造力

3. 提供可选择的工作空间

4. 必须提供能够让团队专注工作的空间

5. 提供能与第三方共同进行创造的工作空间

6. 提供大的办公桌，以及大量的桌子

7. 提供灵感来源，如图书馆

8. 确保充分的自然光源和明亮的空间

除了上述规则，我们在公司项目和大学团队的工作中，还形成了以下建立设计思维空间的“黄金法则”（Meel et al., 2010; Doorley & Witthoft，2012）。

团队工作： 设计思维团队的工作空间必须激发团队的工作热情。传统的办公桌不符合这个要求。取而代之的是，需要有大的、自由的表面，让团队可以在上面写字和贴便利贴。桌子应该相互独立，并且其各边都是可用的。坐着的地方一般会设置得很灵活，团队成员可以坐在高脚凳上，也可以坐在沙发上。大多数时候，对设计思维团队来说，只有临时的工作空间是不够的。能够长期使用某个空间会更好，这点在工作环境创造中通常也是必要的。团队必须能够在墙壁、窗户和其他表面上悬挂和展示他们的工作成果。过于整洁的办公桌通常会抑制创造性和以团队为导向的设计流程。

专注空间：尽管设计思维在很大程度上建立在团队合作的基础上，但团队成员也需要有独立的、不受干扰的工作空间，这样他们才能集中精力完成某些任务。例如，专利研究或进行标杆分析需要花费时间和集中注意力，而这一点通常在团队工作空间中很难得，这也是要建立专注空间的原因。

知识共享：要有交流知识的区域，如展示台和小舞台，这可以帮助团队成员展示他们的项目状态和成果，并获得反馈。设备可以很简单，比如配备投影仪的展示台，也可以是稍微需要耗费人力建造的带有简单照明装置的小舞台。

可书写的表面：如果有人参观一家德国大公司，他会看到墙壁上装饰着艺术品，这样的墙面上已经没有空间可以放得下描述事物的文字或图片。相比之下，一块可以写字的白板却又太小了。团队合作（不仅仅是设计思维方面的）要基于知识的分享。这就需要快速勾勒出创意、链接和解决方案。无处不在的可书写面板对于快速记下突如其来的灵感、洞察和解决方案非常有用。为了达到这个目的，我们甚至可以把墙壁直接变成可书写的表面，把桌子当作白板。

角色和灵活性：“万物皆有使命”是我们在设计思维工作空间时遵循的一项原则。设计思维团队需要频繁地更换工作空间——无论为了一个简短的需要大空间以供角色扮演的演示，还是一个原型的布置和构建，都需要额外的空间。房间和工作空间必须适应团队的需求。为了实现这一点，家具等设施最好是带轮子的，而不是固定在地上的，以便能让团队在很短的时间内根据需要重新布置房间。

原型设计空间：每个设计思维团队都需要原型设计空间，也就是用于构建原型的空间。空间的尺寸不是最重要的。但是，建造它的材料，如纸质线框图、简单的硬件原型和可以涂鸦的垫子等，必须是可用和易得的。在圣加仑大学，我们有一个小角落，里面的材料主要是用来搭建服务原型的。团队成员可以自行拿取所有需要的物品，几秒后就可以开始上手搭建原型。

创意空间	设计思维空间
· 鼓励互动	· 灵活的、带滚轮的家具
· 激发创造力	· 桌子和墙壁的表面是可书写的
· 自由选择工作空间	· 大面积协作领域
· 适合共同创造的工作区域	· 不受干扰的集中的专注工作区
· 大桌子和工作台面	· 7 秒规则：工具和原型制作材料应在 7 秒内可获取
· 图书馆（灵感的源泉）	· 工作区域可供团队长期使用
· 自然光和直射光	

设计思维的工作空间

设计思维空间不仅仅是专门用于产出创意的房间。空间或房间的设置必须能够培养创造力、激发灵感。这可以通过在一个工作空间中划分出不同用途的区域实现。这种划分既可以遵循创造性工作的方向，也可以在单个或多个工作人员使用某个区域时，务实地遵循该区域的用途。

组织空间根据创造性工作进行划分，例如，格罗夫斯将其区分为激励、反思、合作和游戏的区域（Groves，2013）。这种分类与各种不同的创意任务所需的工作空间的设置方式相关。

我们根据两个维度来区分各种工作空间（Steelcase，2014，p. 232）。这两个维度分别是个体工作区 / 团队工作区，分配式工作区 / 开放式工作区。

个体工作区 / 团队工作区

个体工作区是指类似私人办公室的工作空间，一个人可以独自在其中办公。这与可供多人团队同时使用的工作空间（例如开放式办公室）形成了鲜明的对比。

分配式工作区 / 开放式工作区

分配式工作区可供个人或团队在规定的时间内使用。开放式工作区可以为个人或团队临时保留，但大多数时候可供公司或组织中的所有成员长期使用，例如咖啡馆或工作室。

在安排设计思维工作空间时，应该考虑以下 4 个维度。

1

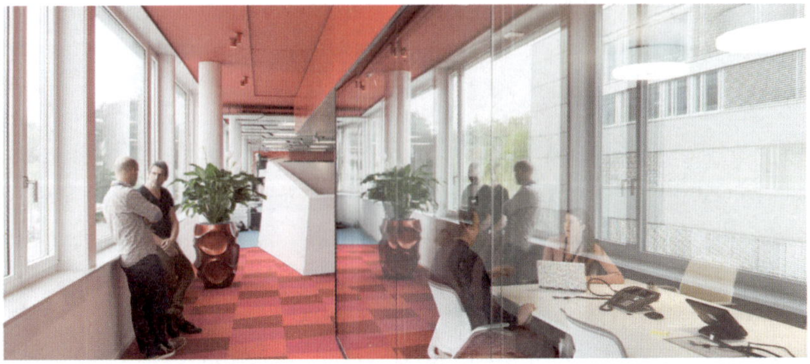

1. 谷歌公司的休息空间

2. 圣加仑大学设计思维小阁楼（2013 年）

第一维度（个人 + 分配）

分配好的个人工作空间

设计思维团队经常会需要一个高度集中精力完成任务的工作空间。例如，记录访谈内容、分析在挖掘需求过程中出现的想法。工作空间还需要能放下足够多的便利贴和打印纸。过于整洁的办公桌会压抑创意的碰撞。在实践中，有 3 种基本的建筑模式可以实现这一目的（Meel et al., 2010 ）。

封闭式办公室

独立的私人办公区在公司中通常是奢侈的。然而，员工既能在这里集中精力工作，也可以放心地把自己的工作材料留在办公桌上。虽然成本很高，但这种工作空间很适合带有敏感内容的工作。封闭式办公区为员工阻挡了视线和噪声。它一般只在某些情境下使用。团队内部的互动则主要在团队空间中进行。

2

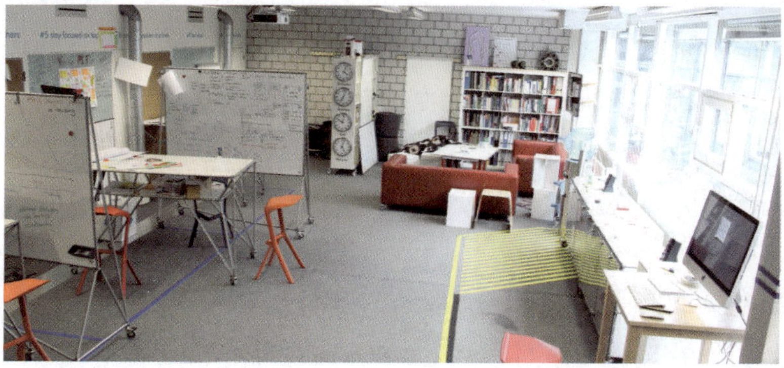

工作站

工作站是封闭式办公室的一种替代选择。大多数工作站都是用隔音墙相互隔开的，这样员工就可以集中精力工作。与封闭式办公室相比，这种环境更开放，但也更难对工作内容进行保密。然而，工作站通常是最佳的工作环境，因为使用者可以快速调整房间的隔板和项目的各种材料。

开放式办公室

开放式办公室也可以使用房间分隔物，工作区无须每天清理，有明确分配工作区域即可。开放式办公室的优点是便于公司内员工相互交流（培养灵感）。其缺点是不能给设计思考者提供足够的隐私空间，并使他们能够专注于特定的任务。

第二维度（团队 + 分配）

供单个团队工作的空间

这是一个团队可以较长时间私下工作的区域。这意味着众多的桌面等可以专供某个团队使用，而不受其他人的干扰。这种工作空间很重要，因为设计思维团队需要在较长的时间内利用其中的空间来展示、悬挂和存储他们的工作材料和成果（Doorley & W.tthoft，2012）。要求办公桌必须保持整洁会破坏团队的氛围，因为这会迫使设计思维团队要不断地在工作过程中清除贴在墙上的便利贴。在圣加仑大学，我们为学生团队分配了一个使用期限为9 ~ 10个月的团队工作空间。在项目结束时，他们已在墙上形成了丰富多彩的“便利贴挂毯”。然而，对团队来说，让有用的知识围绕着他们，对顺利推进工作具有决定性作用。在实践中，营造这些空间的方式是多种多样的。

封闭式的团队房间

这样的一个房间在很长一段时间内（通常是完成整个项目的时间），被分配给一个团队。通过这种安排，设计思维团队可以根据项目的需要，将自己的工具和材料随意放置。团队成员的互动有时会非常热烈。这种类型的工作空间是封闭的，适合那些特别注重保密性的项目。

开放式团队区域

团队空间的另一种形式是开放式团队区域。在这种安排中，一个较大的房间中的某个限定区域划分给设计思维团队。团队也可以长时间使用这里的墙壁、桌子等。他们与其他团队共享一个大房间。窗帘有助于降低噪声，并为工作的团队提供足够的私密性。然而，这很难完全避免干扰，项目内容的保密性也很难得到保证。

第三维度（团队 + 开放）

开放的小组区域

这是一种开放给所有人使用的团队空间，建立这种空间的方式也是多种多样的。而且，它适用于多种用途，形式包括经典的工作室、咖啡角、原型设计室或演示空间。这种共享空间首先用于共享知识，同时也作为一种灵感的来源。即使是咖啡区或休息区，也能给素未谋面的同事提供相遇的机会，他们可以借此产生新的灵感或找到合作契机（Meel et al.，2010）。这些空间一般只供临时使用，设计思维团队使用完毕后必须将项目所用物品清理干净。

1
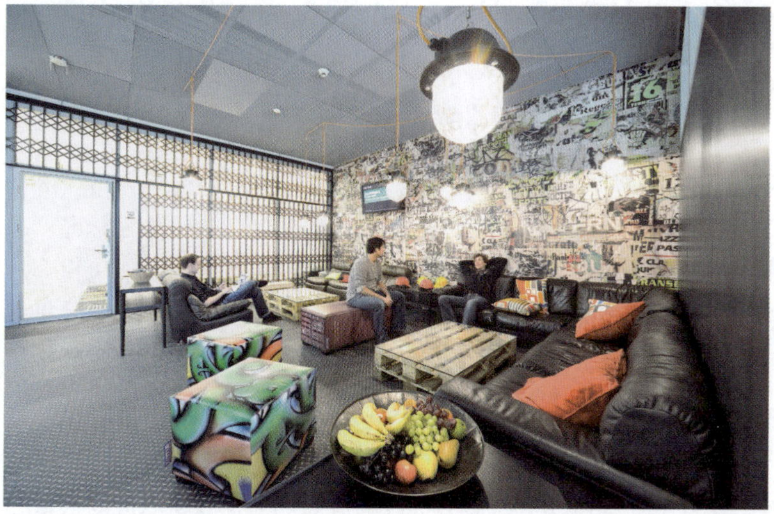

2
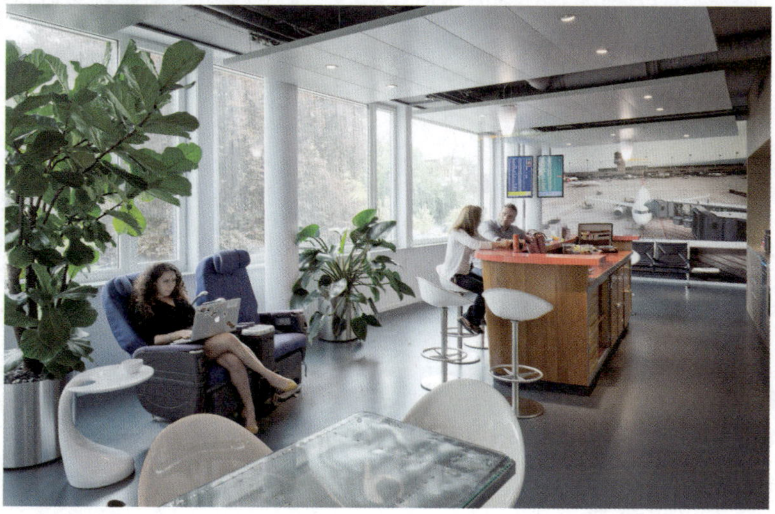

1. 谷歌团队工作室

2. 谷歌公司开放的小组工作区

原型设计室

原型设计室一般有机器、计算机和其他工作材料。为了达到最佳的利用率，组织一般会将这些房间提供给一大群人使用。房间和区域的大小往往与组织对设计思维的使用程度有关。

原型空间有多种类型，然而在实践中，大多数的原型空间都是几种类型的混合。

机械原型设计室：这些原型设计室为设计思维团队提供了数控机床、3D 打印机和成型工具等机器。当团队要将他们的想法做成原型时，就可以使用这些房间。一般来说，正确使用这些机器需要具备相关专业知识。

技术原型制作室：例如，有些房间有用于模拟三维世界或虚拟现实的装置。

服务和体验原型室：服务和体验原型室可以是一个房间，例如可以模拟某个公司的部分分店或服务网点。一个设计思维团队可能会设想一个银行分行的样子，就可以用各种设备和家具搭建一个可使用的样板间。这种房间对于快速、轻松地实现和测试服务原型非常有效。

工作空间

这种工作空间的一个例子是组织中经典的工坊式房间，它们可以被预订并在短时间内使用。这些房间可用于开展短期会议或与用户对话，以及完成短期任务。它们只能被短期使用，所以不太适合持续开展长期项目。因此，它们一般只作为预留空间的补充。

轮用办公桌：轮用办公桌被设置在开放式空间，也就是说，它们并不在指定的工作空间。所以每个员工每天都可以寻找新的工作空间（至少原则上是这样的）。同时，工作空间必须能随时在使用后被清理。为此，该空间一般要为员工提供储物柜或带轮子的收纳箱。在实践中，在这些空间工作的员工一般超过 10 人。

会议室和会议区：不同大小的会议室和会议区是开展临时工作坊、培训课程或进行演示的极佳选择。此外，它们还提供了与用户进行会议和私密对话的设施。设计思维团队可以为特定的活动保留和使用这些房间。

头脑风暴室：头脑风暴室很适合进行创意活动。它们的特色常常是内置了启发灵感的物品。其墙面是可以写字的，这样团队成员就可以快速记录和交流好想法。

会晤区域

会晤区域是组织中用于员工会面的空间。在这里，员工可以聚集在一起互相分享知识。

演示区：演示区可以用来展示项目成果。通常情况下，这些区域不仅配备了良好的演示设备，还配备了音响系统和制作视频的设备。一些公司的演示区甚至还有小舞台或加高的展示区域。

工作休息室：工作休息室是供 2 ～ 6 人使用的公共区域，员工可以在其中坐下来，在令人鼓舞的环境中和同事共同解决工作中的问题。有时，这些空间与咖啡馆或出售食物的商店相连。

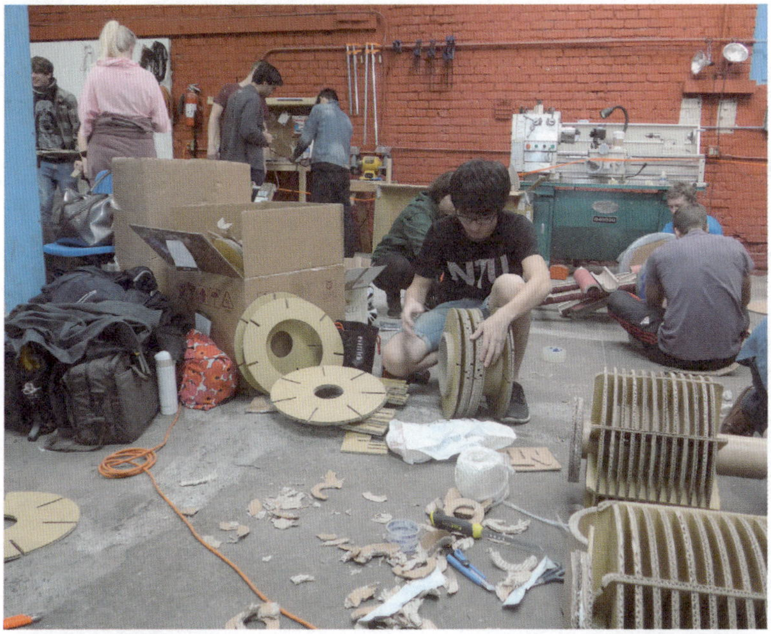

1

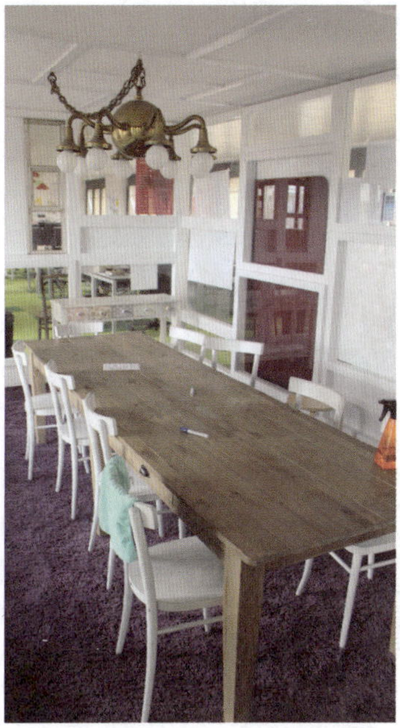

3

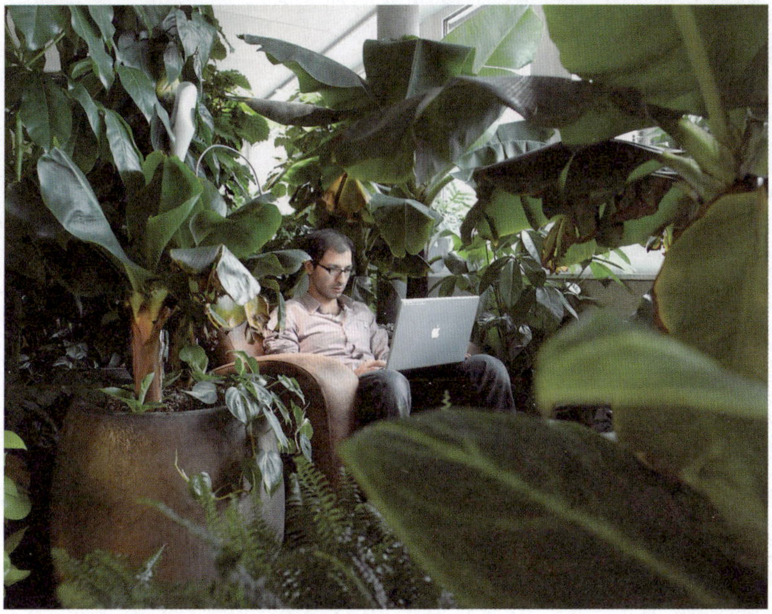

2

1. 位于帕洛阿尔托一个名叫“放射实验室”的原型空间（2014 年）
2. 位于埃施博恩的德意志银行设计思维实验室（2014 年）
3. 位于伯尔尼的瑞士电信“头脑健身房”会议室（2014 年）

小型聚会点：小型聚会点是组织中可以举行非正式会议的地方。

供员工放松和提供启发的房间

公共房间也包括用于放松和提供启发的房间。现在的大型组织愈发注重对这种区域的建设。“健康的身体，健康的心态”是专门为这些用于运动和锻炼的房间确立的口号。对设计思维团队来说，这些房间是日常工作中理想的补给点，它们既能提供放松的机会，也能提供新的灵感。

咖啡厅和休息区：在这些房间里，员工既可以享受零食和饮料，也可以将其作为工作空间，举行简短的非正式会议。

游戏室：有些科技公司会在特定的区域设置台球桌。（特别是晚上的）团队建设活动可以在这里进行，气氛会十分轻松。

健身房：健身房是可以进行各种力量、耐力方面的锻炼和活动的地方。

第四维度（个人＋开放）
灵活的个人工作空间

第四种设计思维空间是为单个员工提供的工作空间，这些空间虽然是彼此分开的，但往往是开放给所有人使用的。最常见的是所谓的“触控式工作站”。这些空间可以供组织中的所有员工使用，适合执行短期任务。这些工作站可以供员工方便地检查电子邮件、快速浏览网页或进行见面预约（Meel et al.，2010）。斯蒂尔凯斯公司还使用了另外一种现代化的方式——采用“安静”的理念创建工作空间。安静的空间是风平浪静的小岛，可以用很多种方式建立起这种空间（Steelcase，2014）。

此外，还有一些知名的科技公司，除了拥有传统的工作空间，它们还为员工提供思考空间。

放松室：专门设置供员工放松的房间可能听起来很奇怪。我们在圣加仑大学为学生提供了这样的房间。这些房间营造了一种放松的氛围，他们可以在这里看书，或者只是安静地思考。谁没有坐在办公室里不断被打扰的经历呢？这些房间可以避免这些干扰，使人们能够集中精力思考。

学习角：学习角是用于休息的小角落，通过与其他区域的分离，可供人们集中精力工作。有些公司还会把旧大篷车改造成学习角。学习角也是打电话和举行会议的理想场所。

图书馆：图书馆是一个既能让人集中精力，又能轻松工作的好地方。图书的包围可以营造出启发灵感、平静和专注的氛围。

这里所述的空间设计的诸多形式或许并不全面。但它们显示：在建立专用于设计思维工作的房间和区域时，我们的选择是多样的。此外，还需要注意的是，在实践中还存在无数的设计组合。这些组合不仅延伸到单个房间，而且其逻辑还会分布到建筑内的多个房间。在后文中，我们将介绍 4 种常用的组合。

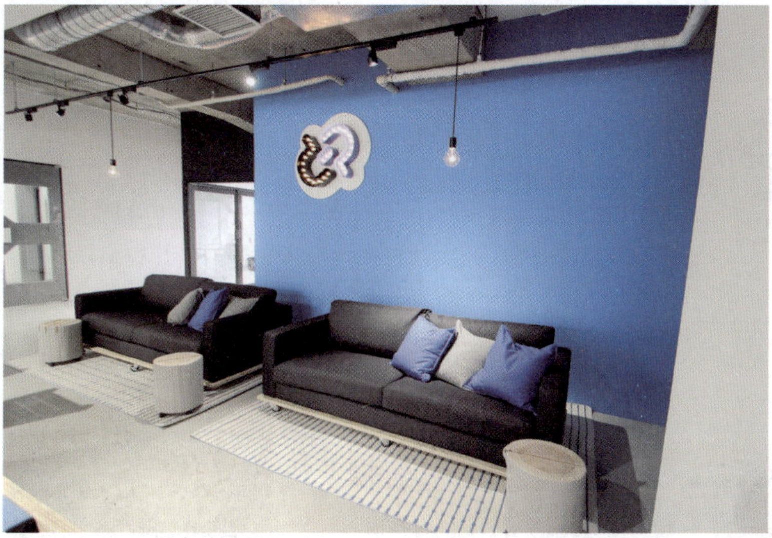

东京好地产有限公司总部（ 2014 年 ）

开放式工作区

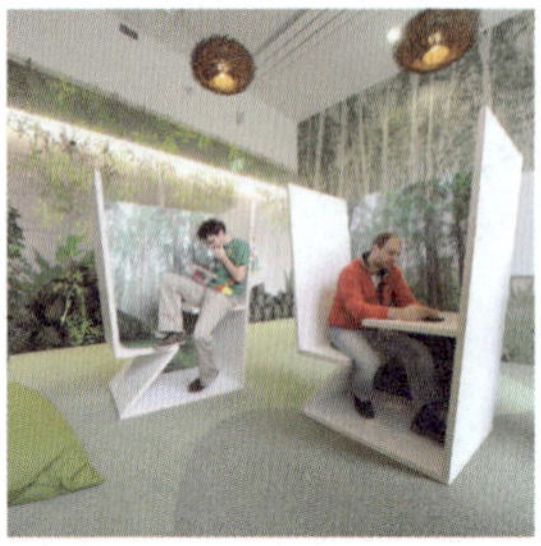
触控式工作站

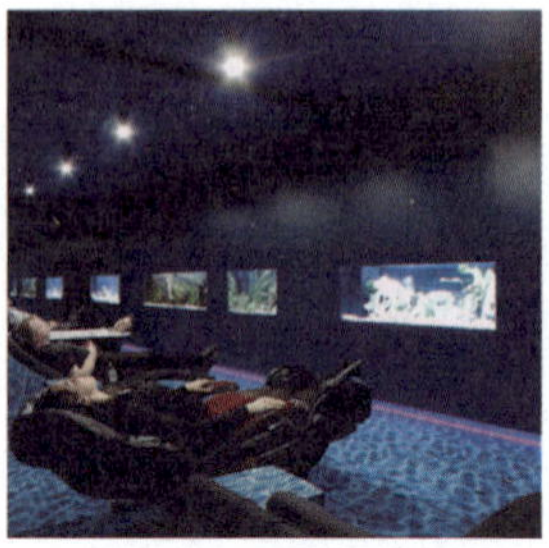
放松室

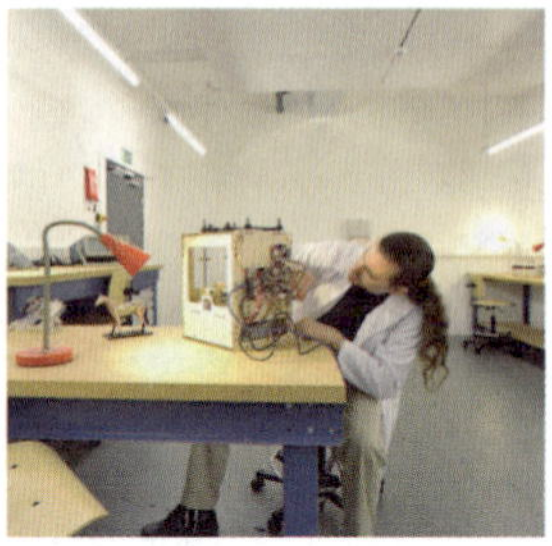
原型设计室

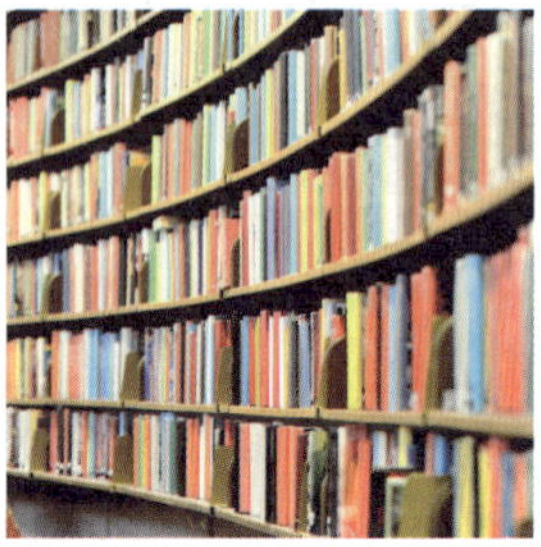
图书馆

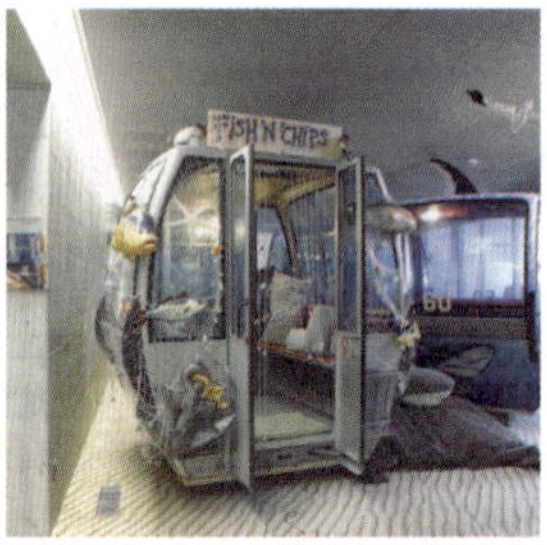

学习角

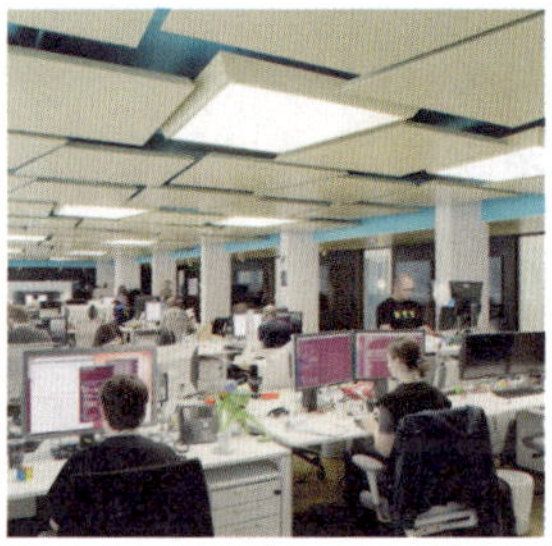
轮用办公桌

第四维度（个人 + 开放）
灵活的个人工作空间

第三维度（团队 + 开放）
开放的小组区域

个体工作区

第一维度（个人 + 分配）
分配好的个人工作空间

第二维度（团队 + 分配）
供单个团队工作的空间

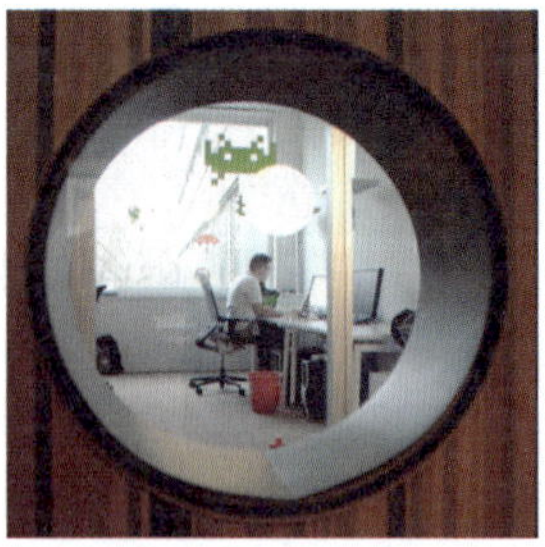
封闭式办公室

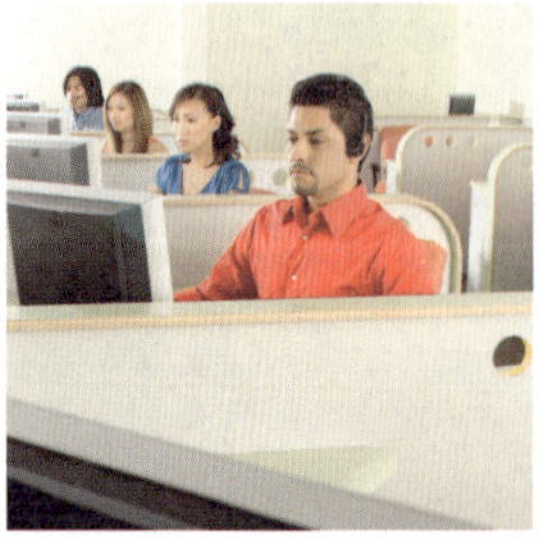
工作站

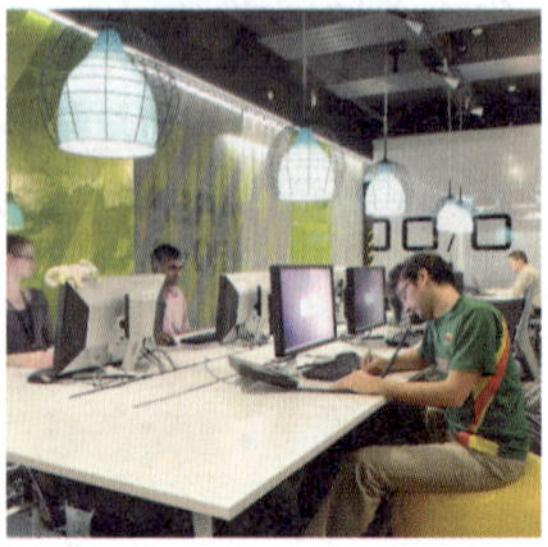
开放式办公室

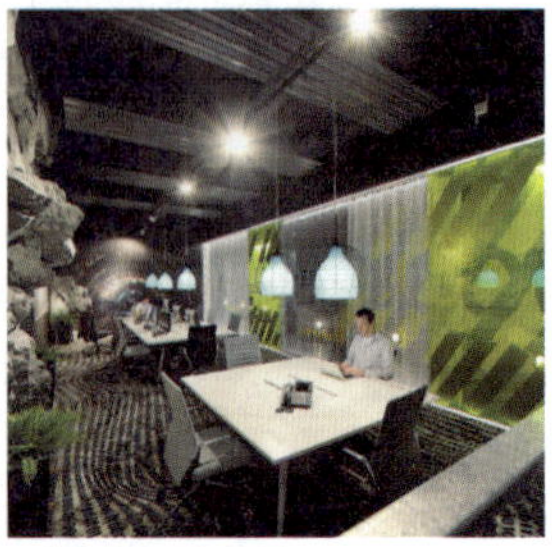
开放式团队区域

分配式工作区

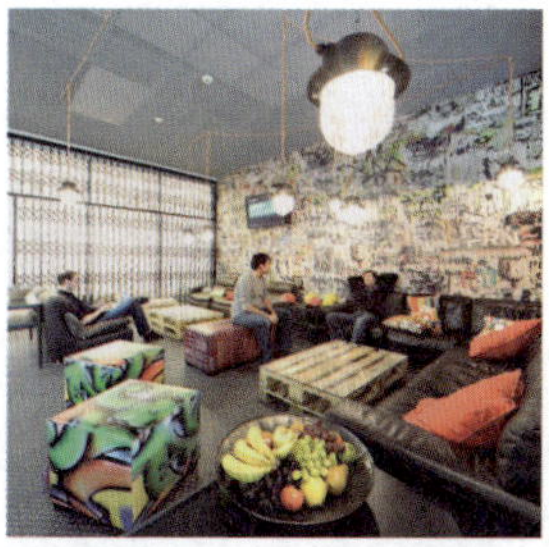
大型会议区

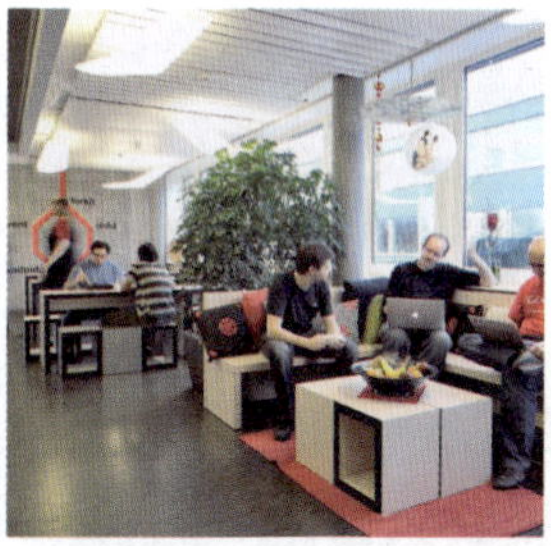
小型会议区

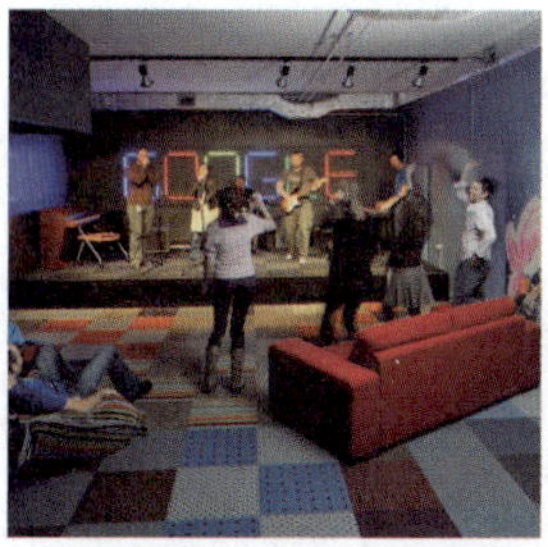
大型会议室

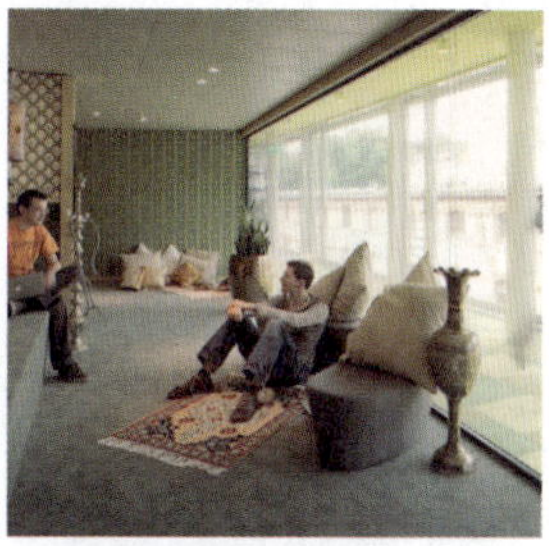
小型会议室

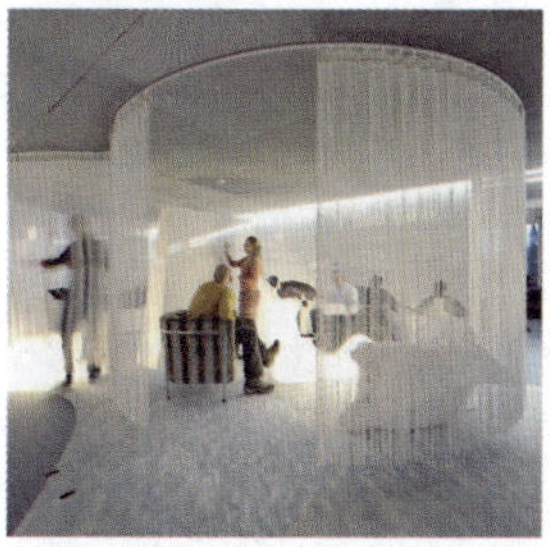
头脑风暴室

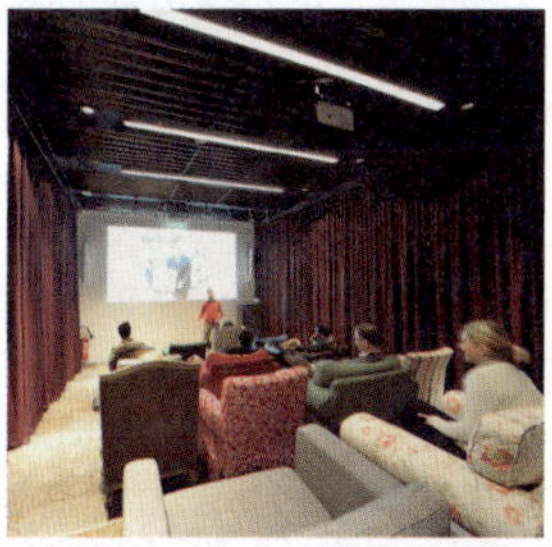
演示区

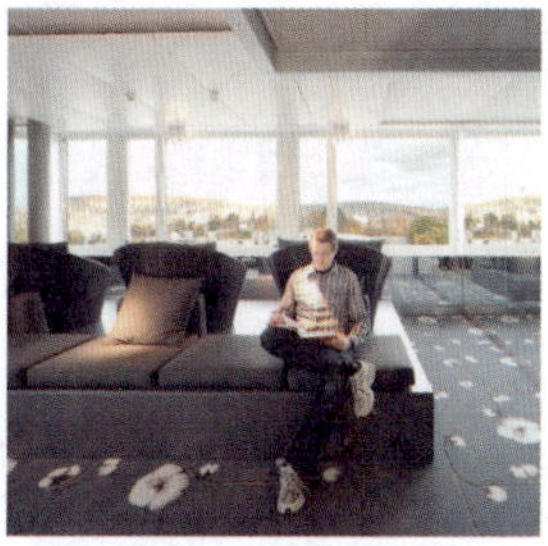
工作休息室

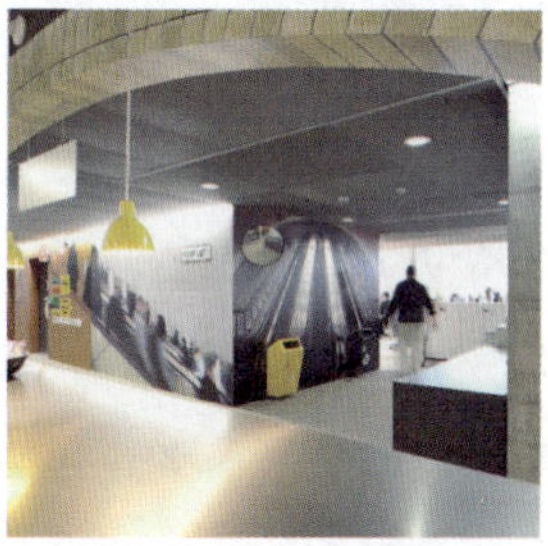
小型聚会点

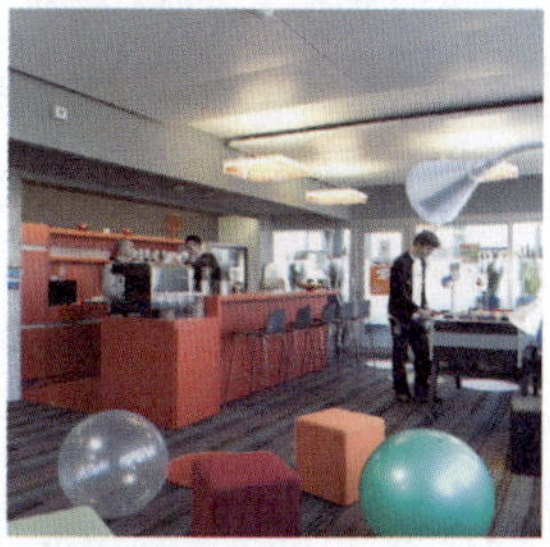
休息区

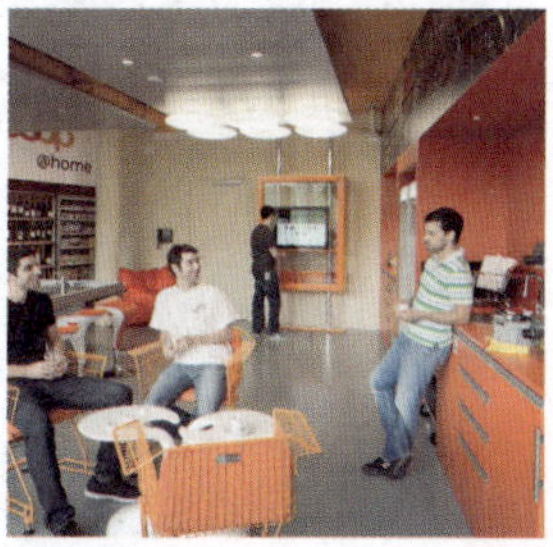
咖啡厅

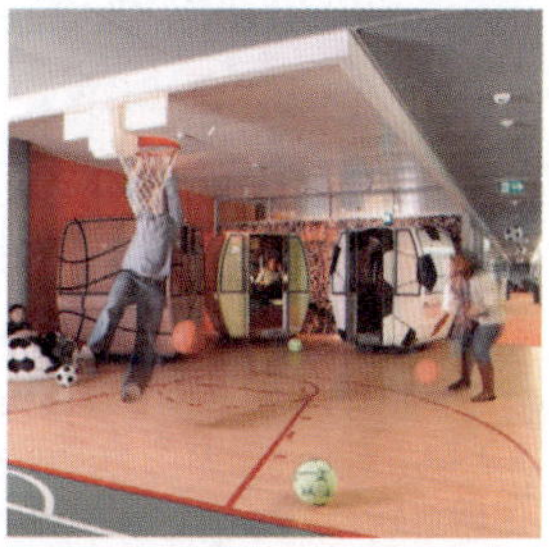
游戏室

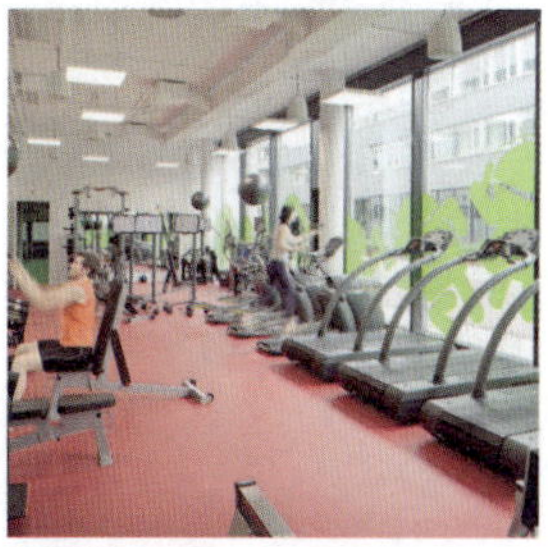
健身房

团队工作区

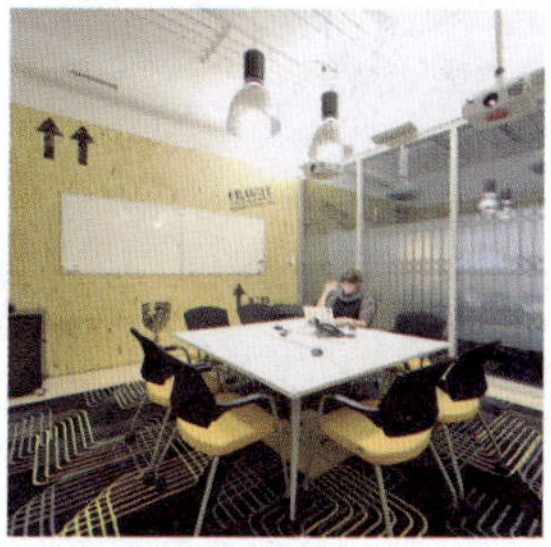
封闭式的团队房间

建立设计思维空间

在建立设计思维空间的开始阶段，我们往往很难达到一个良好的平衡状态。在很多情况下，企业中的设计思维创新者必须在建立新的空间的同时平衡多个方面：现有的基础设施、可用的财政资源和管理层对新建设的意愿。通过过去几年对众多组织的观察，我们发现，设计思维空间的建设已经形成了以下 4 种模式。这 4 种模式相互影响、相互补充。在建立良好的组织时，这些模式都可以并行不悖。

临时设计思维空间

临时设计思维空间是利用已有的基础设施（如常规白板和移动挂纸白板），来开发临时的设计思维空间。它在现有材料的基础上辅以易于采购且价格普遍低廉的材料，如泡沫板等。

对于那些想小规模尝试设计思维，或者只想在特定项目中使用设计思维的组织来说，临时空间是一个不错的选择。一些组织将设计思维融入自己的“建筑文化”，在没有花费较多经费进行“高配”之前，在部分区域设立了临时创新空间。

设计思维实验室

设计思维实验室是一个长期用于短期设计思维项目、工作坊和培训的房间。实验室通常采用现代家具概念，并提供原型设计和原型材料存储的选择。设计思维实验室为众多公司提供了一个固定和稳定的可以进行设计思维的空间。在向企业员工展示设计思维被高度重视时，这个空间是非常好的。由于空间的限制（一般为 100 ~ 200 平方米），这样的房间并不适合同时进行大量的项目。

设计思维楼层

设计思维楼层对实验室的概念进行了扩展，使设计思考者的可用空间得到了大大增加。设计思维楼层与设计思维实验室一样，是为长期使用和开展设计思维项目而设立的。团队可以预留和使用按照设计思维标准设置的项目室，并免受干扰。当然，设计思维楼层的设置与组织较高的投入密切相关。这个举措可以为团队提供更多可用的设计思维空间，是使设计思维方法成为项目中既定方法的必要条件。

一个例子是位于瑞士伯尔尼的瑞士电信“头脑健身房”。在这里，工作人员按照以人为本的设计思维原则，改造了一个陈旧的瑞士邮局的多个楼层。瑞士电信的员工和项目团队可以临时或长期使用这些空间完成各种项目。

设计思维文化

在建立设计思维空间时，既要让设计思维文化成为组织文化的核心要素，也要使建筑的要求和规格与之相适应。谷歌等科技公司在建立新空间时，会充分运用设计思维原则。从地板到天花板，对建筑和基础设施的各种建设都是为了促进团队的工作（Walker，2013）。

在建立供员工使用的设计思维空间时，从现代化的、具有特定目标的工作室到休闲室（例如图书馆和花园），一切形式皆有可能。

在一个公司内可以有各种形状和大小的设计思维空间。在某些情况下，公司可能会根据设计思维的文化和原则建设总部，而该公司的其他子公司则可能会设立设计思维实验室或设计思维楼层。实际上，每个组织都可以根据自己的实际情况对计划进行选择和实现。

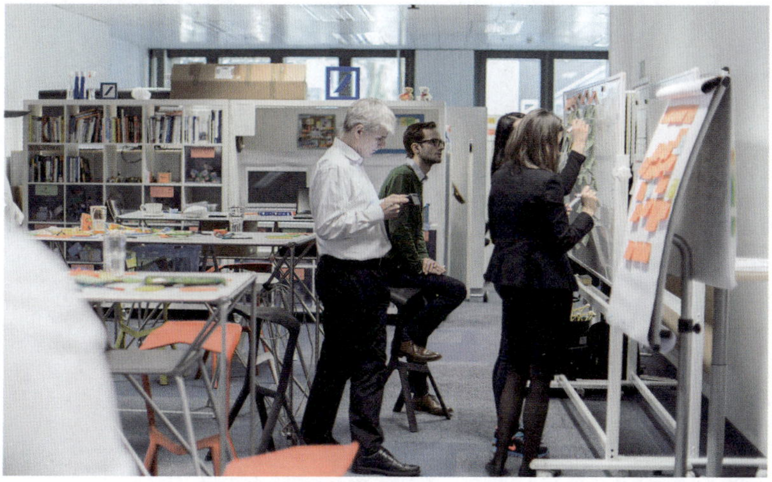

位于埃施博恩的德意志银行设计思维实验室（2014 年）

临时设计思维空间

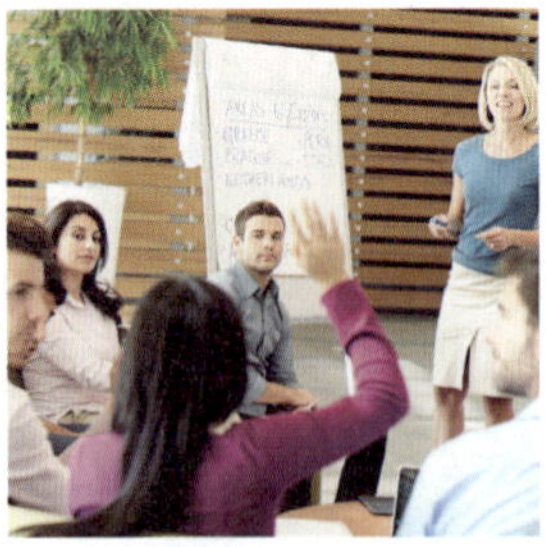
临时团队房间

设计思维实验室

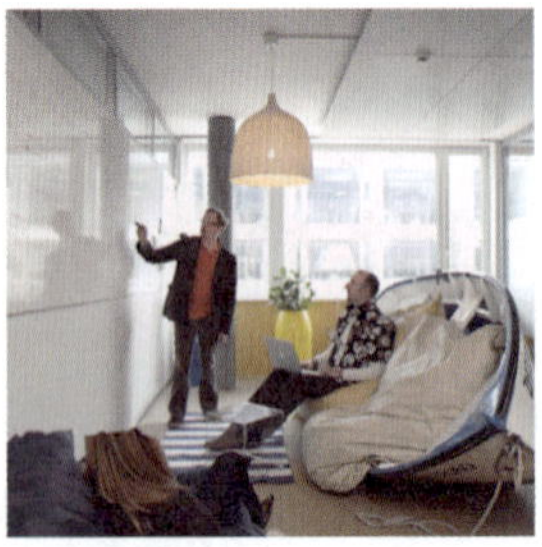
小型演示区

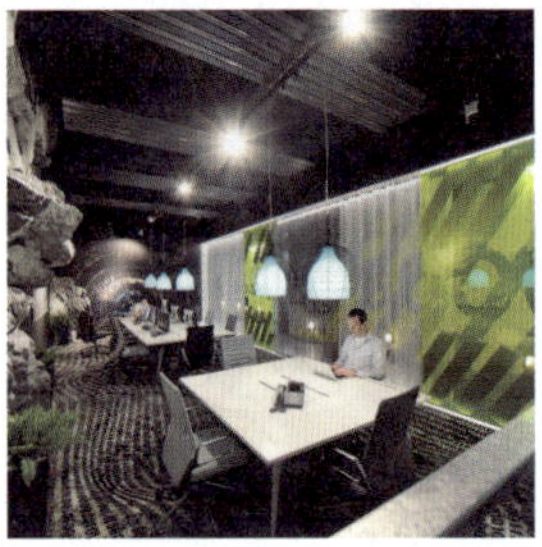
开放式团队区域

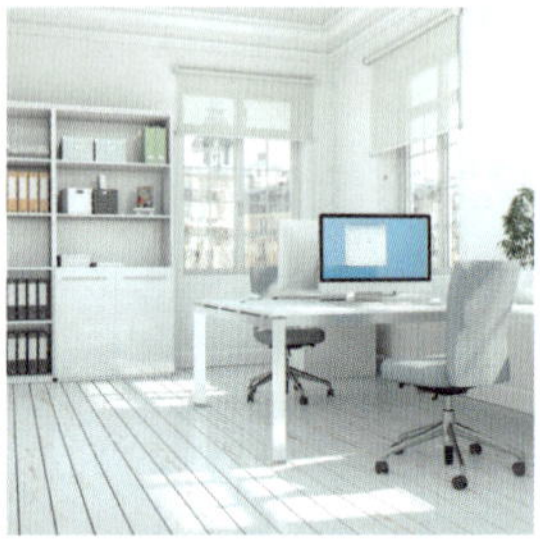
存储区域

设计思维楼层

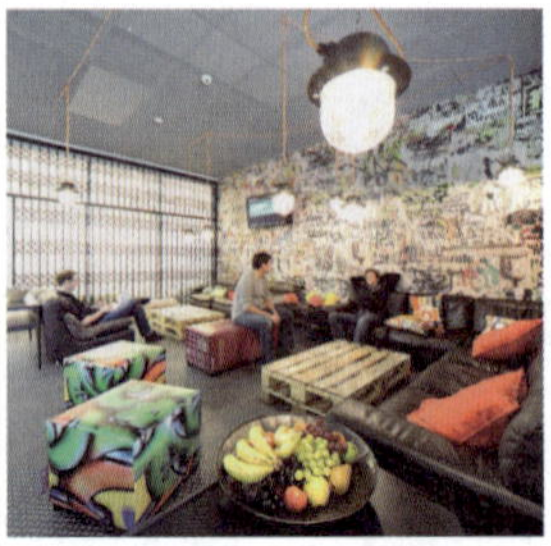
大型会议区

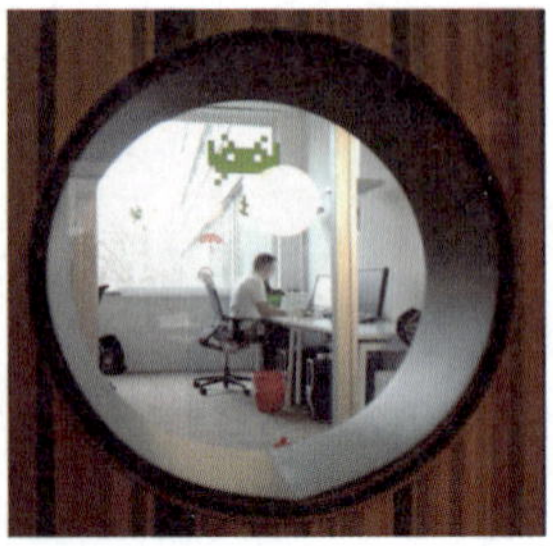
封闭式办公室

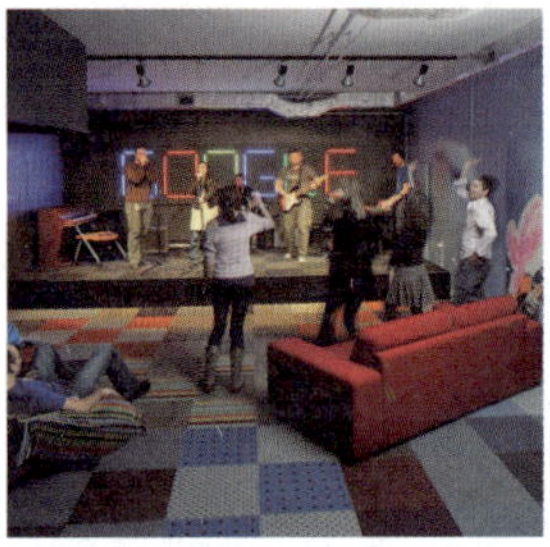
大型会议室

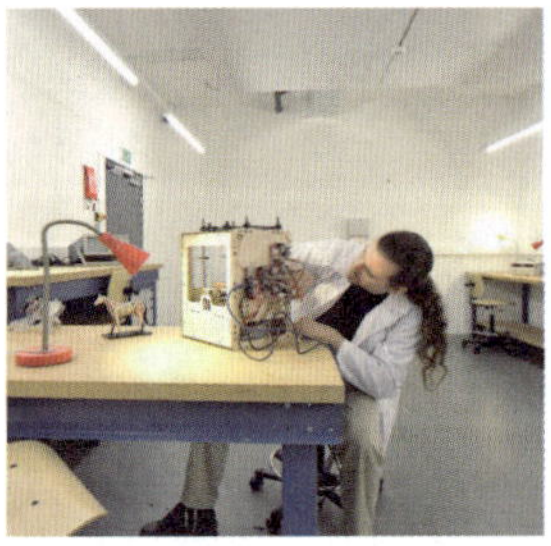
原型设计室

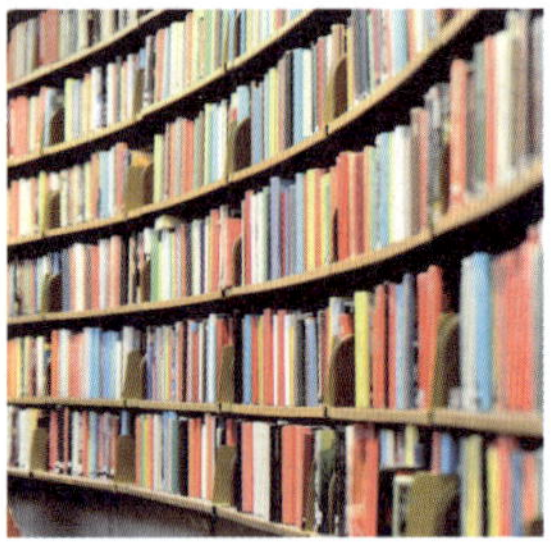
图书馆

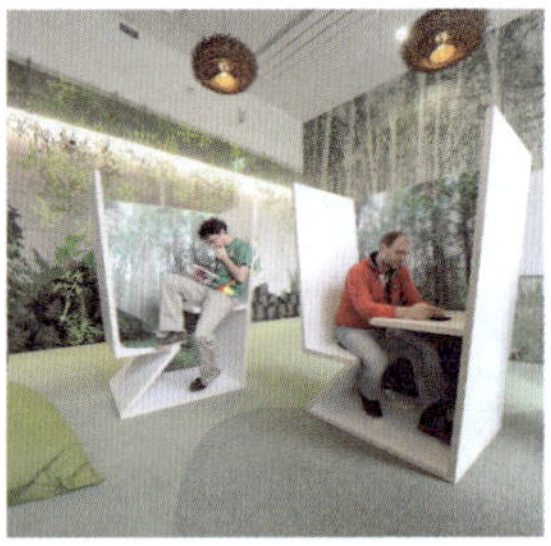
触控式工作站

第一层次

第二层次

第三层次

第四层次

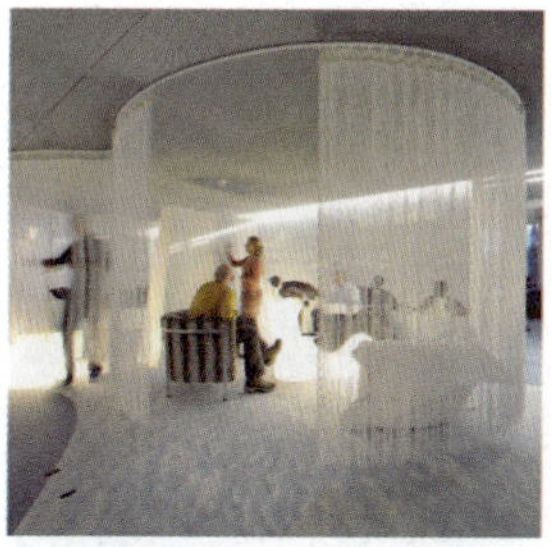
头脑风暴室

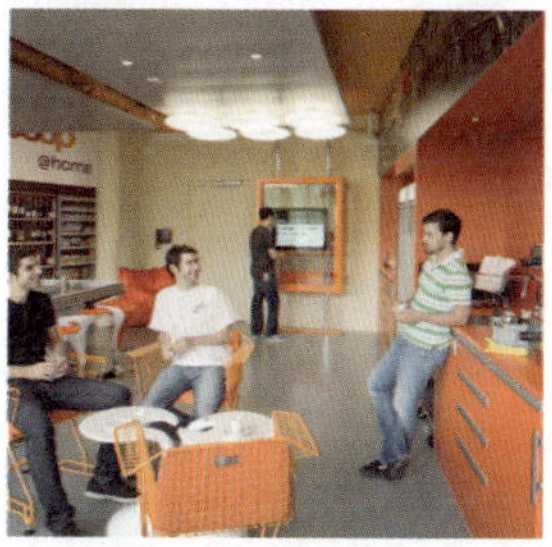
咖啡厅

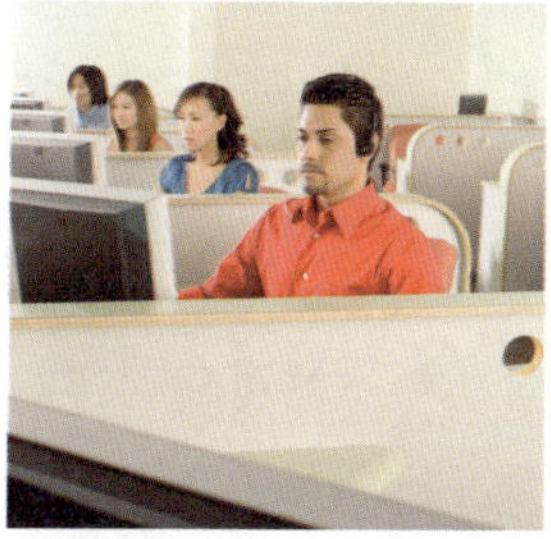
工作站

设计思维文化

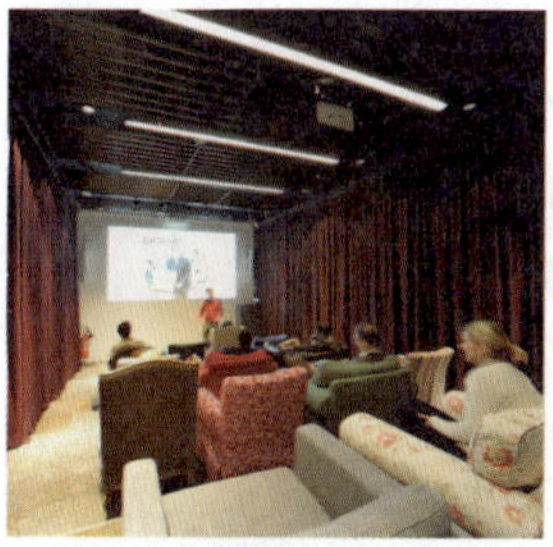
演示区

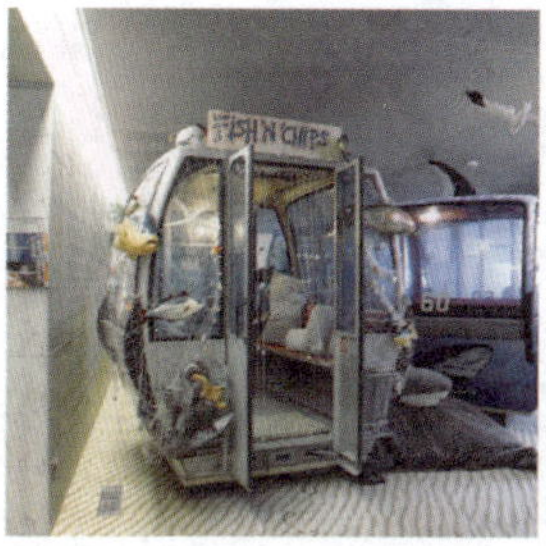
学习角

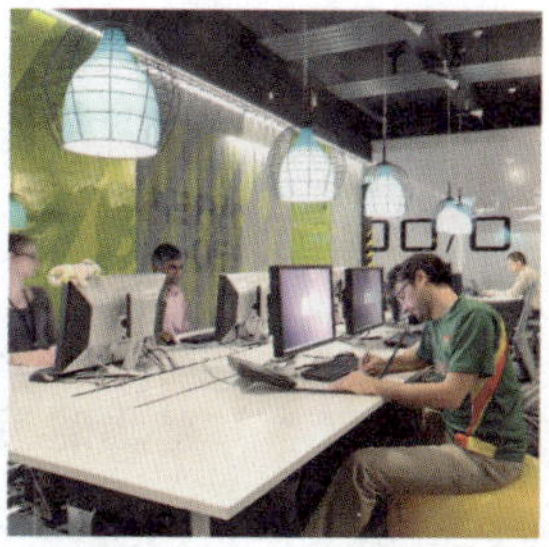
开放式办公室

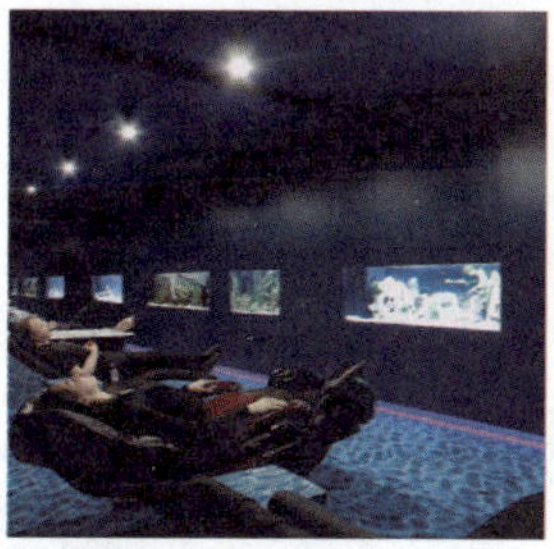
放松室

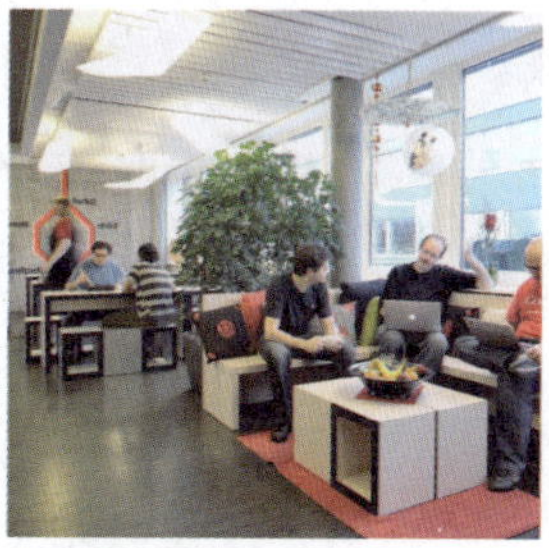
小型会议室

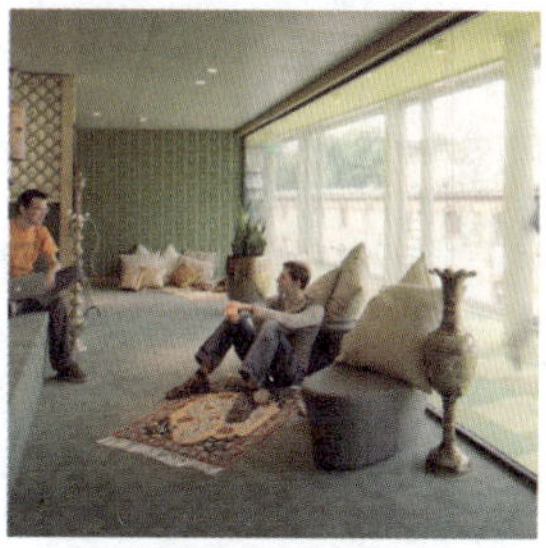
小型会议室

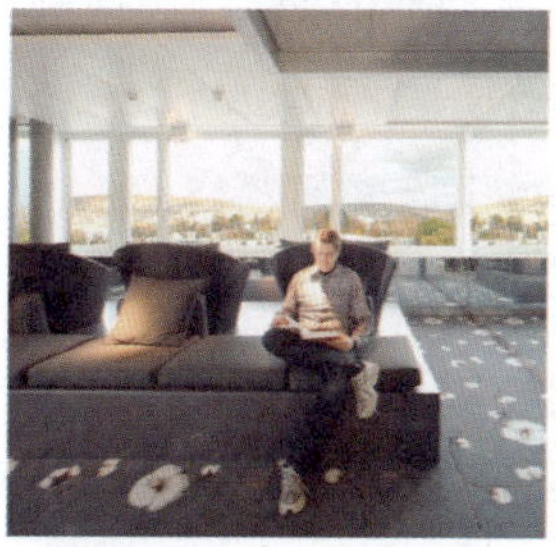
工作休息室

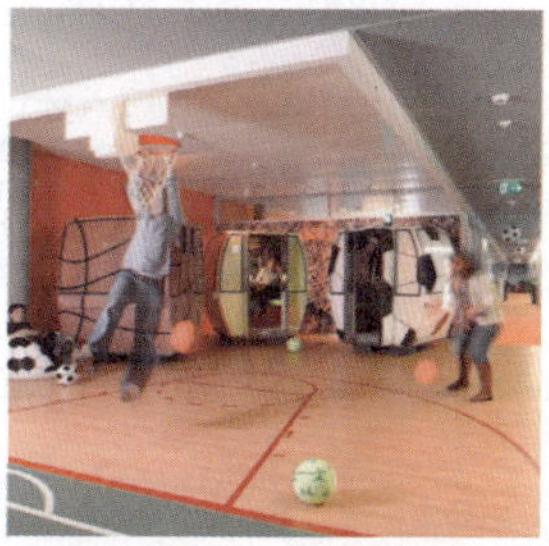
游戏室

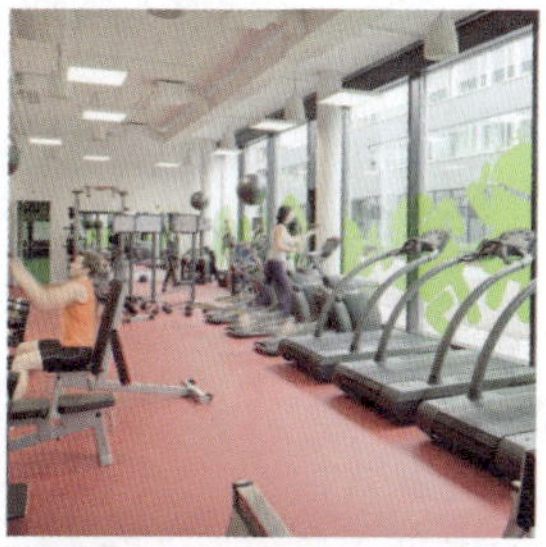
健身房

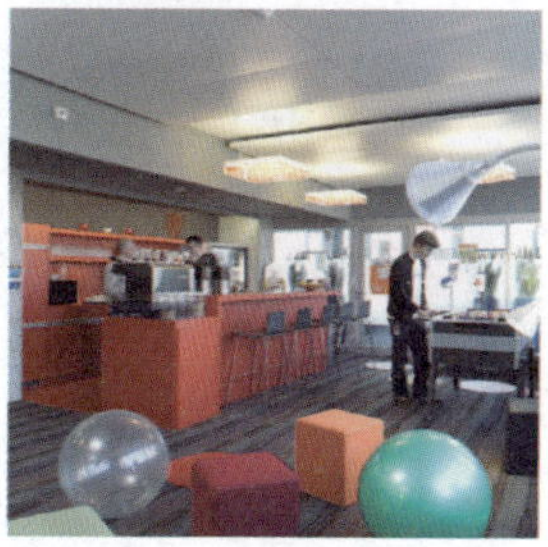
休息区

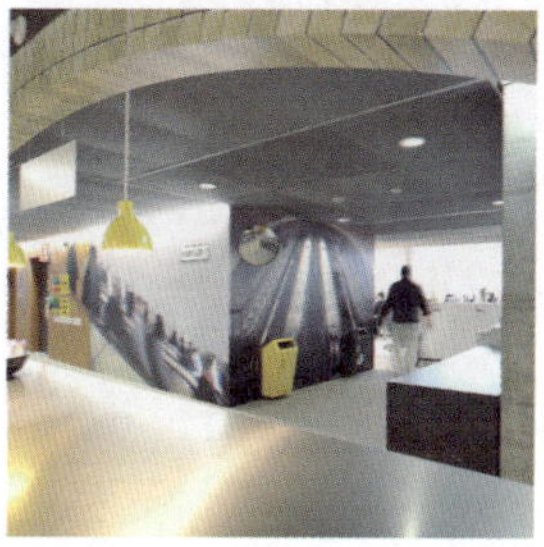
小型聚会点

设计思维工作空间的实现

临时设计思维工作区域

“去做就对了！”是临时设计思维工作区的座右铭。临时设计思维空间被暂时用于设计思维工作。在实践中，这意味着经典的工作室或工作空间将在短时间内转变为具有设计思维的工作空间。

通常，经过对房间的重组和清理之后，设计思维团队就可以在其中自由移动，而不必围坐在一张大桌子边工作。在这里应该指出的是，对空间的这种改造有时也会带来挑战。在与一家欧洲名列前茅的化学公司合作时，我们无法移走房间里的大桌子，因为它们是用螺丝钉固定在地板上的。有时，有必要让设施管理员临时移开桌子和椅子，这有助于团队得到必要的行动自由。

此外，在临时设计思维室中使用泡沫板也是值得借鉴的。这些轻质、易运输的泡沫或纸板墙价格低廉，可以在很短的时间内大大增加用于便利贴、绘图和书写的墙面面积。值得考虑的一件事是，便利贴只能粘在一些特定种类的墙壁表面上。在一些墙面上，便利贴会经常脱落，但泡沫板很好地解决了这一问题！

制作原型所需的材料可以轻松地存储在临时设计思维室的可移动容器中。瑞士的一家公司为此使用了带有滚轮的老式空乘服务推车。它们占地小、实用性高，而且非常美观。

适用场景

- 想要尝试设计思维的组织
- 想要仅对特定项目使用设计思维的组织（运行时间短的少量项目）
- 想要或需要在缺乏设计思维相关条件的领域中使用设计思维进行项目工作的组织

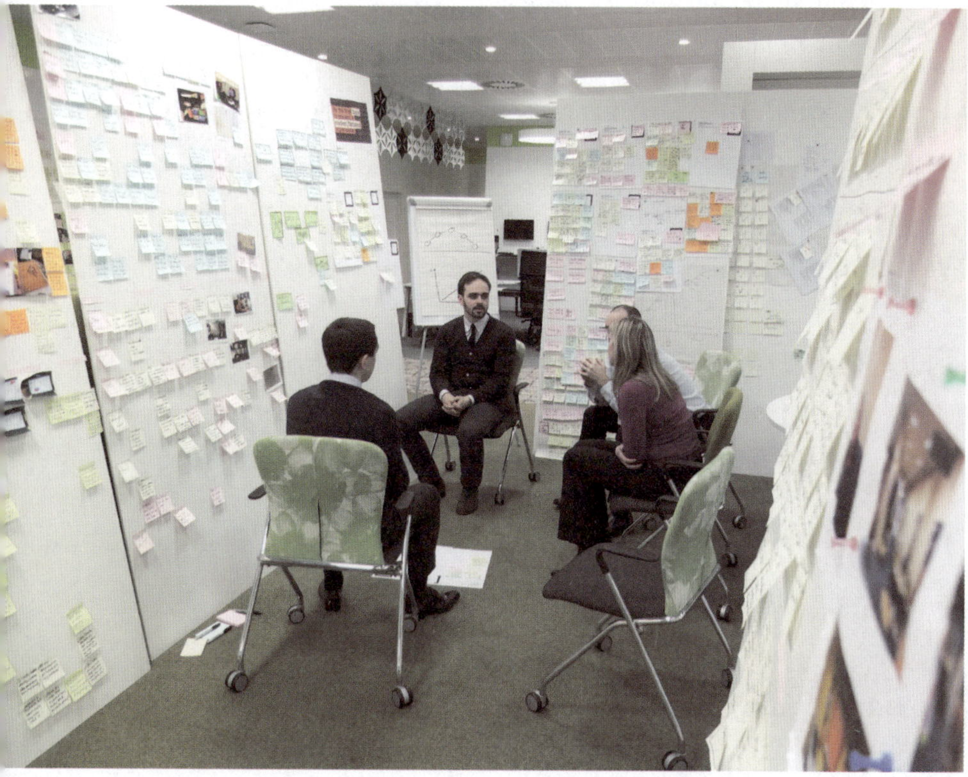

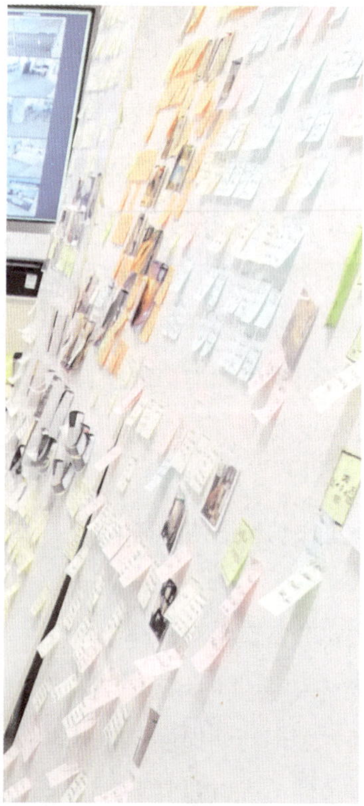

位于爱丁堡的苏格兰皇家银行技术中心的临时设计思维空间（2014 年）

设计思维工作空间的实现

设计思维实验室

设计思维实验室是组织内为长期使用而设立的一个房间，可供团队或小组使用。这里通常有用于组织设计思维活动的最重要的物品，并且面积可达200平方米。这个房间也可以为一些短期的设计思维项目服务，同时也可以为培训和工作坊提供空间。

创意工作坊和培训的场所

思维实验室最常用于作为创意工作坊和培训的场所。这些房间为短期活动提供了理想的工作条件（尤其是其基础设施和工作材料的可用性方面）。工作团队可以在短时间内预订和使用实验室。完成工作后，工作空间将被整理成最初的状态。这意味着当工作团队离开实验室时，需要记录工作成果并将其带走。

短期项目

实验室的其他用途也包括为短期项目提供创意场所。由于可用空间有限，实验室很少用于长期项目，因为这会妨碍其他团队的使用。部分或全部房间都可以为项目团队短期保留。团队的工作成果可以在这里保存更长时间，而不必每次使用后都立即清理。

组织的设计思维实验室通常由专门的管理者负责。这个“管理者”可以是个人，也可以是某个团体，他们负责统筹房间的使用、材料的借用和归还，并确保工作团队的有序使用。

适用场景

- 希望在特定项目中临时进行设计思维活动，并希望在该空间中进行培训的组织
- 希望在外部用专业的空间配置（而非改变现有的建筑）来支持设计思维项目的组织

位于埃施博恩的德意志银行设计思维实验室（2014年）

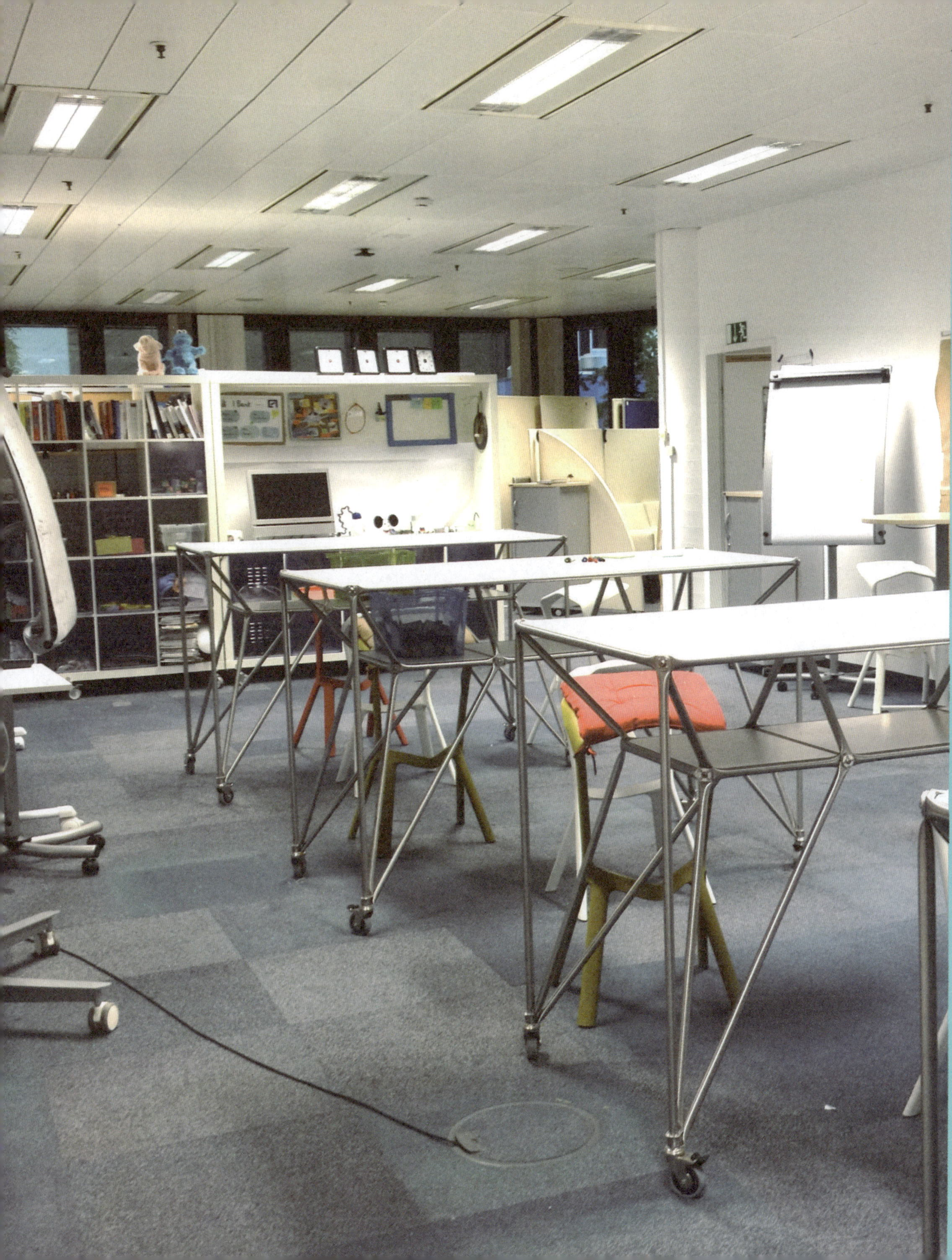

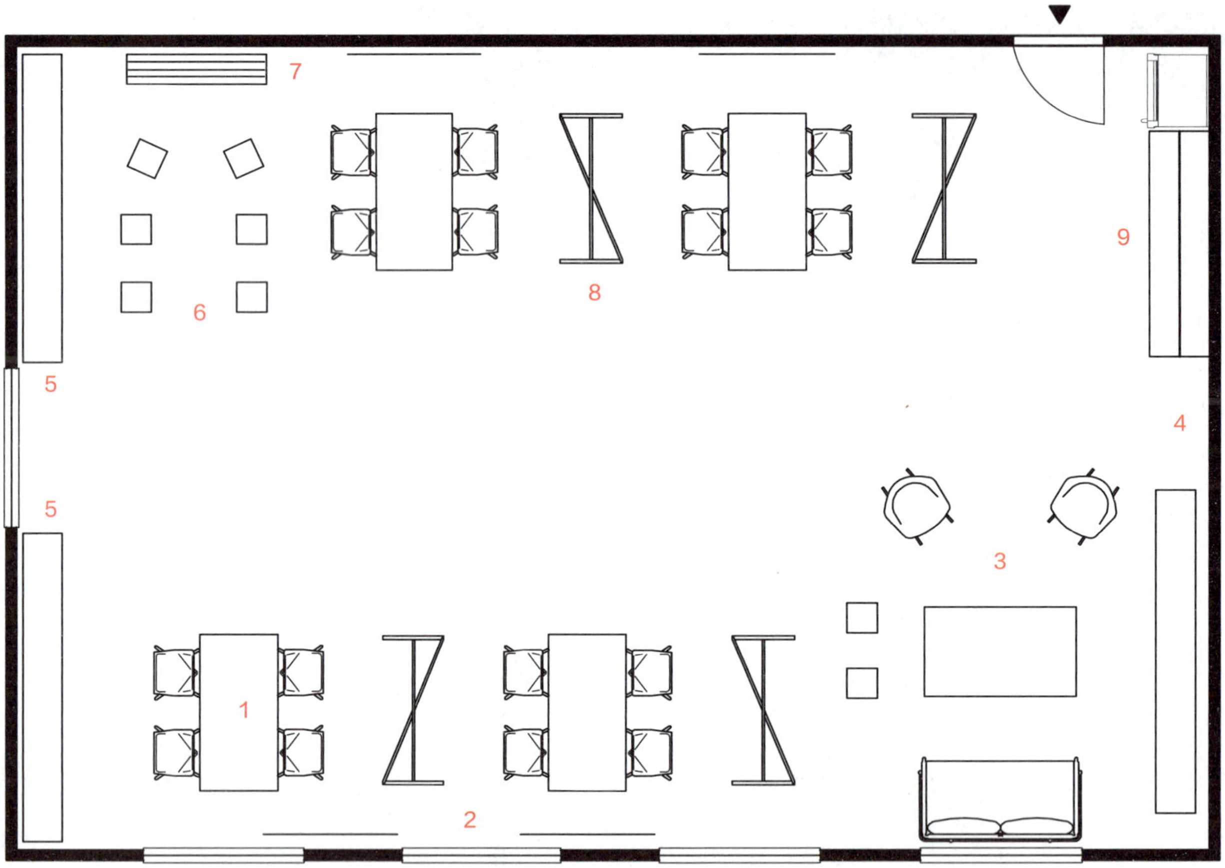

设计思维实验室的建筑规划

1. 团队活动室：表面坚固、带有轮子的立式桌子是设计思维实验室的必备设施，有些桌子的表面甚至可以用作白板，同时还应配备高脚凳。

2. 泡沫板：这些轻便且可移动的书写面为团队提供了发表想法和促进合作的地方。泡沫板越多越好。由于重量轻，它们可以靠在墙壁、高脚凳、椅子等各种物体上。

3. 图书馆：沙发、各种椅子（包括摇椅）应被布置在舒适的角落。设计思维团队成员可以在那里闲逛，边喝咖啡边分享想法。

4. 免费的图书存储空间：一个带有开放式入口、具有很多放置层和空间的架子可以被当作一个小型图书馆。好的杂志、图书以及一些有趣的物品都可以存储在这里。

5. 免费的原型存储空间：用于制作原型的工具和材料可以存放在此处。

6. 演示区域：该区域可用作演示平台。这里还应该配备投影仪、投影用的屏幕或墙面、讲台和椅子。

7. 额外的 / 替代的存储空间：墙壁可以被当作存储空间，例如用于存放额外的泡沫板。

8. 白板：像泡沫板一样，白板同时可以用作工作台和房间隔板。有些款式的白板还带有轮子，可以被自由放置在房间的任何地方。

9. 咖啡间：实验室里还应该有一个小的烹饪和洗涤区。我们建议配备咖啡机、水壶、微波炉、灶台和冰箱等设施。

设计思维工作空间的实现

设计思维楼层

将设计思维视为其工作文化的一部分的组织通常会建立一个设计思维楼层，即永久性地将建筑物的整个楼层转换为符合设计思维理念的空间。与设计思维实验室相比，设计思维楼层提供的空间可以使多个团队长时间地在同一空间内同时进行项目。

除了具备临时会议室和设计思维实验室等基础架构，设计思维楼层还提供了专门用于原型设计和休息的区域。它还为团队成员放松和展示成果提供了更多的选择和空间。

第 232 页上绘制了一个典型的 300 平方米大小的设计思维楼层布局图。与设计思维实验室相比，设计思维楼层能够借助可移动的墙面更好地划分工作空间，这有助于增加保密性，同时最大限度地减少来自其他团队的噪声和干扰。此外，该空间还设有休息区和图书馆，它提供了静修的机会，人们可以安静地阅读图书或文章，也可以在笔记本电脑上专注地工作。设计思维楼层由中间的大型展示区、一个会议室和四个封闭的办公室组成，这些办公室都有独立的工作空间，可用于需要专注力的工作。

适用场景

- 希望将设计思维作为其工作文化核心部分的组织
- 希望为大量项目提供设计思维创新空间的组织

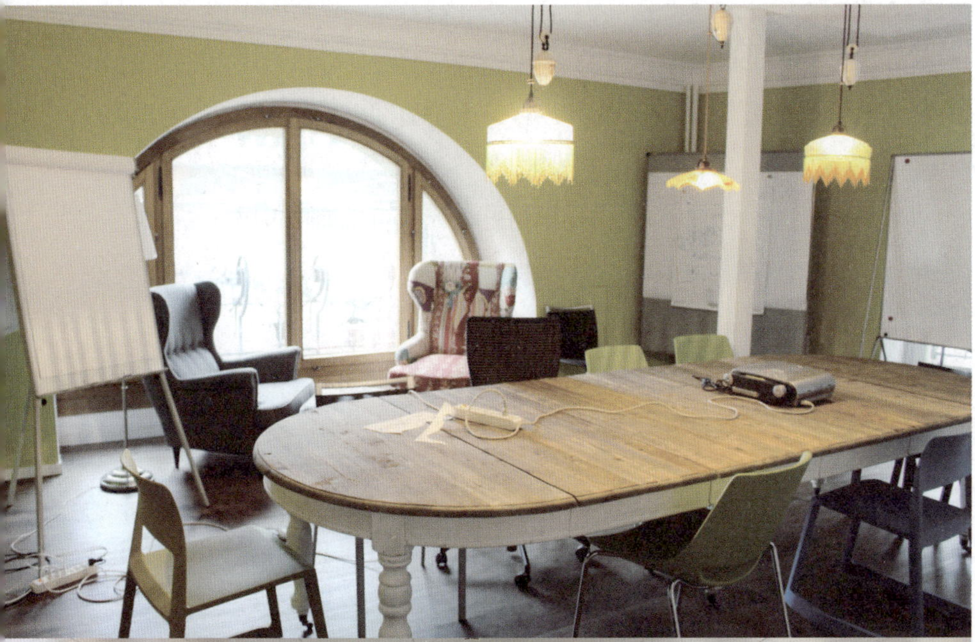

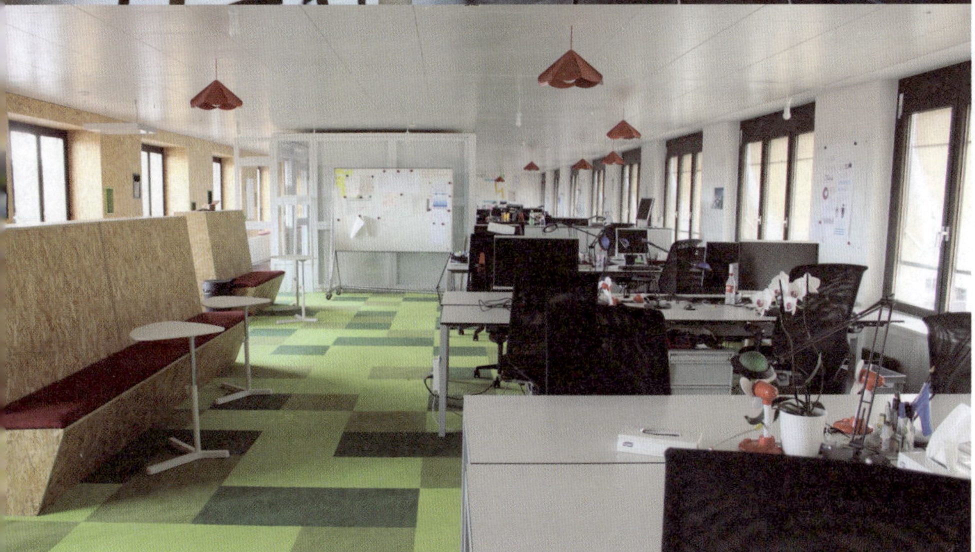

瑞士电信的“头脑健身房”，为员工提供了实践“以人为中心”的设计方法的理想条件（2014年）

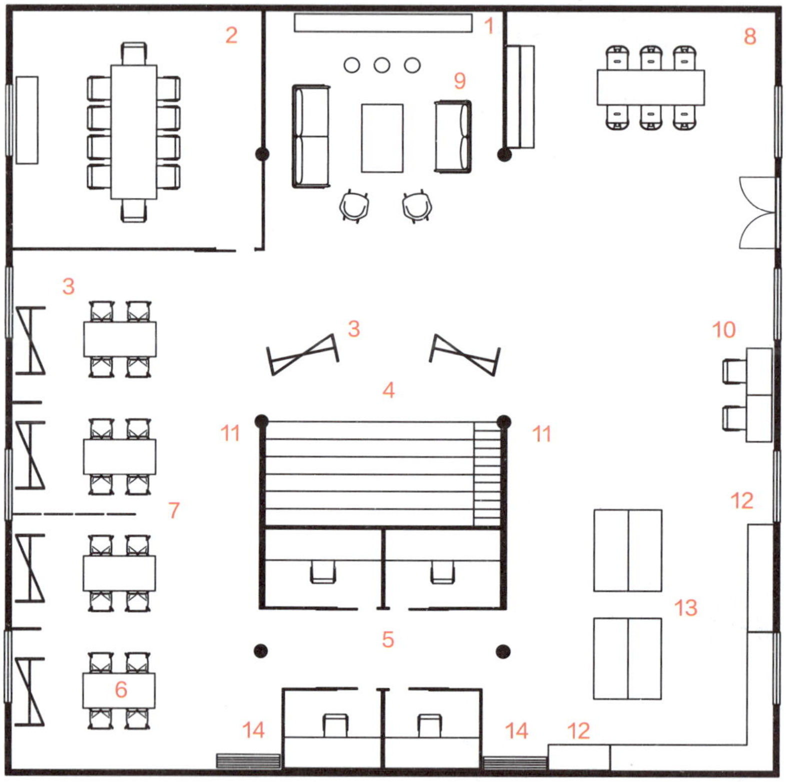

设计思维楼层的建筑平面图

1. 开放式储存空间： 具有大量可用面积的开放式存取架可以用作一个小型图书馆。好的杂志、图书，以及精选的各种有趣和启发灵感的物品都可以存放在这里。

2. 大型会议室： 这个房间可以用来开会。

3. 白板： 除了泡沫板，白板同时可用作分隔工作区和整个房间的隔板。有些白板带有滚轮，可以在空间各处自由放置。

4. 展示区： 这里通常使用台阶式展台进行演示。同样地，椅子等也可用于展示创意和原型。

5. 私人办公室： 设计思维空间应该在封闭的房间内提供独立的工作区，员工可以在安静的环境里集中精力工作。这些房间可以根据需要，被分配给员工单独使用。

6. 团队空间：具有坚固表面和滚轮的站立式桌子，在设计思维楼层中的实用性已得到了证明。某些款式还具有可用作白板的表面。此外，还要配备可用的高脚凳，它们很适合这种桌子。

7. 柔性隔墙：墙壁、窗帘或屏风也可以用作隔断，它们可以让团队分隔各个工作空间。在理想情况下，团队还可以选择并规划这些隔墙，以便将其用于后续的工作。

8. 咖啡厅：设计思维空间还应该留出用于烹饪和洗涤的地方，这样团队成员就可以在这里准备食物。根据空间和资源条件的不同，我们建议可以考虑的物件包括咖啡机、水壶、微波炉（火炉）和冰箱等。

9. 图书馆：沙发、各种椅子，也许还有摇摇椅，应该舒适地布置在角落里，以便员工消磨时间并通过喝咖啡交流想法。

10. 触控式工作站：某些计算机可以胜任这方面的各种工作，如打印材料、查看电子邮件、进行研究等。

11. 集体讨论区域 / 墙面：在设计思维环境中，带有白板的墙面等可书写的墙壁非常有用。它们是进行头脑风暴和整合想法的必备设施。

12. 开放的存储空间：构建原型所用的工具和材料可以存储在这里。

13. 原型空间：用于原型制作的工作台或桌子应该具有坚固且庞大的表面。另外，滚轮对立式桌子是很有用的，它可以提高桌子的灵活性。

14. 泡沫板：这些轻便且可移动的表面为团队提供了进行创意和分组工作的空间。泡沫板多多益善，由于重量轻，它们可以靠在墙壁、椅子和其他各种物体上。

设计思维工作空间的实现

设计思维组织

要把设计思维作为组织和工作文化的核心部分，就要对工作空间进行专门的改造。在这个开发阶段中，组织将根据设计思维的基本工作原理，积极地改造其内部所有的房间。

在规划设计时，可以大量使用学习角、团队工作室、工作休息室和可供轮用的办公桌。根据我们的经验，除了工作室，组织还要为员工提供休闲和平衡自我的空间。比如小型的健身房，可供员工在工作日方便快捷地使用，还可以有休息的空间。通过这种方式，设计思维团队可以为员工创造一个兼具工作和生活功能的环境。一些高科技公司能为员工提供他们所需的一切，例如一日三餐，从而为员工创造了一个自由的空间，使他们可以完全专注于工作（Walker，2013）。

适用场景

- 将设计思维视为其核心文化要素的组织

1
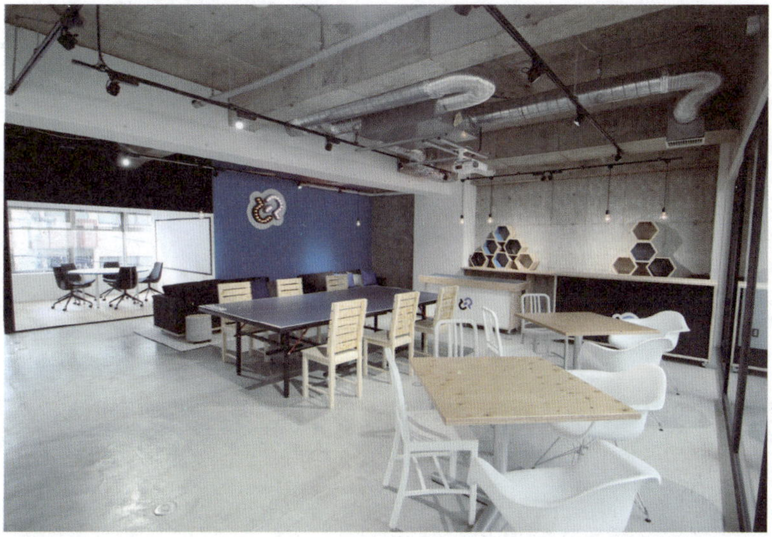

2
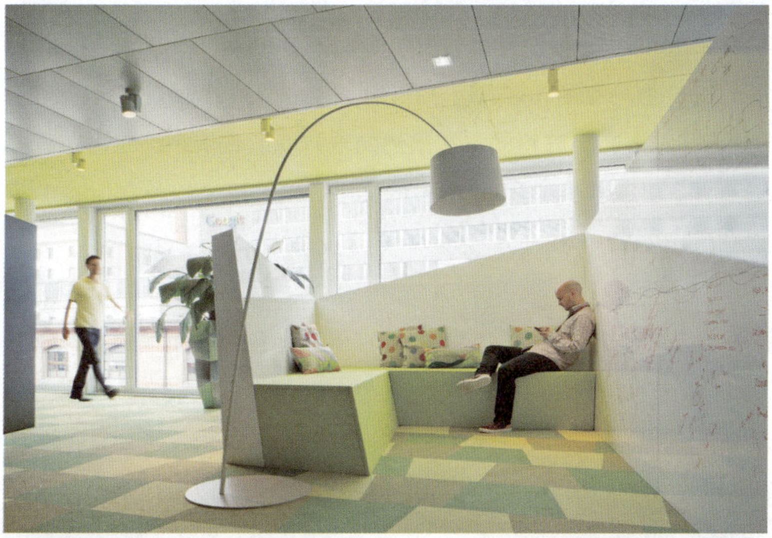

3
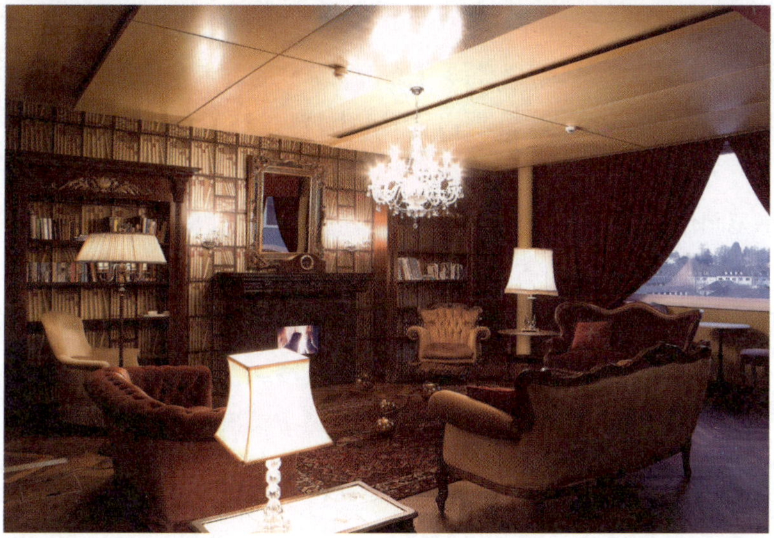

1. 日本东京好地产创意空间
2. 谷歌的工作休息室
3. 苏黎世谷歌图书馆形式的会议室（2015 年）

设计思维材料清单

我们认为，材料清单是在各类设计思维室、空间和建筑中最重要材料的汇编。在总结下面的材料清单时，我们分析了多个实验室的清单，也结合了我们自己的经验。当然，这个清单还可以根据需求进行扩展。在建立设计思维空间时，我们首先面临的问题往往是“应该购置什么材料？”

1. 便利贴：设计思维离不开便利贴。它们是简化团队合作和构建复杂材料不可或缺的工具。在头脑风暴中，便利贴有助于快速表达，以及记录保存与团队成员沟通时得出的想法。在记录访谈时，它们可以让团队成员用醒目的方式保留重要的信息。我们还建议准备多种不同尺寸的便利贴。

2. 泡沫板和图钉：泡沫板是用来张贴和整理便利贴、其他笔记甚至各种小物件的优秀工具。每个团队都应该配备两三个泡沫板。进行时间较长的项目（超过 3 个月）时，可能会需要多达 10 块泡沫板。

3. 马克笔：书写用具显然是至关重要的。Sharpies 和 Edding Permanent Marker 1300 型马克笔非常适用于在便利贴上书写。马克笔的笔尖有不同的规格，它既有足够粗的，在很远的地方就能看清字迹；也有足够细的，可以在便利贴上写下足够多的文字。这种笔（以及白板笔）应该准备充足。

4. 索引卡：这种能在上面写字、能挂在墙面等各种表面上的卡片是必需的。索引卡也是制作原型的好材料。

5. 纸张：设计空间里要有不同颜色和尺寸的纸张，以及用来制作大面积草图和原型的包装纸。

6. 黏合剂：胶棒、胶膜、胶带、热熔胶枪、胶布、带有黏胶的标签和圆点等材料，应该是设计思维空间的标配材料。

7. 原型制作材料：设计思维空间应该有一套基本的原型设计材料。其中包括管道清洁器、乐高积木、建模黏土、发泡胶、铝箔、木材，以及不同形式和颜色的硬纸板和建筑用纸。剪刀、地毯刀、锯子、切割垫、尺子、卷尺、小型电钻、钳子、钉子、螺丝、订书钉、夹子和砂纸等工具，也可以参与构成这个充实的原型工具箱。其中还应包括角色扮演用的服装。

便利贴

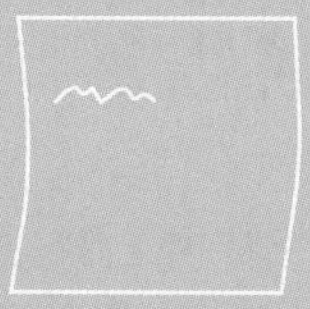

- 不同颜色和大小的便利贴
- 超级粘会议活动挂图

泡沫板和图钉

- 泡沫板
- 清晰的公告板图钉

标记

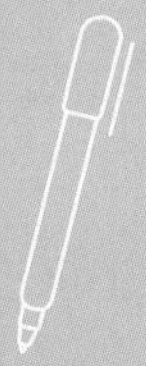

- Sharpie Fine Point（各种颜色）Edding 1300 永久标记笔

原型

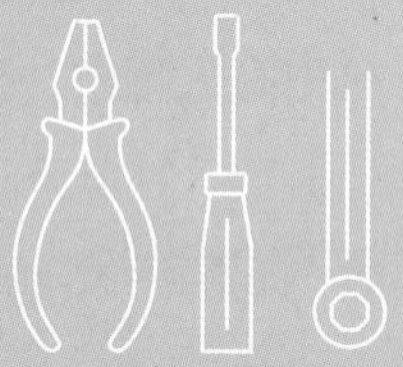

- 乐高积木、黏土、泡沫塑料
- 管道清洁器、铝箔
- 木材、纸板、盒子
- 服装材料
- 地毯切割机、切割器、剪刀、切割垫
- 尺子、卷尺、无绳钻
- 电钻、锤子、螺丝刀
- 订书钉、夹子、钳子、钉子、螺丝、砂纸

索引卡

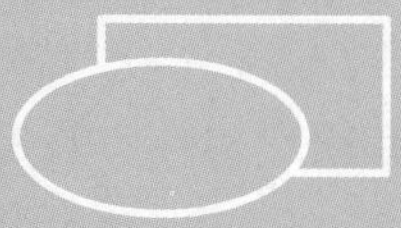

- 各种尺寸和颜色

纸

- 包装纸
- 彩色图画纸 / 纸
- 报纸和杂志的用纸

黏合剂、胶带、标签

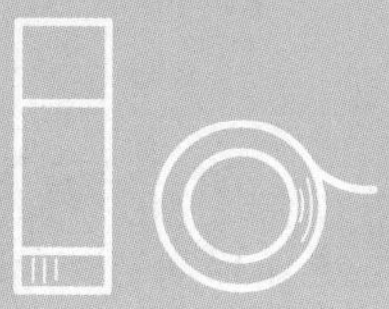

- 胶水棒，热熔胶
- 遮蔽胶带、胶带
- 彩色粘点（19 mm）

设计思维工具

在这里，我们强调了在设计思维空间中应具备的最重要的工具组。 例如，在组织进行讨论时，可能有人指出，手机可以替代计时器。在听到这种言论时不要感到困惑或动摇——计时器之类的工具是必要的！能够看到的物理时钟可以让团队在不同的工作阶段及时、同步地进行工作。

1. 计时器：计时对于许多小组互动非常重要，它可以让团队有效地进行时间规划。 欧洲的大多数设计思维团队都会使用"Time Timer"计时器，这使他们在进行头脑风暴会议或设计师交流之夜时，可以看到剩余的时间。在选购计时器时，较大的款式是最理想的，因为所有团队成员在工作时都可以同时看到它。小的款式则适用于出差。

2. 移动挂纸白板和泡沫板：它们可以用于演示工作，也绝对是团队合作时必需的材料，因为它们可以根据团队的需要，自由地用便利贴覆盖。活页挂纸可以用来画较大的草图，泡沫板则可以用来贴卡片甚至小物件。另外不要忘了，它们还要有配套的马克笔和图钉。

3. 记录设备：数码相机和摄像机可以用来记录活动、研究和测试的情况，在某些情况下，设计思维团队还可以直接将这些录像播放给测试者看。开展这些工作并不需要所有专业摄影相关的功能，对用户较友好的小型设备有时会更好。除了实用，优质的相机有时还附带其他功能（如录制视频），在这方面，佳能 PowerShot 或尼康 CoolPix 系列是非常好的选择。

4. 配备扬声器和打印机的计算机：计算机对于互联网方面的研究、保存和播放录音、演示文稿以及制作和保存重要的文件（例如同意声明）至关重要。所选购的计算机还要具备可以轻松地进行视频编辑的功能，这一点很重要。苹果计算机的视频剪辑软件 iMovie 已经得到了广泛的应用。

5. 演示设备：具有（无线）计算机连接的投影仪和投影屏也应该是设计思维空间布局的一部分。

6. 垃圾桶、吸尘器、扫帚、簸箕：设计思维空间必须整洁有序。 即使在整个项目过程中可能会（甚至应该）四处摆放各种工作材料，但定期整理整个工作区是必需的，这样才能确保有充足的工作空间。另外，设计思维空间一定要有多个大垃圾桶！

计时器

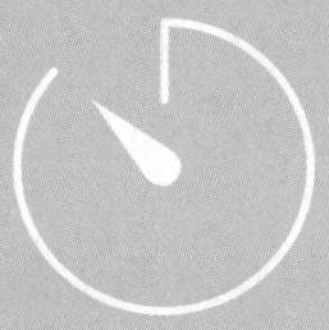

垃圾桶

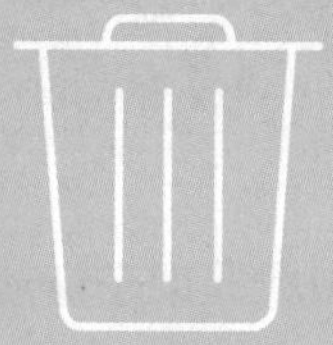

记录设备

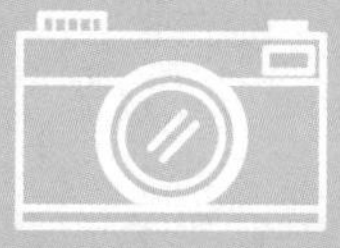

- 用于需要发现、演示和记录原型设计的摄像机
- 挖掘需要的录音机

演示设备

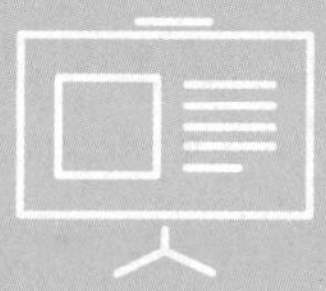

- 投影仪
- 投影屏

计算机及音响系统

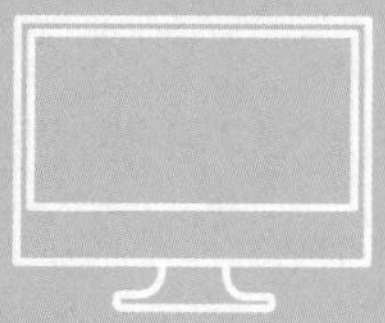

- 用于研究和演示的计算机
- 演讲和录像用扬声器

电缆

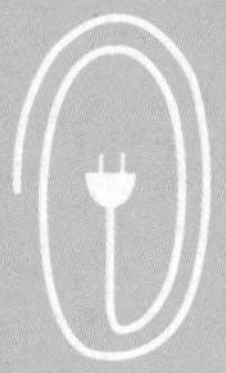

- 延长线
- 电源线

清扫工具

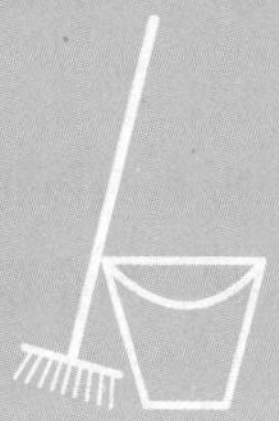

- 吸尘器、扫帚、刷子和铁铲，用于在使用后清理空间和材料

挂图画架

- 用于会议、演讲、头脑风暴活动和可视化

设计思维家具

大多数设计思维空间看起来就像小公寓一样，这很好！我们的目标不仅是创建高效的工作空间，还要确保设计思维团队成员对此产生有家的感觉。如前文所述，这个空间应包括沙发、可以坐的角落和绿色植物。

1. 桌子： 为进行团队合作和原型设计工作，设计思维空间应该配备多个可用的桌子。其高度应该是可以调整的，或者其高度足够让团队成员站起来工作。桌子应具有可擦拭的坚固表面（最好还可以在上面写字）。它们还应该带有滚轮，以便能根据团队的需求随时移动。

2. 白板： 对演示和团队合作而言，白板是很棒的工具。在采购时，要确保买到的款式能够轻松移动并可以相互堆叠，以节省尽可能多的空间。这也是低价和高价的白板之间最大的不同之处。

3. 椅子或高脚凳： 它们的高度要和桌子相匹配。这些椅子和凳子要易于叠放（选购上面提到的白板时，这一准则同样适用）。除此之外，还要考虑到是否每个使用者都能接受高脚凳（然而，并非所有人天生都喜欢）。

4. 架子： 用木头或金属制成的架子最适合用来存放材料。架子最好是开放式的，这样工作人员就能快速确认它们的内容物。如果使用橱柜或抽屉式的架子，就要在门上贴好标签，以便快速取用物品。

5. 储物箱： 金属、木材、塑料或金属丝制成的储物盒非常适合存放各种材料，它们也可以轻松地放置在架子上。

6. 推车： 这些推车可以源源不断地运输材料和工具，它们可以在设计思维空间中的任何地方使用。它们能很好地完成工作，也很有观赏性。

7. 沙发： 最好配备滚轮。

8. 家具滚轮： 如果使用带有滚轮的家具，工作人员就可以根据要求快速重新布置工作区域。

9. 环境： 除了家具，植物、加湿器和自然光照对于营造积极的工作环境也很重要。

桌子

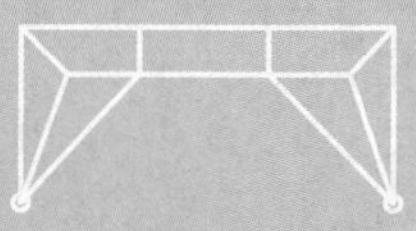

- 带滚轮和可调节高度的站立工作台
- 桌子应具备可擦拭的坚固表面

白板

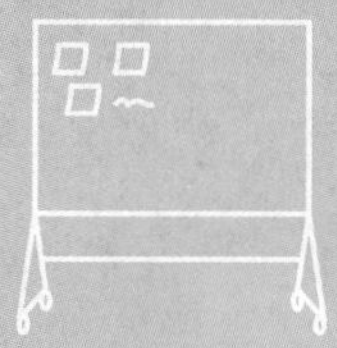

- 用于演讲、头脑风暴、工作坊或团队合作的白板

椅子或高脚凳

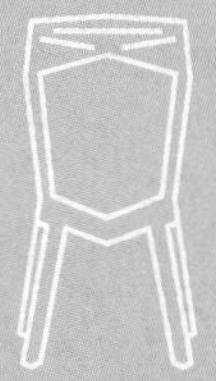

- 不同尺寸和高度的凳子（适用于普通桌和站立桌）
- 凳子和椅子应该是可堆叠的

架子

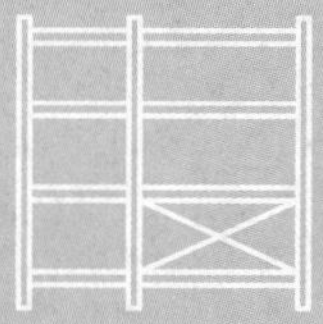

- 存储工作和原型材料的货架

储物箱

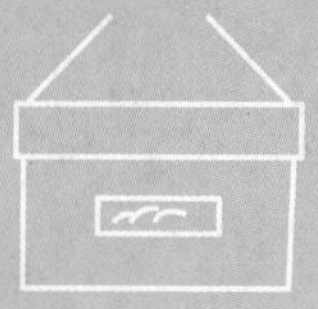

- 用于存放材料和其他工作用具的箱子

推车

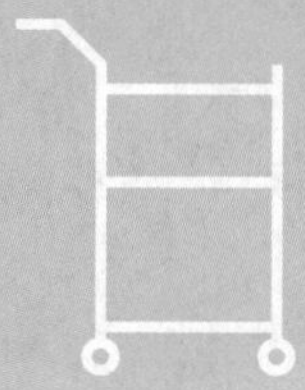

- 用于快速、轻松移动工作材料的推车

沙发

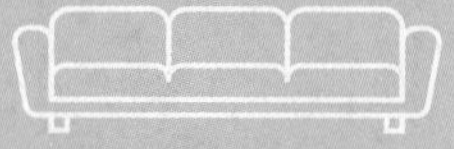

- 图书馆，或举行会议和谈话的场所
- 应配有滚轮，可在室内自由移动和放置

室内设计

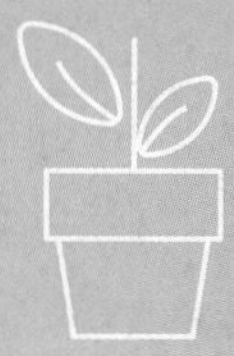

- 绿色植物
- 自然光源和间接光源
- 加湿器

4

设计思维在组织中的应用

设计思维得到实施和应用是通过组织变革进行的。

日常项目中的设计思维

在过去的十年里，欧洲有许多组织致力于在其组织文化中推行设计思维。其中，走在最前列的是德国的 SAP 公司。在瑞士，瑞士电信早在 2005 年就与圣加仑大学和斯坦福大学开始了第一个合作项目。作为作者，我们在这段时间参与了 60 多个项目的研究和咨询工作。

根据我们的经验，与设计思维的实施及其日常操作相关的两个维度是非常重要的（见第 245 页的矩阵）。

创新程度：根据不同的项目中的问题，以及它们与组织背景相结合的方式，我们需要高度创造性地创新解决方案。然而，有许多问题并不需要高度的创新。它们“只”关注证明和进一步发展现有的产品。设计思维在这两种情境中都可以使用，但它们需要调整才能发挥作用。

对设计空间的限制：第二个影响设计思维的使用及配置的因素是对设计空间的限制。如果具体项目中的因素限制了设计思维的使用，那么设计思维作为一种创新方法的作用也会受限。在这种情况下，我们应该调整设计思维的使用方式。如果限制较少且无关紧要，那么设计思维团队在寻找和实施新的解决方案时就会有更多的自由。这也为进行突破性创新留下了空间。

从第 245 页的创新矩阵中，我们可以开始看到设计思维的 3 种操作变化，下面对它们进行详细介绍。

把设计思维作为创新过程中的一个工具箱：设计思维只在项目的一部分有选择地使用。例如，一个参数明确、从用户访谈及测试中得到的不确定性较低的开发项目（见第 13 ～ 15 页，第 82 ～ 85 页的需求挖掘相关内容）可以从设计思维中获益。同样，在这样的项目中，团队得出的低分辨率原型能快速揭示出最终设计的脆弱性（详见第 17 页、第 134 页和第 164 页）。

人们知道设计思维有很多好处，例如它的操作原则和影响力。但要真正理解它，我们必须亲身去体验它。

（Marcel Plaum, Fraport）

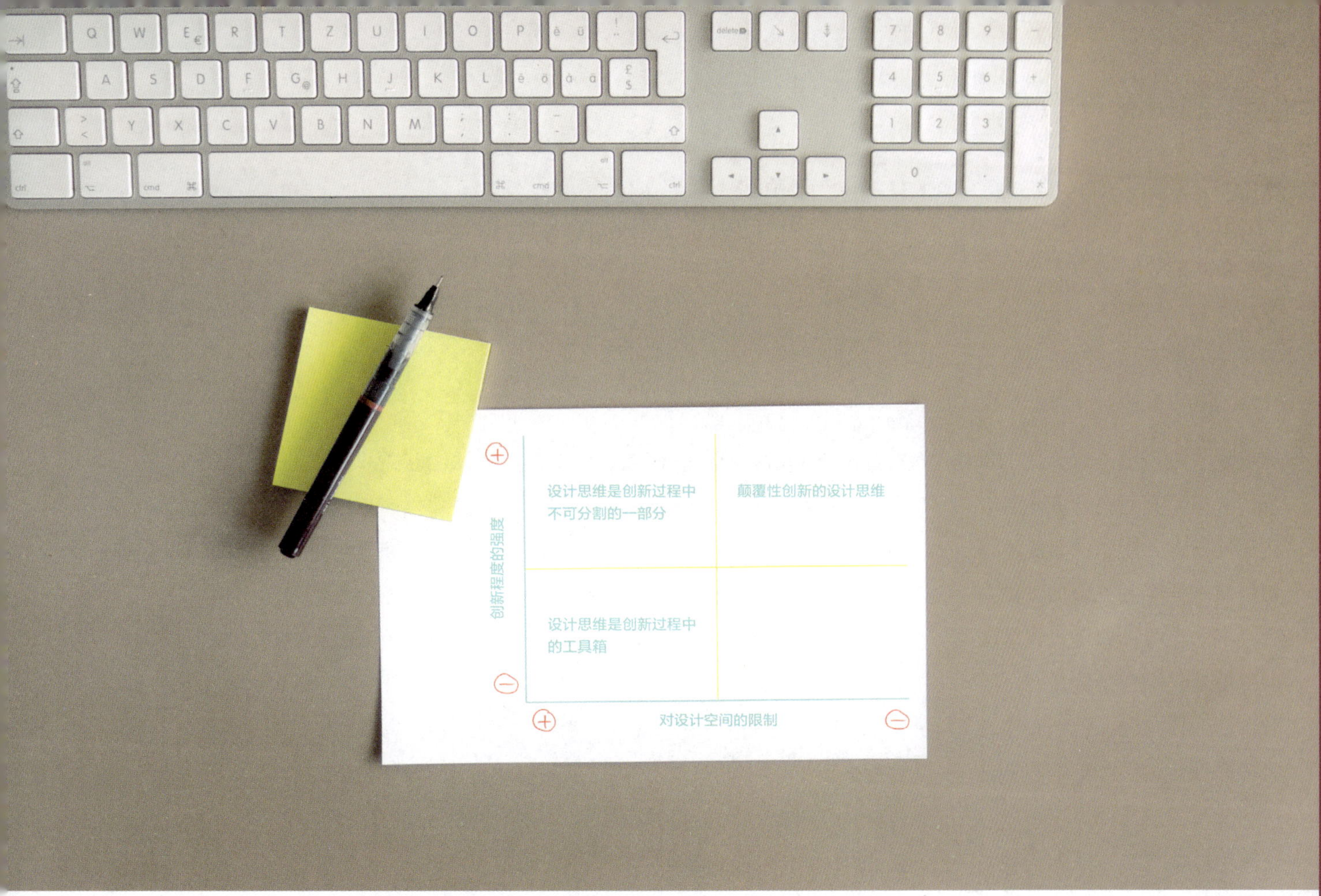

把设计思维作为创新过程的一部分：在这种情况下，设计思维被用作前期发散阶段的指导（见第 22 页），直到方克原型（见第 22、32 页）。后面的阶段则通常通过其他方法执行，如 SCRUM。在这种模式下，设计思维的应用时间会被限制在几天之内，有时是在短项目或工作坊的过程中摸索出来的（详见第 46、55、247 页）。

面向创新和客户导向的设计思维：在对设计空间限制少、对创新程度要求高的情况下，正如本书所述，设计思维则可以以完整的形式实施。

此外，我们发现，有时重新命名宏观流程的各个阶段是有用的（见第 22 ~ 35 页）。为什么要这样做呢？一些纯参数化的术语，像“黑马”或“方克”原型这样的名字，其含义并不是不言自明的，大多数人并不清楚这些名称究竟代表什么。因此，我们与项目实践者一起提出了以下替代术语：黑马原型即愿景原型；方克原型即集成原型；最终原型即概念验证原型。

重新命名之后，这些设计阶段的精髓和产出的成果都没有改变。但与“黑马”一词相比，“愿景模型”的好处就在于：它更便于组织中的使用者理解和设想一个有愿景的原型。“集成原型”和“概念验证原型”也是如此。

日常项目中的设计思维

把设计思维作为创新过程中的一个工具包

将设计思维视为一个大的工具包，是组织为了更全面地将其文化元素融入现有的组织流程和日常工作中而采取的一种方法。虽然“纯粹的”设计思维项目主要集中在新的产品、服务和商业模式上，但组织中的大多数项目其实都集中于渐进式的改革。这些项目也可以通过使用设计思维方法的各种要素来加强。

例如，在开发软件产品时，可以用设计思维需求挖掘方法来补充传统流程中所谓的需求工程（Vetterli, Brenner, Uebernickel & Petrie, 2013）。

在开发产品时，组织也可以从原型设计方法中获益。我们的设计思维工具箱中的低分辨率原型，已经在金融服务提供商那里取得了良好的效果。在原型的帮助下，复杂的咨询情况和概念通常可以被快速感知和理解。迅速将设计概念与具体实物联系并制作出来，可以引发进一步的讨论。在测试期间，设计思维团队这样做能更清楚地确定优势和劣势，并与用户一起讨论。

然而，要把设计思维作为一个工具包来使用，需要对组织的工具进行专业的了解。所以，设计思维团队必须对员工进行培训。在实践中，我们在对员工进行培训时，可以从理论和实践方面讲解一两种方法，然后让他们进行实践。这种培训方法的效果很好。

这种方法和对设计思维的理解的好处是可以取得小却明显的效果。由于其使用领域有限，复杂度一般较低。在使用这种方法时，组织面临的风险和成本通常是简单的、可控的。

其缺点是，弱化使用设计思维显然不如完全使用这一方法的效果好。漏掉发散阶段，一般也意味跳跃式的创新可能不会发生。在这种情况下，我们需要明确地告诉员工，他们只需使用设计思维工具，而不是设计思维方法。

日常项目中的设计思维

把设计思维作为创新过程的一部分

我们经常观察到的另一种实施形式是将设计思维整合到组织的创新过程中。不是只使用一些设计思维工具，而是将部分设计思维过程与现有创新过程的组成部分结合在一起。

许多组织设定的目标首先是，从设计思维过程的不同阶段中获利。一个常见的做法是将设计思维作为前端工具与敏捷开发方法（如 SCRUM）整合。在这种使用形式中，宏观过程的第一个阶段被应用（典型的是通过方克原型），然后利用一种快捷的开发方法结束这个过程。

许多设计思维团队希望通过这一过程，在早期阶段帮助其团队成员在思考时跳出条条框框。而在项目的收敛阶段，他们却希望能在考虑限制的情况下开发新的解决方案。

以组织需求为导向，可以用来实现这一目标的方法集有相对多样的潜在形式。

工作坊：在项目的发散阶段，团队成员可以一起进行为期多天的设计思维工作坊。其优点是可以将大量的团队多样性融入紧凑的工作坊。尽管有这样的好处，但对工作坊的结果降低期望也是很重要的。特别是当没有足够的时间进行扎实地准备时，成果的丰富性往往会受到极大的限制。在很多情况下，几天或几小时的时间不足以解决复杂的问题和开展较大的项目。在这种情况下，我们建议开展迷你项目。

迷你项目：“迷你设计思维项目”专注于需求挖掘、整合和创意的早期阶段，并为后面使用的快捷方法提供灵感。这些项目通常只会进行短短几周（这点取决于访谈和观察的工作量）。与工作坊相比，其优点是可以得到更丰富、更深入的结果。

日常项目中的设计思维

面向创新和客户导向的设计思维

这是一种综合运用设计思维的情况，组织在创新程度和设计空间方面都拥有极高的自由度。一般来说，这些项目的重点在于产品、服务和商业模式的（新）发展。

例如，今天一些行业（如能源）面临的问题是，它们的产品和服务在未来会是什么样子，以及哪些商业模式会为用户、股东和员工增加价值。在这些情况下，综合运用设计思维流程是应对这些挑战的最佳途径。

在这种情况下，组织通常会指定特定的项目团队，利用设计思维方法在几周或几个月的时间内解决问题。在典型的情况中，设计思维宏观流程中的发散阶段和收敛阶段都会被完成。这确保整合了客户和用户，直到完成最终原型。

其结果通常是构建一个原型（产品、服务或新的商业模式的原型），它们并非通过经典的开发过程产出的。这种方法的优点是，对设计思维方法的完全使用实现了对用户的全面整合，而设计思维原则的整体性确保了它的效果。

组织转型的层次

在日常项目运作中贯彻设计思维，首先明确在战略层和组织层要实施到何种程度。组织的目标不一定总是要完全地导入和应用设计思维，根据具体实际情况和内部战略目标，较小的或较初步的目标也可以成为组织的整体目标。

在这里，我们简单介绍一下我们多年来所发现的 4 个层次。

第一层次：认知

第一层次是设计思维介入组织的转型，其目的是让员工理解以客户和用户为导向、创造力以及进行迭代开发的流程。具体措施如下。

员工大会：员工大会是为员工举办的活动，通常是大型的（100 ~ 200 人参加），也可以邀请外部嘉宾对其他公司的项目、新的创新方法或创新本身进行演讲。借助员工大会，我们可以在员工心中形成一种对创新的大致感觉，尤其是“创新是如何实现的”。

员工培训：在这一层面，员工将被培训为设计思维方法的推动者。这种培训通常是在组织外部进行的，如大学或其他机构。员工偶尔也会在接受培训的同时参与组织的试点项目。这种培训方式通常更合理、更有针对性，但它需要投入更多的时间和人力。

情境项目：设计思维项目是以某个具体情境的方式进行的。一般来说，由于内部的员工缺乏设计思维的知识和资源，项目要由外部顾问或其他能力建设者来领导。

空间：这个层次中的项目一般是在临时空间里进行的（见第 220 页）。

第二层次：实验

在第二层次，设计思维已经成为一种被认为有可能在企业内部扎根的方法，并会被相应地分类。设计思维被理解为一种有潜力解决特定问题、项目和任务的创新方法。更广泛的、有时是原型的应用让设计思维显得令人瞩目。

培训：除了在第一层次接受培训的推动者，选定的项目合作者和负责人也要接受设计思维方法的培训。在这个层次上，重点是在设计思维和组织中的现有方法之间建立强有力的联系，并展示设计思维的价值。

项目：在创新过程中，设计思维作为一种工具包或方法的使用价值比第一层次更加明显。

接受过培训的员工在项目中的占比越来越大时，内部员工对方法的运用和推动也会越来越多。

创新营：创新营是短小紧凑的工作坊，最长可持续一周。它们的作用可以等同于教育和培训，由于分配给问题陈述的时间较长，它们可以产出更加具体、切实、操作性更强的成果。在创新营期间，多个团队通常会处理各种与组织相关的问题，有时是集中在同一个问题上，有时是不同团队处理不同的问题。

空间：随着对设计思维理解的加深，越来越多的设计思维实验室和临时空间正在建立。

第三层次：推广

处于第三层次的组织将设计思维视为用于解决组织内众多问题和挑战的有效且普遍的方法。组织的许多部门会以多种形式使用设计思维。

空间：设计思维需要不同形式的空间。处于第三层次的组织在进行设计思维项目时，通常会安排专用的设计思维楼层。

结构化和可测量化：对组织内设计思维实施的进展进行评估，并关注长期遵循的评判标准。

内部孵化器：组织内部孵化器是专供员工从事创新工作的场所。在这里，设计思维是一个用于进行成熟项目工作的工具。

第四层次：设计和客户导向的创新

处于第四层次时，整个组织已经完全采纳并应用了设计思维方法。除了运营流程，组织内部的战略也完全以用户为导向，且注重创新。

管理原则：传统的因果逻辑决策机制可以用初创企业的管理方法进行补充。这些都隐藏在“效应”的背后，这是一种决策逻辑，在高度不确定的情况下特别有用。

通过设计实现转型：为了确保组织不断适应周围的世界，设计思维被应用于转型过程本身。通过这种方式，组织可以使用设计思维对组织内部的过程分析、重新调整或优化。在这种情况下，设计思维被理解为一种用于转型的工具。

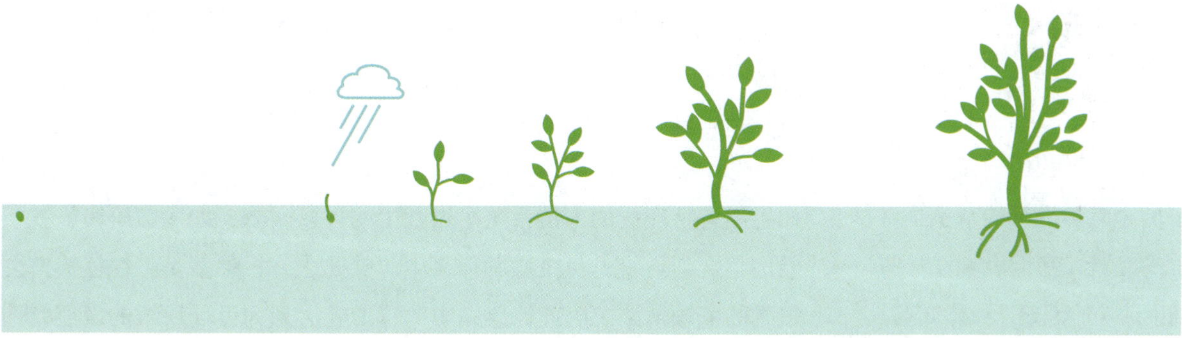

认知

- 员工大会
- 员工培训
- 情境项目
- 空间

实验

- 本地创新团队
- 发展创新能力的工作坊
- 在组织中收集想法
- 创新营
- 开放创新举措

推广

- 设计思维项目
- 设计思维实验室
- 孵化器
- 加强创新过程的结构化和可测量化

创新

- 通过设计思维实现转型
- 企业家思维在管理中的应用（所谓“实施”）

实施设计思维的建议行动和成功因素

在一个组织中成功地引入和强化设计思维需要足够的耐力和耐心。从根本上改变员工思维和工作方式不是几周或几个月就能实现的，它通常需要几年的时间。根据我们在咨询公司和圣加仑大学进行的众多项目得出的经验，我们发现了一些有利于成功的因素，具体如下。

用户导向

最重要的建议是从战略开始到流程中的每个环节，都将关注重点放在使用产品、服务和商业模式的用户身上。一个组织的战略决定了管理者的活动方向，以及与此相关的目标设定和员工评价系统。正因如此，公司的战略应尽早将用户导向细化为可实施执行的步骤。

管理层的承诺

这个词经常被过度使用，但不管怎样，管理层对于成功至关重要。如果中高层管理人员的支持不能将组织的重点放在客户导向和创新上，或者如果他们只是嘴上说说而已，没有为员工提供具体的支持，那么引入设计思维就会遇到巨大的困难。这种支持是必要的，因为设计思维会打破组织的习惯性行为，有时甚至会完全改变组织的习惯。

如果没有管理层的支持，这个过程中的许多步骤，如发散阶段，就不能被整合到传统的员工激励体系中。除此之外，许多员工往往会产生很大的抵触情绪。因此，组织中的管理者必须为设计思维的发展营造合适的条件。

灯塔工程

没有什么能比结果更有效地说服人们，所以人们往往通过灯塔工程展示成功设计思维项目的成果。灯塔工程并非在抽象的层面上与同事分析实施设计思维的潜在积极效果，而是迅速展示设计思维对组织的价值。通常情况下，选择的问题可以在不到 6 个月内的时间中得到解决。这些结果往往会激励组织启动变革。

提高感知和理解

在开展灯塔工程的同时，对组织中的各级管理人员进行培训教育已经被证明是有益的。培训有助于让设计思维成为组织文化的一部分，它们建立了对设计思维方法基础知识的初步理解。许多成功的组织对大量员工进行培训，而不仅仅是对少数推动者进行培训。

选择与重点

设计思维不是一种可以解决所有问题的方法。我们需要定义那些对组织有实操意义的具体应用和参数。在之后的实施阶段，我们可以重新审视和使用这些参数，并在某些情况下予以修订。

耐力

组织变革是一个漫长而艰难的过程。员工只有认识到变革的必要性，才能进行满足变革所需要的学习。变革和学习需要很多时间，在这段时间（通常是几年）里，组织内部的一致性和毅力是必要的。然而，在许多组织变革的过程下，必要的专注很少能够持久。各级管理人员的毅力是掌控组织变革的必要条件。

打破孤岛式结构

将设计思维引入组织的另一个成功因素是打破孤岛式结构。孤岛式结构以能力领域划分组织，拥有不同能力的团队只有通过正式的沟通渠道才能互相进行信息交流。对设计思维来说，这些正式渠道会带来限制。我们需要的是完全不同的跨学科团队成员，他们可以自由地交流，而不会受到孤岛式结构的限制。

小团队

设计思维项目的成功通常不是由团队规模决定的。经验表明，在灵活性、创造性和“动手”的心态方面，小团队比大团队更有优势。因此，如果有可能，应该优先考虑小团队。

空间

准备足够让团队在其中工作的空间，以及让他们在创造过程中的物料不受干扰，这是至关重要的。因此，要为员工营造合适的工作氛围。特别设计的设计思维空间对团队将起到极大的帮助作用。

5

案例研究

我们用各个组织的案例，
来展示设计思维相关的挑战及落地实施情况。

案例研究

德意志银行的设计思维实践

案例作者简介

卡塔琳娜·贝格尔
(Katharina Berger)

卡塔琳娜·贝格尔从1978年开始一直在德意志银行工作，曾在多个完全不同的部门任职。她从客户咨询工作做起，之后又担任过分行个人计算机嵌入和应用方面的开发工作。她还负责过试运行的相关工作，如整合服务器环境、通过服务台建立用户支持。通过参与国际项目和从事全球范围内的测试管理工作，贝格尔积累了丰富的跨文化团队协作经验。自2008年起，她一直担任德意志银行设计思维创新管理主管。

公司简介

德意志银行是一家领先的、全球性的、以客户为导向的综合性银行，在全球拥有2800多万客户。该银行为客户提供多样化的金融服务：从货币交易、信贷，到投资咨询服务和资产管理，再到资本市场上所有形式的业务。其客户涵盖个人、中型企业、公共基金和投资机构。德意志银行是德国最大的银行。它在欧洲市场上拥有很高的地位，在美洲和亚太市场上也拥有巨大的影响力。

引入设计思维的“催化剂”是什么？

在从信息时代通往用户时代的过程中，对用户及其需求的定位必须比以前更加精准。高速的技术变革、人口结构变化、数字化和物联网等各种大趋势，鲜明地改变了用户的生活和需求。设计思维作为一种开发新创意的方法，具有独特的魅力：它能够让员工从项目伊始就开始探索用户的需求；它可以促使员工系统性地研究可能的解决方案，并专业地挑战原有问题。所以，即使环境瞬息万变，他们也能有效地调整产品和服务。2008年，当我们开始设计思维的第一个“原型项目”时，以下催化剂对我们的第一次“尝试”起到了决定性作用。

用户导向：设计思维的基础概念是“以用户为中心的方法”。我们在这一方法中看到了机会：它可以使我们各部门的产品和软件开发人员，以及集团技术和运营部(GTO)的开发人员(他们专注于基础设施)，能够更好地理解用户对新的甚至是激进的产品的需求。这使我们有机会对我们的假设与用户的实际情况进行比较，从而降低了在开发中遗漏需求的风险。

在这种方法中，我们也看到了一种可以让技术、业务部门更早开始相互沟通的方式。这种联系方式应用于项目早期阶段，能够改善内部沟通效率，使我们在项目前期就能整合现有的专业知识，并使客户尽早地积极融入创新过程。

原型设计和灵活性：事实证明，将短时间的迭代过程与不断构建原型相结合是十分有利的。采取用户反馈的方式快速迭代能够动态地发展想法和概念，这使我们能够快速、灵活地满足市场需求。我们还建立了一种机制，可以通过用户测试在项目早期识别关于产品和服务设计的错误假设，从而降低项目风险。

创新和发散思维：在尝试这种方法时，跳出条条框框进行“盒外思考”是一个决定性因素。设计思维倡导自由思考，它以一种独特的方式将寻找解决方案（有时是激进的、创新的解决方案）和具体的项目开发要求联系起来。使用简单材料进行早期原型设计的方法允许项目团队评估大量的用户想法，帮助我们加深对问题和用户需求的理解，并拓展思路。如果持续应用，项目团队能够从不同的角度考虑给定的问题。更重要的是，设计思维彻底促进了多视角的变化，使我们能够依赖这种有显著增强效果的方法做出决策。从本质上讲，设计思维不仅是一种创新方法，在创造力和创新方面，它是快捷开发方法的重要补充。

我们概念化了关于应用设计思维的第一种方法。在法兰克福的埃施博恩，一个以银行为中心的设计思维实验室成立了，叫作创意工厂。随后实验室配备了简单的材料，逐渐变成了一个强大的创意空间。

您如何定义设计思维？

对德意志银行来说，设计思维是帮助其开发以用户为导向的敏捷新产品和服务的众多方法之一。它与我们的组织战略保持一致，并将我们的客户置于我们所做的一切的中心。在过去的几年里，我们能够将设计思维从一种实验性的方法转变为一种适合银行业的成熟方法。与此相关，德意志银行实施了以下举措。

项目：自 2009 年以来，我们与客户和供应商开展了成功的项目。一个有意义的因素是，德意志银行很早就决定不仅为内部工作人员，还为来自世界各地的大学生提供以实习方式参与这些项目的机会。我们把青年人才与内部专家的沟通交流作为项目目标之一，并通过这种方式为我们所面临的问题拓展新的视角。此外，我们积极为员工提供尽早体验该方法的机会。这才使得我们能够真正地推动变革管理。在过去几年中，我们的项目不仅直接关注用户，还利用他们来解决内部问题，以改善我们的流程和信息系统。

培训：设计思维实验室与圣加仑大学合作，积极支持创新项目并培训全球员工。在德意志银行位于法兰克福、伦敦、纽约和新加坡的总部，300 多名管理培训生接受了该方法的培训。其目标是尽可能多地识别和收集内部知识，并将其直接应用于运营工作。

两年前，我们开始将设计思维元素融入 GTO 部门的经典项目。

项目结果如何？

我们的项目产生了大量成果，这些成果以各种形式惠及新的产品与服务。我们开发了新的服务项目，如未来规划师。在金融业务中，这一服务能让我们的用户在时间轴上表述他们的财务愿景。我们根据用户的情况与其对话，而不是根据银行的提议。

有趣的是，我们的项目还产生了其他引人注目的效果。就大数据这一饱受讨论的话题而言，如果我们用设计思维的方法来看待它，很快就能通过其表面看到本质：如果想解决这个问题，我们还需要哪些新角色和新能力？如果没有组建专家团队，我们如何才能在公司较小的部门中使用它？我们该如何实现一种能让人理解、体验大数据的示范性方法？多亏有我们的设计思维团队，它加强了专家与潜在用户之间的联系。值得关注的是，通过与我们合作的团队，我们在专家讨论中发现了一个此前缺失的观点。通过这种团队参与的方法，非常技术性的讨论得以用全局性的方式进行，这有利于尽早识别风险并产生出人意料的解决方案。

截至目前，关于设计思维，您学到了什么？您又能通过它学会什么？

设计思维方法让我们学到了很多东西，具体如下。

用户：让用户直接参与设计过程总是有价值的。在和他们的谈话和对他们的观察中获得的见解，可以直接落实到新产品和服务中。

价值：一个组织往往只有形成一种新心态，才能强化创新。对问题和解决方案空间进行研究和探索，以及与客户的直接交流，是项目中专业工作的核心内容。设计思维不仅是我们的工具箱，还让我们能通过迭代过程整合并测试想法、概念。它可以通过这种方式赋予员工改革的方法，并且是试验过的方法。

实施：在组织内部成功实施设计思维需要时间，大量的时间！时间也是启动和开展可持续变革过程的必要条件。人们必须选择是实现一个小点或是一小部分，还是运用于整个组织。当修改设计思维方法并使之适用于组织时，时间也是很重要的因素，并且需要很多步骤。德意志银行的设计思维团队首先要理解这些方法，然后制定一个思路：如何在项目中直接使用这些方法。接下来，他们必须想办法让这些方法在整个组织中运行。这里还有很重要的一点：这些方法在项目中很少以单一的方式使用，快捷开发中的整合方法也提供了成功的解决思路。

如何继续使用设计思维?

设计思维无疑是我们方法组合的一个基本组成部分，也是未来项目的基本组成部分。重要的是，这些方法找到了有效增强项目结果的落地方式，例如将设计思维元素与其他方法（如敏捷开发方法）集成。同样，我们将继续回顾，设计思维的各个方面如何为组织的各个领域提供了独特的能力。其中一个例子是客户旅程的主题，它涉及用户体验，以及与之相关的用户画像。这些方法在市场营销中应用已久，但我们如何才能把这种能力直接融入创新过程和运营理念呢？我们将在未来进一步整合，解决这些问题。

您对其他组织有什么建议?

设计思维不能自发运行。通常，经典管理学与设计思维的要求存在差异。大多数人从小就被教育要尽快解决问题，但这种方式很容易让人因循守旧而错过新想法。设计思维是有意识的迭代思维。对未接触过设计思维的人来说，对自己的假设提出质疑并说服自己采取这种方法是很难的。因此，我的建议是：让决策者从一开始就参与其中。坚韧、耐力和持续执行是实现设计思维的必要条件。当然，试点项目中快速的成果可以且必须被展示出来。但这些也让人认识到，作为组织文化的一部分，设计思维的完全吸收与实施需要时间。

此外，在起步阶段，专业支持也必不可少。虽然很多人想只通过简单的学习就上手设计方法（很多人也认为这是可行的），但其实引入设计方法需要深厚的专业知识。让员工在早期项目中使用方法积累经验是正确的，但是我们要让他们知道整个实施过程的真实情况，这必须借助专家对专业知识的运用。为了实现成熟的理念和充分发挥方法的价值，我们需要在组织中引进新的专家和新技术。为此，如果组织内部缺乏这种技术，我们可以尽力寻找外部支持。在选择专家时，应该询问他们是否有在组织中引入设计方法的经验，而不仅仅是应用这些方法的经验。从长远看，人们需要具备组织中的专业知识。对员工的投资是对公司未来的投资，也是对公司“满足客户需求的能力”的投资。

案例研究

瑞士电信公司

案例作者简介

弗兰克 · 塞弗特
（Frank Seifert）

1999 年以来，弗兰克 · 塞弗特一直在瑞士电信公司担任各种管理职务。2010 年以来，他一直支持以人为中心的设计（HCD）的发展。他开发了内部咨询方法，并领导了与私人客户、信息技术、网络和创新以及集团安全相关的内部咨询。2014 年以来，他一直领导瑞士电信公司的外部 HCD 咨询团队。

组织简介

瑞士电信公司是瑞士领先的电信公司，总部设在首都伯尔尼附近的伊蒂根。公司有超过 2.1 万名员工，年销售额 117 亿瑞士法郎。瑞士电信公司将自己定位为用户在互联世界中的最佳伙伴。在这里，用户可以放心地将自己的精力集中在事物的本质与发现新机遇上。无论何时何地，瑞士电信公司都为用户提供最好的互联服务。瑞士电信公司为企业和私人客户提供移动电话网络、固定电话、互联网和数字电视等通信服务。它也是瑞士最大的 IT 服务供应商之一，负责移动和固网基础设施的建设与维护，以及广播信号的配送；此外，它还活跃在能源和健康领域。

据估计，瑞士电信市场的年销售额约为 130 亿瑞士法郎。根据类别的不同，每个不同类别的市场份额在 1/5~3/5 之间波动。多年来，电信和互联网技术一直在合并成一个单一市场。这个市场愈发多地受到互联网技术行业的规则和法律的约束：快速变化、通过市场（而不是标准化委员会）推动标准化、使用来自互联网技术和全球业务模式的质量模型。这给瑞士电信公司造成了一个独特的挑战，它在规范的国内市场中运作的同时，也在应对国际竞争。这些竞争对手将自己定位为用户的直接合作伙伴，削弱了瑞士电信公司与用户的联系及其销售量。

引入设计思维的催化剂是什么？

在 2008 年之前，瑞士电信公司是一个按技术种类划分部门的电信公司。不同的部门提供各自的技术服务，如固定电话、移动手机和互联网。这使客户与作为整体组织的瑞士电信公司没有任何直接关系，而只是向某个负责其业务的部门咨询（例如瑞士电信的手机部门）。他们还面临来自活跃在全球的新兴企业的竞争，如苹果公司等，这些新企业想通过自己的互联网技术和商业模式，在市场中占领至关重要的位置。类似的竞争无处不在。

为了在这种环境下形成自己的特色，并且以更加面向用户的方式开展工作，我们针对 3 个主要群体的关注点进行了重组：私人用户、中小型企业和大客户。同时，我们希望迈出一大步，以用户为导向发展我们的服务。我们没有采用传统的项目管理思路，而是采用了用户体验设计（CED）的方法，根据经济理论，这是很难实现的。因为这一方法是基于瑞士通信市场的实际情况进行的，在瑞士通信市场上，瑞士电信的市场份额超过 50%，而且存在溢价。用户体验设计背后的理论表明，顾客愿意为更好的体验付更高的价格，同时还有忠诚度。品牌也是一个重要的因素（见 Pine & Gilmore, 1999）。用户体验设计注重体验，从而加强品牌的差异化，这种差异化不仅体现在和直接竞争者的比较上，也体现在和其他市场中的品牌比较上，因为体验的效果是在全球范围内进行评估的。

然而，产品经理不可能一夜之间成为用户体验设计师。一个马上出现的问题就是：用户体验设计师的关键特征是什么？是什么让他与众不同？他会使用什么方法？克里斯蒂安・泰勒（Christina Taylor）与其同事曾一起在瑞士电信公司驻硅谷办事处工作了多年，并探讨了那里的初创企业和各种公司成功的原因，这些经验给他们的公司带来了好处。他们发现，有两个基本要素是成功的关键：客户体验和设计思维。这两种方法都为瑞士电信公司开发适当的方法和思维方式提供了基础。它们成了公司人本设计的基石，还成了培训用户体验设计师的基本原则。

如何定义设计思维？

在产品管理中采取用户体验设计的方法时，我们不禁要问：“什么是用户体验设计？”它的重要组成部分是一种思维方式和一套方法集。思维方式可以理解为一种工具，它提出一些提纲挈领的问题，帮助弄清问题背景，使创新文化得以发展并取得成果。方法集是一系列方法的集合，它们可用于产生解决方案。这套方法基于设计思维，它的基本要素如下。

- 选择服务方案不是用户的工作，而是用户体验设计师的工作。只有通过直接观察，设计师才能掌握用户的需求。仅仅阅读市场调查报告并不能培养设计师对用户的同理心。
- 在设计用户体验时，要想找到最成功的路径，设计师必须用原型与用户一起测试解决方案。通过这种方式，人们可以快速、低成本地得出应有的服务方案。

- 用户体验链条。它描述了用户体验服务方案的基本要素。它有意识地帮助我们创造出想要影响用户体验的要素。

在第一阶段，负责私人用户业务的 600 多名员工及管理人员接受了思维方式和方法的培训。这次培训本身就是一次为期多天的体验，它训练员工把理论与实践相结合。

在第二阶段，我们召集了一批内部顾问。这些顾问确保了思维方式和方法集能应用于选定的项目。在我们的员工中建立这个顾问团是很重要的。通过这种方式，我们保证了顾问（也被称为“共创者”和“评估者”）是项目团队中的一员，要对项目结果和方法的使用负责。

这些措施初见成效后，他们鼓励组织继续使用该方法，这促使公司在一系列不同的项目都采用了设计思维，用以衡量该方法的普遍适用性或局限性。思维方式和方法集支持了现有的开发流程，但并没有取代它们。值得一提的是，这两个部分都得到了来自市场和趋势研究、沟通、可视化、原型设计和工作环境设计领域的专家的支持。

在第三阶段，提供最佳的用户体验成了我们战略的一部分。这种方法以前主要是在私人用户领域开发和使用，现在则覆盖所有用户。为实现这一目标，我们为中小企业和大客户建立了额外的顾问团队。此外，我们还为人力资源、IT、网络和创新、集团安全和营销等内部部门配备了顾问。

在第四阶段，我们建立了针对公司大客户的咨询团队。同时，经过多年的努力，我们建立了一个创新“引导者”人才库。“引导者”是经过专门培训的员工，他们接受过一套思维方式和方法的培训，可以将其应用于典型和特殊工作领域的项目。在完成引导工作时，上级会在指定时间段内减轻“引导者”的日常工作量。通过这种方式，咨询团队的业务范围得到了大幅扩展。

项目结果如何？

我们取得的结果证实了这种方法的有效性。在设计思维的帮助下，有意识地创造体验已经成为瑞士电信公司的一种既有能力。令人印象深刻的成功例子是新开发的瑞士电信商店（Swisscom Shops），它用来提供互联网、固定电话、数字电视和移动电话的套餐服务，Swisscom TV 2.0，以及针对个人和企业客户的新的移动电话计划。如果不是顽强地克服众多内部障碍，我们不可能取得这些成功。“设计思维”这个名字也会引起误解和不屑。在德语中，“设计”意味着形式和表象的创造。

正因为如此，设计往往被放在开发过程的最后，以此让技术创新变得“有吸引力”。然而，设计思维只有在持续使用时，特别是从项目前期就开始使用时，才是有效的。

“思维”一词也会导致混乱。设计思维方法是极其注重行动的，它很少留给人们枯燥、耗时的讨论空间。设计思维并不是一种只通过“言传”就能奏效的方法。如果想成功地进行设计思维，那么管理层也必须准备好接受另一种管理方式。刚开始的时候，设计思维往往会被认为是耗时较长、见效较慢的方法。同样也有人说，使用传统的项目管理方法时，你要先对实际问题进行简要分析，然后寻找解决方案，并在后面不断地重复解决相同的问题。这一系列步骤成本很高，而且会使项目变得枯燥、容易失败。因此，引入设计思维会带来根本性的变化，有时甚至会是彻底的变化，但这需要时间。根据我们的经验，正如其他各种管理变革一样，这样的变革会面临来自组织内部的阻力。

截至目前，关于设计思维您学到了什么？

七年来，引入、使用设计思维的经验让我们学到了很多。

- 使用设计思维方法的项目并不一定都会成功。设计思维并不是魔法，但它能极大地帮助我们在正确的时间提出正确的问题，并阻止项目向错误的方向发展。
- 要让设计思维获得成功，项目团队必须拥有足够的异质性。这意味着大家具有不同的视角、技术诀窍和思维偏好，就像赫曼全脑优势测评工具所划分的那样（Hermann International, 2014）。这将影响团队决定采用何种方式应对挑战。如果团队组建不得当，即使能运用好设计思维方法，项目也并不一定能成功。
- 新员工不会一开始就懂得设计思维的使用诀窍。公司需要长期培训新员工使用设计思维。
- 值得一提的是，设计思维并非只有在项目需要时才会被引入的外部知识，而要把它看作一种利用自身资源建立起来的能力。

通过上述方式，设计思维已经成为企业应用于很多领域的标准方法。

如何继续使用设计思维？

对我们来说，设计思维是我们人本设计方法的一部分。我们的目标是让这样的设计成为瑞士电信公司的核心竞争力，所以我们将会继续使用设计思维。在过去几年中，我们已经将人本设计团队的规模增加到60人。这些员工为瑞士电信公司各业务部门的各个团队提供支持。由于起步时间不同，瑞士电信公司的各部门在人本设计方面的推进情况各不相同。我们的目标是在未来几年内使其在各部门齐头并进。

您对其他组织有什么建议？

回顾过去，以下措施对成功至关重要。

这需要高层管理人员的长期支持，还需要有立场鲜明、执行有力的中层管理团队。有关人员的活动决定了成功与否。

一开始，我们就为引入人本设计明确了原因。这些原因集中在瑞士电信的品牌和创造特色的能力上。这具有明确的业务相关性，并且可以用用户的净推荐值来衡量。正在进行的数字化转型巩固了我们加强人本设计、提升客户体验的发展定位。今天，客户拥有有史以来最大的权利。销售渠道就是一块屏幕，信息和价格对用户来说是完全透明的。只有那些能带来无障碍积极体验的服务项目，才会被用户在社交网络上推荐。所有的这些保证了公司的成功。

我们选择了一个整体的方法：一个明确的原因、一个有效的战略、适合的架构和组织、用来评估好坏的衡量标准、合适的人员和方法，以及文化元素，比如为人本设计创造的特定空间。在组织的一个有限领域采取整体化的方法，更优于在整个组织中使用碎片化的方法。

创新的启动和落地是由一个对业务结果有直接影响的业务领域推动的。与此相关的是，我们将自己与传统的组织发展方法区别开来。传统方法往往强烈地依赖人力资源，也因为如此，业务部门会认为那些方法与成功并非强相关，所以不太支持。

没有什么比成功更美好。尽快提供成功项目的范例很重要。这些都能为变革进程增添动力。但为此选择合适的项目有时并不那么容易。

选择一套适合组织及其范围的方法集很重要。随着时间的推移，人们可以观察到哪些方法会被接受，哪些术语会被纳入组织语言，以及是如何被用于决策讨论的。

案例研究

豪夫 -lexware 软件

豪夫集团是一家数字媒体集团，提供数字化解决方案，为目标服务群体优化工作空间，其品牌包括 Lexware 软件和在线（连接）解决方案。用户可以用它们整理各种业务和私人财务项目，如记账、商品销售和税务等。豪夫还提供电子产品、在线服务、商业软件、图书，以及法律、经济和税务方面的期刊。

在豪夫学院，我们的客户可以通过开放的、可预约的活动以及单独的内部工作坊，获得定制化、补充性的培训和发展。

为了跟上市场和技术的快速变化，寻找新的领域以获得商业上的活跃和成功是至关重要的。2010 年，我们基于蓝海战略，成立了一个全新的、完全独立的"蓝海"部门。该部门的目标和理念是将蓝海战略落地。蓝海战略指出，只有差异化的需求才能开拓新的市场，从而带来新客户和长期的成功。简单地说：在未来，只有在罕有竞争的市场上才能赚大钱。《蓝海战略》（Kim & Mauborgne，2005）一书介绍了一些至今仍在使用的方法，如战略轮廓和 ERSK 模型：消除（Eliminierung）、减少（Reduzierung）、增加（Steigerung）和创造（Kreierung）。它还描述了那些与竞争者不同的公司的做法。然而，这些企业讨论的内容如何解决客户的新问题和新需求，以及在无人竞争的情况下进入新市场，这一问题仍然悬而未决。

我们制定了"浪潮（侦察、验证、交付）"战略，以此寻找新市场。第一阶段（"侦察"）的任务是寻找需求，这是整个过程的核心阶段。接下来是"验证"阶段，在这个阶段，我们建立起商业模式。最后，"交付"最终的产品概念。在"侦察"阶段，我们采用了设计思维。在这里，我们的目标是用需求挖掘、发现问题，并用创新的想法解决问题。设计思维的主要方法与我们的敏捷组织方法类似：新想法只能在跨学科团队中产生，团队成员共同开发

案例作者简介

克里斯蒂安·斯泰格尔
（Christian Steiger）

克里斯蒂安·斯泰格尔，生于 1973 年，现任豪夫 -lexware 软件（Haufe-Lexware）公司业务运营总监。他负责提供新产品、商业模式和创新业务，还负责 SaaS 生态系统 lexoffice 的建设和发展，为中小型企业开发在线解决方案，并研发新的技术、方法和流程（浪潮战略、快捷开发和设计思维）。

一个以人们的需求及其动机为基本出发点的问题，然后从多个角度（如精益管理、敏捷组织、快捷软件开发）对这些概念进行实施和检查（Pautsch & Steininger, 2014）。这种迭代和敏捷（德语中的“beweglich”）的方法已经刻入我们部门的基因，它扎根于浪潮战略全流程中的每个阶段。

我们决定采用浪潮战略试验一个设计思维项目。最初，我们制定了一个带有愿景的问题陈述，以此为团队提供一个粗略的框架。简明扼要地定义一个“对”的问题，是项目能够开展的基础。我们在一个跨学科团队内部对这个问题进行了研究，然后与圣加仑大学人本设计中心主任福尔克·乌伯尼克尔（Falk Uebernickel）及该大学的设计思维教学团队一起，最终确定了问题陈述。

我们的目标是制作在线服务项目的原型。过程包括制作提案、赢得客户、维持客户关系、为用户提供服务、对项目进行后台管理。针对这些重点提出的服务项目应该会显示出中小型企业在未来（5 年以内）可能面临的来自管理等方面的挑战。需要重点关注的人员主要包括提供服务人员、自由职业者（不包括无申报要求的受雇人员）、手工业者和团队认定的其他有关人员。

我们与团队进行了现场交接并介绍了大致情况，还指派了一名员工牵头进行交流。团队由圣加仑大学的 3 名硕士生、豪夫 -Lexware 软件公司的员工以及圣加仑大学和斯坦福大学的导师组成。在斯坦福大学的启动活动中，我们有机会在设计学院现场参加了拉里·莱费尔（Larry Leifer）等人关于设计方法与哲学的演讲和工作坊。他们除了介绍了那些众所周知的方法（如同理心地图和用户画像），还让我们认识了商业模式画布（BMC）。这个方法已经成为上面提到的浪潮战略在验证阶段的核心内容。我们通过商业模式画布总结了业务建模方面的成果。

设计思维项目的时长有 5 个月，分为 5 个阶段。第一阶段是探索设计空间，其目标是对提出问题的人们进行观察。这样，我们可以了解到团队理解信息和快速构思解决方案，而不仅仅是观察和倾听。在我们眼中，探索性访谈、用户画像、同理心地图和问题漏斗等方法都特别有趣。直到现在，为应对特定的情况和问题，我们也仍然在使用这些方法。然后，我们运用关键功能原型继续进行设计，这一阶段的目标是从用户的角度出发，找出能够解决问题的关键功能。我们使用的方法是原型设计（形式有涂鸦、幻灯片，也有“组合原型”，如“扫描仪环”），我们在这些原型中加入各种新的关键功能，再和用户一起测试。

黑马原型阶段特别有趣，因为它的目标是颠覆我们之前所有的假设和经验，帮助我们找到创新的解决方案。在这里，我们使用了“延展目标”等方法，即把目标推得很远，直到当前的设计方案已经不够用了。它的应用有两个例子：“财务规划方法”和“看待一头猪”。我们在其中扮演各种利益相关者，如用户、税务顾问和金融管理机构等，并进行互动。

我们还经历了问题定义与重构。通过问题定义，我们确定问题并讨论其基本假设。在重构的过程中，这些基本假设又会被推倒重来。随后是方克原型阶段。在这个阶段，我们重新聚焦和整理需求，之后再根据关键功能阶段和黑马原型阶段中那些已经验证可行的功能，对设计方案进行进一步的测试和开发。我们能在“愿望清单”中看到目前用户最喜欢的功能。通过“让别人来做”的理念，项目外的其他团队成员也被引入项目，共同参与对新方案的开发工作。最后，在功能原型和最终原型阶段，我们得到的终极版原型兼具横向和纵向元素。对我们来说，这是一个完全基于 Web 网络的原型，它包含了在前几个阶段测试成功的那些功能。

我们最终得到的主要成果是原型“Somba”。除此之外，我们还收到了 250 页的文档，其中记录了每个阶段的成果。

Somba 意为“社会微型企业管理”，它也是一个非洲部族的族名，他们建立了类似于小企业的结构来管理族人。

Somba 对用户的承诺：

- Somba 是一个基于 Web 网络的工作空间，可以随时访问。
- Somba 会自动记录后台管理数据。
- Somba 可以改善商业伙伴之间的信息交流。
- Somba 是无纸化的。
- Somba 以人为本，因此适合小企业的结构。

这些结果直接影响了我们今天对 Lexware 设计方案的构思和实现。Lexoffice 是一款针对小型企业、自由职业者和个体户的发票和记账程序。用户对该产品的良好反馈和高满意度说明：设计思维方法对完善产品极具价值。

我们认为，豪夫集团的所有员工都对设计思维颇具兴趣，他们的工作涉及概念化新产品、解决方案或服务。然而，设计思维只能算作我们的浪潮战略流程的一部分（参见浪潮“侦察”阶段）。我们在侦察阶段频繁地使用了设计思维。在开发出 Somba 之后，我们又和圣加仑大学一起完成了两个设计思维项目（以后肯定还会继续合作）。在豪夫集团内部，我们在圣加仑大学等机构的帮助下，又开始了设计思维领域的其他项目。

根据我们的经验，将关注点导向需求挖掘和原型设计，并将业务建模（可行性、商业模式等）从这些活动中明确分离出来，是很重要的。设计思维提供了业务建模语言九大基本构件中的两个，即价值主张和用户细分。对我们来说，其他的构件是在后续的业务建模验证阶段完成的。

案例研究

玛丽金动物医学中心

组织介绍

玛丽金动物医学中心是在瑞士弗西斯堡（Feusisberg）新成立的一家动物医院。它拥有先进的技术，在概念和文化方面都有所创新。该机构是由私人投资，在一家非常成功的兽医诊所的基础上发展壮大的。

玛丽金提供全方位的服务，从现代化诊断方式（实验室、X 射线、CT、超声波和内窥镜），到精选专家操作的特殊治疗和手术，再到水上跑步机理疗和替代医学。此外，还有兽医商店和猫咪旅馆等补充服务。玛丽金为宠物提供一站式的医疗体验服务。

设计思维是如何被引入这个项目的？

这家医学中心最初的规划方式比较传统：由专家负责对功能性的具体治疗程序进行分析、构思和优化，他们还会据此划分医院各部分建筑，使其得到合理应用。整栋建筑除了供兽医使用，还出租了一部分空间。

然而，管理团队感觉到，这种纯粹理性的、功能性的经营方式并不能充分发挥运营的潜力。于是，他们萌生了设立一个主题的想法，并以这个主题为中心，用一种可感知的方式在情感上将所有功能连接在一起。

为此，他们寻找了一个外部的创新合作伙伴，帮助他们与所有利益相关者一起反复分析情感方面的问题。设计思维过程由此开始。

有哪些人参与其中？

设计思维团队首先由医生、助理、投资者、客户、建筑师组成，还有一些跨领域的外部人员参与。之后，团队不断吸纳新人，以防陷入静止的死循环。

具体的程序是什么呢？

首先，我们借助用户画像和接触点进行分析，结合已有的实践，对现有的程序和不同用户群体的需求进行了精确的优劣势比较。然后，我们制作了一个优化档案。我们认为从这个过程中获得的知识是有用的，并且改善了质量，但这并不让人感到惊讶。

已经犯下的规划错误很快就被发现了。例如，最初的规划要求设置一个大型的、传统式接待柜台。但这意味着会有一道屏障，接待员甚至无法看到四条腿的动物病患。

设计思维在情感和文化层面上体现了非常高的创新潜力。

通过这次学习，玛丽金决定使用 DNA 分析法（见第 68 页），以此确立自己的基本核心优势。这次分析的目标是：确定现有的核心优势是什么，并在未来维持和扩大它们。

团队直观地认为，医院在与客户情感交流方面的核心优势是其取得巨大成功的真正原因。

在 DNA 分析法得到的结果中，与成功相关性最高的是什么？

虽然该医院的客户很多，但员工能记住客户们的名字和具体情况，在他们与这些带着患病宠物的客户交流时，这些信息能派上用场。

此外，他们和客户，以及和同事间的闲聊是极度友好和直接的——谈话开诚布公，并且带着发自内心的情感和兴趣。

全体员工通过他们的吸引力和亲和力使自己脱颖而出。他们以一种令人愉快的方式打破了在传统诊所中常见的“白大褂效应”，客户也不会因此觉得他们不够严肃和专业。

最终，这种非传统的“鸡尾酒”式接触法造就了一个分布广泛的铁杆粉丝俱乐部。他们对医生的喜爱程度远远超出了平均水平。

设计思维是如何实施的？

我们现在的任务就是把这些已经在组织小范围内验证过的关于情感方面的独特技巧，扩展应用到瑞士最大的诊所中。为了实现这一点，成功的秘诀当然不能丢失。

之前的设计思维团队收集了各种各样的想法，目的是探究如何让大体量机构在工作中能够使用这些技巧。

对每位客户进行个性化的接待是工作的重要目标。如果只有 2000 名客户，这或许可行，但如果有 10000 名客户，这当然是不可能的。在头脑风暴的过程中，有人提出了以下想法：在动物体内植入芯片，当这些“患者”进入诊所时，系统将对它们进行自动识别。这样，在与客户以及他们的宠物面对面互动之前，我们就已经得到宠物们存入档案的数据，包括购物清单、宠物的食品偏好等。

在此过程中，想法总是被迅速勾勒出来，有时还会重新调整，以尽快获得反馈。在反馈的基础上，我们对想法进行修改，再次提出新创意并严格审视，直到团队得出合适的、可以经受现实考验的解决方案。

另一个想法是建立与人的互

动，减少“非人”的互动。通过上述设计思路，我们有了建造一个昂贵的配药机器人的想法。这样就可以让工作人员不必在取药时走开，从而保证了与客户的互动不被打断，还能减少客户的等待时间。

最重要的是，要与客户一起使用设计思维。我们认为，要为宠物的主人设立方便他们互相交流的区域，而不是让他们一直待在被墙隔开的等候室里。因为他们也喜欢互相交流。为此，我们开发了促进交流的吧台，还为宠物狗建立单独的区域。我们努力让室内空间的设计实施达到外部等候区的品质，因为通常动物在外面等候比在里面等候要轻松得多。

另一个因素是动物医院通常弥漫着难闻的气味。我们在设计思维过程中想到了使用特殊的空气净化系统和草本香氛，并最终得以实施。

此外，考虑到人与宠物之间的深切情感，以及这种情况的特殊性，诊所以巧妙的方式安排了动物的临终病房。

这个过程有什么独特之处？

通过结合应用不同方法（DNA 分析法、用户画像、触点和设计思维），我们很快就形成了情感和策略方面的“全息图”。所以，我们很容易就能发挥创新的潜力。

在设计思维的所有创新流程之上，用可视化的方法来快速交互和改进，有助于高效地实现解决方案。由于时间紧迫，这一点从一开始就至关重要。

这是关于开发现实的、创新的领域，并能迅速做出决定。这显然不是关于发展那些不切实际的愿景和浪费时间的演示文稿。

事实证明，在这个案例中，使用设计思维是正确的，它为我们带来了可行的创新解决方案。

我们需要注意什么？

由于决策和实现团队从一开始就被牢牢限制在运营范围之内，如果没有外部合作伙伴不断提供专业支持，我们不可能取得这样良好的结果。

在具体落实想法的时候，合作伙伴也为我们提供了帮助。当然，由于创新点多且成本较高，在选择合作伙伴时，我们还应该确保他们不仅能够写出策略文件、制作出粗略的模型，而且能够处理具体的实践工作。

如何让设计思维在组织中延续？

从之前进行的设计思维过程至今，我们已经积累了大量的创新想法。我们将在以后专注于实施它们。我们还会定期进行检查（类似于“神秘购物”），以便对目标和想法进行回顾，了解并整合新趋势的相关信息。

这个过程不是一次性的，而是隐藏在一种理念之下，在组织内积极持续地寻找促进优化和创新的潜力。

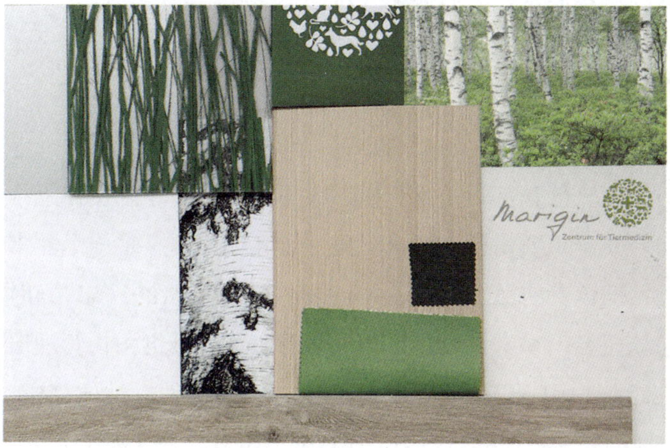

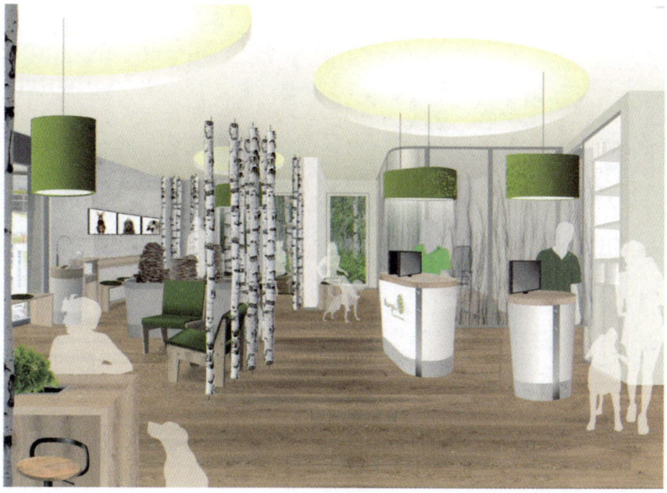

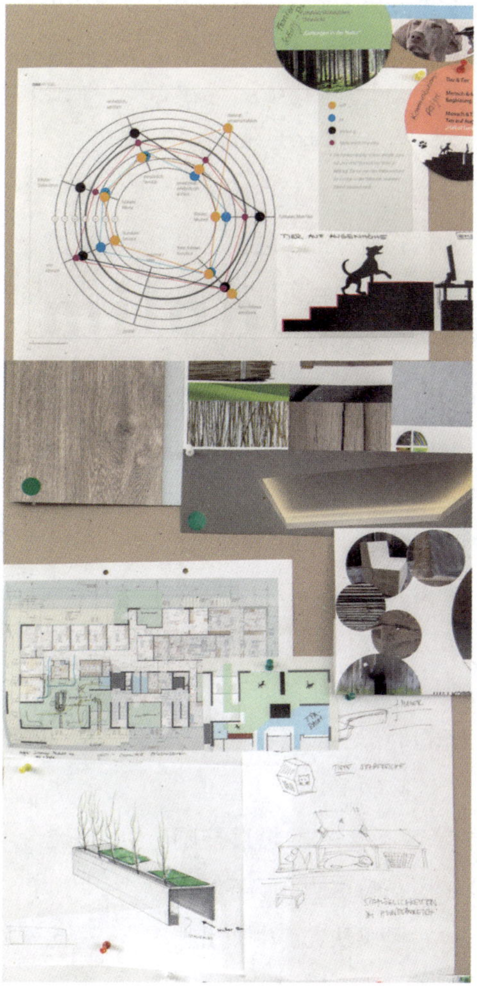

玛丽金动物医学中心，米拉尼设计咨询公司

案例研究

美德乐

在 50 多年的公司历史中，美德乐从瑞士一家以技术为主的小型企业，成长为全世界最先进的挤奶器生产商和医疗护理系统提供商。从一开始，美德乐就开发了以研究为基础的、安全高效的产品，并以此不断树立新的行业标准。它们在组织内部引入了包括设计思维在内的新兴理念和方法，巩固了公司在市场中的地位。

美德乐是全球母乳喂养产品的市场领导者。毫无疑问，母乳喂养对婴儿是最好的。根据科学研究，美德乐提供各种全球婴儿营养产品和服务，这也是美德乐母乳部门的核心业务。

如果母亲不能或不想直接哺乳，或者在特定情况下不能直接哺乳，可以从乳房中抽出乳汁来喂养婴儿。例如当母亲工作时，或者当医学上的原因不能哺乳时，美德乐的解决方案就有了用武之地。

组织的创新文化是什么？

最初，公司受到创始人兼发明家奥勒・拉尔森（Olle Larsson）以及后来他的儿子迈克尔・拉尔森（Michael Larsson）的影响，将出色的技术解决方案放在前台展示，然后追加大量的专利和一线市场占有率的介绍，通过这种方式占领了市场领导地位。然而近几十年来，市场竞争越来越激烈，创新的压力也越来越大。

在很长一段时间里，创新都与技术和机制改进有关。而建立设计思维流程，为公司补充了重要的创新源泉。虽然母乳喂养似乎是一个非常女性化的话题，但负责的员工绝大多数是男性工程师。1999 年，当时的企业发展总监整合了一家由女性运营的创意机构，该机构在管理层的支持下，在组织中引入了设计思维流程。这一举措使女性的需求，尤其是情感方面的需求，在前台占据了更重要的位置，并带来了创新。

市场研究和见解

从那时起，我们越来越关注用户观察，尤其是在美国市场。通过这种方式，我们对我们的用户——母亲，进行了深入而全面地了解，并将其转化为创新服务、沟通方式、App 应用程序和产品解决方案。

研究

与此同时，创始人的儿子迈克尔・拉尔森在西澳大学大力推动关于哺乳期的研究。

其结果是在该领域取得了突破性进展。例如，由于采用了新的测量和观察方法，婴儿口腔和母亲乳房的自然哺乳信息得到了精确地测定和记录，以前这些记录的误差幅度是很大的。

如何将设计洞察工程和研究结合在一起，无论在地点、内容还是在文化方面？

美德乐通过外部专家的支持，结合内部团队的培训，建立设计思维流程，将这些方面统一起来。

我们采用了 DNA 分析法（见第 68 页），以确定集体的战略和情感取向。这些合作定义的首要目标为在整个团队中建立统一和高效的决策过程奠定了基础。

在第一步中，对美德乐的战略和所有相关内容进行了集体讨论：我们当下的表现如何？我们所处的环境是什么？我们在哪方面具备优势？然后，我们根据经验比较了针对当时战略现状的所有因素。常规方案和潜在方案的差异也一并讨论和被展示出来。

基于此，我们确定了未来想要实现的战略设计目标。DNA 分析法建立了必要的行动压力，同时令公司内部对引入和开展设计思维达成共识。

如何建立设计思维流程？

有了公司董事会主席等决策者公开、明确的支持，跨学科的创新流程得以建立。在来自创新、设计、开发、研究等不同学科的团队成员紧密合作的基础上，下一波创新被启动了。

谁是流程的一部分？

来自西澳大学的哺乳科科学家带来了最新的科学成果。这也被整合到了具体的解决方案中。

喜欢实验的内部工程师也可以整合必要的技术知识。通过内部营销和市场研究员工的努力，可以在团队内部整合全面的知识图谱。母亲和护理专家，以及助产士，都能够让直接的经验和市场知识注入产品。那些了解美德乐及其市场的外部智囊（他们也熟悉运输、消费品和医疗技术），多年来一直被视为强大的创新设计合作伙伴，他们也支持这一流程。

落地实施时需要什么？

需要一个物理房间，人们可以在其中协同工作，记录中间结果并随时访问。它还必须支持与项目相关的国际交流和专家参与，例如澳大利亚专家可以通过某些社交软件参与进来。

流程如何运行？

例如，初步研究的结果可能会在团队内部引发一些粗略的创意。例如一种创意是将哺乳行为的关注点转移到奶瓶的奶嘴上，因为此前奶嘴的响应过于强烈，让过多的乳汁通过，这有时会导致婴儿腹部绞痛等症状。由于将研究成果转化为实践有时会依赖于复杂的物理特性，因此在设计思维情境下，我们用简短的动画演示来使基本创意概念对每个人来说都是“可消化的”。利用替代材料快速组装出第一个模型，使每个人都能理解其功能原理，然后反复测量、测试、构建和进一步优化，这是一个在跨学科团队成员之间通过迭代过程无数次重复的循环。

在这条设计思维旅程的终点，一个具体的产品解决方案被开发出来：美德乐 Calma 母乳奶瓶。随后该产品解决方案进入标准生产流程，并在市场上占据了有利地位，赢得了许多创新奖项。

设计思维文化如何才能在组织中落地生根，并被人们感知？

从设计思维的角度看，一种方法可能如下：有力地推动团队成员的筛选进程。那些感兴趣的员工必须首先证明自己是合格的团队成员，这需要知识储备、创新思维、创新潜力和团队精神。只有最好的人才能成为团队中的一员，这大大提升了团队的吸引力和形象。当团队成员被选中时，他们在大多数情况下可能会离开现有的工作，进入设计思维实验室。设计思维团队成员之间应该公开和积极地进行沟通。

设计思维与建筑

组织中一切可见和可体验的事物（如产品、服务和架构）都反映了现有的文化。美德乐计划在瑞士建立一幢管理和运营的中心大楼。

负责设计思维的一些内部和外部团队成员从一开始就参与了这项规划。他们负责确保创新文化在这个新建筑中获得恰当的、位于中心的空间（设计思维实验室）。

一幢新的建筑为以空间设计激发创造力、沟通和加强组织文化提供了机会，而且造价也不高昂。通过设计思维实验室，组织的创新动机被可持续感知。同时，为了让各个团队将资源带入设计思维实验室，某些楼层和部门会与设计思维实验室进行紧密连接。

设计思维实验室不仅仅是企业的形象和外观管理，它的影响是深远的。它占据核心地位意味着从内到外都能感受到真实的创新文化。

一个鼓舞人心的环境对启动创新，进一步积极讨论和推进创新流程是相当有利的。设计思维实验室是一个健康的设计思维文化的一部分。无论是谁，一旦有机会在组织中落地设计思维文化，都应该充分利用这种空间带来的潜力。

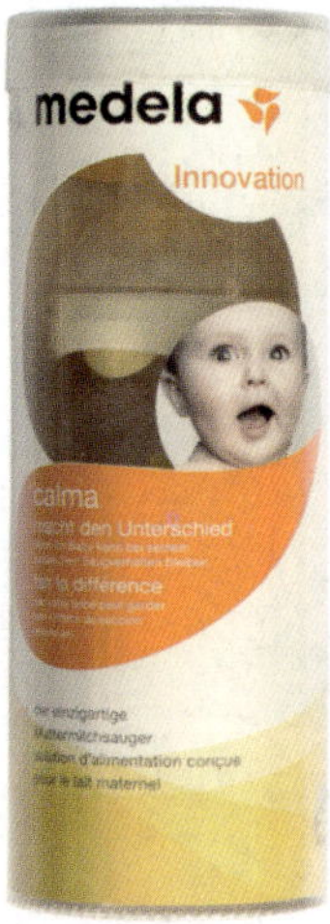

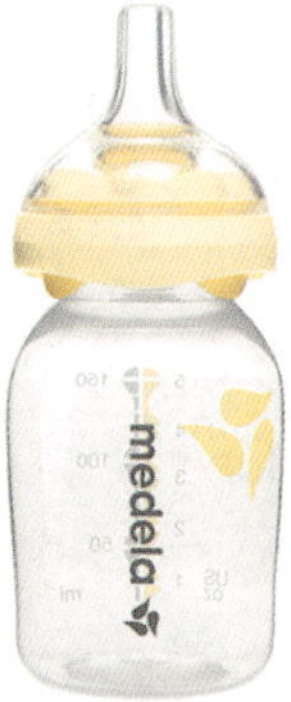

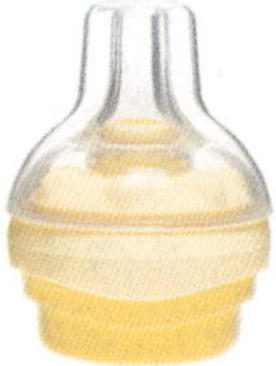

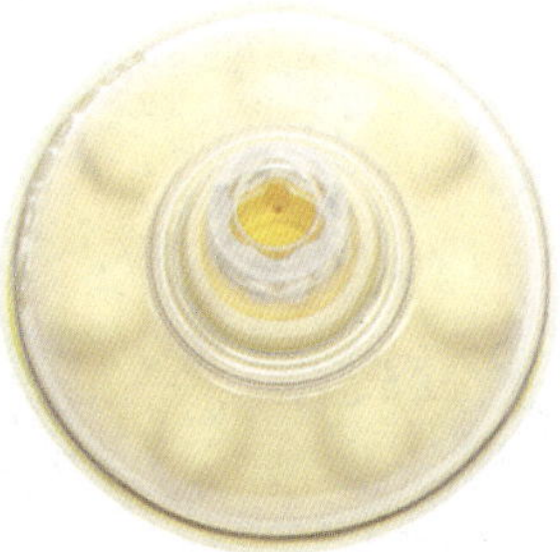

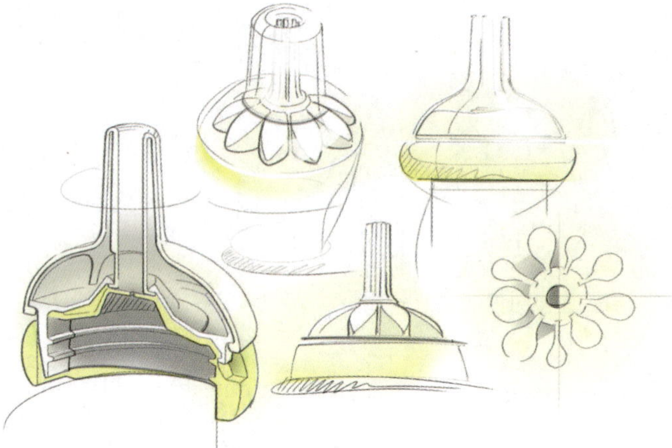

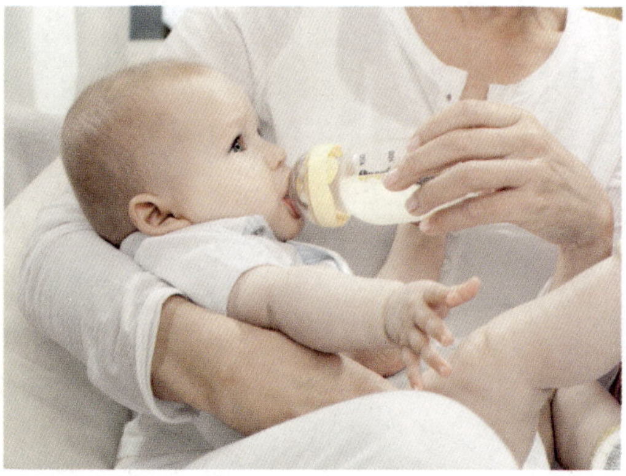

美德乐，米拉尼设计咨询公司

参考文献

Allen, T.. & Henn, G. (2011). The organization and architecture of innovation: Managing the flow of technology (1st ed.). 0xon, United Kingdom: Routledge.

Amabile, T. M. & Conti, R. & Coon, H. & Lazenby, J. & Herron, M. (1996). Assessing the Work Environment for Creativity. Academy of Management, 39 (5), 1154- 1184.

Becker, R., & Patnaik, D. (1999). Needfinding: The Why and How of Uncovering People's Needs. Design Management Journal, 10 (2), 37- 43.

Beckman, S. L. & Barry, M. (2007). Innovation as a Learning Process: Embedding Design Thinking. California Management Review, 50 (1), 25- 56.

Beckman, S. C. & Langer, R. (2005). Sensitive research topics: netnography revisited. Qualitative Market Research: An International Journal, 8 (2), 189- 203.

de Bono, E. (999) Six thinking hats (2nd ed.). Boston, MA: Back Bay Books.

Brenda, L. (Ed). (2003) , Design Research: Methods and Pespecives. Cambridge, MA: MIT Press.

Brill, M., Weidemann, S., & BOSTI Associates (2001). Disproving widespread myths about workplace design.

Broderick, A. J. & Lee, N. (2007). The past, present and future of observational research in marketing. Qualitative Market Research: An International Journal, 10 (2), 121- 9.

Brown, T. (2009). Change by design: How design thinking transforms organizations and inspires innovation. HarperBusiness.

Brown, S., Gray, D., & Macanufo, J. (2010). Game- storming: A playbook for innovators, rulebreakers, and changemakers. Sebastopol, CA: O'Reilly.

Buchanan, R. (1992). Wicked Problems in Design Thinking. The MIT Press, 8 (2), 5- 21.

Buxton, B. (2007). Sketching User Experiences — getting the design right and the right design. Amsterdam: Elsevier Inc.

Capodagli, B. (2010). Magic in the Workplace: How Pixar and Disney Unleash the Creative Talent of Their Workforce. Effectif, 13 (4).

Clark, T., Osterwalder, A., & Pigneur, Y. (2010). Business model generation: A handbook for visionaries, game changers, and challengers (1st ed). Hoboken, NJ: John Wiley and Sons.

CCleaner. (n. d.). PC Optimization and Cleaning. Retrieved February 11, 2015.

Cooper, A., & Reimann, R. (2003). About face 2. 0: The essentials of interaction design (2nd ed.). New York, NY: Wiley.

Creuznacher, I., & Grots, A. (2011). Design Thinking. Querdenker, (3), 74- 78.

Deutsche Bank Annual Report 2013 — Strategy2015+.

Doorley, S., & Witthoft, S. (2012). Make space: How to set the stage for creative collaboration. Hoboken, NJ: John Wiley & Sons.

D. School Stanford University (2015). What to do in Need Finding.

D. School Stanford University (2015b). bootcamp bote.

Emerson, R. M., Fretz, R. I., & Shaw, L. L. (1995). Writing ethnographic fieldnotes. Chicago, IL: University Of Chicago Press.

Epple, M. J., Kernbach, S., Wiedrkehr, B., Gassner, P. (2014). The Confluence Diagram: Embedding Knowledge in Interaction Constraints. Proceedings of the IEEE Information Visualization Conference (InfoVis), 9- 14 November 2014, Paris, France.

ESOMAR (2007). I CC/ESOMAR International Code on Market and Social Researth.

FabLab Zürich. (2012).

Florida, R. (2014). The Rise of the Creative Class — Revisited: Revised and Expanded. New York, NY: Basic Books.

Gaegauf, M. G. (2014). Office Design for Introverts & Extroverts: A concept to create integrated work spaces for introverts and extroverts to enhance productivity and creativity (Unpublished thesis). Hochschule Luzern: Design & Kunst, Luzern, Switzerland.

Groves, K. (2013). Four types of space that support creativity & innovation in business.

Guest. G., Mack. N., MacQueen, K., Maney, E. & Woodsong, C. (2005). Qualitative Research Methods: A Data Collector' s Field Guide. Research Tiangle Park. NC: Family Health International.

Hahn, H. (2015). Hilary Hahn acceptance speech[Television series episode]. Interview. In The 57th Grammy' s. Los Angeles, CA.

Hauschildt, J. (2004). Innovationsmanagement. München: Verlag Franz Vahlen, S. 317

Herrmann International. (n.d.).

Herstatt, C., & von Hippel, E. (1992). From experience: Developing new product concepts via the lead user method: A case study in a " low- tech" field. Journal of Product Innovation Management, 9, 213 - 221.

Herstatt, C., and Lüthje, C. (2004). The Lead User method: an outline of empirical findings and issues for future research. R&D Management, 34: 553- 568.

International Chamber of Commerce &ESOMAR. (2008). ICC/ Esomar International Code on Market and Social Research.

Kahler Slater (2010). What makes a great workplace? Learning from the best place to work companies.

Kelley, T., & Littman, J. (2001). The Art of Innovation: Lessons in Creativity from IDEO (1st ed,). New York, NY: Doubleday Religious Publishing Group.

Kerr, S., & Landauer, S. (2008). Using stretch goals to promote organizational effectiveness and personal growth: General Electric and Goldman Sachs. The Academy of Management Executive, 18 (04) , 134 - 138.

Kerstan, P., (Regie) & Schmuckler, A. (Regie). 1972. Richtung 2000- Vorschau auf die Welt von morgen (Television broadcast), Germany: ZDF.

Kim, W. C., & Mauborgne, R. (2005). Der blaue Ozean als Strategie: Wie man neue Märkte schafft, wo es keine Konkurrenz gibt. München: Hanser.

Knoll Workplace Research (2012). Activity Spaces: A variety of spaces for a variety of work.

Knoll Workplace Research (2013). Creating Collaborative Spaces that Work.

Kubrick, S. (Regie). (1968). 2001: A Space Odyssey [Motion picture]. United States: Metro- Goldwyn- Mayer.

Kuniavsky, M. (2003). Observing the user experience: A practitioner' s guide to user research. San Francisco, CA: Morgan Kaufmann Publishers.

Krueger, R. A., & Casey, M. A. (2000). Focus groups: A practical guide for applied research (p. 87). Thousand Oaks, CA: Sage Publications.

Leifer, L., Steinert, M. (2011). Dancing with ambiguity: Causality behaviour, design thinking, and triple - loop - learning. Information, Knowledge, Systems Management. Volume, 10, 1 - 4.

Martin, R. (2013). Rethinking the Decision Factory — HBR.

McGregor, D. (2006). The Human Side of Enterprise (annotated ed.). New York: McGraw - Hill.

Meinel, C., Plattner, H., & Weinberg, U. (2009). Design Thinking. München, Deutschland: FinanzBuch Verlag GmbH.

Meinel. C., Weinberg, U., & Krohn, T. (2015). Design Thinking Live: Wie man Ideen entwickelt und Probleme löst. Hamburg: Murmann Publishers.

Meel, J., Martens, Y., & Ree, H. J. (2010). Planning office spaces: A practical guide for managers and designers. London, U. K: Laurence King.

M Lab. (n.d.). Ethics in Design - A Quick Primer.

Morgan, G. (1997). Images of organization (2nd ed.). Thousand Oaks, CA: Sage Publications.

Morgan, G. (1993). Imaginization : The art of creative management. Newbury Park, CA: Sage Publications.

Office Snapshots - i know where you work. (n.d.).

Office Snapshots - i know where you work. [Photographs]

Ohno, T. (1988). Toyota production system: Beyond large - scale production. Cambridge, MA: Productivity Press.

O' Neil, M., & Wymer, T. (2010). Implementing Integrated Work to Create a Dynamic Workplace.

Parker, G. M. (2008). Team Players and Teamwork: New Strategies for Developing Successful Collaboration. (2nd ed). San Francisco, CA: John Wiley & Sons.

Pautsch, P., & Steininger, S. (2014). Lean Project Management: Projekte exzellent umsetzen. Munchen: Hanser.

PechaKucha 20 × 20. (n.d.).

Pine, B. J., & Gilmore, J. H. (1999). The experience economy: Work is theatre & every business a stage. Boston: Harvard Business School Press.

Reckwitz, A. (2012). Die Erfindung der Kreativität: Zum Prozess gesellschaftlicher Ästhetisierung. Berlin: Suhrkamp Verlag.

Rittel, H. W. & Webber, M. M. (1973). Dilemmas in a General Theory of Planning. Policy Sciences, 4, 155 - 169.

Rogers, E. M. (2003). Diffusion of Innovations (5th ed.). New York, NY: Free Press.

Sarasvathy, S. D. (2008). Effectuation: Elements of entrepreneurial expertise. Cheltenham, UK: Edward Elgar.

Schar, M. (2010). Team Formation. Presentation at Stanford University.

Schindlholzer, B. (2014). Methode zur Entwicklung von Innovationen durch Design Thinking Coaching. St. Gallen, Switzerland: D - Druck Spescha.

Shapeways - 3D Printing Service and Marketplace. (n.d.).

Silver, C. (2011). Needfinding 101 [PowerPoint].

Stanford University. (n.d.). d. school Software Design Experiences.

Steelcase. (2014). Insights Applied. 360 Magazine Future Focused, (64) , 112.

Steelcase, (n.d.). Susan Cain Quiet Spaces by Seleacs.

Stegmeier , D. (2008). Innovations in Office Design: The Critical Influence Approach to Effective Work Environments. Hoboken: John Wiley& Sons.

Steve Jobs. (2013). Innovation Distinguishes Between A Leader And A Follower . Forbes.

2013/02/14 innovation- distinguishes between- a- leader- and- a- follower/ (20. 03. 2015).

Surowiecki, J. (2004). The Wisdom of Crowds. New York, NY: Anchor.

Uebernickel, F., & Brenner, W. (2015). Business Innovation: Das St. Galler Modell. Springer Gabler. (Erscheinungsdatum 5. August 2015).

Ulrich, K. T., & Eppinger, S. D. (1995). Product design and development (4th ed.). New York, NY: McGraw- Hill.

Verein Deutscher Ingenieure. (2004). Methodisches Entwerfen technischer Produkte VDI 2223. Berlin, Deutschland: Beuth.

Vetterli, C.. Brenner, W., Uebericel, F. & Petrie C. (2013). From Palaces to Yurts- Why Requirements Engineering Needs Design Thinking, In: IEEE INTERNET COMPUING 17 (2013) , Nr. 2, S. 91- 94.

Vetterli, C., Uebernickel, F., Brenner, W., Haeger, F., Kowark, T., Krueger, J., Mueller, J., Plattner, H., Stortz, B. & Sikkha, V. (2013b). Jumpstarting Scrum with Design Thinking. St. Gallen: University of St. Gallen.

Walker, T. (2013, September 20). Perks for employees and how Google changed the way we work (while waiting inline).

Wilde, D. J. (2007). Teamology: The Construction and Organization of Effective Teams. Stanford University.

Wymer, T. (2010). Proportional Planning for the Adaptable Workplace.

Zydra, M. (2014). Design Thinking- Labor für Geistesblitze.

3D Hubs. (n.d.).

3D Printing Service i. materialie. (n.d.).

致谢

感谢为本书出版辛勤付出的同人及单位。当然下面这个列表并非详尽无遗，但我们还是要特别感谢以下人士：

Jagat Adhiya, Manuel Ailinger, Samuel Beer, Henrik Bechman, Kristen Bennie, Katharina Berger, Fernando Bernal, Marc Binder, Sophie Bürgin, Daniel Cantieni, Tamara Carleton, William Cockayne, Alexander Eck, Martin Eppler, Christopher Este, Niels Feldmann, Michelle Gaegauf, Nina Gandt, Stefan Gaus, Alexander Grots, Ramona Günzel, Marie-Christin Jaeger Firmenich, Jennifer Hehn, Jennifer Heier, Joscha Held， Frieaerike Hoffmann, Manuel Holler, Oliver Kempkens, Sebastian Kernbach, Marc Kohler, Michael Larsson, Volker Laska, Larry Leifer, Hans Tobias Macholdt, Bettina Maisch, Christian Michels, Boris Milkowski, Janine Milstey, Susann Müller, Timm Püller, Axel Raidt, Barbara Rohner, Gerhard Satzger, Eric Schmid, Moritz Schnewin, Gerhard Schwabe, Frank Seifert, Philipp Skribanowitz, Christian Steiger, Henning Strobel, Marion Uebernickel, Christophe Vetterli, Matteo Vignoli, Livia Weder, Andrea Weierich

我们也要感谢圣加仑大学和苏黎世大学的学生和校友。如果没有你们，我们不会在近几年中取得如此出色的结果：

Tiziana Aiolfi, Dominik Alvermann, Amanda Bachmann, Nicolas Beck, Nicolas Berchten, Nina Birri, Fabian Bischof, Jasmin Bissig, Tobias Blum, Maximilian Bredow, Andreas Jürg Breitenmoser, Ivo Brennwald, Marco Brunori, Michel Burki, Andrei Cojocariu, Carlo De Pascalis, Michael Denzler, Caroline Dohle, Franziska Dolak, Philipp Elbel, Jessica Enstedt, Marco Eugster, Philipp Fleckner, Tobias Fuhrimann, Laura Galamb, Marie-Charlotte Gasser, David Geisser, Simon Gensmer, Tobias Giger, Matthias Gisler, Rouven Emanuel Gruenig, Naomi Haefner, Christian Haeuter, Tatiana Hanz, Joscha Held, Nadine Hergovits, Anja Hovorka, Samuel Huber, Matthias Hübner, Wanja Humanes, Beatrice Hutzli, Tobias Imwinkelried, Dominik Jocham, Alexander Jung-Loddenkemper, Pascal Kappeler, Astrit Kazimi, Patrick Keil, Will Kölbener, Yair Kollmann, Nicolas Kuhn, Daniel Alexander Kunz, Florian Kunz, Joel Kurmann, Adrienne Kristin, Lock, Mario Malzacher, Camille Martinache, Tiziana Mauchle, Milena Mend, Petra Monn, Alexander Muelli, Franziska Müller, Arjun Muralidharan, Edouard Papaux, Stephanie Petersen, Vanessa Pinter, Christine Popp, Carolyn Ragaz, Martina Rakaric, Marc Rieben, Rico Rinderknecht, Manuela Risch, Deborah Schaub, Markus Schillinger, Dominic Schlegel, Marc Schlegel, Manuel Schöni, Florim Shabani, Martin Spielmann, Patricia Steffen, Maximilian Steinbach, Andreas Stockburger, Emanuel Stoeckli, Daniel Strebel, Simon Streit, Arlene Struijk, Raphael Stüicheli, Carina Them, Raphael Thommen, Lukas Troxler, Michelle Martina Tschumi, Timo Van Bargen, Eliane Vancura, Andreas Vogel, Pasqual Vossberg, Haralder Weishuber, Johannes Weiss, Dominic Widmer, Marianne Elisabeth Wiesli, Melissa Willhaus, Matthias Wittmann; Nikola Zic, Dominik Zurbuchen, Martin Zwahlen

作者与译者介绍

作者团队简介

蒋里

蒋里博士是美国斯坦福大学 AIRE（人工智能、机器人与未来教育）中心主任，也是斯坦福大学全球创新设计联盟联席主席。他是国际消费电子产品博览会（CES）创新大奖最高奖得主，也是美国林肯设计大赛最高奖获得者，还曾任 CES 创新大奖评审委员会委员。

蒋里博士长期从事机器人与人工智能领域的研究。他当前的研究方向之一是机器人 / 人工智能技术对于教育系统的冲击以及我们该如何应对。他在斯坦福大学首创性地开设了“机器人、人工智能与未来教育的设计”课程。

蒋里博士在斯坦福大学长期从事斯坦福设计思维的教学和研究，他有多项发明创造和创新，其中有 60 多项获得了美国专利及国际专利。

蒋里博士拥有斯坦福大学创新设计硕士学位，机器人 / 人工智能博士学位和管理科学辅修博士学位。

福尔克 · 乌伯尼克尔（Falk Uebernickel）

福尔克 · 乌伯尼克尔博士是德国波茨坦大学哈索 - 普拉特纳研究院（HPI）设计思维与商业创新中心主席，也是斯坦福大学全球创新设计联盟联席主席。他曾是瑞士圣加仑大学人本设计中心主任。

他不仅与斯坦福大学合作教授设计思维课程，并与全球超过 80 家不同行业的公司进行合作创新，业务范围涵盖高科技、银行、保险、汽车、体育、医疗等领域。

沃尔特·布伦纳
(Walter Brenner)

自 2001 年 4 月 1 日起，沃尔特·布伦纳教授担任圣加仑大学的信息管理教授职务和信息管理研究所的负责人。在此之前，他曾在埃森大学和弗莱堡工业大学担任教授职务。他的研究领域是信息管理的产业化、IT 服务供应商管理、客户关系管理、新技术和设计思维。除此之外，他也是信息管理和数字互联方面的商业顾问。

特蕾莎·娜芙
(Therese Naef)

特蕾莎·娜芙在完成了技术模型制作的学习之后，领导了一个建筑模型建造部门，随后她在苏黎世学习了产品设计。10 多年来，她是米拉尼设计咨询公司的总经理和执行合伙人，她负责客户和内部项目的实施。凭借她在相关内容和以实施为导向的流程与解决方案两方面的丰富经验，她为所服务的公司从战略、创新到可实现性之间搭建了必要的桥梁。

布里塔·普卡尔
(Britta Pukall)

布里塔·普卡尔，米拉尼设计咨询公司的所有者。她的工作重点，一方面是使用设计思维和其他方法帮助各行各业的市场领先者进行创新发展；另一方面，她辅助初创企业及更成熟的企业进行战略和情感定位。因为只有清楚了这一点，企业才能产生合适的创新。她与她的跨学科团队一起，确保创新战略和方法得到具体落实。布里塔·普卡尔曾在卡塞尔和维也纳学习设计和建筑学，并在圣加仑大学完成了高级工商管理硕士学位。

伯恩哈德·辛德尔霍泽
(Bernhard Schindlholzer)

伯恩哈德·辛德尔霍泽博士是谷歌的产品经理。在此之前，他在数字产品开发和用户体验设计领域创立了多家公司。

在圣加仑大学的毕业论文中，他研究了设计思维的实际应用，并将其记录在综合方法论中。

作者与译者介绍

译者简介

税琳琳

博士，中国传媒大学设计思维学院院长，副教授，斯坦福大学访问学者，国际设计思维创新协会（GDTA）理事。曾指导学生创作出桌面游戏《三国杀》；辅导过华为、联想、微软、奔驰、SAP 等国内外知名企业，并长期担任德国 HPI 学院高级教练；在世界各地发表演说，出版著作《神奇的设计思维游戏书：激发无限创造潜能》《设计思维创新导引》，主持翻译并引进了斯坦福设计思维课系列书。

设计思维工具箱

这个工具箱是在设计思维中系统地解决问题的方法的集合。作为一个指南，它为初学者在每个特定阶段选择正确的方法提供支持。

有经验的设计思考者可以把这个工具箱作为灵感的来源。

本表列出了本手册中的所有方法，并按照书中描述的微观循环的步骤和宏观流程对它们进行排序。记号显示了作者认为每种方法对每个阶段的适合程度。如果没有说明，该方法可能有条件地适合各个阶段。在书中提到每一种方法的描述都可以通过页码找到。

记号

⊕⊕

此方法是非常合适的

⊕

方法是适当的

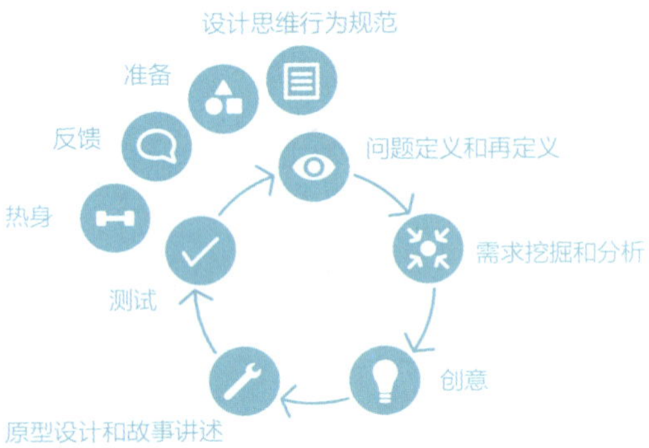

宏观流程

分类	技术方法	页码	探索设计空间	关键功能原型	黑马原型	方克原型	功能原型	X 已完成原型	最终原型
准备	项目规划	50	⊕⊕			⊕	⊕		
	基础设施	57	⊕⊕						
	团队构建	59	⊕⊕						
	便利贴	64	⊕⊕	⊕⊕	⊕⊕	⊕⊕	⊕	⊕	⊕
	DNA 分析法	68							
问题定义和再定义	定义问题陈述	74	⊕⊕						
	延展目标	76			⊕⊕	⊕			
	定义和重构	78	⊕	⊕	⊕⊕	⊕			
	从未来中获得灵感	80			⊕⊕				
需求挖掘和分析	需求挖掘周期	84	⊕⊕	⊕⊕	⊕⊕	⊕⊕	⊕	⊕	⊕
	需求表述指南	86	⊕⊕						
	抽样方法	87	⊕⊕	⊕⊕	⊕⊕	⊕	⊕	⊕	⊕
	目标群体识别	88	⊕⊕	⊕⊕	⊕⊕	⊕	⊕	⊕	⊕
	焦点小组	90	⊕	⊕⊕	⊕⊕	⊕	⊕	⊕⊕	⊕⊕
	访谈	92	⊕⊕	⊕⊕	⊕⊕	⊕⊕	⊕	⊕	⊕
	观察	95	⊕⊕	⊕⊕	⊕⊕	⊕			
	体验	97	⊕⊕	⊕⊕	⊕⊕	⊕			
	标杆分析	98	⊕⊕	⊕⊕	⊕				
	分析框架	100	⊕	⊕	⊕	⊕⊕			
	现场笔记	102	⊕⊕	⊕⊕	⊕⊕	⊕⊕	⊕⊕	⊕⊕	
	情绪板	104	⊕⊕	⊕	⊕	⊕			
	AEIOU	106	⊕⊕	⊕⊕	⊕⊕	⊕			
	同理心地图	108	⊕⊕	⊕⊕	⊕⊕	⊕			
	网络志	110	⊕	⊕⊕	⊕⊕	⊕			
	用户画像	111	⊕⊕	⊕⊕	⊕				
	推论阶梯	114	⊕⊕	⊕⊕	⊕⊕	⊕⊕	⊕⊕		
	五个为什么	115	⊕	⊕⊕	⊕⊕	⊕⊕			

需求挖掘和分析	观点	116	⊕⊕	⊕⊕	⊕⊕	⊕			
	领先用户法	118	⊕⊕	⊕⊕	⊕⊕				
	照片观察法	119	⊕	⊕⊕	⊕⊕				
创意	头脑风暴	124	⊕	⊕⊕	⊕⊕	⊕⊕	⊕	⊕	
	脑力书写法	126	⊕	⊕⊕	⊕⊕	⊕⊕	⊕	⊕	
	六顶思考帽 / 横向思考	128	⊕	⊕⊕	⊕⊕	⊕⊕			
	10"	130	⊕	⊕⊕	⊕⊕	⊕⊕	⊕	⊕	
	我们如何才能	131	⊕	⊕⊕	⊕⊕	⊕⊕	⊕	⊕	⊕
原型设计和故事讲述	线框图	136	⊕	⊕⊕	⊕⊕	⊕			
	实体模型	138				⊕	⊕⊕	⊕⊕	⊕
	开放式硬件	140		⊕		⊕	⊕⊕	⊕⊕	⊕⊕
	角色扮演	142	⊕	⊕⊕	⊕⊕	⊕⊕	⊕⊕	⊕⊕	⊕⊕
	体力激荡	144	⊕	⊕⊕	⊕⊕	⊕⊕	⊕⊕	⊕⊕	⊕⊕
	纸原型设计	146	⊕⊕	⊕⊕	⊕⊕	⊕			
	讲故事和写故事	148	⊕⊕	⊕⊕	⊕⊕	⊕⊕	⊕⊕	⊕⊕	⊕⊕
	漫画	150	⊕	⊕⊕	⊕⊕	⊕			
	快速三维模型	152				⊕	⊕⊕	⊕⊕	⊕⊕
	视频原型	154		⊕	⊕	⊕	⊕⊕	⊕⊕	⊕⊕
	服务蓝图	156		⊕⊕	⊕⊕	⊕	⊕		
	草图与涂鸦	158	⊕⊕	⊕⊕	⊕⊕				
	Photoshop 原型制作	160		⊕⊕	⊕⊕	⊕			
	组合原型	162		⊕	⊕	⊕⊕	⊕⊕		
	城市规划	164		⊕⊕	⊕⊕	⊕⊕	⊕⊕	⊕⊕	⊕⊕
	商业模式原型	166		⊕	⊕	⊕	⊕⊕	⊕⊕	⊕⊕
	动态统计图	168					⊕	⊕⊕	⊕⊕
测试	消费者诊疗所	172					⊕	⊕	⊕⊕
	可用性测试	173					⊕	⊕⊕	⊕⊕
	NABC 推介	174	⊕	⊕	⊕	⊕	⊕	⊕	⊕
	设计师交流之夜	175	⊕	⊕	⊕	⊕	⊕	⊕	⊕
热身	意大利面塔	180	⊕⊕	⊕⊕	⊕⊕	⊕⊕	⊕⊕	⊕⊕	⊕⊕
	是的，但是……/ 是的，而且……	182	⊕⊕	⊕⊕	⊕⊕	⊕⊕	⊕⊕	⊕⊕	⊕⊕
	竞赛	184	⊕⊕	⊕⊕	⊕⊕	⊕⊕	⊕⊕	⊕⊕	⊕⊕
	列队	186	⊕⊕	⊕⊕	⊕⊕	⊕⊕	⊕⊕	⊕⊕	⊕⊕
	简笔画	188	⊕⊕	⊕⊕	⊕⊕	⊕⊕	⊕⊕	⊕⊕	⊕⊕
反馈	我喜欢，我希望，如果……会怎样	192	⊕⊕	⊕⊕	⊕⊕	⊕⊕	⊕⊕	⊕⊕	⊕⊕
	“+”或“Δ”	194	⊕⊕	⊕⊕	⊕⊕	⊕⊕	⊕⊕	⊕⊕	⊕⊕
	反馈记录表	196	⊕⊕	⊕⊕	⊕⊕	⊕⊕	⊕⊕	⊕⊕	⊕⊕
	关键阅读清单	196	⊕⊕	⊕⊕	⊕⊕	⊕⊕	⊕⊕	⊕⊕	⊕⊕
设计思维行为规范	同意声明	199	⊕⊕	⊕⊕	⊕⊕	⊕⊕	⊕⊕	⊕⊕	⊕⊕